JÓZEF IGNACY KRASZEWSKI (1812–1887) wurde in Warschau als ältester Sohn einer wenig begüterten polnischen Adelsfamilie geboren. Er studierte in Wilna Medizin, dann Philosophie und war ein Anhänger der polnischen Unabhängigkeitsbewegung. Nach dem Januaraufstand 1863 entging er nur durch Flucht der Verbannung nach Sibirien. Als Exil diente ihm für mehr als 20 Jahre Dresden.

Als August der Starke (1670–1733) 26jährig den kursächsischen Thron besteigt, hat er eine Vision: Sachsen und Polen will er zu einem einheitlichen, mächtigen europäischen Reich vereinen. Er kennt dabei keine Skrupel. Um König von Polen zu werden, wechselt er sogar den Glauben. So beginnt sein an Leidenschaften und Intrigen reiches Spiel um der Polen – und vor allem der Polinnen – Gunst. Doch während er in der Liebe immer neue Erfolge feiert, begegnen ihm seine politischen Widersacher mit Skepsis und Mißtrauen. Dem König voraus eilt der junge Dresdner Kaufmann Wittke nach Polen, sieht er doch in der neuen Verbindung beider Länder seine Chance.

JÓZEF IGNACY KRASZEWSKI

König August
der Starke

Historischer Roman

*Aus dem Polnischen
von Kristiane Lichtenfeld*

Aufbau Taschenbuch Verlag

Titel der Originalausgabe
ZASASÓW

ISBN 3-7466-1309-4

2. Auflage 2000
Aufbau Taschenbuch Verlag GmbH, Berlin 1999
© Copyright der deutschsprachigen Ausgabe by LeiV-Verlag, Leipzig
Umschlaggestaltung Preuße & Hülpüsch Grafik Design
unter Verwendung des Gemäldes »König August II. von Polen«
von Louis Silvestre, 1718, Gemäldegalerie Alte Meister, Dresden
Druck Elsnerdruck GmbH, Berlin
Printed in Germany

www.aufbau-taschenbuch.de

ERSTER BAND

FRID. AUGUST. D. G. REX POLON. S.R.I.
ARCHIM. et ELECT. SAXON. &c.

I

Das siebzehnte Jahrhundert ging zur Neige. Polen stand im Begriff, für seinen dahingeschiedenen Helden Jan III. Sobieski[1] nach langem Hin und Her einen Nachfolger zu wählen, den ihm Frankreich als Kandidaten für die Krone[2] aufgenötigt hatte. Die Bemühungen darum dauerten fast ununterbrochen an, seit Marie Louise[3] in Polen eingetroffen war. Frankreich versprach sich viel von diesem Bündnis gegen Österreich. Da aber trat unverhofft Friedrich August als Thronbewerber auf den Plan, seit einigen Jahren – als Nachfolger des ohne Erben verstorbenen Johann Georg IV. – Kurfürst von Sachsen, ein Freund und Bundesgenosse der Habsburgischen Dynastie.

Leise, aber geschickte und durch Gold beförderte Manöver, das kundige Ausnutzen von Frankreichs Zögerlichkeit und Entlegenheit, schließlich der Übertritt des Kurfürsten zum Katholizismus, welcher dem Heiligen Stuhl die künftige Rückgewinnung Sachsens in Aussicht stellte, entschieden über die Geschicke der Rzeczpospolita[4]. Der von einer Minderheit, freilich einer rührigen und tatkräftigen, gewählte Friedrich August sollte in Krakau gekrönt werden.

In Sachsen und seiner Hauptstadt Dresden sprach man eher halb-

---

[1] Jan III. Sobieski, 1629–1696, ab 1674 König von Polen; mit seinem Entsatzheer schlug er 1683 entscheidend die Türken bei Wien; war verheiratet mit der Französin Marie Casimire de la Grange d'Arquien.

[2] François Louis Conti de Bourbon

[3] Marie Louise Gonzaga de Névers (1611–1667), Gattin der polnischen Könige Władyslaw IV. und Jan II. Kazimierz; betrieb eine lebhafte profranzösische Politik.

[4] die polnische Adelsrepublik

laut und voll einer gewissen Sorge und Trauer von dem Ereignis, welches sehr geteilte Ansichten und Empfindungen hervorrief: Während sich die einen ein Erstarken und Gedeihen des Landes ausmalten, fürchteten die anderen die Gefahr einer Glaubensverfolgung.

Das Lutheranertum hatte hier über längere Zeit tiefe Wurzeln geschlagen. Die Verbundenheit mit ihm grenzte beinahe an Fanatismus. So traf es wie ein Blitzschlag, daß das Haupt dieser neuen Kirche, der Landesfürst, den Glauben wechselte, sich zum Katholiken erklärte und, indem er sich die polnische Krone aufsetzte, die Wiege verleugnete, die ihn aufgezogen hatte. Die evangelische Geistlichkeit, von Furcht und Entsetzen gepackt, rüstete zur Verteidigung der Gewissensfreiheit.

Zwar kamen vom Hof beschwichtigende Beteuerungen, es hieß, August werde in feierlichem Akt seinen Untertanen die Wahrung ihres Glaubens und dessen Pflege gewährleisten, die gewissenhafteren Menschen aber konnten es nicht fassen, wie unbekümmert Friedrich August seinen Glauben abtat und wie gleichgültig er sich dem neuen gegenüber verhielt. Der unverblümte politische Schacher mit dem Gewissen machte sie bestürzt.

Die eifrigeren Protestanten suchten Begegnungen auf den Straßen und erforschten sich gegenseitig mit Blicken. Laut indessen wagte man sich nicht zu äußern, denn das Räsonieren stand in Sachsen in schlechtem Ruf, ja war streng untersagt. Hier war der Herrscherwille alleiniges Gesetz. Der Hof und die den Kurfürsten umgebenden Herren zeigten Freude über den errungenen Sieg. Der sächsische Adel sah einen Wandel der Verhältnisse voraus, unvermeidliche Opfer, schließlich seine notwendige Hingabe für die Interessen des ausgedehnten neuen Staates.

Eine Stille, dumpf und unheilkündend, lastete über Sachsen und seiner Hauptstadt, währenddessen die Gesichter des Kurfürsten und seiner Günstlinge in Siegerlaune strahlten.

Wer vom heutigen Dresden, sogar von dem, wie es sich vor einem halben Jahrhundert darbot, auf den Zustand der Hauptstadt in den ersten Jahren der Regentschaft Augusts des Starken schließen wollte, würde schwer fehlgehen. Das damalige Dresden war jener Stadt, die es zu seiner Regierungszeit werden sollte, nicht im mindesten ähnlich. Das, was Dresdens hauptsächliche Zierde werden sollte, gab es noch nicht.

Die heutige Altstadt nannte sich dazumal noch neue Stadt, und obgleich sich darin, neben dem Schloß, das Leben konzentrierte, war diese neue Stadt doch in recht enge Mauern gefaßt. Nur die Vorstadt-siedlungen dehnten sich ziemlich ungeniert in die Breite. Zum großen Teil waren sie, besonders am Elbufer, noch von Wenden bewohnt, den Draždanen, den Urbewohnern und Siedlungsgründern.

In schmalen, nach Wendenart gebauten Holzhäusern mit einer auf Schnitzsäulen ruhenden Vorlaube siedelten hier Fischer, Zimmerer und Bauern – Beackerer der nicht sonderlich fruchtbaren Böden. Das Schloß, umgebaut und beträchtlich erweitert, war äußerlich von gerin-gem Reiz, nur einzelne Teile davon, mit frischem Zierwerk versehen, nahmen sich stattlicher aus. Die ersten Zeichen von Baukunst und Pracht kündigten an, daß hier alsbald ein Nachahmer Ludwigs XIV. eine seinem erlesenen Geschmack gemäße Residenz errichten würde.

Die vom Schloß zum sogenannten Altmarkt führende Schloßstraße, obgleich für jene Zeiten bereits schmuckvoll mit ihren älteren, elegan-teren, an der Stirnseite plastisch verschönten Steinhäusern, war im Grunde doch eng, dunkel, unscheinbar. Ein großer Teil der näher an Schloß und Stadttor gelegenen Georgstraße gehörte dem Kurfürsten und beherbergte Hofleute und Dienstpersonal.

Mehr zum Markt hin waren die Häuser Besitztum der hiesigen Bür-gerschaft, Anwesen, die sich seit langem in ihrer Hand befanden. Im Erdgeschoß lagen zumeist Geschäfte, nach damaliger Art bescheide-ne, ohne jedes Streben nach Eleganz ausgestattete Kaufläden. Fast alle diese Häuser trugen über dem Eingang eine Art Zunftzeichen, Symbo-le für das Gewerbe, das hier seit alters betrieben wurde. Es waren dies Schiffe, Glocken, Waagen, Barbierscheren, die Hufeisen der Schmiede sowie allerlei Tiere.

Kurz vor dem Markt, vom Schloß aus auf der linken Straßenseite, stand das stattliche Haus der Wittkes, über dessen Tor seit Jahrhunderten zwei steinerne Fische prangten, obgleich sich zum jetzigen Zeitpunkt niemand mehr mit Fischfang befaßte und es außer Hering hier keinen anderen Fisch zu kaufen gab. Im Erdgeschoß befand sich ein durchaus geräumiger Gemischtwarenladen mit großem Sortiment, hier gab es Erzeugnisse aus Eisen, Messing, Zinn, Glas, zudem erlesene Küchengewürze aus Übersee und verschiedenste Weine. Nicht nur die schon erwähnten Fische schmück-ten die Fassade, an einer Eisenstange hing auch eine einstmals vergoldete, nunmehr aber verrußte, schwärzliche Weintraube.

Der alte Wittke galt als Deutscher. Aber der Zufall hatte es gewollt, daß er an einem bildschönen armen Mädchen in Bautzen Gefallen fand, einer Sorbin; er heiratete sie und holte so slawisches Blut in sein Haus, das hier unbemerkt einsickerte.

Bekanntlich konnte die slawische Bevölkerung Sachsens wie durch ein Wunder der Vorsehung über viele Jahrhunderte hinweg ihre Eigenart bewahren. Anfangs bedrängt und verfolgt, mit fortschreitender Zeit lediglich geschmäht und verspottet, überdauerte sie bis zum heutigen Tage, sich nahezu selbst verleugnend und der eigenen Herkunft gleichsam schämend. Allmählich jedoch, Jahr um Jahr, wurden die Slawen geringer, da viele von ihnen sich gänzlich germanisierten. Es gab noch Gesetze, wenngleich vernachlässigte, welche die Freiheiten der unglücklichen Heloten beschränkten, und man entrann ihnen, indem man äußerlich deutsche Wesensart annahm, sich die Sprache zu eigen machte und altem Brauchtum entsagte. Das Martyrium als Folge solchen Verzichts war ein stilles, stummes, ergeben getragenes und fiel selbst einem, der näher hinsah, kaum auf. Was an altem Slawischem übrigblieb, hielt sich verborgen aus Furcht, daß jede lautere Äußerung neue Verfolgungen auslösen könnte, Verfolgungen, deren Traditionen man noch gut im Gedächtnis hatte.

Noch bis zum Beginn des neunzehnten Jahrhunderts war die Bevölkerung in Dresdens Vorstädten, am Elbufer, vorwiegend slawisch gewesen. Der Zustrom von Deutschen übertönte sie dann rasch, so daß heute nur noch Gottesdienste in den Kirchen, mit sorbischen Predigten und Liedern, das einzige Andenken an die Vergangenheit geblieben sind.

Wie man damals munkelte, sollten auch die Wittkes von den Wenden herkommen, und einige Leute schrieben es sogar diesem vermeintlichen Umstand zu, daß sich der Alte seine Frau in Bautzen gesucht hatte.

Jedoch einmal in Dresden angekommen, mußte die junge Sorbin – sie hieß Martha – dem Willen ihres Mannes gehorchen und des guten Einvernehmens mit seiner Familie wegen ihre alten Volkslieder vergessen, mußte ihre Tracht und ihre Bräuche ablegen. Auch früher schon hatte sie deutsch gekonnt, jetzt aber, da sie sich dieser Sprache tagtäglich zu bedienen hatte, beherrschte sie sie bald derart, daß nur noch ein leichter Akzent die Bautznerin verriet. Die Achtung, die ihr Mann genoß, machte, daß ihre Herkunft nie ein Stein des Anstoßes war, ja,

12

daß nie jemand auch nur erkennen ließ, daß er eine solche Herkunft ahnte.

Die stille, fleißige, bescheidene, stets sanft lächelnde und höfliche Frau Wittke gewann sich leicht jedermanns Zuneinung. Ihr Mann, der im Umgang mit ihr vor anderen Leuten gern seine männliche Überlegenheit zeigte, war ihr zu Hause, wenn sie beide allein blieben, nahezu gehorsam und holte in fast allen Dingen ihren Rat ein. Der Ehe ward vom Herrgott ein Sohn geschenkt, den die Mutter liebte und hätschelte und über den sie mit unermüdlicher Besorgtheit wachte. Sie lebte nur diesem Kind.

Da auch der Vater den Sohn liebte, obgleich er seine Zärtlichkeit nicht zeigen mochte und stets den väterlichen Ernst bewahrte, wurde der junge Wittke – bei der Taufe erhielt er den Namen Zacharias – mit größerer Sorgfalt und und mehr Kostenaufwand erzogen als gewöhnliche Bürgerkinder. Auch die Natur hatte ihn mit Fähigkeiten und einer nichtalltäglichen Energie ausgestattet, so daß die Eltern sich zu Recht an ihrem Einzigen freuen durften.

Natürlich hatte der Vater ihn zu seinem Nachfolger ausersehen, der Sohn sollte dereinst das von ihm bereits erweiterte und auch künftig Wachstum versprechende Geschäft übernehmen. Seine Erziehung genoß der junge Zacharias von Anfang bis Ende zu Hause, ohne Schule, und es mangelte ihm nicht an jeglicher Art von Lehrern. Das Lernen fiel ihm leicht, obwohl er keine besondere Neigung dazu offenbarte. Ob es nun das im Blut liegende Erbe war oder der Einfluß der Kindheitseindrücke, jedenfalls befaßte sich der Knabe am eifrigsten und liebsten mit praktischen Dingen, mit dem Leben selbst, mit dem Alltäglichen. Hier und da fallengelassene Worte ließen die Mutter einen großen Ehrgeiz ahnen, der sich nicht mit dem Stand, für den er geboren und bestimmt war, zufriedengab, sondern in weit höhere Sphären emporstrebte.

Die geringe Entfernung zum Schloß und Geschäftsverbindungen zum kurfürstlichen Hof, an den Wittke häufig allerlei Ware lieferte, machten den Knaben beizeiten mit dem Leben und den Sitten bei Hofe vertraut, neugierig lauschte er all den erzählten Geschichten, die vom raschen Aufstieg der einen und dem jähen Fall der anderen berichteten. Er wußte auch sehr wohl, daß am sächsischen ebenso wie an anderen Höfen Leute von bescheidenster Herkunft mitunter die höchsten Ränge erklommen.

Der Vater weihte den Sohn schon von klein auf in sein Gewerbe ein, ließ ihm aber zugleich viel Freiheit, und da die Mutter diese nicht beschränkte, hatte Zacharias genügend Zeit, mit dem Leben vertraut zu werden und sich auf ein aktives Dasein vorzubereiten.

Stattlich und schön gewachsen, ein Blondkopf mit ausdrucksvollen Blauaugen, das Gesicht und die Körperbewegungen voll des natürlichsten Charmes, war es Zacharias genauso wie seiner Mutter ein Leichtes, aller Menschen Herz zu gewinnen. Er war allgemein beliebt.

Zu Lebzeiten des Vaters hatte er immerhin so viel zu tun, daß man ihn nicht einen Faulenzer nennen konnte. Der Vater pflegte ihn nur zu den wichtigeren Dingen heranzuziehen, damit er sie kennenlernte. Zudem gab es im Geschäft und im Hause reichlich Dienstpersonal, sodaß der Knabe, sooft er nur wollte, jemanden fand, der für ihn einsprang. Zacharias' Jugend verlief somit sehr glücklich und ohne Zwang, und seine fröhliche Laune zeugte davon, daß ihm wohl war auf dieser Welt. Nicht allzu verhätschelt, hatte er dennoch alles, was er begehren konnte.

Seine Gedanken und Wünsche waren freilich auf Höheres gerichtet, aber außer der Mutter ahnte das niemand. Der Vater stellte ihm für die Zukunft lediglich das Wachstum des Hauses, eine Ausweitung der Handelsgeschäfte sowie Spekulationen im großen Maßstab in Aussicht. Der Sohn forderte nicht mehr, und wenn es ihm vielleicht auch nicht genügte, so hörte er sich doch freundlich lächelnd alles an.

Der alte Wittke beabsichtigte, ein zweites Geschäft in der Altstadt am anderen Elbufer zu eröffnen, er träumte zudem von kleinen Filialen in der Provinz – alles dies sollte allmählich, ohne Anstrengung entstehen, mehr jedoch nicht.

Unterdessen war der Umsatz im Laden an der Schloßstraße bestens. Man kannte den alten Wittke als gewissenhaft in Maß und Waage, als verständnisvoll für die weniger Begüterten, und so drängten die Armen in sein Geschäft, und die Reicheren lobten die Auswahl an Ware und die zuvorkommende Bedienung. Überdies besaß der alte Wittke im Stadtrat und in seiner Zunft eine gewichtige Stimme und genoß Respekt.

Zacharias war Anfang zwanzig, als dieser glückliche Zustand durch den unverhofften Tod des Vaters erschüttert wurde. Gesund und voller Kraft, erlitt der alte Wittke eines Abends einen Schlagfluß, der ihn der Sprache beraubte, ein paar Tage noch quälte er sich und beschloß alsdann, trotz der Bemühungen des kurfürstlichen Hofarztes, sein Leben.

Wie ein schrecklicher Blitzschlag traf dieser Tod die Witwe und den Sohn, dennoch war für die Hinterbliebenen gesorgt. Der gesamte Nachlaß befand sich in bester Ordnung, jeder mögliche Fall war mit Weitsicht bedacht, so daß dem Sohn und der Witwe nur noch übrigblieb, die Weisungen des Verstorbenen zu befolgen.

Der Verstorbene hatte die Fortführung der Geschäfte dem Sohn und dessen Mutter übertragen. Einen entfernten Verwandten, den Tuchhändler Baur am Altmarkt, hatte er eher zum Berater, denn zum Vormund bestimmt. Baur, im gleichen Alter wie der Verstorbene, war ein Mensch von sanftem Charakter, gemächlich und allenthalben geschätzt, er konnte helfen, aber schaden in keiner Weise. Er erschien sogleich und bot Beistand an, aber nach dem Gespräch mit Martha und ihrem Sohn erkannte er, daß die beiden seinen Rat wenig brauchen konnten, so gut hatte der Verstorbene sie in die Führung der Geschäfte eingeweiht. Die Mutter im übrigen wachte über den Sohn, und Zacharias war ein solider junger Mann. Auch an Geschäftskapital mangelte es nicht.

Zacharias übernahm also mit der Mutter den Laden, und da er schon früher oftmals den Vater vertreten hatte, bereitete ihm nichts Schwierigkeiten. Alles blieb in der alten Ordnung, nur dem Herzen fehlte der gute alte Vater, dessen Geist und Andenken über der Familie zu entschweben schien.

Die Mutter betete und weinte, und Zacharias, nunmehr gezwungen, sich ins Detail zu versenken, Einsicht zu nehmen in die Hinterlassenschaft, in Papiere, Verzeichnisse und Notizen, begann nach und nach Pläne zu schmieden, die darauf zielten, sich ein größeres Tätigkeitsfeld zu erschließen. Er besaß viel Ehrgeiz, und wenn er ihn bisher in sich gezügelt hatte, so ließ er ihm jetzt freien Lauf und gab sich ihm ganz hin. Die Mutter, wie sich leicht denken läßt, wehrte ihm in nichts. Sie riet zu Besonnenheit, gemahnte an den Verstorbenen, doch stimmte sie allem zu, was der geliebte Sohn nur begehrte.

Zacharias mit seinen Wunschträumen wurde es mehr und mehr zu eng in der Schloßstraße. Abends, wenn er nach der Schließung des Geschäfts zur Frau Mutter nach oben ging und sich gemeinsam mit ihr und dem Obergehilfen zum Abendbrot setzte, entschlüpfte ihm dieser und jene kühne Gedanke, aber erst nachdem er mit der Mutter alleingeblieben war, vertraute er ihr offen an, was ihm im Kopf herumging. Es waren dies gleichsam Wunschträume, die die Mutter belächelte und denen sie kein großes Gewicht beimaß.

Noch vor der Wahl des Kurfürsten zum König von Polen, als die Bewerbungen um die Krone anliefen, suchten Flemming[5] hin und wieder Polen auf, weltliche und geistliche Senatoren – Herr Przebendowski[6], Flemmings Schwager, sowie Leute, die dieser für den sächsischen Kandidaten hatte einnehmen können. Erstmals wohl waren in der Stadt vermehrt orientalisch anmutende Kleidtrachten zu gewahren, dazu Krummsäbel, geschorene Häupter, üppige sarmatische Schnurrbärte.

Die Menschen auf den Straßen blieben stehen und betrachteten neugierig die Fremdlinge, und da nur wenige von denen deutsch verstanden, mußten ihnen Begleiter und Dolmetscher beigegeben werden. Manche auch brachten sich Israeliten mit, in langen, schwarzen Kaftanen und mit Samtkäppchen auf dem Kopf, die ihnen mit gebrochenem Deutsch zu Diensten waren.

Je stärker sich das Gerücht verdichtete, daß Friedrich August auch in Polen herrschen wollte und die beiden Länder unter einem Zepter vereinigt würden, um so mehr beschäftigte Polen alle Gemüter.

Der junge Wittke, der auf der Straße Przebendowskis Adelsleute miteinander polnisch sprechen hörte, vermochte mit Hilfe seiner sorbischen Muttersprache das eine und andere zu verstehen. Das erregte ihn heftig, und wundersame Gedanken gingen ihm durch den Kopf.

Wie alle, die slawisches Blut in ihren Adern hatten, verhehlte er, daß er davon wußte. Das schuldete er der Mutter, die ihn heimlich und ohne Wissen des Vaters die Sprache ihrer Ahnen und Urahnen gelehrt hatte. Für sie war es eine Pflicht gewesen, die nach ihren Begriffen einer religiösen gleichkam. Ebensowenig wie dem Gott der Vorfahren

---

[5] Jakob Heinrich Flemming (1667–1728), entstammte einer in Brandenburg ansässig gewordenen flämischen Familie, seit 1693 in kursächsischem Staatsdienst. Seinem politischen Geschick verdankte August die geglückte Wahl zum König von Polen. Danach engster Mitarbeiter und Vertrauter des Königs, seit 1712 leitender Kabinettsminister.

[6] Jan Jerzy Przebendowski (1638–1729), berüchtigter Karrierist und Intrigant; während des Interregnums als Kastellan von Culm (poln. Chełmno) an den Manövern verschiedener Thronkandidaten gewinnschöpfend beteiligt. Half Flemmig, mit dessen Schwester er verheiratet war, August auf den polnischen Thron zu bringen.

durfte man auch deren Sprache nicht abschwören. Der armen Mutter schien es, als wäre das Kind nicht das ihre, wenn sie mit ihm nicht wenigstens ganz leise in dieser Sprache flüstern konnte. Darum kämpfte sie. Es fiel ihr nicht leicht, ihr Tun vor dem Mann zu verbergen und dem Sohn beizubringen, das Geheimnis zu wahren, dennoch vollbrachte sie, was das Gewissen ihr abverlangte. Zacharias sprach sorbisch.

Indessen gewohnt, sich als Deutschen zu erachten, hegte er keine Zuneigung zu seinen Mitbrüdern, er galt als Deutscher reinsten Blutes und schämte sich der armen Abkunft von einem unterworfenen und geknechteten Stamm. Lediglich die Achtung vor der Mutter, der Wunsch, ihr gefällig zu sein, hatten ihn bewogen, das Sorbische zu erlernen. Außer der Mutter und ihren Verwandten hatte ihn denn auch nie jemand diese Sprache sprechen hören, und in der Öffentlichkeit redete er mit der Mutter stets deutsch. An den Abenden aber kam er zu ihr, um zu plaudern, dann setzten sie sich nieder: sie ans Spinnrad, er, auf den Tisch gestützt, zu einem Seidel Bier... Der alten Frau bereiteten diese Gespräche unsägliche Wonne, ihr Gesicht strahlte jedesmal vor Glück.

Am Abend jenes Tages, da Zacharias zum erstenmal auf der Straße das Polnische gehört hatte, stürmte er mit ungewohnt heiterer Miene bei der Mutter herein, die ihn mit der Vespermahlzeit erwartete. Das Gespräch entspann sich auf die alltägliche Weise, mit dem Bericht über die Verrichtungen des Tages und die wichtigeren Geschäfte, doch Zacharias war zerstreut, er verfiel oft in Nachdenken, erwog etwas, vertiefte sich in Berechnungen... Die Mutter, die ihren Sohn gut kannte, bemerkte schließlich: »Du hast doch etwas im Sinn, mein Ärmster.«

Der junge Mann wischte sich unruhig die Stirn.

»Ach, Mutter«, erwiderte er, »ich habe einiges im Sinn, aber was mir seit heute im Kopf herumspukt – ich weiß nicht, vielleicht lohnt es nicht, darüber zu reden.«

Die alte Frau trat auf ihn zu.

»Ach was«, wehrte sie ab. »Bei dir kann gar nichts spuken, dafür bist du zu gescheit, aber wohl nicht von ungefähr bist du heute so nachdenklich?«

Zacharias lächelte.

»Ja, wahrhaftig, ich wollte dir etwas anvertrauen«, sagte er leise und setzte sich dabei neben die Mutter auf die alte bemalte Truhe, die am

Fenster stand. Es war eines der Stücke, die einst zur bescheidenen Aussteuer der Mutter gehört hatten.

Die alte Frau sah ihn neugierig an.

»Weißt du, Mutter, daß dieses Polnische, das ich heute gehört habe, so sehr deiner Sprache – er sagte nicht: unserer! – ähnelt, daß ich beinahe alles verstehen kann? Mir ist der Gedanke gekommen, ob man dieses nicht nutzen sollte... Es wird sich unserem Handel Polen auftun, auf Schritt und Tritt wird man Mittelsmänner benötigen, damit sich die Sachsen mit den Polen und die Polen mit den Sachsen verständigen können. In Warschau wie in Dresden fehlt es an Menschen, die zweisprachig sind. Wenn ich gut polnisch lerne, könnte ich leicht in Warschau ein Pole sein und ein Deutscher in Dresden, auch im Wechsel, ganz nach Bedarf. Was meinst du dazu?«

Die Augen des Sohnes lachten bei diesem glücklichen Gedanken, und nach einer Pause, in der auch die Mutter ihn nicht unterbrach, fuhr er fort: »Sogar der allergnädigste König, unser Kurfürst, wird ohne vertraute Mittler nicht auskommen. Unserem Geschäft könnte das viel Nutzen bringen, und ich...«

Zacharias zögerte, seinen Gedanken zu Ende auszuführen, er erhob sich und schritt in der Stube auf und ab. Die Augen der Mutter folgten ihm beunruhigt.

»Siehst du, mein Junge«, sagte Martha schließlich, »es war doch gut, daß ich dich unsere Sprache gelehrt habe. Ich wußte gar nicht, daß sie dem Polnischen ähnlich ist.«

Wittke legte den Finger an den Mund und flüsterte: »Man darf es nicht verraten, sonst könnten andere auf den Gedanken kommen.«

Die Mutter küßte ihn auf die Stirn. Zacharias wurde erneut nachdenklich.

»Ich habe große Lust«, bekannte er, »mich genauer umzutun... und dann vielleicht irgend so einen Polen zu überreden, mir schnell ein vollendetes Polnisch beizubringen. Sprachen fallen mir leicht, zwar nicht die Grammatik, aber das Reden. Wenn ich erst Polnisch kann, gewinne ich damit eine gewisse Überlegenheit gegenüber anderen Deutschen, wer weiß, vielleicht gelange ich auf diese Weise noch an den Hof.«

Das Gesicht der Mutter verdüsterte sich besorgt, langsam faltete sie die Hände.

»Ach, mein Kind«, flüsterte sie ängstlich, »an den Hof solltest du dich nicht drängen, davon halte dich lieber fern. Zwar kann man dort viel gewinnen, aber auch alles verlieren.«

Zacharias, unerschrocken, schüttelte den Kopf.

»Ach was!« rief er aus. »Nur wer wagt, gewinnt!«

»Aber warum sollen wir nach mehr streben?« unterbrach ihn die Mutter. »Hat uns der liebe Vater nicht reichlich durch Fleiß Erworbenes hinterlassen?«

Der Sohn sah sie schweigend an.

»Es fehlt uns an nichts«, sagte er schließlich. »Gewiß! Der Besitz hat sich vergrößert, er wächst fort, aber warum nicht die Gelegenheit beim Schopf fassen und sich um mehr bemühen? Reichtum macht es einem möglich, viel Gutes zu tun, ich für mich brauche ihn nicht, aber ich will höher hinaus, höher!«

Die Mutter seufzte.

»Das weiß ich wohl«, sagte sie, »daß Besitztum uns, die untertänigen Bürger, frei macht und erhebt. So mancher Reiche wurde geadelt, so mancher erhielt ein Amt bei Hofe, aber, mein Kind, zähle auch die, die nach dem Aufstieg zu Fall kamen! Haben wir nicht genug mit dem, was da ist?«

Zacharias winkte ab und schwieg, sein Mienenspiel aber verriet, daß die dreisten Ideen, die ihn belagerten, nicht von ihm abließen.

An jenem Abend erwähnten sie die kühnen Träume nicht mehr, aber die wenigen Worte des Sohnes drangen der Mutter tief in Hirn und Herz. Sie kannte Zacharias' ausdauerndes Wesen, nicht so leicht ging er etwas an, war aber eine Sache erst einmal begonnen, ließ er ungern von ihr. Den ganzen nächsten Tag über besorgte die alte Martha wie gewohnt den Haushalt, doch ihr Kopf war voll von dem, was ihr der Sohn am Vorabend bekannt hatte. Eine große Sorge um die Zukunft überkam sie.

Fast niemand in Sachsen kannte damals Polen sowie seine Sitten und Verhältnisse aus der Nähe; die einen kündeten von einem ungemein großen und reichen Land, die anderen nannten es halb barbarisch. Die Sprache, die dem Sorbischen ähnlich sein sollte, zog Martha zu den Polen hin, ließ sie Brüder in ihnen spüren, aber der anmaßende und verwegene Aufzug der Fremden wirkte abstoßend auf sie. Im übrigen wollte sie lieber, daß ihr Sohn geruhsame Geschäfte zu Hause betrieb, auf dem eigenen Misthaufen sozusagen, als daß er sich in kühne Unternehmungen stürzte, deren Folgen schwer absehbar waren.

Am folgenden Abend begrüßte Zacharias seine Mutter noch lebhafter und fröhlicher, sein junges Antlitz strahlte.

In der Tat war der einmal gefaßte Gedanke weitergesponnen worden. Zacharias hatte sich Bestätigung geholt für seine Vermutung, daß der Kurfürst für die Kontakte zu dem neuen Land Leute benötigen würde, und er fühlte sich aufgelegt zu solchen Diensten. Voller Ungeduld hatte er sogar schon ein altes Buch besorgt, herausgegeben in Breslau von Schlesiern, die für den Handel mit Polen die Sprache erlernen wollten. Die von der Mutter am Vortag erwähnten Gefahren entmutigten ihn in keiner Weise. Beim Abendessen sprach Martha selbst das Thema an und forschte, ob er Neues erwogen und etwas beschlossen habe.

»Hast du jemanden besucht?« fragte sie.

»O ja«, antwortete lachend der Kaufmann. »Wenn mir etwas auf der Seele liegt, lasse ich nicht unnütz Zeit verstreichen, sondern kümmere mich darum, liebste Mutter. Damit mir kein anderer zuvorkommt. Ich war bei Flemming, um die Bekanntschaft mit ihm aufzufrischen und um den Polen zu begegnen, die mit seiner Schwester oder einer ihm sonstwie Verwandten hergekommen sind. Es ist genau so, wie ich es vermutet habe, die Polen tappen umher wie Verirrte, sie brauchen einen Anlaufpunkt und Mittler. Auch wir wissen nicht, wie wir an sie herantreten sollen. Sie kennen unser Dresden nicht, wir kennen nicht Warschau und Krakau. Derjenige, der als erster engere Beziehungen zu Polen knüpft und sich dort auch nur ein wenig besser auskennt, kann beim König und Kurfürsten Ansehen und Einfluß gewinnen. Warum sollen allein die *Hofjuden*[7] profitieren?«

»Hättest du die vielleicht zu beneiden?« fiel ihm die Mutter ins Wort. »Wozu sollten wir uns an den Hof drängen? Ich achte und ehre unseren Herrn, den Kurfürsten, aber mir scheint, daß es für uns, Menschen aus dem Kaufmannsstand, gefährlich ist, aufs Schloß vorzudringen, zu den Herren. Man setzt dort mehr aufs Spiel, als man gewinnt. Wir sind dazu nicht geschaffen. Dein Vater, mein Kind, hat über sein Geschäft gewacht, hat ein Auge gehabt auf Waage und Maß, hat sich um frische Ware gesorgt, aber zum Hof hat er sich nicht gedrängt, hat ihn sogar lieber gemieden. Warum solltest du neue Wege gehen?«

---

[7] Im Original deutsch; gemeint sind die jüdischen Bankiers, die dem Kurfürsten Geld liehen.

Die alte Frau schwieg eine Weile, sie betrachtete den Sohn, der nachdenklich dasaß und nichts erwiderte, dann fuhr sie fort: »Mir macht der Kurfürst Angst, nicht weil er Hufeisen zerbricht wie Zwieback, silberne Pokale wie Papier in der Hand knüllt und Pferden mit einem Hieb den Kopf abschlägt, sondern weil die Menschen für ihn nur Werkzeuge sind, keines Mitleids würdig... Gewiß, ihm ist mehr erlaubt als anderen, und es steht uns nicht zu, uns in das, was er tut, einzumischen, aber die Jugend in ihm hat sich noch nicht ausgetobt. Du mußt wohl gehört haben, was er auf den Messen in Leipzig treibt, bei der Kur in Karlsbad, wieviele Geliebte er mit sich führt, wie er mit dem Geld um sich wirft, Pomp und tolle Streiche liebt, mit was für Menschen er sich umgibt und wie er mit ihnen verfährt, sobald sie sich ihm widersetzen oder lästig werden. Von denen, die noch unlängst bei ihm auf dem Schloß weilten, ist manch einer schon auf Königstein. Warum sollte ein wohlhabender, solider Mann wie du sich gefährden, wo der Gewinn unsicher ist und der Verlust Leben und Freiheit kosten kann?«

Die alte Martha seufzte. Der Sohn küßte sie auf die Schulter.

»Hör mich an, Mutter«, sagte er. »Auch ich kenne den Kurfürsten, zwar nicht persönlich, sondern über Leute, und ich kenne ihn besser als vom Stadtgeschwätz her. Es stimmt, daß er leichtfertig ist, daß das Blut in ihm wallt und er sich nichts versagt, aber gerade einem solchen Herrn eilends zu dienen, sobald es ihn nach etwas gelüstet, da läßt sich im rechten Augenblick am allermeisten gewinnen.«

»Aber warum sollst du dienen«, unterbrach ihn die Mutter, »wo du dein eigener Herr sein kannst, einer, der sich vor niemand verbeugen muß?«

»Warum?« Zacharias lachte vergnügt. »Darum, weil ich ehrgeizig bin. Ich strebe nicht nur nach Gewinn, sondern will mich aus unserem Bürgerstand erheben, in dem wir nicht viel mehr gelten als ein einfacher Bauer.«

Die Mutter war betrübt.

»Dein Vater und schließlich auch dein Großvater und Urgroßvater waren nur Bürgersleute, Kaufleute, und es erging ihnen nicht schlecht damit«, erhob sie sanft Einspruch. »Mit dem Feuer zu spielen ist gefährlich. Wo es viel zu verdienen gibt, gibt es auch viel zu verlieren, sogar das Leben. Du weißt, was man dem Kurfürsten nachsagt – auch wenn er heute einem zulächelt, kann er ihn morgen schon, falls der nur seinen leisesten Unwillen erregt, einsperren oder beseitigen lassen. Jung und hitzig ist er, das Blut wallt in ihm. Er ist schrecklich. Schrecklich!«

Zacharias, der ihr zuhörte, war durchaus nicht erschrocken, er lächelte.

»Das weiß ich alles«, versetzte er. »Aber ein vernünftiger Mensch legt sich mit einem, der stärker ist als er, nicht an, er dient ihm. Gerade bei einem solchen Herrn mit hitzigen Phantasien kann man es leicht zu etwas bringen. Im übrigen, Mutter«, fügte er hinzu, »sollst du ganz ruhig sein. Ohne den Boden gründlich abgetastet zu haben, tue ich keinen Schritt. Vorerst ist eines sicher, und daran ist nichts Bedrohliches: Zwischen uns und den Polen wird ein Bindeglied gebraucht, eine Vermittlung. Darauf will ich mich unbedingt einstellen. Ich werde, denke ich, einen Polen finden, der mich die Sprache lehrt, wenigstens soweit, daß ich ein Gespräch führen und lesen kann. Danach werde ich auf Reisen gehen, mir Warschau und Krakau ansehen und prüfen, ob man dort irgendwo nicht ein Geschäft eröffnen sollte. Dasselbe müßte man zu einem Anlaufpunkt für beide Seiten machen, zu einer Stätte des Austauschs...«

Zacharias redete fröhlich und energisch und dermaßen selbstsicher, daß er die ihm vertrauende Mutter nicht nur beruhigte, sondern sie fast schon für seine Pläne gewann.

»Ach«, sagte sie schließlich mit der Ergebenheit der Frau, »du bist der Mann! Du weißt besser, was zu tun ist. Wenn du dich dem gewachsen fühlst, werde ich dir gewiß nicht entgegenstehen. Ich bitte dich nur, sei vorsichtig, gehe nicht zu kühn vor.«

Nach kurzer Pause sprach sie, mit gesenkter Stimme, weiter: »Du weißt, daß meine Eltern katholisch waren. Dein Vater hat auch mir erlaubt, bei meinem Glauben zu bleiben, denn ich konnte ihm seinetwegen nicht entsagen. Er wollte nur, daß du dich zu seiner Religion bekennen solltest, und darauf mußte ich eingehen. Du weißt, daß ich heimlich unsere Kapelle besuche, wo uns der Priester hinter verschlossenen Türen die Messe zelebriert, du aber gehst in die Kreuzkirche zum Beten. Wir reden darüber ja niemals. Der Kurfürst ist jetzt Katholik geworden, alle sagen, er sei schon übergetreten, er hat also meinen Glauben angenommen, und ich sollte mich darüber freuen. Aber ich sage dir, mir kommt das wie eine Leichtfertigkeit vor, denn man wechselt die Religion nicht wie ein Kleid.«

Zacharias runzelte die Stirn.

»Das ist seine Sache«, murrte er. »Wir sollten nicht über ihn richten.«

»Ich richte nicht über ihn. Ich will dich nur warnen – wenn einer schon mit dem Herrgott so leicht verfährt, wie wird er dann mit Menschen umgehen, die ihm hinderlich sind?«

»Aber warum sollte man ihm hinderlich sein?« versetzte Zacharias. »Die Kunst besteht doch eben darin, nicht Hindernis zu sein, sondern Stütze, eine schier unentbehrliche Stütze.«

Martha schwieg. Erst nach einer Weile fragte sie: »Was hat in dir nur diese Lust geweckt? Woher kommen dir solche Gedanken?«

»Woher?« erwiderte der Sohn belustigt. »Von dir, Mutter! Hättest du mir nicht das Sorbische beigebracht, hätte ich das Polnische auf der Straße nicht verstanden und wäre sicherlich niemals auf derlei Wunschträume verfallen. Einzig du hast mit allem zu tun. Die Kenntnis deiner Sprache wird es mir leicht machen, das Polnische zu erlernen, und wenn ich es erst kann, dann bin ich unentbehrlich, oho!«

Mit einiger Sorge, aber zugleich voller Bewunderung hörte die Mutter ihrem Sohn zu, und sie betrachtete ihn verzückt.

Zacharias trat auf sie zu und küßte sie sanft.

»Du kannst ganz ruhig sein, Mutter«, sagte er zum Schluß noch einmal. »Ich tue jeden Schritt mit Bedacht, das versichere ich dir. Nun aber – zu niemandem ein Wort darüber.«

Nach diesem Gespräch wurde das Thema mehrere Tage hindurch von Mutter und Sohn kaum mehr berührt. Martha beobachtete an Zacharias eine dauernde Geschäftigkeit, mehrere Male am Tage überließ er den Laden der Aufsicht des Obergehilfen und ging selbst in die Stadt, wo er länger verweilte als üblich.

Eines Abends dann brachte Zacharias in die neben dem Laden gelegene Kammer, in der er sich auszuruhen und wohin er vertraute Gäste zum Wein einzuladen pflegte, einen Mann mit, der hier noch nie zuvor gesehen worden war und dessen äußere Aufmachung den Polen verriet. Die alte Martha sah den Gast vorbeischlüpfen, und ihr, der eine sichere Menschenkenntnis eigen war, mißfiel der Fremde zutiefst.

Hochaufgeschossen, hager und knochig war er, hatte riesige Hände und Füße und ging trotz der jungen Jahre leicht gebeugt. Sein Gesicht war gelb und lang, der Kopf spitz und von kurzgeschorenem braunem Haar bedeckt, das Gewand schwarz, kein Säbel hing an der Seite. Die

Miene des Gastes wirkte irgendwie verschreckt, die kleinen Äuglein huschten umher, gleichsam bemüht, nicht erhascht zu werden, der Mund barg ein seltsames Lächeln, eine Grimasse vielmehr, die schwer zu deuten war, ebensogut konnte sie Vorbote eines Ausbruchs von Zorn oder von Hohn sein. Obgleich der Fremde nicht älter als dreißig Jahre zu sein schien, war seine Stirn voller Falten, und seine Wangen durchzogen mächtige Furchen. Von der Jugendfrische war nicht viel übriggeblieben.

Zacharias führte den Mann zunächst in den Laden und danach in jene Kammer, und dieser folgte dem Hausherrn so schüchtern und vorsichtig, als fürchtete er, es könne ihn jemand bemerken, oder als spürte er, daß er hier nichts zu suchen habe. Wittke war äußerst angeregt und vergnügt.

In der Kammer hieß er den Fremden auf seinem Stuhl am Tisch Platz nehmen, darauf ging er noch einmal in den Laden und ordnete an, ihnen Wein zu bringen. Dann kehrte er zu seinem Gast zurück und setzte sich neben ihn auf eine Bank.

Der Fremde verlor keine Zeit, er spähte so neugierig in alle Ecken, als ob er ihre geheimsten Tiefen ergründen wollte – auch nicht der kleinste Gegenstand entging seiner Aufmerksamkeit.

Das Gespräch begann erst, nachdem der Ladenjunge, eine Schürze umgebunden, erschienen war, und auf einem Tablett eine hölzerne Flasche voll Wein und Becher gebracht hatte. Der Hausherr schenkte sofort ein und stieß mit seinem Besucher an.

»Auf Eure Gesundheit und auf die Gesundheit sämtlicher Herren Polen, unserer lieben Freunde und Bundesgenossen!« rief er fröhlich aus. »Nun, wie gefällt es Euch bei uns?«

Zacharias sprach deutsch, der Fremde lauschte mit gespannter Aufmerksamkeit, als ob es ihm schwer fiele, zu verstehen, und als eine Antwort fällig wurde, stockte er zunächst und blickte sich ängstlich in der Kammer um.

»Wie soll es nicht gefallen?« antwortete er langsam, und es schien, als ob er nach jedem Wort angestrengt suchen müsse. »Der Hof unseres künftigen Königs, Seiner Durchlaucht Eures Kurfürsten, ist wahrhaft königlich, in der Stadt sieht man Wohlstand, überall geht es fröhlich zu, man vergnügt sich in einem fort. Wie soll es nicht gefallen?« wiederholte er noch einmal. »Hier läßt es sich leben.«

»Und wie sieht's dort bei Euch aus?« fragte Zacharias.

»Bei uns«, sprach der Pole, »bei uns weiß man noch nicht, was wird, denn je nach König steht es so oder so. Mittlerweile haben wir nach der lärmvollen Zeit des Interregnums schon zwei Könige.«

Er lächelte schief.

»Aber aus dem Franzosen wird nichts«, fügte er nach kurzem Bedenken hinzu.

Wittke lenkte das Gespräch behutsam auf den Handel.

»Eines ist wohl klar«, sagte er, »nämlich daß jetzt, wenn sich der Kurfürst durchsetzt, zwischen unseren beiden Hauptstädten Kontakte geknüpft und Handelsgeschäfte belebt werden müssen, die es bislang nicht gibt. Wir werden euch Schlesien ersetzen. Etliche unserer Adelsherren, allen voran Flemming, werden den Kurfürsten bestimmt nach Krakau und nach Warschau begleiten. Sie werden dessen bedürfen, woran sie zu Hause gewöhnt sind, und nicht alles wird möglicherweise vorhanden sein. Also haben wir Kaufleute beizeiten zu bedenken, wie dem abzuhelfen ist – und wie man dabei verdienen kann, denn jeglicher Arbeit steht es zu, vergolten zu werden.«

Der Fremde bestätigte die Schlußfolgerung durch Kopfnicken, zugleich schlürfte er aus dem Becher eifrig Wein, der ihm sichtlich schmeckte.

»Ohne die Sprache«, fuhr der Kaufmann fort, »ist es, als hätte man keine Hände, und sich eines Dolmetschers zu bedienen ist unbequem und nicht immer gefahrlos.«

Der Gast pflichtete stetig bei, brummte etwas und ließ die Augen umhergehen, und als ein Ladenjunge die Tür öffnete, um seinen Herrn etwas zu fragen, bohrte sich der forschende Blick gar tief in den Geschäftsraum hinein.

»Ich wäre gern der erste«, sagte Zacharias, »der Eure Sprache erlernt. Ich habe dabei einen gewissen Vorteil, denn da Sorben bei mir dienen, aus der Lausitz, ist mir diese dem Polnischen ähnliche Sprache ein wenig vertraut.«

Der Gast schien verblüfft, wohl zum erstenmal hörte er von der sorbischen Sprache in Sachsen.

»Dem Polnischen ähnlich?« unterbrach er Zacharias lebhaft und voller Neugier. »Um des Himmels willen, sagt mir ein paar Worte!«

Wittke, der nicht preisgeben wollte, daß er das Sorbische fließend beherrschte, tat so, als ob er sich einige Worte in Erinnerung rief, und nannte dazu die deutsche Bedeutung. Der Fremde war höchlichst erstaunt.

»Das geht stark zum Tschechischen hin«, entgegnete er, »aber wahrhaftig, es ist unserer Sprache sehr ähnlich. Wenn Ihr damit vertraut seid, wird es Euch gewiß leichter fallen als anderen Deutschen, das Polnische zu erlernen.«

»Ich habe dazu große Lust«, ergänzte Wittke, »aber ohne einen Lehrer werde ich schwerlich auskommen.«

Wittke sah dem Gast in die Augen. Beider Blicke trafen sich, und unter den Lidern des Fremden blitzte etwas auf, wodurch dieser verriet, daß er den Wunsch des Kaufmanns erahnte und daß dieser Wunsch ihn freute.

»Gedenkt Ihr lange hierzubleiben?« fragte Zacharias.

»Ich?« erwiderte der Pole zögernd, gleichsam nach einer Antwort suchend, mit der er sich nicht festlegte. »Ich weiß es wirklich nicht. Frau Przebendowska hat mich mit hergenommen, damit ich die Briefe erledige und ihren Hof beaufsichtige, wer kann sagen, wie lange sie hier verweilen wird? Im übrigen bin ich nicht gebunden, das habe ich mir ausbedungen für den Fall, daß sich etwas Besseres findet.«

Wittke überlegte.

»Bei Frau Przebendowska müßt Ihr gute Konditionen haben«, bemerkte er kühl.

Wiederum bedachte sich der Fremde mit den Worten, sein Mund verzog sich noch seltsamer.

»Meine Stelle ist nicht übel«, äußerte er dann, »aber sie verspricht mehr für die Zukunft, als sie gegenwärtig hergibt. Die Przebendowskis werden es jetzt weit bringen.«

Er stockte und schlug die Augen nieder.

»Solltet Ihr hier länger bleiben«, schloß Zacharias, ermutigt, an, »könntet Ihr vielleicht jeden Tag einige Stunden für mich Zeit finden und mein Lehrer sein. Ich möchte das Polnische fürs Handelsgeschäft erlernen und zwar rasch. Für umsonst will ich solchen Dienst freilich nicht verlangen, ich bin sogar bereit, gut dafür zu bezahlen, da sich der Einsatz für mich lohnen wird.«

Der Fremde nickte lebhaft. Wittke schenkte ihm bereits den dritten Becher Wein ein und fuhr fort: »Ich würde Euch nur darum bitten, es die Leute nicht wissen zu lassen, daß ich polnisch lerne.«

»Auch mir wäre es lieb, wenn Frau Przebendowska nicht erführe, daß ich außer ihr noch jemand anderem diene«, brummte, am Becher nippend, der Gast.

»Ach!« Wittke lachte auf. »Ohne den Przebendowskis zu nahe treten zu wollen – Ihr würdet doch jetzt mit Leichtigkeit eine Stelle finden, da Ihr deutsch könnt, zudem sind ja die Przebendowskis, wie auch Flemming, für ihren Geiz bekannt.«

Der Pole nickte bestätigend, aber aus Vorsicht sprach er wenig, wohl weil er spürte, wie ihm der Wein zu Kopf gestiegen war.

»Ich, ich«, stotterte er, nachdem der Kaufmann verstummt war, »ich glaube nicht, daß ich ewig von der Gnade der Przebendowskis leben werde. Der Mensch muß auch an sich denken, kein anderer tut es für ihn. Ich bin eine Waise, bin mein eigener Herr und Diener. Als verarmtem Schlachtschitzen blieb mir nichts übrig, als das geistliche Gewand anzulegen.«

Während er dies sagte, schüttelte er die Schöße seines langen schwarzen Rockes, als ob ihm das Kleid eine Last wäre.

»Aber noch ist die Tür hinter mir nicht zugeschlagen, ich kann, wenn ich will, in die Welt zurückkehren. Noch habe ich die Wahl, mich dahin zu wenden, wo es mir günstiger erscheint. So suche ich, überlege, probiere. Vorerst benötigten die Przebendowskis einen Schreibknecht... Ich habe mich ihnen angeschlossen, um etwas Geld zu verdienen. Aber gebunden bin ich nicht...«

Der Sprechweise merkte Wittke an, daß der alte herbe Wein seine Wirkung tat, und den Gast scharf ins Auge fassend, fragte er: »Aber man zahlt Euch doch?«

Der Pole lachte auf und zuckte die Achseln.

»Man zahlt, man zahlt«, brummte er höhnisch. »Ja, freilich, man zahlt! Zu Neujahr erhalte ich ein Geschenk, man sorgt für meine Kleidung, manchmal, wenn der geizige Herr bei guter Laune ist, fällt einem unerwartet etwas zu. Ich habe Zeit, mich umzusehen, und Gelegenheit, mich umzuhören.«

Der Fremde spie aus und schob den leeren Becher beiseite, zum Zeichen, daß er genug getrunken habe. Seine Stirn bedeckten Schweißperlen.

Wittke sah ihn an und hörte ihm zu.

»Ich habe nicht vor, Euch den Przebendowskis auszuspannen«, sagte er nach einigem Bedenken. »Die könnten Euch in der Tat noch voranbringen, aber der Dienst dort ist Sklaverei und wird allein durch Hoffnungen vergolten. Seht Euch also um.«

»Das tue ich ja.« Der Pole rieb sich die großen Hände. »Bislang hatte ich nichts Besseres zur Wahl.«

Beide Männer schwiegen eine Weile, Zacharias wollte seinem Gast wieder einschenken, aber der wehrte entschieden ab und schickte sich schon an zu gehen, als der Kaufmann, auf den Tisch gestützt, leise mit ihm über die Bedingungen des Unterrichts zu verhandeln begann.

Herr Łukasz Przebor, so hieß Frau Przebendowskas Schreiber, verließ eine halbe Stunde später das Haus. Er war tüchtig berauscht und lächelte vor sich hin, den Mund häßlich verzogen.

Eilig hat er's, dieser Deutsche! dachte er im Stillen. Und dem Groschen ist er hinterher wie sie alle. Unser Polnisch hat Konjunktur, wer hätte das geahnt, und Herr Łukasz wird davon profitieren!

II

Es war früher Morgen. Am Abend des Vortages hatte der Kurfürst, tief nachdenklich bei den üblichen Vergnügungen und Zechereien, entgegen seiner Gewohnheit keine Fröhlichkeit gezeigt und war weder durch die Anekdoten seiner Tischgenossen noch durch den Wein aus seiner Versunkenheit zu reißen gewesen. Mehrere Male hatte er sich mit seinem Günstling, Oberst Flemming, und mit Baron von Rose zurückgezogen. Und zeitiger als gewohnt stand Flemming nun am anderen Morgen in dem neben dem kurfürstlichen Schlafgemach gelegenen Kabinett.

Wie alles, was den Pracht und Glanz liebenden Friedrich August umgab, zeichnete sich auch das Kabinett durch Eleganz der Einrichtung, der Tapeten und der Schmuckgegenstände aus. Die Stuhlsitze glänzten golden, Gold schimmerte an Tapeten und Gardinenstangen, und sogar die Teppiche, die den Fußboden zum Teil polsterten, waren von Goldfäden durchwirkt. Auf einem bequemen breiten Stuhl saß, halb angekleidet und einen Arm auf den Tisch gestützt, der neu gewählte König von Polen, und sonderbar hob sich dieses Bild von dem Prunk und der Vornehmheit ringsum ab; Friedrich August rauchte eine kurze Pfeife und stieß dicke Rauchknäule in die Luft.

Seine Gestalt war so frappierend herrschaftlich und schön, daß sie aller Augen auf sich lenken mußte. Von mittlerem Wuchs und außerordentlicher Wohlgestalt, mit dunklen Augen und dunklem Haar und einem gleichsam anmutig lächelnden Mund war August womöglich in Sachsen, wo es an schönen Männern nicht mangelte, der schönste unter ihnen allen. Schon bevor ihn das Schicksal mit der Krone beschenkt hatte, stimmte alle Welt darin überein, daß seine Erscheinung eine königliche war.

Schon damals war er mit Ludwig XIV. verglichen worden, obgleich die Majestät seiner Erscheinung, der Ernst und der denselben mildernde Charme von besonderer Eigenart waren. Wer bereits länger und vertrauter mit ihm Umgang hatte, wußte, daß beides zu nicht geringem Anteil die Frucht großer Selbstbeherrschung war – derselbe Kurfürst nämlich, sobald er im Freundeskreise saß und reichlich Becher leerte, bei deren Zahl kaum ein anderer mit ihm mithalten konnte, verwandelte sich dabei gänzlich und wurde ein bis zur Tollheit fröhlicher und ausgelassener Zecher. Aber auch dann stieß derjenige, der sich ihm gegenüber zuviel erlaubte, auf einen grimmigen Löwen, dessen zusammengezogene Brauen Schrecken einflößten. Gemeinhin aber liebte August Fröhlichkeit, mit ihr umgab er sich, dem Gespräch verlieh er einen scherzhaften Ton und versteckte dahinter geschickt seine ernsteren Gedanken.

Sein helles, großartiges, freundliches, wie flüchtig lächelndes Antlitz war gleichwohl eine Maske, die denjenigen Ausdruck sorgfältig verhüllte, den das Gesicht hätte annehmen müssen, hätte es die vor der Welt verborgenen, wahren Eindrücke gespiegelt. Wer August nahe stand wußte, daß die Höflichkeit und auch die Fröhlichkeit zumeist trügerische Zurschaustellungen waren. Eine zärtliche Äußerung konnte so manches Mal Angst einflößen, einen heraufziehenden Sturm ankündigen, und lautes Lachen ersetzte zuweilen Zornesausbrüche. Diejenigen, die den Kurfürsten von klein auf kannten, behaupteten flüsternd, keinen Menschen zu wissen, der falscher wäre und ein kälteres Herz hätte als er, trotz der Süße, mit der August einen jeden empfing, und ungeachtet der Huldversicherungen, die er freigebig verteilte.

Stark wie ein Löwe, war er wie jener König der Wüste gefährlich, und wenn er, was wenige Male in seinem Leben vorkam, der Leidenschaft freien Lauf ließ, verfiel er in grenzenlose Raserei. Sah man ihn aber in den gewöhnlichen Stunden des Lebens, vermochte niemand hinter der liebenswürdigen Miene die eisige Gleichgültigkeit zu erahnen und den furchtbaren Egoismus in den dunklen Augen zu vermuten, die, von den Lidern anmutig verhüllt, etwas Geheimnishaftes hatten.

Alles an ihm war aufgesetzt und künstlich, doch war die Komödie schon so sehr zur Natur geworden, daß nur die Eingeweihten von dem hinter sieben Siegeln verschlossenen Innenleben wußten.

Oberst Flemming, welcher in diesem Augenblick vor dem Kurfürsten stand, gehörte zu den Eingeweihten. Erst vor nicht allzu langer Zeit aus dem preußischen Dienst an Augusts Hof versetzt, nahm der pommersche Adlige, ein Neffe des Feldmarschalls[8], unter den Vertrauten und Freunden den allerersten Platz ein. Niemand konnte sich das erklären und die Auszeichnung wurde Flemming allseits geneidet.

Klein von Wuchs, aber von stolzer, energischer Physiognomie und Haltung, fiel er durch nur knappe, verwegene Bemerkungen auf, durch Hoffart und Heftigkeit der Bewegungen sowie durch die verächtliche Geringschätzung, mit der er allen – seinen Herrn ausgenommen, versteht sich – begegnete. Aber sogar ihm gegenüber verhielt er sich bisweilen kühn und maßlos schroff. In der Kleidung unterschied er sich nur dadurch, daß er die damals allgemein verwendete Perücke nicht tragen mochte und, sich um die Mode nicht scherend, das eigene Haar, lässig im Nacken zusammengebunden, passender fand. Dies verunzierte ihn nicht, da sein Gesicht, obgleich er es zu verziehen pflegte, feine Züge hatte und einigermaßen schön zu nennen war.

Nach der kurzen Begrüßung sah der Kurfürst seinem Freund ins Gesicht, er schwieg eine Weile und sagte dann: »Die Königswahl ist also vollbracht, die Millionen sind hinausgeworfen, der Anfang ist gemacht, der Kurfürst wird sich König nennen, und was weiter? Ich denke nicht, daß du darin das Ergebnis allen Mühens, das endgültige Ziel siehst.«

Flemming machte eine heftige Armbewegung.

»Ich vermute, daß Eure Königliche Hoheit mich dessen nicht bezichtigt«, versetzte der Oberst mit forscher Stimme, das Gewicht auf die Anrede »Königliche Hoheit« legend.

»Laß das Titulieren, hörst du?« unterbrach ihn August. »Ich will, daß du mir wie bisher Freund und Bruder bist.«

Flemming verbeugte sich rasch und nahm wieder Haltung an.

---

[8] vermutlich der Neffe des brandenburgischen Feldmarschalls Heinrich Heino Flemming (1632–1706)

»Glaubst du, daß wir uns gegenüber Frankreich und der Conti-Partei behaupten werden?« fragte der Kurfürst.

»Was gibt's darüber zu reden«, brummte der Oberst. »Wir haben den Schritt getan, zum Rückzug ist jetzt nicht der Augenblick. Ein französisches Sprichwort sagt: Der Wein ist gezapft, jetzt muß er getrunken werden.«

August lachte.

»Der Wein wird uns für eine Weile reichen, mein lieber Heinrich«, erwiderte er gefühlvoll und mit herzlicher Vertraulichkeit. »Reden wir darüber. Mit dir allein kann ich offen sein. Die polnische Krone zu erlangen, war mit Geld und bei deinen Verbindungen nicht allzu schwierig, aber das ist für mich nicht das Ziel. Der Königstitel? Eine Bagatelle... Der Gewinn aus diesem Erwerb ist zweifelhaft; es geht darum, daß der sächsische Kurfürst das zustande bringt, was seine Freunde, die Habsburger, obschon sie mehrere Jahrhunderte daran arbeiten, nicht zum Erfolg führen konnten. Gern hätten sie, so wie Ungarn und Böhmen, auch Polen geschluckt. Noch heute starren sie begehrlich darauf. Nun, Flemming, und wir?«

»Wir werden mehr Glück haben, denke ich, die Zügel haben wir ja schon in der Hand«, sagte der Oberst. »Es wird ein leichtes sein, sich in den Sattel zu schwingen.«

»Und sich im Sattel zu halten und das Roß oder den widerspenstigen Gaul in unseren Stall zu bringen«, sagte lachend der Kurfürst. »Wie du mich verstehst!«

»Ich errate und verstehe«, warf der Oberst ein. »Es ist eine Eurer würdige Aufgabe.«

Die Augen des Kurfürsten erstrahlten.

»Du weißt, daß ich die Habsburger schätze und liebe und ihnen hold bin«, fuhr er fort, »daß ich das Kaiserhaus hoch achte, aber es fällt schwer, ihm diese treffliche Gelegenheit zu überlassen, wo sie sich von selbst aufdrängt. Sie hatten Zeit, sie haben's versucht und nichts ausgerichtet. Jetzt bin ich an der Reihe. Diese Rzeczpospolita mit ihren blödsinnigen Freiheiten muß einmal von Grund auf zu einem Erbstaat umgewandelt und geordnet werden. Dort herrscht ein Durcheinander, wie ich es mir nur wünschen kann. Ich denke, die Stunde hat geschlagen, und es ist meine Stunde.«

Flemming hörte zu und schwieg. Plötzlich hielt der Kurfürst inne und fragte: »Was sagst du dazu?«

»Ich sage nichts dagegen«, antwortete der Freund bedachtsam. »Aber man sollte im voraus wissen, daß weder der Kaiser[9], der uns freundschaftlich Unterstützung verspricht, noch der brandenburgische Kurfürst[10], von anderen ganz zu schweigen, gewiß nicht dabei helfen werden.«

»Bestimmt nicht!« rief August aus. »Die sind ja selbst scharf auf den Bissen, jedoch...«

Beide sahen einander an und lachten. August streckte die Hand aus.

»Du verstehst mich, sprechen wir also darüber, los. Ich brauche jemanden, mit dem ich das alles mal durchspielen kann. Du kennst Polen?«

Flemmings Gesicht verdüsterte sich ein wenig. Weitschweifige Erörterungen waren nicht seine Sache, viel eher fühlte er sich für die Tat geschaffen denn für das Wort, und gewöhnlich pflegte er nur knapp und entschieden das Resultat seiner Gedanken mitzuteilen. Jetzt verlangte August von ihm genau das, was ihm am schwersten fiel. Sein lebhaftes Temperament, Wesensart und Gewohnheit machten ihm lange Dispute beschwerlich. Flink von Begriff, prägte er augenblicklich seine unumstößlichen Schlüsse und äußerte sie, als wären es Anweisungen. August wußte das, aber dieses Mal wollte er seine eigenen Gedanken an jemandem überprüfen, und er hatte keinen anderen Vertrauten als Flemming. Niemandem sonst gegenüber hätte er sich zu solchen Gedanken auch nur zu bekennen gewagt. Es waren dies seine großen Geheimnisse, die offen kundzutun verfrüht gewesen wäre.

Bei der Frage: »Du kennst Polen?« ruckte Flemming nervös mit dem Kopf.

»Wir alle kennen Polen«, brach es aus ihm heraus. »Und doch kennt es keiner. Man muß in dem Land geboren sein und dort leben, um es zu verstehen.«

Flemming fuchtelte mit den Armen.

»Dank meiner verwandtschaftlichen Beziehungen«, fuhr er fort, »und dank meiner Cousine, der Kastellanin, konnte ich die Polen ein wenig kennenlernen. Mir scheint, daß man mit ihnen alles machen kann, man muß nur wissen, wie.«

Der Kurfürst vollführte auf dem Tisch stumm die Geste des Geldzählens und deutete damit an, daß Geld das wirksamste Instrument wäre.

»Das ist ein bewährtes Mittel«, reagierte der Oberst. »Doch nicht

[9] Leopold I. (1640-1705)
[10] Friedrich I. von Hohenzollern (1657-1713), seit 1701 König in Preußen

alle Polen sind mit Geld zu gewinnen. Käufliche Kreaturen gibt es überall, aber hier sind außer Gold auch noch Verstand und Schläue gefragt. Er ist wie ein Schachspiel, der Umgang mit diesen Pans und ihren Freiheiten, über die sie so eifersüchtig wachen.«

Bei der Erwähnung der Freiheiten grinste August höhnisch, und auch Flemming zog eine verächtliche Miene.

»Millionen zu verschleudern«, begann der König leise, »nur um der Annehmlichkeit willen, die Krone eines Wahlkönigs zu tragen, die man nicht weitervererben kann, das ist ein Spiel, das nichts taugt. Du kennst meine Absicht: Ich will im Osten Europas einen neuen, starken Staat errichten und meinem Erbland Sachsen ein neues Erbland Polen anschließen.«

Eine halb entrollte Karte Europas lag auf dem Tisch, mit rascher Handbewegung breitete August sie ganz aus, und sein Finger zeigte Flemming Polens östliche Grenzen, danach den westlichen Teil sowie Schlesien und Sachsen. Den Blick auf die riesige Fläche gerichtet, die diese Länder einnahmen, schmunzelte August.

Flemming trat näher an den Tisch heran.

»Das Ganze werdet Ihr auf keinen Fall beherrschen können«, flüsterte er. »Den Brandenburger wird man bestechen müssen...«

»Mit der Königswürde«, warf August ein.

»Ach nein, damit gibt der sich nicht zufrieden.« Der Oberst sprach leise, abgehackt. »Territoriale Zugeständnisse sind unabdingbar.«

»Wenn's sein muß«, sagte der König. »Es ist genug da, um zwei Königreiche draus zu schneidern.«

»Auch der Zar[11] wird eine Regulierung der Grenzen verlangen«, fügte Flemming hinzu.

»Damit rechne ich«, erwiderte der König. »Sieh hin, was noch bleibt.«

»Glaubt Ihr, daß nicht auch der Kaiser bei der Gelegenheit nach Gewinn trachten wird?« bemerkte der Oberst.

»Der Kaiser hat gar nichts zu fordern«, entgegnete August. »Wir stehen uns gut miteinander, er ist mir wohlgesinnt und weiß, daß, wenn er mir beisteht, er einen Verbündeten gegen Frankreich gewinnt, der ihn mit Leuten und mit angeworbenen Rekruten unterstützen kann.«

»Das ist noch nicht alles«, sagte Flemming. »Von der Türkei ist

---

[11] Peter I. (1672-1725)

Kamieniec[12] zurückzuerobern, ebenso sind ihr die Moldau und die Walachei zu entreißen.«

»Genug für heute!« erklärte lachend der König und schob die Karte zurück, die, sich zusammenrollend, auf den Fußboden fiel. Flemming eilte, sie aufzuheben.

»Wenn ich an Vorbedeutungen glauben würde«, flüsterte der König, »wäre das ein schlechtes Omen.«

Beide zuckten sie die Achseln. Flemming, der langen Debatten sichtlich überdrüssig, blickte zu seinem Herrn auf, der bereits nachdenklich dastand.

»Alles das«, setzte Flemming hinzu, »läßt sich nicht auf einen Streich erringen. Langsam, Schritt für Schritt, muß man in Polens Eingeweide vordringen und dort tätig werden. Wir haben eine Armee, und wir werden Geld bekommen.«

»Die Schwarze Bruderschaft[13]«, flüsterte der König, »gibt uns welches gegen ein Pfand aus Juwelen. Auf ihre Unterstützung müssen wir auch rechnen.«

Der Oberst schien nicht mehr zuhören zu mögen, unwillig schüttelte er den Kopf.

»Darin weiß ich nicht so gut Bescheid wie Ihr«, unterbrach er lebhaft den König. »Jedoch das Nächstliegende und das Dringendste müssen wir tun: unsere Armee in die Grenzen von Polen hineinführen, ungeachtet allen Gezeters und aller Proteste. Und die Krönung vornehmen.«

»Conti wird wahrscheinlich kommen«, bemerkte der König. »Ihn davonzujagen gehört ebenfalls zum Programm. Der Primas[14] ist zu versöhnen, man muß sich der Sobieskis[15] entledigen und Warschau einnehmen.« August, tief nachsinnend, sprach immer leiser, die Stimme erstarb auf seinen Lippen.

Flemming betrachtete ihn forschend.

---

[12] Kamenez, in den Türkenkriegen des 17. Jh. viel umkämpfte Stadt und Festung in Podolien/Ukraine, kam 1699 wieder zu Polen.

[13] hier: die Jesuiten

[14] Der Erzbischof von Gnesen, Michal Radziejowski; während des Interregnums nach dem Tode Jans III. Sobieski Königsvertreter, unterstützte Contis Kandidatur, wurde aber von August bestochen und nahm dessen Partei.

[15] Die drei Söhne Jans III. Sobieski, Jakub, Aleksander und Konstanty, erhoben Anspruch auf die Krone, waren aber bei der Schlachta wenig beliebt und wurden von den Magnaten nicht unterstützt. Von 1704 bis 1706 saßen Jakub und Konstanty auf Befehl Augusts II. als Gefangene auf der Festung Königstein.

»Merk dir auch das«, sagte der König vertraulich, während sich
Flemming zu ihm hinneigte. »Niemand darf in die Pläne eingeweiht
werden. Sie verlauten zu lassen, ja auch nur Ahnungen auszustreu-
en, hieße sie zunichte machen. Ich fürchte die Wände und die Mauern, daß sie uns belauschen und verraten könnten. Wenn es sich erst
in Polen herumspricht, daß der neue König die Alleinherrschaft an-
strebt, werden wir keine Ruhe haben. Alle wurden schon dessen bezichtigt.«

Schweigen trat ein, die Verständigung war vollkommen, mehr gab
es einander nicht anzuvertrauen. August reichte dem Freund die Hand
und schloß knapp: »Wir zwei, und niemand sonst!«

Der Oberst bemerkte lebhaft: »Der Bischof von Kujawien[16] ist
incognito zu Gesprächen eingetroffen.«

»Bringt er Neues mit?«

»Nein, nur seine Dienstbereitschaft«, antwortete Flemming. »Vorerst wäre es genügend, diese mit der Zusicherung der Primaswürde zu
vergelten, die er sich angeeignet hat.«

»Ich sähe ihn gern«, äußerte der König. »Aber damit nicht genug –
er hat Einfluß, soll er sich um seinet- und um meinetwillen darum
bemühen, den Kreis unserer Anhänger in Polen zu vergrößern.«

»Mir scheint, ein paar Leute hat er in der Tasche«, warf Flemming
ein.

»Natürlich nicht für umsonst«, fuhr August fort. »Ich gehe auf alle
Bedingungen ein, aber es muß Geld beschafft werden. Die Pater versprechen so bald keines, einstweilen muß Sachsen selbst das Geld auf-
bringen: Kontributionen, Akzisen, du verstehst mich?«

»Akzisen, o ja! Ein guter Gedanke«, sagte Flemming.

»Man benötigte nur jemanden, der ihn, so oder so, ohne Rücksicht
auf Verluste, in die Tat umsetzt«, ergänzte der König. »In Sachsen
brauche ich den Adel nicht erst zu fragen, ich befehle, was ich will. So
müssen wir uns mit der Zeit auch in Polen einrichten. Der sächsische
Adel, sollte er dennoch räsonnieren wollen, ist in den Ämtern durch
Fremde zu ersetzen. Solch ein System funktioniert am besten. Ausländer in meinen Diensten brauchen auf nichts Rücksicht zu neh-

---

[16] Stanisław Kazimierz Dąbski, berüchtigter Intrigant: Anfangs auf seiten
Jakub Sobieskis, wechselte er danach in Augusts Lager über. Nachdem er das Amt des
Primas an sich gerissen hatte, krönte er 1697 in Krakau den sächsischen Kurfürsten
zum König von Polen.

35

men. Das Land geht sie nichts an, sie sind nicht von ihm abhängig und schulden ihm nichts, für sie ist der Regierende das ein und alles.«

Vor der Tür zum Kabinett wurden ungestüme Schritte hörbar, der König verstummte jäh und legte den Finger an den Mund. Flemming zog sich ein wenig in die Tiefe des Raumes zurück, die Tür ging auf, und ein Mann mittleren Alters, von ungemein aristokratischer, herrischer, stolzer Erscheinung begrüßte mit tiefer Verbeugung von der Schwelle her den Kurfürsten und, nachdem er sich umgesehen hatte, mit leichtem Kopfnicken den Oberst.

Der Neuangekommene, dem August höflich, aber ein wenig gezwungen zulächelte, ließ seinem Äußeren nach den hohen Würdenträger ahnen. In der Tat handelte es sich um den erst kürzlich aus Wien herbeigeholten Statthalter, Fürst Egon Fürstenberg[17]. Gut aussehend, mit höchster Sorgfalt gekleidet, hatte er einen rätselhaften Gesichtsausdruck, der mehr die Anstrengung, selbstsicher zu erscheinen, bezeugte denn Stärke. Körperbewegungen und Gesichtsausdruck verrieten eine gewisse Unruhe. Der König beeilte sich, ihn unverzüglich in einer aktuellen Angelegenheit, die Stadt betreffend, anzusprechen, und Flemming, sich mit seinem Herrn durch einen Blick verständigend, entfernte sich mit einer Verbeugung.

Vom Schloß aus begab sich der Oberst, ohne den auf ihn wartenden Wagen zu benutzen, geradenwegs in die Schloßstraße. Das Haus, in das er eintrat, gehörte zu den an den kurfürstlichen Palast anschließenden Bauten und wurde von einem der nächsten Günstlinge des Landesherrn bewohnt. Die davor stehende Kalesche, mit Kot bespritzt und zur Hälfte entladen, deutete auf einen frisch eingetroffenen Besucher hin.

Im ersten Obergeschoß stieß Flemming auf Bedienstete in polnischer Tracht, und nachdem er ein Vorzimmer voller Gesinde durchquert hatte, traf er in dem kleinen Salon, zu dem er die Tür öffnete, fast schon an der Schwelle einen ihm entgegenkommenden Mann.

Das dunkle Gewand, der Fasson nach der Rock eines katholischen Geistlichen, war irgendwie von so sonderbarem Zuschnitt und Sitz, daß man nicht mit Sicherheit hätte sagen können, ob der Träger dem

---

[17] Anton Egon Fürstenberg (1656–1716), aus fürstlichem Geschlecht, Günstling Augusts II., war nach dessen Wahl zum König von Polen sein Statthalter in Sachsen.

36

weltlichen oder dem geistlichen Stande angehörte. Der Fremde war von niedrigem Wuchs, rund und mollig, in seinem glattrasierten, vollen Gesicht leuchteten schwarze, lebendige Augen, dicke Lippen wölbten sich über dem breit und stumpf abgehackten Kinn, unter dem schon ein Doppelkinn hervorlugte; auf das kurzgeschorene Haupt war recht unbeholfen eine Perücke eher gestülpt denn gesetzt. Der Mann begrüßte Flemming in nicht eben erlesenem Französisch und schien höchst erfreut, ihn zu sehen.

Flemming rang sich gleichfalls ein Lächeln ab. Nach der, vor allem seitens des molligen Gastes, ein wenig eiligen Begrüßung begaben sich die Herren zum Fenster hinüber und redeten flüsternd miteinander, unter gegenseitigen betonten Höflichkeitsbezeigungen.

Der Fremde stand Flemming in der Lebhaftigkeit nicht nach, und während des Gesprächs zupfte er unentwegt voller Nervosität sein Gewand zurecht.

»Ich werde also das Glück haben, Seine Majestät zu sehen?« fragte er am Ende.

»Sobald er sich der laufenden Angelegenheiten entledigt haben wird, Euer Bischöfliche Gnaden«, erwiderte Flemming. »Ihr möchtet nicht, daß man hier von Euch weiß?«

»Das ist nicht nötig! Es wäre unangebracht, darüber zu sprechen!« rief der Bischof lebhaft.

Es war dies Dąbski, der Bischof von Kujawien, jene wichtigste Stütze des neuen Königs in Polen, den Flemming kurz zuvor im Gespräch mit August erwähnt hatte.

»Ich bin nur gekommen«, fuhr Dąbski hastig fort, »um die Krönungsangelegenheit zu besprechen, um zu sichern, daß wir uns hinsichtlich der Teilnehmer und des Ablaufs des Ganzen einig sind. Ich konnte mich niemandem anvertrauen und auch niemand anderes entsenden, sondern wollte selbst mit dem König sprechen, daher habe ich mich aus Krakau fortgestohlen, ohne daß man dort weiß, wo ich bin. Meine Zeit ist begrenzt, ich muß zurück.«

»Wir werden Euch nicht aufhalten«, versetzte der Oberst. »Indessen sieht der König Euch gern. Was hört man von Conti?«

Dąbski warf die Lippen auf und hob die Brauen.

»Es ist fraglich, ob er kommt, und gewiß, daß er sich verspätet. Inzwischen werden wir uns bemühen, seine Anhänger für uns zu gewinnen. Der Kurfürst sollte sich über den österreichischen Hof und

37

seinen Schwager versichern, daß ihm die Sobieskis nicht in die Quere kommen.«

»Conti ist für uns allemal schlimmer«, bemerkte der Oberst.

»Ich weiß nicht«, gab Dąbski zu bedenken. »Würden die Sobieskis zusammenstehen, wären sie eine höchst gefährliche Konkurrenz. Sie haben Geld zur Genüge und viele alte Freunde.«

»Aber noch mehr Leute, die ihnen abgeneigt sind, sofern mich die Przebendowskis richtig informieren«, äußerte Flemming.

»Vor allem müßte man den ziemlich hartnäckigen Wielopolski[18] gewinnen«, begann Dąbski. »Sonst schließt der uns noch das Schloß vor der Nase zu und läßt uns nicht in die Schatzkammer, wo die Krönungsinsignien liegen, und Gewalt anzuwenden, wäre nicht zulässig.«

»Und die Schlüssel zur Schatzkammer?« fragte Flemming.

Der Bischof antwortete lediglich mit einem Schmunzeln. Erneut flüsterten die beiden Männer lebhaft miteinander, bis das Gespräch offenbar an etwas Heikles rührte und Flemming heftig einwand: »Wenigstens der Anschein der Legalität muß bei allem gewahrt bleiben! Leider sind wir gezwungen, uns in vielen Dingen darauf zu beschränken. Die argwöhnische Schlachta würde sofort Geschrei erheben, daß wir ihre Freiheiten bedrohen, dabei wünscht der Kurfürst dringendst, auch nur jeden derartigen Verdacht zu vermeiden. Zum Schloß, zur Schatzkammer brauchen wir den Zutritt«, fuhr er fort. »Sogar wenn wir eine andere Krone herbeischaffen könnten. Man sagt mir, zum alten Krönungszeremoniell gehöre die Beisetzung des verstorbenen Königs. Die Sobieskis aber werden uns doch den Leichnam nicht herausgeben! Was sollen wir tun?«

»Dafür haben wir schon Rat gefunden!« erwiderte Dąbski. »Ein leerer Sarg wird den Dahingeschiedenen repräsentieren. Viel schwieriger ist es für uns, in das Schloß zu gelangen, die Krönung kann schließlich nirgendwo anders stattfinden als auf dem Wawel.«

Flemming vollführte stumm die Geste des Geldzählens, und der Bischof machte dazu eine zweideutige Miene.

»Wir haben schon so viel verteilt, daß wir jetzt nicht knausern können«, erklärte der Oberst.

Im Verlaufe des Gesprächs offenbarte der Deutsche immer wieder Anzeichen von Ungeduld, er wollte rasch alles ausschöpfen, was es mit

---

[18] Vermutlich Franciszek Wielopolski, kleinpolnischer General, dem als Starost möglicherweise die Aufsicht über das Krakauer Schloß zufiel.

Dąbski zu beraten gab, doch der Bischof, obwohl gleichfalls von lebhaftem Temperament, war es gewöhnt, sich über jeden Gegenstand weitschweifig auszulassen.

Flemming brachte eben das Geld ins Gespräch, als langsamen Schrittes und in schiefer Haltung aus einem der vom Bischof bezogenen Zimmer ein Greis hereintrat, mit bedeutungsvollem, vergeistigtem Gesicht, das schwarze Gewand hielt ein ebenfalls schwarzer Gürtel zusammen, über die Schultern war ein kurzer Mantel geworfen.

Es war dies der Jan III. einst so teure, großartige Gelehrte Pater Vota[19] von der Gesellschaft Jesu. In seinem Orden verfügte er über eine außerordentliche Bedeutung, und trotz seines vorgerückten Alters mußten sich der Orden und auch Rom in Sachen des Katholizismus und der Thronerhebung des sächsischen Kurfürsten seiner bedienen. Flemming begrüßte ihn von weitem, höflicher, als man von ihm hätte erwarten können, und der Bischof, obgleich es sich um einen einfachen Ordensbruder handelte, machte ihm eilends Platz und zeigte sich höchst ehrerbietig.

Pater Vota, so schien es, war bereits Gast auf dieser Erde. Dereinst vital und arbeitswütig, wirkte er jetzt erkaltet, ausgelebt, erstarrt, ruhig, folgte nur noch dem Ruf der Pflichten, ohne sich leidenschaftlicher der Dinge des Tages anzunehmen.

»Ihr kommt ganz zur rechten Zeit«, sagte Flemming, auf ihn zugehend. »Die Rede ist vom Geld. Wir haben den sächsischen Staatsschatz schon reichlich ausgeschöpft, und bis die Akzise wieder etwas einbringt, hat uns der Orden bei sich in Polen Kredit zugesichert. Wir benötigen ihn äußerst dringend.«

Vota hörte ungerührt zu.

»Was wir versprochen haben und was der Vater General in Rom dem Baron von Rose zugesichert hat, das erfüllen wir hoch und heilig. Jedoch, hochehrwürdigster Herr«, erwiderte er, »dieses Geld ist nicht unseres, es gehört dem Orden, vielmehr der ganzen Christenheit, der Kirche, und es ist für unsere Missionen bestimmt. Wir können es daher nicht ohne gewisse Garantien und Sicherheiten vergeben.«

---

[19] Karl Moritz Vota, Jesuit, gebürtiger Italiener; österreichischer Agent am Hof Jans III. Sobieski; gewann dessen Vertrauen und verfügte über große Macht, besonders in des Königs letzter Lebenszeit. Nach dem Tode Sobieskis blieb er am Hof und war Beichtvater Augusts, verlor aber seine frühere Bedeutung.

»Wir haben Juwelen gespendet«, antwortete Flemming. »Die Sache ist abgesprochen.«

»Unsere Provinziale werden entsprechende Weisungen haben, dies möchtet Ihr dem König bitte versichern.«

Nach kurzem Schweigen sagte Pater Vota leiser und ohne Flemming anzusehen: »Die Wahl und die Krönung des Kurfürsten liegt uns allen am Herzen. Ich brauche nicht zu wiederholen, daß wir in Polen mit allen Kräften den König unterstützen werden. Und wir erwarten die gegenseitige Einhaltung der Versprechen. Bisher findet der katholische Gottesdienst in Dresden und in Leipzig heimlich, hinter verschlossener Tür statt. Wir müssen verlangen, daß die Kapellen geöffnet werden.«

»Aber kein Geläut, vorerst können wir euch keine Glocken geben«, warf der Oberst ein. »Der König hat nachdrücklichst empfohlen, den Katholiken alle möglichen Freiheiten einzuräumen, aber wir müssen auch Rücksicht auf unsere Evangelischen nehmen, deren Gemüter erregt sind. Da gibt es Fanatiker. Man muß einmal lesen, was sie schreiben, und hören, was sie von der Kanzel herunter verkünden.«

»Der erste Augenblick ist stets von Hitzigkeit geprägt«, flüsterte Pater Vota.

Flemming suchte bereits nur noch nach einem Vorwand, um das Gespräch zu beenden und aufzubrechen. Flüsternd besprach er etwas mit dem Bischof, dann verabschiedete er sich von den beiden Geistlichen und verschwand, von Dąbski zur Tür geleitet.

Pater Vota blieb mit Dąbski allein.

»Wozu sprechet Ihr von dem allen?« rief der Bischof aus. »Ich habe mich für die Interessen der Kirche geopfert und mich auf ein gefährliches Spiel eingelassen. Davon profitieren in der Tat die Kirche, die Welt, der Heilige Stuhl.«

Pater Vota sann nach.

»Ich habe keinen prophetischen Geist«, sagte er schließlich. »Der Kurfürst weckt ehrlich gesagt kein Vertrauen in mir. An seine Bekehrung glaube ich nicht. Seine Ehefrau wird die Konfession bestimmt nicht wechseln. Der Sohn, so ist es uns versprochen worden, soll katholisch erzogen werden, doch wird die protestantische Mutter seine erste Glaubenslehrerin sein, und danach, ja danach wird der Herrgott selbst seinem Werk forthelfen. In Sachsen, wo sich die Ketzerei so fest eingenistet hat, wird es schwer sein, sie auszurotten.«

»Das Beispiel des Monarchen«, flüsterte Dąbski verwirrt. »Dieser junge, heißblütige Herr zeigt keinen Eifer in den Anfängen, mit der Zeit aber werden die Einflüsse, die ganze Umgebung, wir alle...«

Pater Vota lächelte.

»Geb's Gott«, sagte er. »Schließlich sind die Opfer, ihn zu gewinnen, nicht gering.«

»Den Sohn werden wir erziehen, nicht die Mutter«, fügte Dąbski hinzu. »Rom wird sich seiner erinnern. Wir müssen ihn hier herausreißen und ihn ins Ausland bringen. Euer Orden wird die Lehrer stellen.«

Dąbski hörte ziemlich gleichgültig zu. Er glaubte sichtlich nicht allzusehr an die vielen Versprechungen. Es ging ihm darum, Pater Vota den König anders darzustellen, und so redete er sich immer mehr in Eifer.

»Der erste Schritt ist getan, er hat sich von der Ketzerei losgesagt, damit haben wir das Heft in der Hand und müssen jetzt handeln.«

»Er muß sein Leben ändern«, flüsterte Vota. »Er gibt ein schlechtes Beispiel, mit solch öffentlicher Sündigung gewinnt er in Polen keine Freunde.«

»Lieber Pater«, redete Dąbski weiter, »seht doch, was an Ludwigs Hof, vor den Augen der katholischen Geistlichkeit, der erzchristliche König anstellt. Von dort, von der Seine, sind diese salomonischen Sitten an die Elbe gekommen. Das lehrt uns, daß man viele Male nachsichtig sein muß, um schlimmeres Übel zu verhüten.«

»Geb's Gott, geb's Gott«, flüsterte Vota. »Ich fürchte nur, anstatt daß er sich Euch anpaßt, Eure Herren darauf verfallen werden, ihn nachzuahmen.«

Dąbski schüttelte den Kopf.

»Unsere Frauen wachen über die heimischen Herde, seid unbesorgt, Pater.«

Vota wiederholte leise und sanft: »Geb's Gott, geb's Gott!«

Das Gespräch stockte für einen Augenblick. Der Bischof, sich gleichsam auf etwas besinnend, trat dicht an Vota heran und flüsterte: »*Ni fallor*[20], Pater, ist der Herr das, was wir brauchen. Als er uns in Tarnowitz zum Empfang lud, hat er dort einen Silberbecher in den Händen zerdrückt. Er ist stark, und nicht nur seine Hand, ich meine, die Stärke findet sich auch im Charakter. Er wird die Zügellosigkeit bändigen,

---

[20] (lat.) Wenn ich nicht irre...

den Aufruhr ersticken, Rebellionen nicht zulassen und die allzugroße Freiheit beschneiden, das spricht aus seinen Augen. Im übrigen ist er an die Alleinherrschaft gewöhnt, denn bei sich zu Hause kennt er keinerlei Machtbeschränkungen.«

Vota flüsterte abermals: »Geb's Gott, geb's Gott! *Utinam*[21]!«

III

So, wie von großen Umbrüchen in der Natur kleine Lebewesen nutznießen und sich, vom Instinkt geleitet, auf Trümmerhaufen wie auf Saatfeldern einfinden, gleichermaßen angelockt durch Blütenduft wie durch Brandgeruch, genauso nutznießen in der Welt der Menschen von geschichtlichen Ereignissen großer Tragweite die winzigen Sterndeuter, die überall dort sind, wo etwas aufsteigt oder aber im Verfall begriffen ist.

In dem Augenblick, da sich Sachsen, verwundert und bestürzt, Sorgen machte und in der Wahl seines Kurfürsten die Religion bedroht sah, da in Polen die schärferen Geister in August den Freund, Schüler und Verbündeten der Habsburger fürchteten, welche überall, wo sie herrschten, danach trachteten, die Freiheiten der ihrem Zepter unterworfenen Völker zu beschneiden – in demselben Augenblick dachten in der Dresdener Schloßstraße Herr Zacharias Wittke und Łukasz Przebor, Hofmann der Frau Przebendowska, lediglich an sich und überschlugen, wie sie die Königswahl und den neuen Landesherrn nutzbringend für sich verwenden könnten. Wittke drängte der Ehrgeiz auf den schlüpfrigen Pfad, welcher in der Mutter nicht ohne Grund tiefe Besorgnis weckte. Łukasz, den wir im Laden beim Bechern kennenlernten, im schmuddeligen Pfaffenrock, machte sich nicht weniger Gedanken über sein künftiges Geschick, und er wollte es darauf gründen, daß er durch Zufall schon mit einem Bein nahe am Hof und beim König stand.

Wieso die arme Waise, anstatt sich einfach irgendwo ins Register der Bediensteten und Hofbeamten eines Lubomirski oder Jabłonowski[22] einzuschreiben, darauf verfiel, ohne alle Mittel, auf gut Glück und mit

[21] (lat.) Möge es so sein.
[22] polnische Magnatengeschlechter

Schneid ihr Fortkommen zu betreiben, das vermochten wohl allein Charakter und Temperament zu erklären. Die Umstände nur hatten dem Ärmsten bisher nichts Besseres geboten. Ganz auf sich gestellt, hatte er sich immer wieder dank seines Instinkts gerettet: Der Zufall spielte ihm die Fibel in die Hand, er wurde neugierig und brachte sich nahezu allein das Lesen und Schreiben bei; fast gewaltsam drängte er sich hernach in die Pfarrschule, um gierig zu trocken Brot das Latein zu verschlingen. Er putzte dem Priester die Schuhe und fegte ihm die Stube, und der Priester lenkte ihn in die Geistlichenlaufbahn und verschaffte ihm die Aufnahme ins Seminar.

Während des Noviziats wurde es in seinem Kopf, durch den die sonderbarsten Gedanken irrten, allmählich klarer. Über der Waise waltete eine Vorsehung, eine unsichtbare Hand, die ihn vorwärtsstieß und ihm Hilfe leistete.

Von Ahnungen geleitet und von seherischen Instinkten, vertraute er sich niemandem an, beriet sich mit keinem Menschen, allein beim Wiederkäuen der eigenen Gedanken erwarb er Schläue und die Fähigkeit, Lösungen zu finden. Der Unscheinbare im verschossenen Kapuzenmantel trat den Kampf des Lebens mit der Überzeugung an, daß er es schon schaffen würde. Dabei begehrte er maßlos alles. Ja, hatte er nicht von Erzbischöfen gelesen, die als arme Schüler um Speise bettelnd durch Krakau gezogen waren? Er setzte Schritt um Schritt und spann alles aus sich selbst heraus. Verschlossen und verschwiegen, bewegte er sich behutsam voran, und jede neue Errungenschaft ermutigte ihn zu neuen Träumen und Hoffnungen.

Im Seminar erwarb Łukasz Przebor so viel Wissen, wie es der alltägliche Lauf des Lebens damals jenen abverlangte, die keinen speziellen Beruf erwählten, zugleich geriet er mehr und mehr ins Schwanken, ob es nicht an der Zeit wäre, den schwarzen Rock abzustreifen, der ihm so beschwerlich war, oder ob er ihn anbehalten und sich dem sogenannten Dienst am Herrgott widmen sollte. Zwar hätte er bis in die höchsten Ränge aufsteigen können, doch alle die Gelübde und Entsagungen, wie sie das Noviziat verlangte, schmeckten ihm nicht, er liebte das Leben mit allen seinen Sättigungsarten.

So blieb er vorerst Kleriker, um das Dasein gesichert zu haben, dabei immerfort Ausschau haltend, wofür oder für wen er die Soutane ablegen könnte. Der Zufall bot ihm ein einstweiliges Obdach am Hofe der Kastellanin, die, sich nach Dresden begebend mit ihrer polnischen

Dienerschaft, für diese eine Aufsicht und einen Dolmetscher benötigte und für sich selbst einen Sekretär und Kopisten, welcher Geheimnisse zu hüten imstande war; Przebor erschien der Kastellanin beschränkt genug, so daß sie nicht zögerte, ihm wichtige Dokumente zur Abschrift zu geben. Przebor nahm die Gelegenheit wahr, las begierig alles, lauschte und deutete und erschloß für sich die Geheimnisse der Politik. Kein anderer hätte seine Stellung besser nutzen können. Nicht das geringste entging seiner Aufmerksamkeit. Er schnappte Worte auf und fügte sie zu einem Sinn. Aus Menschen, Mienen, winzigen Anzeichen zog er seine Schlüsse. Je länger dies fortdauerte, um so gewisser war er sich dessen, daß sein Aufenthalt am Hofe der Kastellanin Ausgangspunkt für ein neues Dasein sein würde. Schon durchzuckte es ihn wie ein Blitz, daß sich das, was er wußte, bei Conti gut versilbern ließe. Das Gewissen hinderte ihn nicht daran, es fehlte nur die Gelegenheit.

Die Gespräche mit Wittke, obgleich der sich nicht offen aussprach, bedeuteten Przebor, daß der Augenblick gekommen war, da man, als Mittler zwischen Polen und Sachsen wirkend, aus beiden Seiten Gewinn ziehen konnte. Warum sollte er nicht versuchen, zum Hof vorzustoßen, so Gott wollte, zum König? Wie er es verstand, wollte Wittke nur als Kaufmann verdienen, er aber beabsichtigte, als Mann der Feder und als Politiker seine Geschäfte zu machen.

Beiden, dem Kaufmann wie dem Schwarzrock, glühte der Kopf. Nachdem Wittke den ersehnten Lehrer gefunden hatte, ging er schon am Tag darauf nicht schlechthin mit Eifer, sondern mit wilder Verbissenheit ans Erlernen des Polnischen. Sein Gedächtnis war ausgezeichnet, das Sorbische leistete ihm vorzügliche Dienste, es ging lediglich darum, Charakter und Formen dieser Sprache zu erfassen, deren grundlegendes etymologisches Material er im Kopf hatte. Schon während der ersten Lehrstunden erwies sich, daß Zacharias sprachbegabt war – Leichtigkeit bei der Aneignung einer Sprache ist ja wahrhaft eine Gabe, die nicht jedem gegeben ist. Przebor, selbst nicht ohne Fähigkeiten, konnte nur immer wieder die unglaubliche Intelligenz seines Schülers bestaunen. Wittke beglückten die ersten Versuche so sehr, daß er Wein reichen ließ, er speiste seinen Professor und berauschte ihn. Nichts anderes hätte ihm diesen mehr zugetan machen können, denn obwohl Łukasz bei der Przebendowska nicht eben Not litt, so war er doch lüstern und begierig wie jeder arme Teufel, der lange gedarbt hat. Was Przebor nicht aufessen konnte, das steckte er ein. Wittke gewann sein

Herz mit diesen Leckereien, und Przebor, kaum daß der Rausch ihn
berührte, wurde gefühlsselig, und wenn er sich auch auf die Zunge biß,
verriet er sich doch mit dem oder jenem, und waren es nicht Tatsachen, die er ausplauderte, so offenbarte er doch sein Wesen und Temperament. Der Kaufmann beobachtete ihn genau, prüfte, ob der Mann
vielleicht später für ihn zu gebrauchen wäre. Ihm schien sicher: Der
würde ihn bei der erstbesten Gelegenheit hintergehen, sofern ihm das
Nutzen verspräche, der Witz bestand ja aber darin, ihn in nichts einzuweihen, sondern allein zum Dienen einzuspannen.

Sehr gut möglich, daß Przebor über den Kaufmann Ähnliches dachte. Die Übungen in der praktischen Sprachfertigkeit verliefen bei
Geplauder. Verschiedene Gegenstände wurden berührt. Wittke machte sich nicht nur mit der Sprache vertraut, sondern auch mit dem
polnischen Leben und seinen Sitten, und alles dies offenbarte sich ihm
als etwas gänzlich anderes und wie Himmel und Erde von der Welt
Sachsens Verschiedenes.

Obgleich Zacharias zu der Zeit mit wichtigen Handelsgeschäften befaßt war, versäumte er keinen Tag für den Unterricht. Einen Teil der
Geschäfte überließ er der Mutter, mit weniger Bedeutsamem betraute er
den Gehilfen, und selbst widmete er sich mit all der Glut und der Schwär-
merei des Berauschten jener Sache, die ihm die dringlichste war.

Noch im 16. Jahrhundert hatte man in Breslau für Deutsche, die das
Polnische erlernen wollten, Gesprächsbücher gedruckt, solche Bücher
verwendete Przebor, um sich den Unterricht zu erleichtern. Der Schwarzrock frohlockte und staunte, denn man ließ ihn gar nicht zu Atem
kommen.

»Ich verstehe nicht, weshalb Ihr Euch so schindet«, murmelte er. »In
Krakau findet Ihr unzählige Deutsche, die seit Jahrhunderten dort
ansässig sind, auch in Warschau gibt es ihrer viele.«

»Weshalb ich mich schinde?« erwiderte Wittke. »Weil ich mich nicht
gern jemandes bediene. Es liegt in meiner Natur, daß ich am liebsten
alles selbst mache und mich auf niemanden verlassen mag.«

Nach mehreren Tagen waren Lehrer und Schüler zu einer gewissen
Vertrautheit gekommen. Przebor glaubte ebenso wie Zacharias, den
anderen bereits durch und durch zu kennen, dabei gewährte der deutsche Kaufmann dem Polen nur so viel Einblick in seine Person, wie er
dies wollte, und offenbarte sich keineswegs. Von ihnen beiden verstand der Kaufmann weit mehr davon, Bekanntschaften zu nutzen.

Dieses Polen, das er da kennenzulernen begann, verblüffte Zacharias. Die Privilegien und die Freiheiten der Schlachta, wie sie der sächsische Adel nicht kannte, dünkten den Deutschen geradezu abscheulich. Ohne es auszusprechen, urteilte er bei sich, daß August der Starke mit seinen Truppen, die er nach Polen zu führen gedachte, nicht vorhaben würde, sich solchen von den alten Gesetzen der Adelsrepublik auferlegten Zwängen zu ergeben. Es wollte dem Kaufmann nicht in den Kopf, daß ein König gegenüber den Reichstagen und den Empörungen des Adels machtlos sein könnte.

Als Przebor ihm von der Dreistigkeit und der Hoffart der Schlachta, von der Willkür der Magnaten erzählte, die Jan III. Sobieski das Leben zur Hölle gemacht hatten, konnte er sich einen solchen König nicht vorstellen, der nur ein Diener und eine ohnmächtige Marionette war. So darf das nicht bleiben, entschied er im Stillen, die Gedanken seines Landesherrn erahnend. August würde sich schon mit dem Moskauer Zaren und mit dem Brandenburgischen Kurfürsten verständigen und diese unsinnigen Rechte und Privilegien beiseitefegen! Wenn er das nicht tat, war er der Krone wahrlich nicht würdig.

»Bei uns«, sagte Wittke zu Przebor, als dieser ihm von der Schlachta plauderte, »ist der Adel frei von allen Abgaben, außer daß er Pferde stellen muß und zur Landesverteidigung verpflichtet ist, aber er diktiert nicht, was Recht und Gesetz ist. Wenn auf dem Landtag ein sächsischer Baron sich erkühnen und gegen den Kurfürsten murren würde, er säße für den Rest seines Lebens auf Königstein.«

»Wir dagegen haben unser ›neminem captivabimus, nisi iure victum‹[23]«, brummte Łukasz. »Das ließe sich keiner gefallen, ha!«

Alles lief bestens im Haus »Zu den Fischen«, und doch ging es nicht so schnell, wie Wittke es sich wünschte. Also stellte er dem Schwarzrock über die verabredete Vergütung hinaus noch ein schönes Geschenk in Aussicht, wenn er ihn bis zur Krönung nur gut präpariert hätte.

»Ihr werdet keine Schwierigkeiten haben, mein Herr«, erklärte Łukasz lachend. »Bei uns gibt es so viele verschiedene Dialekte, in Schlesien spricht man anders als in Masuren oder bei den Kaschuben. Ihr tut einfach, als kämt Ihr aus einer der anderen Provinzen, und Schluß.«

»Das könnte ich zwar«, erwiderte der Kaufmann, »aber ich möchte für mich selbst die Sprache richtig erlernen.«

---

[23] »Wir kerkern niemanden ein, es sei denn, einer ist gerichtlich verurteilt.« Dieses Privileg räumte König Władisław Jagiełło 1425 der polnischen Schlachta ein.

»Viel schwieriger wird es für Euch sein«, sagte Przebor, »unser Leben und unsere Sitten zu verstehen als unsere Sprache. Das kann man so bald nicht lernen.«

»Ich werde daran nicht verzweifeln«, flüsterte Wittke. »Alles läßt sich erlernen. Ihr habt Beweise dafür, daß ich nicht eben auf den Kopf gefallen bin.«

Die alte Frau Wittke erwartete allabendlich den Sohn, gespannt darauf zu erfahren, wie das Erlernen der Sprache voranging. Die Fortschritte freuten sie und erfüllten sie zugleich mit Furcht, wußte sie doch, daß sie den Sohn auf dem einmal eingeschlagenen Wege nicht mehr würde aufhalten können. Er berichtete ihr stets ausführlich vom Tagesverlauf, und obwohl er nicht die ganze Wahrheit sagte, spürte sie, daß er sich mit hochfliegenden Hoffnungen trug. Der Sohn indessen, der die Mutter verängstigt sah, beruhigte sie immer aufs neue: »Denkt doch nicht, liebste Mutter, daß ich den Ehrgeiz hätte, nach Ämtern, Posten oder Titeln zu streben. Das ist nichts für unsereinen. Ich möchte jemand sein, den man braucht, und so wie Lehmann und Meyer[24] Geld machen. Mit einem prallen Geldbeutel gelange ich dann, wohin ich nur will. Aus dem Laden sind große Dinge nicht zu holen, und wer Verstand hat und Geld, der sollte beides einsetzen.«

Die Mutter seufzte für gewöhnlich nach solchen Reden, sie umarmte den Sohn und mahnte ein weiteres Mal: »Sei auf der Hut, Kind, sei auf der Hut. Bei Hofe ist es wie in der Mühle – wer unters Rad gerät, dem zermalmt es die Knochen.«

Zacharias lachte, er war nicht im mindesten ängstlich.

Der Schwarzrock, nachdem er des längeren Umschau gehalten und auch gesehen hatte, daß die Przebendowska ihn keineswegs zu fördern gedachte, war entschlossen, für den Anfang jede beliebige Stelle bereitwillig anzunehmen. Er begann sich halblaut über seine Herrin zu beklagen und bekannte, ihr am liebsten den Rücken kehren zu wollen, der Kaufmann jedoch nahm das Bekenntnis schweigend hin und umging jegliche Unterstützung beim Erhalt einer Stellung mit der Ausrede, daß er über keine Beziehungen verfüge.

»Bei uns einen Posten zu finden, ist nicht einfach«, sagte er. »Zu Hause in Polen hättet Ihr es damit wohl leichter.«

---

[24] Berend Issachar Lehmann und sein Schwager Jonas Meyer waren die Bankiers Augusts II., die dessen Vorlieben für ein prunkvolles Leben finanzierten.

»Leichter?« Przebor lachte. »Offenbar kennt Ihr nicht das lateinische Sprichwort: ›*Nemo propheta in patria.*‹[25]«

»Nicht immer trifft das Sprichwort zu«, entgegnete der Kaufmann. »Ihr seid der Frau Przebendowska überdrüssig geworden und würdet gern von ihr weggehen, dabei könntet Ihr es mit etwas Geduld unschwer zu etwas bringen. Angenommen, ich hörte auf Euch und suchte für Euch eine Tätigkeit – ich fände doch allenfalls etwas im Verkaufsgeschäft, und Ihr selbst habt mir gesagt, es schicke sich nicht für einen Schlachtschitzen, mit Elle und Waage umzugehen.«

Der Schwarzrock seufzte und sagte nichts mehr.

In der Tat, er mit all seiner Schläue und Gewitztheit wußte selbst nicht, was tun, es fehlte ihm an Geduld, unbedacht zappelte er hin und her. Der Deutsche war ihm weit überlegen, ganz zu schweigen davon, daß Przebor sich, sobald der Wein ihn beschwipste, trotz größter Inachtnahme dennoch bisweilen mit diesem und jenem unnütz verplauderte. Von ihm wußte Zacharias, daß sich unter den für die Kastellanin kopierten Dokumenten etliche noch nicht in Kraft getretene Vereinbarungen zwischen Dresden und Krakau befanden, die aber der Krönung vorangehen sollten.

Mit der Sprache bereits hinlänglich vertraut, entwarf Wittke insgeheim, ohne seinen Lehrer einzuweihen, einen Plan, nach welchem er vorgehen wollte. Er gedachte baldmöglichst nach Krakau zu reisen, um sich beizeiten dort umzusehen und mit seinen Kenntnissen jemanden, der dem König nahestand, zu gewinnen. Handelsgeschäfte sollten seine Absichten bemänteln. Jedoch von Tag zu Tag schob er die Reise auf, er hielt Ausschau und überlegte, ob er nicht bei Hofe irgendwelche Aufträge für Krakau erhalten könnte, um darauf seinen neuen Beruf zu begründen, gegen den die Mutter so sehr war.

Über die Zusammensetzung des kurfürstlichen Hofes sowie die Beziehungen der Günstlinge wußte Wittke gut Bescheid. Ihm war bekannt, daß bei den scheinbar kleinen, aber wichtigen geheimzuhaltenden Verrichtungen, angefangen von der Anheuerung französischer und italienischer Schauspielerinnen für den Kurfürsten bis hin zum Handel mit auf Kredit erworbenen Juwelen, ein Italiener aus Verona die wackersten Dienste leistete und größtes Vertrauen genoß – der allgemein unter dem Beinamen Mezzettino bekannte, bereits geadelte

[25] (lat.) Der Prophet gilt nichts im eigenen Land.

Herr Angelo Constantini[26]. Er war schlicht Kammerdiener Augusts, aber selbst der geriebene Oberkammerherr Pflug[27] und sogar Fürstenberg katzbuckelten vor ihm und taten mit ihm schön. Es war dies eine unbekannte, kaum in Erscheinung tretende Macht. Unter Tausenden war Mezzettino leicht als Italiener zu erkennen, nicht nur an dem rabenschwarzen, üppigen Haar, den kohlefarbenen Augen und den zusammengewachsenen, struppigen Brauen, sondern ebenso an den ruhelosen Bewegungen, dem unablässigen Gestikulieren, an der unglaublichen Wendigkeit und dem Geschick, mit dem er sich überall Zugang verschaffte. Niemand am Hofe wagte es, ihm irgendwie zu wehren, nicht einmal sein gleichfalls in hoher Gunst stehender Amtsgenosse Hoffmann, mit dem er um den Vorrang wetteiferte. Hoffmann besaß ebenso das Vertrauen des Kurfürsten und wurde für die gleichen Dienste verwendet wie Mezzettino, aber er verfügte nicht über dessen Verwegenheit und Durchtriebenheit. Jedermann fürchtete den Veroneser, und jedermann trachtete, ihn sich geneigt zu machen. Eingeweiht in alle Liebeslaunen des unersättlichen, immer neue Gelüste offenbarenden Kurfürsten, vermochte Mezzettino dessen Phantasie *per fas et nefas*[28] stets Genüge zu tun. Unangenehme Folgen der bisweilen tollen Ausschweifungen nahm er auf sich und entwand sich ihnen unbeschadet.

Constantini, obgleich nicht so trinkfest wie der dafür berühmte Oberkammerherr Pflug, welcher nach dem Genuß von zehn Flaschen Wein noch immer nüchtern war, liebte gleichfalls den Wein – vor allem spanischen und italienischen. Wittke hatte schon früher, als er noch keinerlei Aussichten besaß, sich eine Zukunft zu erringen, »Lacrima Christi«[29] sowie mehrere Sorten erlesener südlicher Weine herbeigeschafft, um damit Mezzettino zu beschenken und seine Protektion zu gewinnen. So hatte sich eine Bekanntschaft zwischen ihnen geknüpft,

---

[26] Den Beinamen »Mezzettino« erhielt er nach einer von ihm erdachten Theaterfigur, die halb Hochstapler war, halb Lakai. Kraszewski vernachlässigt etwas die Chronologie – Constantini schuf, 1697 von August damit beauftragt, innerhalb von drei Jahren eine Theatergruppe. Er wurde geadelt, erfreute sich aber nicht lange Augusts Gunst: Weil er mit einer königlichen Geliebten anbändelte, mußte er 20 Jahre auf Königstein zubringen.
[27] August Ferdinand Pflug (1662-1712), Hofmarschall Augusts des Starken, später Kabinettsminister und erster Direktor des Geheimen Kabinetts
[28] (lat.) – auf jede erlaubte und unerlaubte Weise
[29] (lat.) »Christusträne«, eine Weinsorte

aber Constantini war allzu beschäftigt, allzusehr eingeflochten in das Gewirr des Hofes, als daß er viel Zeit dafür gehabt hätte, mit dem Kaufmann Umgang zu pflegen und häufiger mit ihm zusammenzutreffen. Diese vernachlässigten Beziehungen jetzt aufzufrischen, erschien Wittke unerläßlich.

Seit der Wahl des Kurfürsten zum König von Polen herrschten am Hof verdoppelter Trubel und Betrieb. Der Mangel an Geld, der jähe Bedarf daran, die Suche nach Mitteln, um solches einzutreiben, der Erwerb von Juwelen, wie ihn die zahlreichen Geschenke für all die polnischen Pans und Panis notwendig machten, beschäftigten nicht nur die jüdischen Hofbankiers Lehmann und Meyer, sondern jedermann. Auch Mezzettino war sehr aktiv und das Vordringen zu ihm jetzt erschwert, frühmorgens und am Abend mußte er im Kabinett zu Diensten bereitstehen und mit Meldungen aufwarten, tagsüber eilte er umher, spionierte und war bemüht, sich um etwas verdient zu machen.

Mezzettino war ein äußerst rühriger Spion, seinem Befehl unterstand eine ganze Bande von Leuten der verschiedensten Professionen, die ihm alles zutrugen und die alles das verbreiteten, was er unter die Leute bringen wollte. Diese winzigkleine, gar nicht wahrnehmbare Feder setzte Riesenkräfte in Schwung. Schon damals prophezeite man dem geadelten Italiener, daß er vom Kammerdienerposten noch in den Geheimen Rat hinüberwechseln und in die höchsten Ränge aufsteigen würde, woran Constantini selbst nicht zweifelte.

Eines Abends begab sich Wittke höchstselbst mit einer Laterne in seine Keller hinunter. In einem abgeteilten Winkel lagerten alte, sehr kostbare Weine, den Schlüssel zu dem Gelaß vertraute er außer der Mutter niemandem an. Wittke nahm ein halbes Dutzend von Staub und Spinnweben verzierter Flaschen, legte sie behutsam in einen Korb, und nachdem ein Tuch darüber geschlagen war, befahl er einem Diener, ihm den Korb zum Schloß nachzutragen.

Mezzettino belegte hier, nahe dem kurfürstlichen Schlafgemach, eine kleine Wohnung, in der er allerdings nur selten anzutreffen war. Schmunzelnd flüsterte man, daß er hier zumeist nicht einmal übernachtete, wo er sich aber umtrieb, war ein Geheimnis.

Dieses Mal jedoch, es glich fast einem Wunder, befand sich der König auf der Jagd, während Constantini in Dresden geblieben war, und Wittke, der den Korb jetzt selbst in die Hand nahm und anklopfte, wurde eingelassen.

Mezzettino war gerade damit befaßt, allerlei Schatullen und Schächtelchen voll der verschiedensten Juwelen zu betrachten, als er aber in der Tür den Kaufmann erblickte, der ihm stets sympathisch war – vielleicht hatte er auch den Korb in seiner Hand bemerkt–, da lächelte er und begrüßte ihn auf italienische Art, die Finger an die Lippen legend.

Zu Zacharias' Glück war Mezzettino allein.

Wittke verbeugte sich tief und setzte eine fröhliche Miene auf.

»In Anbetracht dessen«, sagte er, sofort zur Sache kommend, »daß der Herr Kammerherr (er gab ihm den Titel gleichsam versehentlich, obschon nicht ohne Bedacht) jetzt von der Arbeit sehr ermüdet sein müssen, bringe ich ihm etwas zur Stärkung.«

Während er dies sagte, stellte er den verhüllten Korb seitwärts ab, nur einen Flaschenhals ließ er aufblitzen.

»Oho!« Der Italiener lachte vergnügt. »Du denkst an mich, Wittke. Sei herzlich bedankt, aber Wein zu dieser Stunde wird meine Kräfte eher vermindern als vermehren.«

»O nein«, erwiderte der Kaufmann. »Ein Wein wie der, den ich hier bringe, der weiß, wo er hingehört, der steigt niemals zu Kopf, sondern geht in den Magen, um ihn zu stärken.«

Mezzettino, erschöpft, war irgendwie außergewöhnlich gesprächsbereit, und das um so mehr, als Wittke italienisch gelernt hatte und sich durchaus passabel mit der *signoria*[30] verständigen konnte.

»Nun, mein lieber Zacharias«, sagte der Kammerdiener, lebhaft gestikulierend. »Was gibt's Neues? Was treibst du?«

»Ich«, antwortete Wittke eilig, »ich hocke wie üblich im Geschäft und habe nicht viel zu tun, dabei wäre ich bereit, tätig zu sein, wenn sich eine Beschäftigung fände.«

Constantini sann etwas nach.

»Was denn für eine?« fragte er.

»Ach, ich hätte große Lust, mich in diesen Zeiten, da Seine Majestät so viele der verschiedensten Dienste benötigt, dienstbar und nützlich zu machen«, erklärte Wittke. »So große Lust, daß ich jeglichen Auftrag erfüllen würde, wenn man ihn mir nur anvertraute.«

»Oho!« unterbrach Mezzettino den Kaufmann und trat näher an ihn heran. »Meinst du das ernst? In der Tat benötigen wir Vertrauenspersonen, besonders was Polen angeht.«

Wittke hob den Kopf.

[30] (ital.) wörtlich: Herrschaft; eine Höflichkeitsform

»Wie gut sich das trifft«, erwiderte er lächelnd. »Zufällig nämlich habe ich ganz gut polnisch gelernt.«

»Ach, und wie ist es dazu gekommen?« rief, sichtlich voll Neugier, Mezzettino.

»Nun, ich hatte Langeweile«, sagte der Kaufmann. »Da kam mir solch ein Mensch unter, und mich macht ja jede Sprache gespannt.«

Constantini dachte nach. Dann legte er dem Kaufmann die Hand auf die Schulter.

»Hm«, machte er. »Wirklich, das könnte Euch und auch uns zustatten kommen. Wir brauchen zuverlässige Leute, denen man gelegentlich sowohl Geld als auch Juwelen anvertrauen kann. Ihr seid ein vermögender und ein rechtschaffener Mann, und es fehlt Euch weder an Verstand noch an Geschick.«

Wittke verneigte sich dankend.

»Ich bitte über mich zu verfügen«, ließ er sich rasch vernehmen. »Nach Krakau oder nach Warschau würde ich mit Freuden reisen. Ich habe große Lust, meine Geschäfte zu erweitern. Jedermann strebt nach Erträgen.«

»Natürlich«, entgegnete Constantini. »Ihr seid jung und habt die nötige Energie, warum die Gelegenheit nicht nutzen! Ihr versteht polnisch, das bedeutet heute außerordentlich viel. Nur«, fügte er hinzu, »Ihr solltet es Euch gut überlegen, ob Ihr Euch dort in Polen Eurer Fertigkeiten bedient oder ob Ihr dieselben lieber verschweigt, das eine oder das andere kann je nach den Umständen das nützlichere sein.«

Wittke legte die Hand auf die Brust.

»Glaubt mir, *signoria*«, sagte er. »Ich kann mit allem Eifer und aller Gewissenhaftigkeit, wie sie heute gefordert werden, dienen. Das Geschäft und der von klein auf geübte Umgang mit Menschen haben mich Vorsicht gelehrt.«

»Ich kenne dich, du brauchst mir nichts zu sagen«, warf Mezzettino hastig ein und reichte Wittke die Hand. Schwungvoll drehte er sich um und durchschritt das Zimmer, als ob er nicht ruhig an einer Stelle ausharren könnte, dann wandte er sich erneut lebhaft an den Kaufmann: »Ich kann also auf Euch zählen, sollte jemand nach Polen zu schicken sein. Die Sache müßte streng geheim unter uns bleiben.«

»Aber das ist selbstverständlich!« rief Wittke aus.

»Unser Kurfürst, solltet Ihr ihm zu Diensten sein, wüßte sich dankbar zu zeigen«, ergänzte Constantini.

»Ich hatte von mir aus vor, meine Geschäfte nach Polen auszudehnen und daselbst einen Laden zu eröffnen«, sagte Wittke. »Niemand wird mich dort groß beachten, und ein Kaufmann hat allerorts leichten Zutritt, kein Mensch wird bei ihm einen Verdacht schöpfen.«

Mezzettino hörte Wittke zu, und sein Gesicht erstrahlte.

»Merk dir nur«, flüsterte er, »niemand darf zu dem, was da womöglich zwischen uns abgemacht wird, hinzugezogen werden. Bis unser Herr die neue Krone in der Gewalt hat, müssen wir äußerst bedachtsam sein.«

Wittke, erfreut, stimmte allen Bedingungen mit Freuden zu. Er wußte ja, wie man mit dem Italiener umgehen mußte, um ihn sich ganz geneigt zu machen, und so endete er mit einem Bekenntnis.

»Ich will nicht verhehlen, daß ich auf Erwerb aus bin und die Gelegenheit gern nutzen würde. Wenn Ihr mir behilflich seid, *signoria*, versteht es sich, daß ich dafür Dankbarkeit schulde. Einer solchen Übereinkunft könnten für uns beide Vorteile entspringen, und es liegt ebenso in meinem wie in Eurem Interesse, daß sie geheim bleibt.«

Mezzettino seinerseits nahm diese Zusicherung mit Anzeichen der Befriedigung hin. Leise führten die Männer ihre Unterredung, eine jetzt bereits vertrauliche über die Lage der Dinge des Königs, über seine Beziehungen in Polen, über Krakau, wo vorerst das Regieren beginnen sollte, über Warschau, wohin zu gelangen der Kaufmann schon jetzt keine Mühe haben würde, obwohl die Stadt von der Partei des Primas und der Conti-Anhänger beherrscht war.

»Ich bin auch bereit, nach Warschau zu reisen«, sagte Wittke. »Da ich aber Polen nicht kenne, möchte ich lieber mit Krakau beginnen, um mich mit dem Land vertraut zu machen. In Warschau werden unterdessen gewiß die Przebendowskis dem Kurfürsten zu Diensten sein.«

Bei der Erwähnung dieses Namens verzog Mezzettino leicht den Mund.

»Ja«, sagte er, »sogar der Herr Kastellan ist jetzt schon ganz der Unsrige, aber ich vergesse es nicht, daß er einst anderen gedient hat, und weder er noch seine Frau Gemahlin genügen uns immer und vermögen uns in allem zu helfen. Ich werde nicht auf sie zählen. Überdies kann man den Kastellan, der schon heute allgemein als dem Kurfürsten ergeben bekannt ist, eben darum nicht überall verwenden.«

Wohl eine halbe Stunde lang sprachen die neuen Bundesgenossen leise miteinander und berieten sich, und als Wittke von Mezzettino Abschied nahm, vereinbarten sie, daß dieser, sooft er Wittke zu sprechen wünschte, in dessen Laden eine Bestellung anforderte. Wittke wollte dann unverzüglich zu ihm eilen.

Eine so günstige Wendung der Dinge hatte der junge Kaufmann nicht erwartet, er hatte nicht geglaubt, sein Ziel derart mühelos zu erreichen, darum kehrte er in vergnügtester Laune heim. Die Mutter, die sich gerade unten im Hause aufhielt, als er hereintrat, las ihm den Erfolg vom Gesicht ab und hätte sich gern mit ihm gefreut, wäre es nicht so gewesen, daß bei ihr neuerdings alles in Furcht umschlug. Sie wußte es und ahnte, wonach ihr Sohn strebte.

Am Nachmittag des folgenden Tages kam Przebor mit saurer Miene daher: Irgend etwas ging ihm gegen den Strich. Wittke führte ihn in jene Kammer, in der sie beim Unterricht zu sitzen pflegten, und eröffnete ihm gleich zu Beginn, daß er nach einigem Nachdenken beschlossen habe, baldigst einen Ausflug nach Krakau zu unternehmen.

Łukasz paßte das überhaupt nicht.

»Ja, aber«, unterbrach er den Hausherrn düster, »was wird dann mit mir?«

»Ganz einfach«, antwortete Wittke, »ich halte alles, was ich versprochen habe. Ihr werdet keinen Verlust erleiden.«

»Und so gehen wir auseinander?« murmelte Przebor kopfschüttelnd. »Ihr werdet mich nicht bei etwas verwenden?«

Wittke zuckte die Achseln.

»Wobei sollte ich Euch verwenden? Ihr seid an die Przebendowskis gebunden, und ich habe nur Handelsgeschäfte, nichts sonst im Sinn. Dabei könnt Ihr mir nicht behilflich sein. Wer weiß«, fügte er nach kurzer Überlegung hinzu, »vielleicht später, wenn wir uns wiedersehen...«

Łukasz leerte auf seinen Kummer hin eiligst einen gehörigen Becher kräftigen Weins, und das leere Gefäß so hinstellend, daß der Kaufmann ihm sofort nachschenken mußte, brach er in bitteres Wehklagen aus.

»Bei der Przebendowska«, greinte er, »da bringe ich es zu nichts. Die benutzt mich bloß wie einen Lappen, den sie nachher in die Ecke schmeißt. Mir scheint, sie hält mich für einen ganz dummen Kerl, der zu nichts Besserem taugt als zur Abschreiberei. Nie weiht sie mich in etwas ein, und sie behandelt mich verächtlich. Zwar profitiere ich dabei, weil sie mir auch nicht mißtraut und nichts vor mir geheimhält, aber was habe ich schon davon?«

»Euch fehlt es an Geduld und Ausdauer, mein Lieber«, unterbrach ihn Zacharias.

»Ich fühle mich zu größeren Dingen fähig als zu der elenden Rolle eines Schreiberlings«, seufzte Przebor.

»Wie gern würde ich Euch helfen«, sagte Wittke. »Aber wie? Ich sehe keinen Weg.«

Przebor hieb mit der Faust auf den Tisch.

»Sei es, wie es sei«, brummte er, »ich muß mich nach oben durchkämpfen...«

»Ich wünsche es Euch von ganzem Herzen«, sagte Zacharias. »Und dazu kühles Blut und Beharrlichkeit, denn ohne das wird nichts draus werden... Jetzt aber« – der Kaufmann holte einen gut gefüllten Beutel aus der Tasche – »will ich meinen aufrichtigsten Dank abstatten für das, was ich gelernt habe und was anzuwenden ich bemüht sein werde. Hier also ist meine Schuld, wie abgesprochen, und dazu eine freundschaftliche Gabe für das mir erwiesene Entgegenkommen.«

Przebors Augen lachten beim Anblick der vielen Taler auf dem Tisch, die in solcher Zahl zu bekommen er nicht erwartet hatte – ja, noch nie im Leben hatte er so viele auf einmal besessen. Wieder und wieder drückte er dem Kaufmann die Hand und küßte ihn auf die Schulter.

»Wie soll ich auf diese Geizkragen nicht schimpfen!« rief er aus. »Haben die mir jemals dafür, daß ich ihnen meine ganze Zeit widme, auch nur die Hälfte dessen gegeben? Man gerade, daß ich mich mit zu Tisch setzen darf, wenn keine Gäste da sind, aber auch nur ans allerletzte Ende. Um jeden Groschen bittet man vergebens, dabei benutzen sie einen so gut wie als Wächter fürs Haus.«

Ihm schwindelte leicht im Kopf, hastig stopfte er das Geld in die Taschen, die ungewohnte Menge mußte ihm für lange Zeit ausreichen. Nachdem er sich herzlich von Wittke verabschiedet hatte, kehrte er, zwiefach berauscht, in Flemmings Palais zurück, dessen einen Flügel die Przebendowska bewohnte, und er war nahezu fest entschlossen, mit seinen Brotgebern zu brechen und sich etwas Einträglicheres zu suchen.

Die Taler, eifrig in einem Koffer verpackt, spiegelten sich in Przebors Gesicht und Benehmen. Frau Przebendowska, die ihn wenig später

55

rufen ließ, um einen Brief zu diktieren, wunderte sich, als ihr Schreiber mit einem Hochmut bei ihr eintrat, wie sie ihn bei ihm nicht kannte, fragte aber nicht nach dem Grund. Łukasz setzte sich und machte sich zur Arbeit bereit. Ganz nebenher bemerkte die Kastellanin, bevor sie mit dem Diktat begann, von oben herab und mit herrschaftlicher Gelassenheit, daß er sich bemühen möge, klar und leserlich zu schreiben.

»Hm«, murrte Przebor, »schreibe ich noch immer schlecht?«

Die Kastellanin blickte streng.

»Manchmal ziemlich liederlich«, sagte sie. »Ich weiß ja, daß es Euch kein Vergnügen bereitet, aber seine Pflichten muß man mit Sorgfalt erfüllen.«

»Und ich erfülle sie ohne Sorgfalt?« brummte, die Feder hinwerfend, Przebor und errötete fürchterlich.

Die Przebendowska, die ihn als einen geduldigen Menschen kannte, bekam große Augen.

»Was ist Łoś mit Euch?« fragte sie.

»Nichts«, erwiderte Łukasz, sich erhebend. »Nur – da ich schlecht schreibe und meinen Pflichten ohne Sorgfalt nachkomme, danke ich für die Stelle. Ich bitte mich auszahlen zu lassen, und basta.«

Die Przebendowska traute ihren Ohren nicht, sie wußte nicht, ob sie lachen oder zornig werden sollte. Schließlich zogen sich ihre Brauen zusammen.

»Er ist wohl verrückt geworden!« rief sie erhaben. »Denkt Er, ich erlaube es, daß Er mich hier im Stich läßt, wo ich keinen Ersatz für Ihn habe? Bilde Er sich das nicht ein! Wenn wir erst wieder zu Hause sind, werde ich Ihn nicht halten, aber hier lasse ich Ihn nicht weg. Wir befinden uns in Sachsen, Er ist mein Beamter, ein Wort zu meinem Bruder, und man nimmt Ihn unter Bewachung und führt Ihn auf den Neumarkt. Also sei Er vernünftig und lehne sich mir nicht auf, denn das könnte ein schlimmes Ende nehmen.«

Przebor überlief es abwechselnd kalt und heiß, wortlos setzte er sich wieder und richtete sich stumm darauf ein, nach dem Diktat der Herrin zu schreiben, welche, nicht im mindesten erregt, sofort mit dem Brief begann. An widerspruchslosen Gehorsam gewöhnt, führte die Kastellanin den Ausfall ihres Schreibers auf dessen Berauschtheit zurück und hielt die Sache für erledigt. Nachdem der Brief formuliert war, ließ sie sich die Niederschrift geben, überlas alles noch einmal und legte das Papier, ohne etwas zu sagen, wieder auf den Tisch. Przebor stand eine Weile abwartend da, als er aber sah, daß Frau Przebendowska nichts mehr zu diktieren gedachte, machte er eine linkische Verbeugung und ging hinaus.

Alles schien damit vorbei, jedoch am anderen Morgen erfuhr die Kastellanin, daß Przebor in der Nacht das Flemmingsche Palais verlassen habe und spurlos verschwunden sei. Sofort ergingen Befehle, den Flüchtigen zu suchen, man kämmte die ganze Stadt nach ihm durch, doch ohne Erfolg.

Zu spät möglicherweise bereute die gestrenge Herrin ihr zorniges Aufbrausen, aber sie fühlte sich in keiner Weise schuldig. In ihren Augen war es eine unverzeihliche Dreistigkeit gewesen, daß so ein armer Teufel die Stirn hatte, sich mit seinem Adelsstolz hinzustellen und auch nur die kleinsten Rücksichten zu fordern!

Oh, wenn schon nicht er, so sollten dieses ganze Polen und diese ganze Schlachta ihr Teil abbekommen!

IV

An einem Herbstabend, als der Laden bereits geschlossen war und die alte Martha voller Unruhe ihren Sohn erwartete, betrat dieser, fröhlich vor sich summend, jenes Zimmer, in dem sie immer zu Abend aßen; er küßte der Mutter die Hand, und als er Tränen in ihren Augen bemerkte, sagte er vorwurfsvoll und zärtlich: »Liebste Mutter, wie ich sehe, habt Ihr zu Eurem Kind kein Vertrauen? Tränen in den Augen? Was macht Euch besorgt? Sagt es! Daß dieser Zacharias ja nicht verschleudere, was sein Vater erarbeitet hat, und Ihr nicht in Armut geraten möget, ja?«

Martha unterbrach ihn heftig.

»Ach, du Undankbarer! Als ob es mir um Reichtum ginge, den ich am allerwenigsten gebrauchen kann! Es geht mir um dich, du mein einziger Schatz! Jeden Tag würde ich, sollten wir alles verlieren, liebend gern in mein Bautzen zurückkehren, Hauptsache, du wärest bei mir. Verstehst du nicht, daß es mir um nichts anderes zu tun ist als um deine Sicherheit?«

»Liebe Mutter«, entgegnete Wittke, noch einmal ihre Hände küssend. »Überlege doch, was kann mir drohen?«

»Ich weiß es nicht«, seufzte Martha, »aber ich ängstige mich. Du wirst nach Krakau fahren?«

»Ja!« rief Wittke. »Man muß sich beizeiten umsehen. Der Kurfürst wird auch bald dort eintreffen.«

Die Mutter sah ihn durchdringend an.

»Du sagst mir nicht alles offen heraus«, fuhr sie fort. »So bin ich gezwungen, zu rätseln, und vielleicht mache ich mir darum mehr Sorgen als nötig. Mezzettino ist einige Male bei dir gewesen, wer weiß schon, womit er befaßt ist und welche Rolle er beim Kurfürsten spielt – der muß wohl ahnen, daß du nicht nach Krakau fährst, um Wein zu verkaufen.«

Zacharias lächelte.

»Mutter«, sagte er, »unsere Herren Flemming, Pflug und die anderen, die August nach Polen mitnimmt, brauchen Deutsche an ihrer Seite. In der allerersten Zeit werden sie nicht wissen, wo und wie sie einen Schritt setzen sollen. Das eine ist dem anderen nicht hinderlich, ich kann sowohl meinen Handel betreiben als auch zugleich dem Kurfürsten zu Diensten sein.«

Die Mutter schüttelte traurig den Kopf.

»Sieh mal, Zacharias«, bemerkte sie, »genau das ist es, was ich fürchte – diese Bindungen an Mezzettino, Hoffmann und den Hof, wo du selbst doch niemanden brauchst. Hast du denen erst einmal gedient, wirst du zu ihrem Gefangenen. Die lassen dich nicht wieder los. Nicht so schlimm, daß du vielleicht deine Geschäfte vernachlässigst über diesen Diensten, aber ich fürchte eben alles, was mit dem Hof und mit dem Landesherrn zu tun hat. Eine Freundschaft mit Löwen und Tigern ist eine gefährliche Freundschaft.«

Zacharias lachte.

»Beruhige dich, Mutter, beruhige dich«, sagte er, ernst werdend. »Ich bin in keiner Weise gebunden, das bleibt auch so, und ich dränge mich niemandem auf, aber es gibt Dinge, die unumgänglich sind. Seinem Herrn etwas abzuschlagen ziemt sich nicht und ist ebensowenig gefahrlos, wie sich ihm aufzudrängen. Sei also bitte ganz ruhig, Mutter.«

Mit diesen Worten setzte sich Zacharias zur Abendmahlzeit nieder, und außerordentlich belebt, lenkte er das Gespräch auf die Dinge, die er zu Hause hinterließ. Weine mußten auf Flaschen gezogen, andere geklärt werden, eine Lieferung war demnächst in Empfang zu nehmen, Zahlungen zu verschiedenen Terminen zu leisten, was alles die Mutter übernahm.

»Mein Kind«, fragte sie schließlich, nachdem alles besprochen war, »und wann wirst du zurück sein?«

»Das weiß allein der liebe Gott«, antwortete Zacharias lachend. »Eines ist aber sicher, daß ich Sehnsucht haben und mich mit der Rückkehr beeilen werde, so gut ich kann.«

»Ach, mein Zacharias«, seufzte die Mutter abermals, »deine Betriebsamkeit und deine Unternehmungen erfüllen mich mit mancher Sorge. Du selbst hast mir erzählt, daß die Polen dreist und händelsüchtig sind und gern drauflosschlagen.«

»Das sind sie mit denen, Mutter«, antwortete Zacharias lebhaft, »die einen Säbel an der Seite tragen. Ich dagegen bin ein Kaufmann, ein friedfertiger Mensch, ich stütze mich auf den Spazierstock oder auf die Elle.«

Wittke, um von dem heiklen Gegenstand loszukommen, lenkte das Gespräch auf Przebor, von dessen Verschwinden er der Mutter erzählt hatte.

»Ich wüßte zu gern, wo er hin ist. Mag sein, man trifft ihn in Krakau wieder, Gott allein weiß, wo er sich herumtreibt. Er ist so plötzlich ausgebüchst, auch noch mit meiner Hilfe. Hätte ich gewußt, daß Flemming die ganze Stadt nach ihm absucht, ich hätte es nicht so eilig gehabt, ihm die Flucht zu erleichtern. Aber das ist ja eine Lappalie, und die Przebendowska wird auch nicht so viel Freude an ihm gehabt haben.«

»Ich würde es mir gar nicht wünschen, daß du ihm wiederbegegnest«, sagte die Mutter. »Dieser Mensch sieht böse aus.«

»Aber er ist ein armer Teufel, ganz bedeutungslos«, fiel Zacharias der Mutter ins Wort.

»Und darum um so gefährlicher«, beharrte Martha. »Weil er begierig ist, etwas zu erhaschen; so einer ist zur größten Gemeinheit fähig.«

Der Sohn bestätigte das mit einer Kopfbewegung.

»Ich habe auch nicht vor, mich mit ihm einzulassen«, sagte er kurz.

Am folgenden Morgen, es war noch nicht ganz hell geworden, hatte Zacharias mit zwei Dienern bereits einen bequemen Wagen bestiegen, und nachdem er sich von der Mutter verabschiedet hatte, trat er mutig und frohen Sinnes die Reise an.

Auf der von Dresden nach Polens alter Hauptstadt führenden Landstraße herrschte bereits ein viel stärkerer Verkehr als sonst, obwohl noch nicht die sächsischen Abteilungen, von denen öfters die Rede war, darüberzogen und auch der Hof und die ihm voranfahrenden Equipagen des Königs auf sich warten ließen. In den Gasthäusern begegneten dem Kaufmann Herren, die von Dresden kamen oder nach Dresden unterwegs waren; Adlige, Geistliche und Militärs. Etliche kannte Wittke vom Sehen, er aber war ihnen unbekannt. Zu niemandem Beziehungen knüpfend, strebte unser Kaufmann eiligst Krakau zu, denn dort würde er die Zeit nötig haben, um Bekanntschaften zu schließen, wofür er noch kaum Anlaufpunkte hatte. Lediglich Baur hatte ihm einen Brief an einen Tuchhändler mitgegeben, an den Krakauer Bürger Haller, einen vermögenden Mann, der, obgleich seit mehreren Generationen gänzlich zum Polen geworden, seine deutsche Abkunft nicht leugnete und die Sprache nicht vergessen hatte.

Zacharias, rührig und bedachtsam, versäumte es nicht, auch die Reise als solche zu nutzen, er hielt Umschau unter den Menschen, die ihm begegneten, und er lauschte auf ihre Gespräche.

Letzteren konnte er nur entnehmen, daß August, obwohl zum König gewählt und mit Vorbereitungen für die Anreise und die Krönung befaßt, in Polen noch keinen festen Rückhalt besaß. Ihn dünkte gar, daß der Kurfürst schwächer dastand, als man es sich in Dresden vorstellte. Wittke hörte Leute davon erzählen, daß sich in Krakau selbst viele Anhänger Contis befänden. Das Schlößchen in Łobzów[31], welches man beziehen wollte, bevor sich der Festzug nach Krakau begeben konnte, wurde derzeit von Franciszek Lubomirski, dem Starost von Allenstein, mit einer Truppenabteilung besetzt gehalten. Freilich hätte man die Handvoll Soldaten mühelos hinauskatapultieren können, aber derartige kriegerische Handlungen vor der Krönung wären politisch höchst unklug gewesen.

Schließlich stand Zacharias, der in großer Eile an Łobzów vorübergerollt war, auf dem Marktplatz von Krakau. Hier galt es nun, sich ein Gasthaus zu suchen, aber um eine Herberge war es, wie sich zeigte, derart schwierig bestellt, daß Wittke mit Baurs Brief in die Tuchhallen gehen und Haller ausfindig machen mußte. Es gelang ihm ohne Mühe. Haller, ein ernsthafter, gutaussehender Krakauer

---

[31] Łobzów – damals ein Dorf mit einem Schloß aus der Zeit Kasimiers des Großen, ist heute ein Stadtteil von Kraków (Krakau).

Kaufmann in mittleren Jahren, empfing den Brief seines Dresdner Freundes und nahm sich rührig und voller Herzlichkeit des ihm anempfohlenen Wittke an.

»Ein Gasthaus sollt Ihr Euch auf gar keinen Fall suchen«, sagte er höflich. »Mein Haus steht Euch offen. Zwar mußte ich den größeren Teil desselben einem unserer Magnaten überlassen, aber ein Zimmer für Euch findet sich allemal, und in den Ställen und Remisen ist Platz für Euren Wagen, für Pferde und Leute.«

Von einer anderen Lösung wollte Haller nichts mehr hören. Er freute sich über den Gast wohl auch darum, weil er von ihm einiges mehr über den Kurfürsten zu erfahren hoffte, über den die unterschiedlichsten Gerüchte kursierten. Die einen hier stellten ihn als einen die Freiheit der Rzeczpospolita gefährdenden Menschen dar, die anderen als einen erwünschten Herrn, der Zucht und Ordnung ins Land bringen würde.

Haller war, wie sich den Gesprächen mit ihm leicht entnehmen ließ, ein gemäßigter, abwartender und vorsichtiger Mensch, und da er auf seinem Posten als Ratsherr der Stadt weder hoch hinaus konnte noch wollte, begnügte er sich mit der Kundigkeit in jenen Geschäften, die ihn am nächsten betrafen.

Von den ersten gewechselten Worten an gefiel der Gast dem Hausherrn, und die Sympathie war gegenseitig. Zacharias konnte hier den beinahe ersten Versuch unternehmen, sich seines erlernten Polnisch zu bedienen. Während der Reise hatte er schon mehrmals damit Glück gehabt, und auch mit Haller ging es gut – nachdem er vorausgeschickt hatte, daß er in der Sprache ungeübt sei, jedoch gern mehr Fertigkeit darin gewinnen würde, führte er das Gespräch auf polnisch.

Es erging ihm sogar besser damit als erwartet, auch weil Haller über die Germanismen hinwegsah. Der junge Wittke hatte allen Grund, sich über den ihm von Baur mitgegebenen Brief zu freuen, denn glücklicher hätte er es kaum treffen können, als dem alten Haller zu begegnen. Gediegen und ruhig, war dieser Krakauer Bürgersmann zwar nicht allzu gesprächig, aber auf sämtliche Fragen wußte er ausgezeichnet zu antworten, denn niemand war über die laufenden Dinge besser im Bilde als er. Auf das, was Haller sagte, konnte man sich bedenkenlos verlassen.

Die Familie des Kaufmanns bestand aus der Ehefrau, einer Polin, die sehr freundlich und von ähnlichem Temperament wie ihr Ehemann war, aus einem fast erwachsenen Sohn und zwei halbwüchsigen Töchtern. Ihren Handel betrieben die Hallers, wie Zacharias sich leicht überzeugen konnte, in großem Umfang, sie besaßen ein zweites Geschäft in Warschau, und man spürte, daß Wohlstand im Hause herrschte.

Als Grund für seinen Besuch in Krakau nannte Wittke den Wunsch, sich mit Waren zu versehen sowie Beziehungen zu knüpfen, welche die beiden Länder, die unter einem Zepter vereint werden sollten, einander näherbringen sollten. Als die Herren nach dem Mittagessen allein blieben, forschte Haller als erster seinen Gast neugierig nach dem Kurfürsten aus, und Zacharias erfuhr dabei, wie es um dessen Lage in Krakau bestellt war. Haller hütete sich, über die Zukunft zu orakeln.

»Es steht außer Zweifel«, sagte er, »daß die Majorität und die Legitimität bei der Königswahl Conti hatte, aber Euer sächsischer Kurfürst verfügte bei seiner Minorität über etliche Vorteile und Begünstigungen, wie sie dem Franzosen fehlen. Seine Truppen stehen an der Grenze, die kleine Schar von Leuten, die ihn gewählt hat, ist regsam, unerschrocken und voller Tatkraft. Der Primas, nun, geb's Gott, daß er Conti auch bis zum Schluß die Treue hält – wann aber und wie er sich hierherbegibt, ist noch fraglich. Wenn sich der zum König gewählte August beeilt, wird die Krönung eben passiert sein. Dem Franzosen dürfte es dann schwerfallen, gegen ihn vorzugehen.«

»Wie aber verhalten sich die Dinge hier in Krakau?« fragte Zacharias. »Łobzów ist, wie ich hörte, von Lubomirski besetzt, der dem Kurfürsten nicht Freund ist. Das Schloß auf dem Wawel hält Wielopolski in der Hand, und er scheint nicht gewillt, es uns zu öffnen.«

»Das ist alles wahr«, flüsterte Haller. »Aber es kann sich noch ändern. Schon vor dieser Wahl, zur Regentschaft des letzten Königs, vielmehr der Königin[32], denn sie war es ja, die das Zepter führte – schon damals haben wir uns an Schacher und Bestechung gewöhnt. Ihr werdet wohl wissen, daß auch der Herr Kastellan Przebendowski, bevor er mit dem Kurfürsten übereinkam, einen anderen Thronkandidaten protegierte. Dasselbe kann mit anderen passieren, die durch Geld und Vergünstigungen zu gewinnen nicht unmöglich ist. Das unbezahlte Militär ist auf jeden Groschen begierig, es geht mit dem, der ihm die Rückstände wenigstens teilweise auszahlt.«

Haller verstummte.

[32] die Französin Marie Casimire de la Grange d'Arquien, Gemahlin von Jan III. Sobieski

»Die Dinge unseres Landesherrn stehen demnach nicht so schlecht«, resümierte Wittke. »Das freut mich. Er wird sicherlich nicht versäumen, die Umstände zu nutzen.«

Wie nebenher erkundigte sich der Krakauer nach der Königin.

»Ob sie ihren Gatten wohl begleitet? Es heißt, in den Pacta[33] sei abgemacht, daß sie ebenfalls den katholischen Glauben annehmen und erst nach dem Übertritt gekrönt werden soll.«

»Darüber, was in den Pacta steht, bin ich nicht so genau unterrichtet«, antwortete Wittke. »Ich halte es jedoch für sicher, daß sie sich von Ihrer evangelischen Konfession nicht lossagen wird, auch wenn sie deshalb die Krone verlieren sollte.«

»Ja, dann weiß ich nicht, wie unsere Herren damit umgehen werden«, fügte Haller hinzu. »Letztlich könnten wir auch ohne Königin auskommen, und der Thron ist ja nicht erblich.«

Zacharias brachte die Person des Primas ins Gespräch, über den sehr unterschiedlich gesprochen wurde, und Haller gab etwas zögernd und zaghaft eine zweideutige Antwort.

»Er hielt es mit den Sobieskis«, sagte er. »Und jetzt unterstützt er den Franzosen, er beharrt auf ihm, weil er von der Conti-Partei umgeben ist, aber garantieren kann man für nichts. Die Verwandtschaft beeinflußt ihn, die Towiańskis[34] und andere. Dem Mammon gegenüber soll er, wie es heißt, nicht gleichgültig sein.«

Die Folge dieses Gesprächs am ersten Tage war, daß Zacharias durchaus nicht den Mut und die Hoffnung sinken ließ, was seine Absichten hier in Krakau anbelangte. Er mußte die Fäden nur sehr behutsam spinnen. Schon in den nächsten Tagen boten sich dazu mehr und mehr Gelegenheiten. In Krakau, welches infolge der langen Vereinsamung jetzt wie eine Kleinstadt anmutete, verbreitete sich jede Neuigkeit wie ein Lauffeuer. Auf dem hiesigen Pflaster erschien keiner, ohne daß er sofort zum Stadtgespräch geworden wäre, und so blieb Wittkes Ankunft gleichfalls nicht unbemerkt. Alle waren unmäßig gespannt

---

[33] Pacta conventa – staatsrechtliche Vereinbarung mit dem neugewählten König. Formal verpflichtete sie beide Seiten, die sogen. Wähler (die Schlachta) und den König, faktisch machte sie den Wahlkönig von den Wählern abhängig und schmälerte die Macht des Monarchen.

[34] Frau Towiańska, Kastellanin von Łęczyca, wird je nach Quelle mal als Schwester, mal als Mätresse des Primas Radziejowski – mit dem Spitznamen »Madame de cardinale« – angegeben; gemeinsam mit ihrem Mann intrigierte sie gegen die Wahl des Sachsen.

darauf, ein wenig mehr über den künftigen König zu erfahren. Bei den Hallers gab man sich die Klinke in die Hand, was Zacharias nur eben recht war, denn so hatte er die Möglichkeit, für den Kurfürsten zu werben, sowie aus dem, was er hörte, zu schließen, was diesen hier erwartete. Die erste Schlußfolgerung, die zu ziehen Wittke nicht umhin kam, war die, daß der in seinem Staat so selbstherrliche Kurfürst, der die von ihm selbst diktierten Gesetze nicht zu achten pflegte, hier manchen Strauß mit der eifersüchtig auf ihre Privilegien pochenden Schlachta würde auszufechten haben.

Wenige Tage nach der Ankunft des Sachsen tauchte ein alter Bekannter Hallers auf, der bereits bejahrte Truchseß Górski[35], der nach gutem Brauch bei Haller logierte. Górski war für Wittke eine äußerst interessante Person, konnte er doch von ihm und seinen Ansichten auf andere schließen. Górski verkörperte in sich alle Eigenschaften der polnischen Schlachta und des Hochadels, da er selbst eine Zwischenstellung einnahm. Vermögend derart, daß er sich gut und gern mit vielen Magnaten messen konnte, hatte es der Truchseß nie versucht, sich in deren Reihen zu drängen, auch verlangte es ihn nicht danach, obgleich Herkunft und umfangreiche Besitzungen solche Gelüste gerechtfertigt hätten. Er blieb ein Schlachtschitz und strebte weder nach Ämtern, noch umgab er sich mit großer Hofhaltung. Unter den Senatoren empfing man ihn ehrerbietig, die Schlachta verkehrte mit ihm wie mit ihresgleichen, wie mit einem Mann, auf den sie stolz sein durfte.

Haus und Lebensweise der Górskis zeigten nicht viele Neuerungen, man hielt an Überkommenem fest und zeichnete sich durch Schlichtheit aus, sogar durch eine Art bewußter republikanischer Strenge. Der Truchseß war ein Mann der Rechtschaffenheit, welcher sich auf keinerlei Schacher mit dem Gewissen einließ. Sein Urteil über die Lage der Rzeczpospolita war rigoros, wahrhaftig und von unnachsichtiger Offenheit.

Wer sein Gewissen nicht rein wußte, und von solchen Menschen gab es dazumal leider bereits nicht wenige, der ging Górski aus dem Weg, denn ohne Umschweife hätte ihm dieser seine Fehler und Vergehen vorgeworfen. Um sich dem nicht auszusetzen, machte man einen Bogen um den Herrn Truchseß, man grüßte ihn und verbeugte sich, vermied aber jede Debatte.

[35] eine historische Figur

Man wußte allgemein, daß Górski zu Lebzeiten Sobieskis diesem ein treuer Freund, der Königin indessen abgeneigt gewesen war, und als es nach des Königs Tode zum offenen Zerwürfnis zwischen der Mutter und den Söhnen kam, wandte sich Górski von den Sobieskis ab und stimmte bei der Königswahl mit der Mehrheit für Conti. Górskis Reise nach Kleinpolen und Krakau diente dem Zweck, sich hier zu überzeugen, wie es um die sächsische Wahl bestellt war und welche Hoffnungen der französische Kandidat hegen konnte.

Für Zacharias war der polnische Schlachtschitz, dieser nüchterne, ruhige, in seinen Überzeugungen feste, unehrgeizige und anscheinend so kühle Mann, eine völlig neue Erscheinung.

»Nehmt ihn nicht zum Maßstab«, riet Haller, von Wittke befragt. »Es gibt bei uns nur wenige, die Herrn Górski ähnlich sind.«

Am folgenden Tag, beim Abendessen, saß Wittke gemeinsam mit dem Truchseß an der gastlichen Tafel des Hausherrn. Górski machte sich mit ihm bekannt und erkundigte sich interessiert nach dem Kurfürsten. Wittke lobte und pries ihn natürlich, und der Truchseß hörte geduldig zu.

»Ihr rühmt ihn wegen seiner großen Stärke«, bemerkte er anschließend. »Wir sollten uns über dieselbe freuen, denn wir benötigen einen Herrn, der es vermag, viele Ausschreitungen zu bändigen, aber gerade das ist die Klippe. Selten weiß einer der Anwendung von Stärke Grenzen zu setzen, selten ist einer bereit, das Recht zu achten, wo er es ungestraft brechen kann. Bei uns aber, die wir daran gewöhnt sind, nicht nur über unsere Rechte, sondern auch über unsere Sitten zu wachen, herrscht jahrhundertelang eine unglaubliche Eigenmächtigkeit. Seit Batory waren alle unsere Herren darauf aus, ihre Macht zu mehren und unsere Freiheiten zu stutzen, dabei haben sie nur die Wirrnis und den Aufruhr vermehrt.[36] Vielleicht sollte man uns tatsächlich die übermäßigen Freiheiten beschneiden, wer aber einmal davon gekostet hat, der verzichtet nicht leicht. Wer zur Alleiherrschaft drängt, der bekommt ›pereat mundus, vivat libertas‹[37] zu hören!«

---

[36] Die Wahl Stefan Batorys (1533–1586) zum polnischen König (1576) erfolgte gegen den Willen der Magnaten, die in den Bemühungen des Königs um einen starken Staat eine Gefahr für ihre Stellung in der Rzeczpospolita sahen. Nach der Hinrichtung des königlichen Rittmeisters Samuel Zborowski stellte sich die Magnatenopposition offen gegen den Monarchen.

[37] (lat.) Mag die Welt untergehen, wenn nur die Freiheit lebt.

»Und Ihr, Herr Truchseß«, warf Haller ein, »lobt Ihr diese Verherrlichung der Freiheit?«

»Ich«, entgegnete Górski lächelnd, »ich lobe weder, noch tadle ich. Ich sage nur, was ich sehe. Ich will das Gute für die Rzeczpospolita, und Recht und Gesetz zu achten, kann ich nicht verdammen, denn Gesetz ist Gesetz, man darf es nicht brechen, sondern muß es korrigieren, falls es nichts taugt. Dem Kurfürsten gegenüber sollte man dies zum Ausdruck bringen, damit er nicht in eine gefährliche Kollision gerät, er kennt uns nicht. Nicht alle von denen, die es unternommen haben, ihn mit der Rzeczpospolita bekannt zu machen, sind redliche Leute.«

Nach kurzem Schweigen wandte sich Górski an Wittke.

»*Si fabula vera*«[38], sagte er, »denn ein Hochgestellter wird rasch verleumdet – so heißt es, der Kurfürst sei allzu feurig, und obwohl er eine Gemahlin hat, mache er kein Hehl aus seinen Geliebten und wechsle sie unablässig. Bei uns zulande trägt ihm das weder Zuneigung noch Achtung ein.«

Wittke errötete heftig.

»Er ist jung gewesen«, antwortete er. »Aber jetzt kommen die Jahre heran, da er sich mäßigen muß. Er ist viel gereist, konnte hinreichend Beispiele solcher Leichtfertigkeit am königlichen Hof in Paris mitansehen. Die Gefahr der Ansteckung ist groß.«

»Wie wahr«, pflichtete der Truchseß bei. »Und sie ist um so größer, je höher die Sphären sind, aus denen das Übel kommt. Wenn sich der Kurfürst nach Polen begibt, sollte er auf derlei verzichten, und zum Glück werden sich ja auch solche Frauen nicht finden, die ihre Scham ablegen.«

Zacharias, der nicht länger bei dem Thema verweilen mochte, lenkte das Gespräch auf die Reichtümer des Kurfürsten, auf seine Freigebigkeit und auf die Pracht des Hofes, schließlich auf seine ritterlichen Eigenschaften.

»Wir haben gehört«, bemerkte Górski, »daß er im Krieg gegen die Türken nicht allzu erfolgreich gewesen sein soll.«

Wittke, darauf vorbereitet, erklärte dies mit Eifersucht und Verrat, Górski jedoch schüttelte den Kopf und schwieg.

»Ohne Euren Kurfürsten, den ich nicht gewählt habe, kränken zu wollen«, sagte er dann, »muß ich doch unbedingt anmerken, daß für

---

[38] (lat.) Wenn es wahr ist, was man sich erzählt...

uns ein Herr, der von weiter her kommt, weniger gefährlich ist als einer, dessen Erblande an unsere Grenzen stoßen. Er und die Sachsen könnten uns leicht kommandieren wollen und mit Hilfe einer ständigen Truppe unsere Freiheiten einengen.«

So forschten Wittke und der Truchseß einander den lieben langen Abend aus, und der Sachse lernte dabei viele Dinge, von denen er bislang keine Ahnung gehabt hatte. Dieses Polen mit seiner Schlachta, mit seinen Freiheiten und Sitten erschien ihm immer befremdlicher. Da gab es vieles zu überdenken. Ihm schwante bereits, daß der Kurfürst keineswegs vorhatte, diese Freiheiten zu achten, sondern daß er dieselben vielmehr geschickt und ohne viel Aufhebens allmählich beiseite kehren wollte. Damit hatte sich, als er mit ihm sprach, Mezzettino verraten, aber auch andere Anzeichen deuteten darauf hin. Wie das ausgehen würde, war schwer vorherzusagen.

Górski, den in der Tat nichts Geschäftliches nach Krakau führte, kündigte an, länger hier verweilen zu wollen, um dem öffentlichen Geschehen näher zu sein.

Da Tag für Tag viele Menschen zu ihm strömten und Haller über das, was sich bei dem Truchseß zutrug, Bescheid wußte, zog auch Wittke seinen Vorteil daraus. Er hatte Mezzettino versprochen, von allem zu berichten, was er in Polen sehen und hören würde und was den Kurfürsten angehen könnte, daher mußte er sich in den nächsten Tagen hinsetzen und einen Brief abfassen, obgleich er eine große Abscheu gegen das Schreiben empfand und als Kaufmann das Gewicht von etwas Niedergeschriebenem sehr wohl kannte und sich davor fürchtete. Von Krakau nach Dresden gab es zwar keine reguläre Postverbindung, jene Sachsen aber, die bereits zu Erkundungen hierher ausgeschickt worden waren, sandten nahezu täglich Rapporte ab, so daß die Beförderung von Briefen nach Dresden nichts Schwieriges war. Umgekehrt sollte Wittke auf demselben Wege Briefe empfangen können.

Beinahe jeden Abend erschien Truchseß Górski, wenn er aus der Stadt heimkehrte, wo er sich in den unterschiedlichsten Kreisen umtat, bei Haller, wo auch Wittke sich aufhielt. So konnte der Deutsche auf die allereinfachste Weise erfahren, was die polnischen Adelsherren, welche Krakau und das Schloß besuchten, unter sich debattierten und wie es um die Dinge des Kurfürsten bestellt war. Górski hatte einfach kein Verständnis für das Ränkespiel und die geheimen Machenschaften, er erachtete das alles für unlauter, darum gab er freimütig wieder, was er vernommen hatte, und hielt mit seiner Meinung darüber nicht hinter dem Berg. Von ihm konnte Zacharias mühelos erfahren, wie sich die Krönungsvorbereitungen gestalteten und was die aus Warschau und Łowicz eintreffenden Herren mitbrachten.

Der Truchseß gab offen zu, daß Conti, obwohl er der auserkorene König war und gewichtige Leute hinter sich hatte, schwerlich gegen August würde bestehen können, denn dessen kleine Anhängerschar, mit den Przebendowskis und mit Bischof Dąbski an der Spitze, war über die Maßen betriebsam und skrupellos, sie scherte sich nicht um einen sorgfältigen Umgang mit Recht und Gesetz, sie ging aufs Ganze. Conti hingegen zögerte, er schickte kein Geld, während der Sachse, sich in Schulden stürzend, immer neue Freunde einkaufte – Leute, die dem Franzosen den Rücken kehrten.

Der Primas war die Hauptkraft, auf welche die Contisten setzten, als der Truchseß aber von ihm sprach, enthielt er sich nur aus Respekt vor dem erzbischöflichen und dem Kardinalstitel eines Urteils über den Charakter des Prälaten.

Górski, ein eifriger und sehr frommer Katholik, der jeden neuen Tag mit dem Besuch der heiligen Messe in der Marienkirche begann und denselben beschloß, indem er gemeinsam mit den Dienern vor seinem kleinen Reisealtar niederkniete und betete, wurde, obschon er für Conti gestimmt hatte, allmählich schwankend, was er tun solle. Nicht, daß er sich hätte bereden oder, wie andere, kaufen lassen – nein, dazu hatte er zuviel Gewissen, jedoch das Vorgehen des Heiligen Stuhls, wovon er wußte, dessen Wünsche, die Bemühungen des Nuntius Davia[39], des Sohnes der Kirche, ließen ihn dem Franzosen gegenüber abkühlen.

Klar war, und die Geistlichkeit machte daraus kein Geheimnis, daß Rom die polnische Krone dem Sachsen zukommen lassen wollte und diesem Ziel mit Unterstützung der Jesuitenpater nachhalf, um so die Rückführung Sachsens zu sichern und die Dynastie der Wettiner, welche einst tatkräftig für die Verbreitung und Verfestigung des Protestantismus gewirkt hatte, der katholischen Kirche wiederzugewinnen.

Górski, ein treuer Sohn der Kirche, glaubte sich bereits genötigt, obwohl er für August alles andere als Sympathie empfand, in dessen

---

[39] Giovanni Antonio Davia (1660–1740), nach dem Tode Jans III. Sobieski päpstlicher Nuntius in Polen, trug zur Wahl Augusts II. zum polnischen König bei.

Lager überzutreten. Er schwieg bedrückt. Eines nur wiederholte er häufig, nämlich daß es dem Monarchen nicht gut zu Gesicht stünde, mittels Betrug und auf unlauteren Wegen zur Krone zu gelangen, tagtäglich ertappte er ja die Sachsenpartei bei arglistigen und schmutzigen Machenschaften.

So gut es ging, versuchte Wittke seinen Herrn reinzuwaschen, die Intrigen auf dessen Leute abzuwälzen und zugleich die Ritterlichkeit des Kurfürsten herauszustellen. Je mehr er ihn aber rühmte, desto weniger, schien es ihm, konnte Górski Geschmack an ihm finden.

»Ein Verschwender ist er, der Luxus liebt und wilde Streiche«, sagte Górski unverblümt. »Er hüllt sich in Gold, glänzt mit Juwelen, aber nicht das brauchen wir, sondern die Rückkehr zum Schafspelz und zur großen Einfachheit der Sitten. Man will uns weismachen, daß all dieser vornehme Schnickschnack den Fortschritt und die Kultur der Menschheit bedeuten, ich aber sehe, daß dort, wo er sich eingenistet hat, die alte Tugend zum Teufel geht. Was habe ich von dem Pomp, wenn die Ehrbarkeit daran fehlt, wenn man für den Glanz das Gewissen verkauft?«

Solche Ansichten gab Wittke nicht an Mezzettino weiter, er wußte, daß der Truchseß damit so gut wie allein stand. Man tat sie als Wunderlichkeiten ab. Wenn Górski sprach, hörten ihn die Leute ehrerbietig an wie einen Prediger, aber niemand nahm sich seine Worte zu Herzen, jeder folgte weiter seinem einmal eingeschlagenen Weg. Man beugte das Haupt vor dem rechtschaffenen Alten, aber ihm nachzueifern, daran dachte kein Mensch.

Bis zur Krönung waren vor Ort noch manche Hindernisse zu überwinden. Erstens konnten die Sachsen, wollten sie nicht Gewalt anwenden, nur mit Wielopolskis Hilfe ins Schloß gelangen, der Starost aber verweigerte beharrlich die Herausgabe der Schlüssel. Zweitens waren von den acht oder zehn Schlüsseln zur Schatzkammer sechs in den Händen der Contisten, und die dachten nicht daran, den Weg zum Kronschatz zu erleichtern. Lubomirski hielt Łobzów besetzt, in Warschau waltete die Franzosenpartei, und der Primas wollte von dem Sachsen nichts wissen.

Jene achttausend Soldaten, die an der Grenze bereitstanden, bedeuteten zwar eine Übermacht gegenüber den wenigen Kronregimentern, jedoch Blut zu vergießen, bevor man die Stufen des Throns erstieg, das schien gefährlich. Zumindest fürs erste scheute August davor zurück.

In Krakau ging bereits die Nachricht um, daß die Gemahlin des Kurfürsten[40], für die August gebürgt hatte, sich weigere, gemeinsam mit ihm den römisch-katholischen Glauben anzunehmen, darin durch ihre Mutter unterstützt würde, und daß sie auch dem Sohn nicht erlaube, sich in die Obhut katholischer Lehrer zu begeben.

»Schwarz auf weiß steht in den Pacta die Bedingung, daß die Königin wie ihr Ehemann katholisch wird«, eiferten sich die Contisten schadenfroh.

Auf sächsischer Seite wurde gemunkelt, daß das unterzeichnete Original der Pacta auf mysteriöse Weise verschwunden und einfach nicht mehr auffindbar sei. Nur Kopien befänden sich im Umlauf.

Die eine Seite versuchte Druck auszuüben, die andere verharmloste die Angelegenheit.

Wittke schrieb auf, was er hörte. Mezzettino antwortete ihm nicht in schriftlicher Form, erteilte auch keine Instruktionen, sondern ließ lediglich durch seine Sendboten ausrichten, daß er froh über ihn sei und sein geschicktes Vorgehen begrüße.

Wittke, den doch angeblich Handelsgeschäfte nach Krakau geführt hatten, mußte sich nach dem, was Haller ihm sagte und was er mit eigenen Augen sah, davon überzeugen, daß es hierorts nicht viel zu unternehmen gab. Alles, was die hier Ansässigen benötigten, war im Überfluß vorhanden, Zacharias hätte nur solche Waren mit Gewinn nach Polen einführen können, an die die Sachsen gewöhnt waren, die sie hier aber nicht vorfanden. Solche deutschen Waren für die Deutschen gab es aber nur wenige an der Zahl. Wie Haller versicherte, stand es in Warschau kaum anders um den Handel. Da es Wittke nicht so sehr um die Geschäfte als vielmehr um ein Alibi für den wahren Zweck seines Hierseins ging, tat er sich also um.

Allmählich entstanden Bekanntschaften, Zacharias wollte aber, ohne diese Absicht jemandem anzuvertrauen, jede Gelegenheit nutzen, um das Land kennenzulernen. Der neugewählte König wurde frühestens in den ersten Septembertagen vor Krakau erwartet, immerhin mußte er noch viele Utensilien, die der Krönung Glanz verleihen sollten, aus Wien herbeischaffen lassen, und so blieb Wittke genügend Zeit, um einen Ausflug nach Warschau zu unternehmen.

Haller, der die scharlachroten Tuche zu liefern versprochen hatte,

[40] Christiane Eberhardine von Brandenburg-Bayreuth.

mit denen auf dem Krakauer Markt die Schranken ausgelegt werden sollten, innerhalb derer die Stadt brauchgemäß dem neuen Landesherrn huldigen würde, benötigte noch viele Ballen, und er wollte sie, da man in Breslau dafür zu hohe Preise verlangte, bei seinen Teilhabern in Warschau auftreiben. Fast von sich aus trug er Wittke den Gedanken an, ihn in die neue Hauptstadt mitzunehmen. So kam es, daß die beiden eines Tages, nachdem sie Truchseß Górski, der in Krakau blieb, Lebewohl gesagt hatten, in großer Eile aufbrachen und mit der Unterstützung von Bekannten, die Haller überall am Wege hatte, schneller als gedacht Warschau erreichten. Hier ging der Krakauer Kaufmann seinen Geschäften nach, und Wittke, aller Vormundschaft und Aufsicht ledig, begab sich in die Stadt.

Nach Dresden machte dieses Warschau auf ihn keinen günstigen Eindruck. Er fand die Stadt klein, in der Ordnung vernachlässigt, schmutzig und – was noch schlimmer war – so sehr von den Contisten in Beschlag genommen, daß man hier den Sachsen August unmöglich erwähnen durfte. Gleich am Tage nach der Ankunft wanderte Wittke vom Altstädter Markt, wo sie bei einem Kaufmann, einem Verwandten Hallers, logierten, zum Schloß und besichtigte auch die wichtigeren Straßen. Auf dieser Wallfahrt, bei der sich Zacharias zu seiner großen Freude glänzend des Polnischen bediente, schlenderte er fast eine Stunde lang nach Süden, und als er auf dem Rückweg wieder das Krakauer Tor und das Schloß erreichte, bemerkte er an einer Hauswand nahe dem Schloß eine Weintraube und ein grünes Gertenbündel. Er verspürte Durst. Die kleine Schenke versprach nicht viel, aber das Schild war französisch und der Name des Inhabers, eines Ausländers, tat kund: »*Jean Renard, marchand des vins français*«[41].

Kaum war Wittke eingetreten, umfing ihn eine stickige, von Weindunst gesättigte Luft, und noch bevor er einen Blick durch die Gaststube werfen konnte, hörte er schon einen erstaunten Aufschrei und seinen Namen. Am Tisch beim Wein saß, welch ein Wunder, Łukasz Przebor, und er war kaum wiederzuerkennen, so sehr hatte er sich herausgemacht.

Vor allem war an ihm nichts mehr von einem Geistlichen geblieben, er ließ sich einen gezwirbelten Schnurrbart wachsen, und seine Kleider waren von dem damals üblichen polnischen Schnitt, nagelneu,

---

[41] (frz.) Jean Renard, Händler für französische Weine

ohne Geschmack gewählt, aber grell und ins Auge fallend. Der neue Aufputz machte ihn sogar häßlicher als vorzeiten das schwarze Gewand, aber seinem Gesicht sah man an, daß entweder die Kleider oder aber glücklichere Umstände Przebor mehr Mut und Unbefangenheit im Umgang mit den Menschen verliehen. Er saß inmitten einer Schar lauthals debattierender Schlachtschitzen, deren Anführer er zu sein schien.

Przebor, als er Wittke bemerkte, schnellte empor, ließ die Kameraden Kameraden sein und lief auf ihn zu. Dem Sachsen war die Begegnung höchst unwillkommen. Er wünschte nicht, hier öffentlich als ein Anhänger Augusts ausgemacht zu werden. Zum Glück schien Przebor so etwas zu ahnen, denn mit schiefem Lächeln und unter großen Freudenbezeigungen begrüßte er Wittke als einen Schlesier.

Die adligen Herren am Tisch, denen Łukasz etwas zuflüsterte – sie mußten schon lange hier gezecht haben, nach ihren glühenden Wangen und den vielen leeren Flaschen auf dem Tisch zu urteilen – , erhoben sich nach und nach und gingen auseinander, nur Przebor blieb.

Wittke nahm an dem freigewordenen Tisch Platz und bestellte eine Flasche Wein und zwei Gläser, denn er wußte ja, daß Przebor, obwohl sein Durst gelöscht sein mußte, die Einladung nicht ausschlagen würde. Aus seinen Augen quoll fiebernde Neugierde.

»Beim Allmächtigen, wie kommt Ihr hierher!« rief er aus. »Eher hätte ich sonstwen heute zu treffen erwartet!«

Wittke nahm sich Zeit, um die Antwort zu überlegen.

»Das ist ganz einfach«, erklärte er dann. »Ich bin Kaufmann, und wie ich es Euch schon früher gesagt habe, möchte ich hier ein Geschäft gründen, darum bin ich hier und sehe mich um.«

Przebor starrte ihm begierig ins Gesicht.

»Und?« fragte er.

»Ich weiß noch nicht«, erwiderte Wittke betont gleichgültig. »Ich bin in Krakau gewesen, aber das ist eher eine tote Stadt, die vielleicht nur für kurze Zeit wiederaufleben wird, und Warschau muß ich erst besser kennenlernen.«

Und gewollt ironisch setzte er hinzu: »Was ihr hier genügend habt, ist Dreck auf den Straßen.«

Przebor lachte auf.

»Im Herbst? Ist das ein Wunder?« erwiderte er leicht gekränkt.

»Außerdem, eine deutsche Stadt und eine polnische, das ist etwas Grundverschiedenes, wir geben nicht viel auf irgendwelche Kinkerlitzchen.«

Er winkte ab und fragte: »Was gibt's Neues in Dresden? Hat Frau Przebendowska nach meiner Flucht wenigstens Trauer angelegt?«

Łukasz lachte so laut, daß die Wirtsstube erdröhnte.

»Was mich angeht«, fuhr er fort, »so habe ich, wie Ihr seht, die Soutane davongeschleudert und mich in die Freiheit zurückbegeben – den Säbel am Gürtel, wie sich's gehört.«

Er drehte an seinem erst kärglich gesprossenen Schnurrbart.

»Nun, und aus Wut auf die Przebendowskis bin ich zu den Contisten übergewechselt und diene denen«, fügte er hinzu.

Er sah Wittke kurz an, aber der zeigte weder Erstaunen noch Bedauern, sondern fragte nur leise: »Und wie geht es sonst?«

»Ich habe die besten Aussichten. Inzwischen kenne ich schon viele Leute, die mir allerhand versprechen; unser Conti ist nicht so harmlos, wie es scheinen mag, jeden Augenblick wird er in Danzig erwartet, wo er mit einer riesigen Flotte und einer gehörigen Streitmacht landen soll, und es steht da kein geringes Gefolge zum Empfang bereit. Wir haben den Primas dabei, und der allein wiegt zehn Regimenter auf.«

Przebor unterbrach sich und wartete ein wenig ab, ob eine Erwiderung folgen würde, aber Wittke schenkte ihm nur das leere Glas wieder voll und zuckte die Achseln.

Erst nach einigem Schweigen ließ sich der Sachse vernehmen: »Wie gut, daß ich Euch getroffen habe und Informationen einholen konnte. Da stellt sich also heraus, daß es hier für mich nichts zu tun gibt, wo die Franzosen schon beizeiten ihre Leute vor Ort haben.«

Wittke wies auf die Gaststube, in der sie saßen.

»Ach so!« Przebor lachte. »Der Wirt hier ist ein Renard, und offenbar nicht erst seit heute. Ich glaube, sein Vater oder schon sein Großvater hat sich hier zu Zeiten der Marie Louise niedergelassen. Das Geschäft geht gut, der Mann ist solide und die Gattin durchaus passabel, einstmals ist sie sogar eine Schönheit gewesen. Und das Töchterchen…«

Przebor stieß Wittke plötzlich mit dem Ellbogen an und zeigte zur Tür. Da stand diejenige, von der er soeben hatte sprechen wollen.

Sie war noch ein Kind, aber von so wundersamer Schönheit und großer Anmut, so bezaubernd, daß man den Blick nicht von ihr wenden konnte. Wenn die kleine Henriette auftauchte, wandten sich ihr alle Gäste zu und starrten sie an wie ein Gnadenbild.

Das selbstsichere, von klein auf an Fremde gewöhnte Mädchen lächelte mit einer für ihr Alter unüblichen Koketterie ihren Bewunderern zu. Man sah es ihr an, daß die Eltern sie liebten und hätschelten, denn sie war über die Maßen angeputzt, trug gar schon am Morgen edle Schmuckstückchen und präsentierte sich stolz damit wie mit sich selbst. Ein so schönes Kind – schließlich zählte Henriette[42] kaum mehr als zehn Jahre – war nicht nur in einer ordinären Weinstube, sondern auch in einem herrschaftlichen Schloß eine schwer zu findende Rarität. Wittke, der Kinder gern hatte und im übrigen hübsche Gesichter nicht verachtete, schaute sichtlich entzückt.

Das Mädchen mit dem dunklen Haar, mit Locken, die über die Schultern fielen, im kurzen, rosa-weißen Kleid, in feinen Schuhen auf roten Korkabsätzen, mit dem reizenden Oval des Gesichts und den lieblichen Zügen war ein Bild zum Malen!

Przebor, ein Bekannter bereits, lächelte dem Mädchen zu, er war bezaubert.

»Was wird das erst werden«, seufzte er, »wenn diese Wunderblume sich voll entfaltet, das ist doch ein edler Bissen, bloß in dieser Weinstube hier, wo so allerlei junges Volk herumsitzt...«

Er beendete den Satz nicht, denn in der Tür erschien, gleichfalls herausgeputzt, Henriettes Mutter, fast so hübsch wie die Tochter, aber bereits eine Frau in der zweiten Jugend, rundlich und wohlgenährt. Sie beugte sich zu dem Kind und nahm die sich ein wenig Sträubende mit hinaus, entzog sie den neugierigen Augen.

Łukasz, schon zuvor beschwipst und nun von Wittkes kräftigem Wein noch stärker benebelt, lehnte sich über den Tisch zu dem Kaufmann hinüber und faselte unbedacht drauflos.

»Ich bin so gut wie beim Primas in Diensten«, teilte er unumwunden mit. »Mir kommt jetzt zugute, daß ich bei der Przebendowska gehockt habe. Ich konnte die Contisten über viele Dinge aufklären, na und, was schert mich schon euer Sachse? Mal sehen, wie das alles weitergeht, das kann ja wohl nicht sein, daß die Franzosen weniger Geld hätten als der sächsische Kurfürst, bloß sieht man bisher nichts davon, indessen die sächsischen Taler feste kursieren. Der Primas beklagt sich, daß sie

---

[42] Henriette Renard, Geliebte Augusts des Starken, wurde mit dem Gastwirt Duval verheiratet; sie war die Mutter der späteren Gräfin Anna Orzelska.

ihm jeden Tag Leute weglocken. Haha, ich würde ja nicht mal für ihn selbst die Hand ins Feuer legen!«

Wittke schmunzelte.

»Meint Ihr?« fragte er scheinbar gleichgültig.

»Den Kardinal selbst würde bestimmt die Scham zurückhalten, und billig wäre er auch nicht zu kaufen; aber er ist von etlichen Weibern umringt.«

»Von Weibern? Der Erzbischof?« forschte Wittke neugierig.

»Gott bewahre, denkt dabei nichts Schlechtes«, erwiderte Przebor. »Aber er hat eine inniggeliebte Nichte, die Towiańska, die wiederum auf Schmuck begierig ist, und eine nahe Verwandte ist auch die Fürstin Lubomirska[43].«

Er schüttelte den Kopf, nahm einen Schluck und fuhr fort: »Der Primas hat eine Schwäche für die Towiańskis.«

Przebor bemerkte es gar nicht, daß er, ohne besonders dazu aufgefordert worden zu sein, alles aus sich herausgeschwatzt hatte. Nun schickte er sich an, seinerseits den Kaufmann auszuforschen, der aber sagte nur, was er sagen wollte und was gesagt werden mußte. Wie unabsichtlich plauderte er aus, daß Flemming zur Krönungsfeier ganze Fässer voller Gold zur Besoldung der Truppen sowie Kisten voller Juwelen als Geschenke für die Freunde mitbringen würde.

Przebor wiegte vielsagend den Kopf.

Zuguterletzt erfuhr der Kaufmann von ihm, daß Primas Radziejowski einen Brief an den neugewählten König aus Sachsen abfassen und ihn in wohlgesetzten, sanften Worten davor warnen wollte, den Frieden in der Rzeczpospolita durch Spaltung zu stören, falls seine rechtswidrige Wahl nicht zu behaupten wäre.

Außerdem wußte Przebor noch, daß, sollte sich in Krakau der Krönungsreichstag versammeln, der Primas einen zweiten Reichstag nach Warschau einberufen und den Aufstand des Adels gegen den König proklamieren würde.

Lange saß Wittke bei solchem Geplauder, und als er sich am Ende erhob und von Łukasz verabschieden wollte, wurde er diesen noch immer nicht los, Przebor begleitete ihn bis zu seiner Herberge.

---

[43] Urszula Lubomirska (1680-1743), aus litauischem Adel stammend, Gattin von Jerzy Dominik Lubomirski (gest. 1727), Erzschatzmeister, später Woiwode von Krakau. Als Geliebte Augusts gebar sie den späteren Chevalier de Saxe und erhielt selbst den Titel einer Fürstin Teschen.

V

Am zehnten September erzählte man sich bereits in ganz Krakau Sagenhaftes über den gewaltigen Pomp, mit welchem August in dem von Lubomirski freiwillig geräumten Łobzów Einzug hielt. Ein nicht abreißender Strom Neugieriger drängte aus der Hauptstadt zu den Mauern des Schlößchens, um die verkündeten Wunder mit eigenen Augen zu bestaunen.

In der Tat geizte August nicht mit Pracht, welche es ihm erlaubte, den Polen die größte Zurschaustellung seiner Reichtümer zu bieten. All die Großartigkeiten waren dem Kurfürsten entweder von Wiener Kaufleuten auf guten Glauben überlassen oder aber mit unsäglichem Druck aus den sächsischen Untertanen herausgepreßt worden. Die Wahl des Kurfürsten zum König von Polen hatte eine völlige Umwälzung ausgelöst, die besonders die zahlreichen Beamten des Landes traf. Sämtlich waren sie mit einemmal degradiert, und wer nicht in der Lage war, sich durch Bestechung seinen Posten zu erhalten, mußte diesen einem Vermögenderen abtreten. Außerdem wurden eine Akzise festgesetzt und dem Adel eine Kontribution auferlegt, so daß das arme Sachsen dieses Polen recht bald zu verfluchen begann.

Doch dafür mußte man sehen, wie königlich sich August in Łobzów entfaltete. Allein an vergoldeten und versilberten Kutschen wurden einhundertfünfundzwanzig gezählt, dazu gehörten mehrere hundert Rosse, von denen etliche auf ihrem Rücken unglaublich kostbare lange Decken aus golddurchwirkter Seide sowie ebensolche Schabracken trugen. Pagen, Lakaien, Haiduken in nagelneuer, betreßter Livree gab es ohne Zahl. Trabanten, Schweizer, Männer der Leibgarde, riesige Kanonen, Vorräte an Kugeln und Pulver, vierzig Kamele, beladen mit scharlachroten Tuchen und mit Gold, geleiteten den Nachahmer Ludwigs XIV. Es wurde geflüstert, daß allein der über und über mit Brillanten besetzte Marschallsstab, der vor dem König hergetragen werden sollte, auf tausend Dukaten geschätzt war.

So manches Mal schon hatte das alte Krakau hier kostspielige, prächtige Festzüge gesehen, aber dazu hatte ganz Polen beigetragen, insbesondere die Magnaten und die Ritterschaft, jetzt jedoch sollte allein der Pomp des Kurfürsten das stark geminderte Gefolge wettmachen.

Einige Tage zuvor war der uns wohlbekannte Wittke, eine Perücke auf dem Haupt und so sehr nach französischer Mode ausstaffiert, daß niemand mehr einen Kaufmann in ihm vermutet hätte, um das Krakauer Schloß gestrichen. Er schien darin gute Bekannte und seine Verbindungen zu haben. Den am Abend Eintreffenden begrüßte ein stattlicher, schon älterer Hofbeamter, der Kommandant des Schlosses, und ehrerbietig führte er den Besucher über die leeren Korridore in die Privatgemächer der hohen Dame.

Hier wurde Wittke offensichtlich erwartet. Eine gesetzte und vornehm aussehende Matrone mittleren Alters, erlesen gekleidet und mit Juwelen bedeckt, empfing den nur vom geleitenden Kommandanten eingelassenen Ankömmling, und nicht ohne eine gewisse Verlegenheit wies die hohe Dame ihm einen Platz am Tische an.

Wittke, als hätte er sein Leben lang nichts anderes getan, entledigte sich mit großem Geschick seiner Botschaft, und nach kurzer Rede zog er unterm Gewand eine Schatulle hervor, die er mitgebracht hatte. Er öffnete sie und schob sie der hohen Dame unter die Augen, welche den Inhalt, wenngleich errötend, so doch mit großer Sorgfalt in Betracht nahm. Die Röte übergoß ihr ganzes Gesicht, ihre Hände zitterten, ihr Blick irrte durch das leere Gemach, als ob sie befürchtete, bei diesem Stelldichein ertappt zu werden, dessen geheimen Zweck die im Dunkel wie Feuer blitzenden Brillanten gleichsam preiszugeben drohten. Die hohe Dame nahm die Kleinodien in die Hand, sah sie an und legte sie zurück, zog sie zu sich heran und stieß sie wieder fort – es war wie das Ringen mit der Versuchung. Wittke schwieg, voller Ehrerbietung wartete er auf eine schlüssige Antwort. Mehrere Male erbebten die Lippen, als ob sie etwas sagen wollten, und schlossen sich wieder, denn der beschleunigte Atem ließ ein Sprechen nicht zu.

Die Edelsteine waren von großem Wert, und wohl zum erstenmal in ihrem Leben sah sich die Dame einer solchen Versuchung ausgesetzt. Wittke beobachtete sie kühl und dem Anschein nach gleichgültig, als ob er in Geschäften wie diesen, die ihm weiß Gott fremd waren, bereits Routine besäße.

Die gesetzte Dame, in Nachdenken versunken, schwieg noch immer, als der Kaufmann leise sprach: »So oder so, irgendwie wird die Übernahme des Schlosses erfolgen. Bischof Dąbski, der Woiwode Jabłonowski und Marschall Lubomirski haben den gewählten König dessen versichert, darum könnt Ihr es ruhigen Sinnes annehmen, das Geschenk.«

Der Mund der Zuhörerin wiederholte das letzte Wort mit Nachdruck.

Wittke schob ihr behutsam die Juwelen hin, nahm seinen Hut in die Hände, und gleichsam in Eile, zu einem Ende zu kommen, verbeugte er sich zum Abschied. Die hohe Dame, verlegen, erhob sich, wollte etwas sagen, sank aber nur auf den Stuhl zurück. Leise, auf Zehenspitzen, verließ Wittke das Schloßgemach, und ein verhaltenes Siegerlächeln spielte um seine Lippen.

Am zwölften September, wenngleich die Sonne dem festlichen Tag ihre Strahlen mißgönnte, strömten bereits vom Morgen an Menschenmengen zur Stadt hinein, und wer sich nicht ins Gedränge begeben mochte oder konnte, der stellte sich an die von Łobzów herführende Landstraße, über die Augusts Festzug seinen Weg nehmen sollte. Die alten Leute gedachten der früheren Zeiten, sie riefen sich Erzählungen von Vätern und Großvätern über alle die prachtvollen Festzüge anläßlich von Vermählungen und anderen Feierlichkeiten in Erinnerung, deren Zeuge die Stadt Krakau einst gewesen. Prunk stand auch heute zu erwarten, staunenswerte, blendende, königliche Pracht, doch würde sie sich sehr von jener unterscheiden, welche dereinst von Polens Reichtümern und der Verbundenheit des Landes mit seinen Adelsherren gezeugt hatte.

Nur eine äußerst geringe Zahl von Magnaten erschien zur Begleitung des gewählten Landesherrn, so daß nahezu alles, was hier heute glänzen würde, sächsisch war und dem Kurfürsten gehörig. Mit dem einstigen, oftmals mehrere hundert Rosse zählenden Aufgebot der Woiwoden, Bischöfe, Kastellane, hohen Beamten des Hofes und der Rzeczpospolita war heute nicht zu rechnen. Dafür würde das eigene Gefolge des künftigen Königs unendlich zahlreich und überaus prächtig und erlesen sein. Jene Glücklichen, die sich in den Hof des Łobzówer Schlößchens hatten drängen und dort die aufgedeckten, mit Gold und mit Samt beladenen Wagen hatten sehen können, die Pferde mit den wappengeschmückten Decken, die Leute in den verschiedensten Livreen, nach fremdländischer Mode herausgeputzt, die Kamele, bepackt mit großen, von orientalischen Teppichen umhüllten Bündeln – jene Glücklichen schwärmten überwältigt von des Sachsen Reichtum und von seiner Freigebigkeit.

Es hieß über ihn, daß er bereits Millionen ausgeschüttet habe, um seine Königswahl zu behaupten, und daß er nun noch einmal so viele Gaben mit sich führe, um sie unter seine treuen Anhänger zu verteilen.

Die Stimmung der Menschenmenge, welche anzuwärmen sich Augusts unsichtbare Diener alle Mühe gaben, neigte sich mehr und mehr dem neuen König zu. Man rühmte seine Tapferkeit, seine Stärke und sein Geschick, seinen Verstand und zugleich seine Höflichkeit und Milde. Die ihn schon zu Gesicht bekommen hatten, priesen die Schönheit seiner Gestalt, und sie verglichen ihn nacheinander mit Apoll, mit Herkules, mit Samson und mit Mars. Besonders die Neugier der Weiblichkeit war bis zum äußersten entfacht.

Auf dem Krakauer Markt wußten es die Ratsherren der Stadt sicherlich schon, daß die Schloßtore, die Wielopolski noch vor wenigen Tagen zu öffnen sich geweigert hatte, nun dem Einziehenden weit und ungehindert offenstehen sollten. Drinnen im Schloß herrschten Eile und Hast, um die seit langem verödeten und vernachlässigten Gemächer herzurichten, man konnte im Hof deutsche Wagen sehen, die, am Abend zuvor angekommen, auch schon eingelassen worden waren.

Auch Krakaus Bürgerschaft hatte sich beizeiten gerüstet, sie präsentierte sich mitsamt Zünften, Zeichen, Wappen, mitsamt Waffen und Bannern, und wenn sie zum Festzug nicht Pracht und Glanz beisteuerte, so doch Ernst und Teilnehmerzahlen. Als aus Łobzów das Signal gegeben wurde, marschierten ganz vorn die Flaggen der Zünfte, jede Zunft mit ihrem Ältesten und ihren Insignien, bewaffnet und geschmückt; den Zünften folgten polnische Garden und die Soldaten der Stadttruppe, danach kamen zwei schmucke Dragonerregimenter, und den Dragonern hinterher zogen vierundzwanzig sächsische Pagen in fremdländischem Kostüm.

Augusts vierundzwanzig Handpferde, geschmückt mit Quasten und Federbüschen, waren alle gleichermaßen mit Satteldecken aus scharlachrotem Samt bedeckt, reiche Silberstickereien darauf zeigten sächsische Wappen und die der Wettiner sowie die Initialen des Königs. Vierzig Maultiere, die den Rossen nachfolgten, trugen, passend zur sächsischen Livree, gelbe Decken. Sie gingen zweiundzwanzig Kutschen voraus, welche in solcher Anordnung fuhren, daß jeweils eine noch großartigere und prächtigere die vorige ablöste. Jedoch stellte Augusts Wagen alle anderen in den Schatten. Zwölf perlgraue Rosse von so außergewöhnlicher Schönheit und so idealer Einheitlichkeit, als hätte eine Mutter sie alle geboren, zogen die vergoldete Kutsche, und neben ihr her gingen zwölf Trabanten in der gelben Livree der Schweizer.

In der langen Reihe der Wagen fehlten nicht die Paradekutschen des Kaiserlichen Gesandten sowie dessen eigene Kutsche. Die Handpferde, von Stallknechten vorweggeführt, frappierten durch ihre erlesene Schönheit, doch waren sie nichts gegen die vier gesattelten Reitrosse, die man hinter den Kutschen herführte. Alles an ihnen – Sättel, Federbüsche, Brustharnische – glänzte vor lauter Gold und Edelsteinen. Dahinter marschierte die Musik, bestehend aus Bläsern und Trommlern. Sogar die Schlegel blitzten silbern. Die Musik kündigte zwei Abteilungen sächsischer Soldaten an, welche der Minister Graf Eck, hoch zu Roß, befehligte. Die Uniformierung und Ausrüstung nach der fremdländischen Manier waren in Polen keine Neuheit mehr, aber König August hatte seine zur Schau präsentierten Truppen mit ganz besonderer, frappierender Eleganz herausgeputzt.

Die Gastfreundschaft verlangte zwar, den Sachsen den Vortritt zu lassen, doch brauchten die Panzerregimenter der Polen, welche nach ihnen marschierten, den Vergleich nicht zu scheuen.

Es lohnte sich, jeden einzelnen der Herren Kameraden in diesen Regimentern für sich zu betrachten, denn obwohl Kleidung und Rüstung sich nur wenig voneinander unterschieden, suchte doch jeder den anderen durch Phantasiereichtum und Erlesenheit der Waffen, der Leopardenfelle, der Flügel, der vergoldeten Lanzen, der Sättel und des Zaumzeugs zu übertreffen, wollte sich jeder durch etwas Besonderes hervortun. So mancher einfache, gemeine Kamerad schleppte Reichtümer mit sich herum, und dem Aussehen und der Haltung nach glich er eher einem Befehlshaber, denn einem Soldaten. Stolz schritten in diesen Reihen die größten Namen und das beste Blut der Rzeczpospolita.

Mit ihnen und nach ihnen, meist zu Pferde, zogen Senatoren, Woiwoden, Kastellane, höhere Beamte, ein jeder von einem kleineren oder auch größeren Gefolge umringt. Dąbski, der Bischof von Kujawien, dessen Werk die Königswahl sozusagen war, ritt neben dem Bischof von Sandomierz und vor dem Großmarschall Lubomirski, der jenen über und über mit Brillanten besetzten Marschallsstab trug, jene schon beizeiten lauthals gepriesene Kostbarkeit, die der König hatte vorbereiten lassen.

Unmittelbar auf Lubomirski folgte der König, und aller Augen richteten sich auf ihn und suchten aus ihm die Zukunft zu lesen, als deren Repräsentant er hier erschien.

Auf Anraten des Bischofs hatte August für diesen Tag, damit er die Herzen gewinne, polnische Tracht angelegt. Das schneeweiße Roß, das ihn trug, war von edelster Rasse, und sein Feuer wußte die starke Hand des Königs leicht zu bezähmen.

Der sächsische Kurfürst stand noch im vollen Glanz jugendlicher Schönheit. Das Gewand aus Goldbrokat, mit Hermelin unterfüttert, war über einen lichtblauen Schupan geworfen, dessen große, mit Brillanten besetzte Knöpfe nur so leuchteten. Gleichfalls mit Brillanten besetzt und gesäumt waren der Hut, der Säbel, der Gürtel, der Sattel, das Zaumzeug und die Zügel, an letzteren funkelten die Diamanten im Wechsel mit großen Rubinen. Sechs Krakauer Ratsherren hielten einen Baldachin aus scharlachrotem Samt über den König, und zu allen Seiten schritten Trabanten in gelber Schweizerlivree.

Hinter dem König ritten der Bischof Paszewski und zahlreiche polnische Geistliche – das Domkapitel, Domherren, Prälaten, ferner Beamte des kurfürstlichen Hofes – der allgegenwärtige Pflug, Graf Trautmannsdorf, der Oberstallmeister von Thielau, der Oberst der Leibgarde sowie die königliche Leibgarde, die königlichen Kürassiere und so fort.

Sächsische Infanterie, beiderseits der Landstraße aufgestellt, hielt die Wache bis hin zum Wawelschloß. Auch die beladenen Kamele wurden nicht in Łobzów zurückgelassen, schließlich sollten die geheimnisvollen Bündel auf ihrem Rücken jene sagenhaften Schätze enthalten, die August in Polen auszuschütten versprach.

Alles dieses zusammen vermochte zwar dank seiner Pracht zu blenden, doch obschon man sich darum bemühte, daß es recht viel Raum einnahm und sich in langem Schweife hinzog, war jenen Menschen, die sich noch der alten Zeiten entsannen, der magere Anteil Polens augenfällig, das Fehlen vieler namhafter Geschlechter und vieler wichtiger Würdenträger.

Wer des Königs Antlitz bisher nicht geschaut hatte, der heftete jetzt den Blick darauf und suchte aus ihm die Zukunft zu lesen. Manch einem mochte dieselbe strahlend erscheinen, war dies doch der Tag des Triumphes für August, und sein fügsames Antlitz bewahrte einen ruhigen, ernsten, majestätischen Glauben an sich selbst. Ein mildes Lächeln, von Güte gleichsam erfüllt, wich nicht von des Königs Lippen und nahm die Herzen gefangen.

Viele der Menschen waren an Sobieskis großartige Gestalt erinnert, und unwillkürlich drängte man, zu vergleichen. August, der Jüngere, besaß nicht das Majestätische des Helden der Schlacht bei Wien, jedoch übertraf er diesen an Eleganz und koketter Anmut. Niemand erkannte, was das bezaubernde milde Lächeln, das so für ihn einnahm, in Wirklichkeit war: Ein in die Schmuckhülle dieses Tages gefaßter Köder, hinter dem ein Herz zu suchen müßig war. Die Polen, in ihrer Einfalt stets geneigt, alles, was ihr Herz anspricht, für bare Münze zu nehmen, flüsterten einander zu: »Der wird gut sein, freigebig ist er, Milde schaut aus seinen Augen, und bei der mächtigen Stärke – was sollte man sich mehr wünschen?«

So herrschte denn eitel Freude.

Auf dem Marktplatz, inmitten einer Schar Großpolen, sich durch keinen Festputz hervorhebend, saß der Truchseß Górski zu Pferde. Auch er war gekommen, um »aus dem Aspekt des neuen Königs zu weissagen«, wie er sich ausdrückte. Für ihn war ein solcher Platz gewählt, von dem aus er August bequem und ungehindert in Augenschein nehmen konnte. Mit aller Kraft schaute er ihn an und zog damit Augusts Blick auf sich. Unmöglich hatten dem vorüberreitenden König diese ihm so dreist und beharrlich gleichsam in die Tiefen der Seele dringenden Augen verborgen bleiben können. Górski, angewidert von Augusts jäh scharfem Blick, wich nicht mit dem seinen. Zwei Augenpaare rangen miteinander in gegenseitiger Prüfung, bis sich endlich des Königs zorniger Blick ungehalten zur Seite wandte.

Ein Betrüger und ein Komödiant! hallte es durch Górskis Seele, und der Truchseß wehrte sich gegen die innere Stimme. Als habe er gesündigt, schlug er sich unauffällig an die Brust und murmelte: »Verzeih mir, Gott! Womöglich verdamme ich sündigerweise etwas, das ich nicht kenne.«

»Was meint Ihr, Herr Truchseß?« hörte er neben sich die Stimme des ihn begleitenden Morawski, des Starosten von Posen.

Das Gesicht verdüstert, wandte sich Górski ihm zu. Morawski schien von ihm ein Urteil über den König, den er hier zum ersten Male sah, zu verlangen.

»Was meint Ihr zu dem König, Herr Truchseß?« wiederholte Morawski seine Frage.

»Und wie denkt Ihr, Herr Starost?« parierte Górski die Frage mit einer Gegenfrage.

»Schön ist er, so recht was zum Malen!« rief der Starost.

Für eine Weile trat Schweigen ein, Górski sann nach, dann ritt er dicht an Morawski heran.

»Haben die Jesuitenpater Euch in der Schule die Geschichte der Tiere gelehrt?« fragte er.

Morawski brach in Lachen aus.

»Nur wenig«, sagte er.

»Na, dann hat es Euch hier das Leben veranschaulicht, daß sich das grausamste und gefährlichste Tier in die allerschönsten Gewänder kleidet«, erwiderte der Truchseß kalt. »Es gibt wohl keine anmutigeren Regenbogenfarben als die der Schlangenhäute, es schillert das Chamäleon in goldenen Tönen und ist so schön wie Tiger oder Leopard.«

Morawski hörte erstaunt zu.

»Und das bedeutet?« warf er ein.

»Ich ziehe daraus keinerlei Schlüsse«, sagte Górski. »Ich weiß auch gar nicht, wie es mir in den Sinn gekommen ist, vielleicht rührt es von den Leopardenfellen her, die unsere Panzerreiter über den Schultern tragen.«

Morawski fragte nichts mehr.

»Würdet Ihr, Herr Starost, meine Einladung zum Bigos[44] annehmen?« fragte, sich auf seinem Pferd zurückziehend, der Truchseß Górski. »Ich bitte Euch herzlich darum. Auf dem Schloß erwarten uns freilich Frikadellen, aber ich begebe mich nicht dorthin.«

»Nicht, daß mir an den Frikadellen viel läge, um Himmels willen!« antwortete der Starost lachend. »Aber ich muß aufs Schloß, um unseren künftigen Herrn besser kennenzulernen.«

»Wie werdet Ihr denn mit ihm sprechen?« erkundigte sich Górski ironisch. »Polnisch versteht er kein Wort, Latein kann er, wie ich hörte, nur wenig, und wie steht Ihr mit dem Deutschen und dem Französischen?«

»Auf Kriegsfuß!« Morawski lachte erneut. »Aber das hindert mich nicht, ihn wenigstens von weitem zu betrachten.«

Górski verbeugte sich und ritt zu Hallers Hause davon. Am Tor stand Wittke, der begierig auf die ringsum gesprochen Worte lauschte und die Mienen erhaschte; er selbst war frohgelaunt, denn der längere Aufenthalt in Krakau hatte ihm die Zunge gelöst, er verstand das Polnische und sprach es selbst einigermaßen, dabei gab er sich stets als

---

[44] ein altpolnisches Gericht aus gedünstetem Sauerkraut und gebratenem Hackfleisch

Schlesier aus. Mit großer Ehrerbietung begrüßte er den Truchseß, denn ihn hatte er schätzen gelernt, sah er doch, welches Ansehen dieser bei den Menschen hier genoß.

»Wie findet Ihr es?« fragte er, auf Górski zutretend. »Ich hoffe doch, daß der Kurfürst sich selbst und der Krone keine Schande bereitet?«

»Mir wäre es lieber, wenn dort mehr Menschen wären und weniger Edelsteine«, versetzte Górski bissig und ging in seine Wohnung.

Wittke zuckte die Achseln.

Zum erstenmal, seit der Kaufmann hier länger unter den Fremden weilte, spürte er immer deutlicher, daß da menschliche Gesellschaften von sehr unterschiedlicher Art existierten, die nach höchst verschiedenen Begriffen und Leitsätzen lebten. Ein im Alltäglichen ehrlicher und bis ins kleinste auf die Redlichkeit seiner Worte bedachter Mensch kam hier in Polen unablässig mit ihm unbegreiflichen Beweisen der Leichtfertigkeit in Berührung, und sie begegneten ihm bei jenen selben Menschen, die wiederum Dingen, welche Wittke kühl ließen, ein immens großes Gewicht beimaßen.

Es fiel ihm schwer, diese Polen zu verstehen. Er traf auf größte Toleranz im Verbunde mit eifrigster Frömmigkeit, auf sinnloses Vergeuden von Groschen neben einer spartanischen Sparsamkeit, und schließlich erlebte er bei kleinen und unbedeutenden Leuten, die ohne alle Macht und Einfluß waren, eine solche glühende Anteilnahme am öffentlichen Geschehen der Rzeczpospolita, wie sie sich anderswo in den höchsten Sphären nicht fand. Derartige Widersprüche sah der Kaufmann auf Schritt und Tritt, und sie machten ihn bisweilen starr vor Staunen. Wittke begegnete Menschen, die sich bestechen ließen, ohne daraus ein Hehl zu machen, jenseits bestimmter, selbstgesetzter Grenzen aber waren diese selben Menschen plötzlich unbeugsam und durch nichts zu bezähmen.

Wittke mußte hier einen neuen Menschen erlernen, den er von Deutschland her nicht kannte, und schon nach seiner kurzen Erfahrung wußte er, daß das damalige Polen in zwei große Lager zerfiel. Überall da, wo die westliche Zivilisation mit ihren feinen Manieren und der Verachtung der alten Sitte eingedrungen war, zeigte sich die Moral angegriffen und erschüttert, hingegen widerstanden die Menschen dort, wo noch die alten, strengen Bräuche herrschten, mit eisernem Stoizismus dem Verderben. Schließlich mußte Zacharias auch vermerken, daß die scheinbare Ungehobeltheit, die rauhe Schale de-

84

rer, die er für Barbaren gehalten, nicht etwa Dunkel und Unwissenheit in sich barg, sondern daß sie die Hülle einer gänzlich anderen, von eigener Kraft herausgefeilten Zivilisation war, die sich von westlichen Zivilisationen unterschied.

Während der kurzen Fahrt durch das Land, die Wittke mit Haller unternommen, hatte er oft über die in derbe und schmutzige Kittel gekleideten Bauern staunen müssen, die sich in den schwierigsten Lebenslagen mit Hand und Verstand zu helfen wußten, da, wo er, der Gebildete, hilflos gewesen wäre.

Solche Männer vom alten Schlage, wie der Truchseß Górski einer war, fanden sich ziemlich dicht gesät, obschon sie nicht alle gleichermaßen über seine Verstandeskräfte verfügten. Neben ihnen sah Wittke aber auch nicht wenige, die der Kurfürst leicht aufheben und mit sich ziehen konnte. Doch sogar diese Menschen waren dort, wo es gegolten hätte, die alte Ordnung und Sitte zu brechen, eher bereit, dieselbe zu umgehen als sie zu zerstören. Solcher Respekt vor den Gesetzen, bei dem gleichzeitigen ständigen Bemühen, ihren Folgen auszuweichen, war für den Deutschen kaum begreifbar, es gehörte für ihn zu den frappierendsten Eigenschaften der polnischen Nation. Niemand dachte hier auch nur daran, zugunsten einer nicht eben als rechtmäßig zu bezeichnenden Königswahl die uralten Privilegien gewaltsam zu beseitigen. Man suchte sich zu rechtfertigen, man verdrehte das Gesetz, hütete sich indes, es umzustürzen. Nur einstweilen entzog man sich seinen Konsequenzen, das urewige Gemäuer aber blieb unangetastet stehen und kommenden Zeitaltern erhalten.

Am Abend desselben Tages traf unser Kaufmann bereits auf dem Schloß mit dem arg erschöpften Mezzettino und den anderen Kammerdienern Hoffmann und Spiegel[45] zusammen.

Alle drei freuten sich sehr über das Erscheinen des Kaufmanns, sie wußten, daß er schon länger hier weilte, und bestürmten ihn darum mit Fragen. Da sie selbst nur wenige Polen und diese auch nur oberflächlich kennengelernt hatten, fanden die Herren sie so unkompliziert, höflich und nachgiebig, daß sie sich und dem König die schönste Zukunft prophezeiten und glaubten, alles, was ihnen nur gefiele, durchsetzen zu können.

Mezzettino war es, der besonders übermütig in die Zukunft blickte.

---

[45] Spiegel heiratete, von August dem Starken beauftragt, eine von dessen Geliebten, die Türkin Fatima.

»Man hat uns ganz unnötig Angst gemacht«, sagte er lachend. »Hier denkt keiner daran, sich zu widersetzen, die Leute sind uns zugetan, sogar aus dem gegnerischen Franzosenlager kommen jeden Tag Überläufer. Die sollen unseren Herrn mal erst kennenlernen und kosten, dann werden sie schon auf den Geschmack kommen.«

Hoffmann schmunzelte spöttisch und flüsterte sehr leise: »Aber zeigt denen nicht Königstein und nicht die Pleißenburg, das wird ihnen bestimmt nicht schmecken.«

Mezzettino, der sich nach dem schweren Tag in seinem Zimmer auf dem Schloß entspannte, bot den Kameraden und den Gästen einen Wein an, der einer königlichen Tafel würdig gewesen wäre, ja, er stammte auch von dort. Die Bediensteten durften sich die Entspannung um so unbesorgter erlauben, als August selbst, nachdem die offiziellen Gäste – der Nuntius, die Geistlichen und die höheren Beamten – verabschiedet waren, im engeren Kreis seine gewohnten abendlichen Zechereien begonnen hatte, welche oft erst gegen Morgen endeten. Flemming, Pflug und die übrigen nahen Vertrauten mußten dann wacker mit ihm mithalten. An diesem Abend aber durfte das Gelage nicht allzu lange ausgedehnt werden, denn am nächsten Tage sollte dem althergebrachten Brauch gemäß die feierliche Beisetzung des Vorgängers stattfinden.

Da die Familie und die Conti-Partei Sobieskis sterbliche Hülle nicht herausgeben wollten und dieselbe in Warschau festhielten, hatte man schon geglaubt, daß das gesamte Krönungszeremoniell scheitern müßte, weil das Begräbnisritual nicht erfüllt werden konnte. Die Verlegenheit war groß, denn die alte Sitte zu mißachten, wagte niemand anzuraten.

Der neugewählte König selbst war es, der Bischof Dąbski einflüsterte, daß man, genau genommen, auch ohne den toten König auskommen könne. Volk und Menschenmenge wüßten ja nicht, wo sich der Leichnam befand, und für alle anderen genügten ein leerer Sarg und die Exequien in der Form, wie sie der Brauch verlangte.

Der Gedanke ward aufgegriffen. Alles für diesen Tag Vorbereitete war Lug und Trug. Ein leerer Sarg sollte bestattet, nachgebildete Insignien zerbrochen, falsche Siegel vernichtet werden. Immerhin, dem Gesetz und der Sitte würde Genüge getan werden. Niemand protestierte dagegen, August lachte und zuckte die Achseln, und er flüsterte Flemming ins Ohr: »Höre, Heinrich, und nimm es dir zum Maßstab, wie man hier vorgehen muß: Bei allem ist der Schein zu wahren, das ist die Hauptsache. Wenn nur der Schein verhüllt, was man tut, dann geht hier alles.«

Der König war allerbester Laune, und mit übertriebener Sorgfalt führte er den Polen die peinlich genaue Respektierung ihrer Gesetze vor. Unaufhörlich sprach er davon und beugte wieder und wieder demütig das Haupt. Allein Bischof Dąbski wußte wohl, daß diese zur Schau getragene Legalität eines der Mittel war, bei diesem Volk Vertrauen zu gewinnen.

Am dreizehnten September stand in der Kathedrale des Wawelschlosses bereits der großartig errichtete und geschmückte Katafalk bereit, darauf der scharlachrote, mit goldenem Zierwerk versehene Sarg, und sehr viele Menschen in der das Gotteshaus füllenden Menge waren überzeugt, daß hier in der Tat Sobieskis sterbliche Hülle zu Grabe getragen wurde. Das Zerreißen des Banners, das Zerbrechen von Lanze und Schwert, jener Waffen, die der Ritter zu Pferde hereingebracht hatte, um am Katafalk niederzusinken – alles war an diesem Tage zu sehen, nicht anders als bei den Königsbegräbnissen in alter Zeit. Und niemand empörte sich gegen die so vortrefflich gespielte Komödie.

Am Abend, nach dem großen Empfang auf dem Schloß und dem Festmahl, zechte August wiederum mit seinen Freunden, und voll heimlichen Spottes gedachte er dabei der wohlgelungenen Beisetzung Sobieskis.

Am Sonnabend darauf ritt der König feierlich zur Kirche auf dem Felsen, um dort dem Brauch gemäß für den von einem seiner Vorgänger begangenen Mord am heiligen Stanisław eine Art Buße[46] zu tun. Unnötig zu sagen, daß die Inbrunst, mit der August die ihm dargereichten Reliquien des Märtyrers küßte, allgemeine Würdigung und Lobpreisung fand. Die Geistlichkeit erzürnte sich über all jene, die den Sachsen religiöser Gleichgültigkeit bezichtigten, und war erfreut über seine Bekehrung.

Bischof Dąbski begründete letztere sehr geschickt: »Zwar hat er um der Krone willen den Glauben gewechselt, aber der Herrgott leitet den Menschen auf mancherlei Wegen zu sich. Sein Herz ward angerührt, die Gnade ist über ihn gekommen, und so wird der Glaube obsiegen und der König ein eifriger Katholik sein.«

---

[46] Zu den Krönungsfeierlichkeiten gehörte ein symbolischer Bußakt zur Erinnerung an jenen, den König Bolesław der Kühne (1040–1081) einst für sein über den Krakauer Bischof Stanisław verhängtes Todesurteil geleistet hatte.

Pater Vota flüsterte: »*Utinam*.«

Am Sonntag endlich sollte die mit Ungeduld erwartete Krönung stattfinden. Nicht jedermann wußte, auf welche Weise der Kurfürst – ohne über die Schlüssel zum Kronschatz zu verfügen und ohne die Tore aufgebrochen noch den Schlössern Gewalt angetan zu haben – in den Besitz der Krone Bolesławs des Tapferen[47] und der alten Insignien gekommen war, ohne welche die Zeremonie nicht für gültig angesehen werden konnte.

Der König war dafür gewesen, das mit dem Begräbnis begonnene Scheinspiel fortzusetzen, und hatte schon befehlen wollen, vom schartigen Schwert, von Apfel und Zepter Nachbildungen zu fertigen, doch dagegen begehrte sogar Dąbski auf. Die Tore zu erbrechen, dazu mochte niemand raten, davon konnte nicht die Rede sein. Was also tun?

Jemand flüsterte, und womöglich kam der Gedanke neuerlich vom König, daß man doch leicht, ohne sich an den schmiedeeisernen Torflügeln zu vergehen, in das Mauerwerk eine Bresche stoßen und durch sie in die Schatzkammer gelangen könne. Solche Räuberlist war nicht allen nach dem Geschmack, und zunächst gab es Geschrei und Proteste, doch ein anderer Ausweg ließ sich nicht finden, und eine Krönung mit neuen Insignien, das ging nicht an.

Heimlich bei Nacht mußte also eine Öffnung in die Mauer getrieben werden, durch sie betraten die entsandten Beamten die Schatzkammer, holten die kostbaren Erinnerungsstücke heraus, und anschließend wurde, bis das Loch wieder vermauert war, eine Wache aufgestellt.

Alles lief darauf hinaus, daß aus der beschleunigten Krönung ein Akt ungeheuerlicher, Recht und Gesetz verhöhnender Dreistigkeit wurde. Die gestrengeren unter den Senatoren konnten, nachdem sie einmal weiter gegangen waren, als sie gewollt hatten, nun nicht mehr zurück, aber ihren Gesichtern sah man den Schmerz darüber an, sich auf ein solches Abenteuer eingelassen und nicht vorhergesehen zu haben, wohin ihre Königswahl sie bringen würde. Die Contisten, mit reichlich Beobachtern zugegen, welche sich jedoch in nichts einmischten, höhnten und spotteten und empörten sich, was indessen weder den König noch seine nächsten Anhänger zur Mäßigung veranlaßte.

---

[47] Die Bezeichnung ist symbolisch. Das eigentliche Sinnbild der Königswürde, das Bolesław dem Tapferen bei seiner Krönung im Jahre 1025 gehört hatte, ging im 13. Jahrhundert verloren. Die nachfolgenden polnischen Herrscher wurden mit der Krone von Władisław Łokietek gekrönt.

August wollte an jenem Tage durch seine Pracht bezaubern, die Diamanten, die er an sich tragen sollte, wurden auf eine Million Taler geschätzt, damals eine gewaltige Summe, auch wenn dies heutzutage nicht so erscheinen mag. Schon allein sein Festgewand war von der sonderbarsten Mischung, ein gleichsam für Theaterbretter ersonnenes römisch-deutsch-polnisches Kostüm. August wollte sich in der Rüstung krönen lassen. Auf seine Kraft vertrauend, wählte er einen besonders schweren vergoldeten Küraß und als Kopfschmuck einen mit weißen Federn besetzten Hut. Der über die Rüstung geworfene Mantel war aus lichtblauem Samt, mit Goldblumen bestickt und mit Hermelin unterfüttert. Dazu trug der König antike Sandalen, ein römisches Schwert und anderes, kleineres Zubehör – aus alledem ergab sich ein noch nicht dagewesener, kurioser Anblick, welcher aber eben deshalb Bewunderung und Entzücken auslöste.

Truchseß Górski, als er den König in diesem Aufzug zu Trompetenklängen hereinkommen sah, einstudierten Schrittes und in theatralischer Haltung, faltete die Hände und stöhnte: »Ein Komödiant! Geb's Gott, daß wir mit ihm keine Tragödie zu sehen bekommen, wo wir für unsere Plätze so gut gezahlt haben!«

Der König, voll allzu großen Selbstvertrauens, beschwor das erste unheilkündende Omen durch seine Unbedachtheit herauf: Die Ermüdung, der schwere Panzer und die Kleider brachten selbst einen mit Herkuleskräften ausgestatteten Mann wie ihn in Bedrängnis. Vor dem großen Altar wurde soeben das Kyrie eleison gesungen, und Bischof Dąbski schickte sich an, das Vaterunser zu beten, welches August nachzusprechen hatte, als der König sich, erbleichend, neigte und in Ohnmacht sank. Die Zunächststehenden verhinderten noch, daß er zu Boden fiel, und die flugs herbeieilenden Diener schnallten hastig die Rüstung auf und nahmen sie ihm vom Leibe.

Für einen Mann, der sich seiner Stärke zu rühmen gewohnt war und der als ein Athlet galt, war es ein unerhört schmerzlicher Schlag, im Angesicht der Menge und zu so feierlicher Stunde von Ohnmacht überwältigt zu werden. August war tief beschämt und verärgert, im übrigen aber, so wie er an nichts glaubte, gab er auch nichts auf irgendwelche Vorzeichen, wohingegen für die frommen und gottesfürchtigen Polen eine Ohnmacht im Augenblick des Glaubensbekenntnisses einer Drohung und Warnung des Himmels gleichkam.

Die erlebte Schmach erfüllte den König mit schrecklichem Zorn, den er nun in sich bändigen mußte; seine ganze Hoffnung war, daß bei dem Gedränge nur die Menschen in nächster Nähe seine flüchtige Schwäche bemerkt haben konnten, nichtsdestotrotz eilte die Kunde von dem Geschehenen wie der Blitz durch die Kirche, und aus der Kirche hinaus in die Stadt.

Wenig später aber, als auf die gesalbten Schläfen die Krone gesetzt wurde und der Ruf: »Es lebe der König!« immer lauter erscholl, als die Geschütze auf den Wällen losdonnerten, das feierliche Tedeum begleitend, da vergaß man das Ereignis, und manch einer mochte den Gerüchten gar keinen Glauben schenken.

August, der sich von einem schmerzvollen oder peinlichen Erlebnis niemals lange beherrschen ließ, vermochte mit dem Tausch seines lasurblauen Mantels gegen einen scharlachroten auch seine Stimmung zu wechseln.

Das Schloß auf dem Wawel war von Menschenmengen angefüllt, freilich sahen diese anders aus als vorzeiten an ähnlich feierlichen Tagen der Salbung und Huldigung. Es fehlten die Gefolge von Senatoren und Magnaten, die bedeutendere Hälfte des polnischen Kronlandes und Litauens war überhaupt nicht vertreten. Diejenigen aber, die hier das Wort führten, sahen großzügig darüber hinweg, wußten sie doch, was für die fromme Nation die feierliche religiöse Zeremonie bedeutete, welcher der Herrgott selbst über seine Priester beiwohnte. Es war dies wie eine Hochzeit, die, wenngleich der Hochzeitszug fehlte, die Neuvermählten nichtsdestoweniger durch das Gelübde verband. Auf die Respektierung der Weihe zählte denn auch Bischof Dąbski, ebenso wie viele von Augusts Anhängern. Im gegnerischen Lager indessen mußte die Nachricht von der vollzogenen Krönung einen niederschmetternden Eindruck hinterlassen.

Dennoch kursierten alsbald Anekdoten über diese Königswahl ohne Primas, über das Begräbnis ohne Leichnam, über die Öffnung der Schatzkammer ohne Schlüssel und endlich über die Krönung ohne die Pacta conventa, von denen es ingesheim hieß, sie seien verlorengegangen. Ein Trick war das doch, damit man, wenn man neue Verträge erarbeitete, dabei unbequeme Punkte möglichst eliminieren konnte, so zum Beispiel die Bedingung, welche die Königin betraf, die lieber auf die Krone verzichten wollte, denn auf ihren Glauben.

Am letzten Tag der Krönungsfeierlichkeiten kam es gewohnheitsgemäß zur Huldigung der Stadt auf dem Krakauer Marktplatz. Der

König, auf Äußerlichkeiten setzend, erschien wiederum anders gekleidet: dieses Mal trug er einen prächtigen lichtblauen, golden unter-
fütterten Mantel, darunter ein reinsilbernes, mit Diamanten übersätes
Gewand, sein Haupt schmückte eine polnische Mütze mit einem Helm-
busch aus lauter Brillanten, und seine Hand hielt ein eigenwilliges
Zepter. Für das Volk wurden Ochsen gebraten, und Wein floß in Strö-
men. August selbst liebte Speise und Trank, und er hatte es gern,
andere zu laben.

VI

Im Haus der Jabłonowskis saß allein, aufgestützt und tief in Gedanken, der Herr Woiwode von Wolhynien[48], Sohn des Hetmans. Dem
Lärm im Schloß war er entflohen, dem königlichen Vergnügen, welches ihm kein Vergnügen bereitete. Der junge Woiwode, in der Blüte
der Jahre, trug in seinem schönen Gesicht polnischen Typs mit den
edlen Zügen die Prägung der Abkunft, es ließ aristokratisches Blut
erkennen und eine frühe, vorfristige Reife.
  Das herrschaftlich hergerichtete Zimmer, in welchem er sich befand, zeugte von den Lieblingsbeschäftigungen des geistig regen und
arbeitsamen Hetmanssohnes. Der große Tisch lag voller Bücher der
verschiedensten Formate und Aufmachungen. Alte Folianten in höl-
zernen, mit Schweinshaut überzogenen Deckeln lagen neben schönen,
mit Goldschnitt versehenen französischen Ausgaben und unscheinbaren einheimischen Neuheiten in hellblauem Fließpapier. Papier, Tinte
und Feder standen zum Gebrauch bereit. Der Woiwode las jedoch
weder, noch schrieb er. Er ruhte aus und dachte nach, mußte sich
erholen von der eitlen Belustigung, die ihn noch vom Schloß her verfolgte.
  Unter der schönen, erhabenen Stirn zogen sich immer wieder die
Brauen zusammen, verpreßte sich der Mund infolge irgendeines inne-
ren Schmerzes. Gedankenlos ergriff die Hand eines der Bücher, für

---

[48] Jan Stanisław Jabłonowski (1669–1731), späterer Großkanzler; zunächst Parteigänger
Augusts des Starken, zettelte er darauffolgend eine Verschwörung gegen ihn an und
verbrachte die Jahre 1713 bis 1716 auf der Festung Königstein, erst nach der Konföderation von Tarnogród (1715) wurde er freigelassen. J. war auch schriftstellerisch tätig.

kurz nur, zerstreut verweilten die Augen auf seinen aufgeschlagenen Seiten, dann schob der Woiwode das Buch wieder fort. Die Unruhe und ein inneres Ringen zeigten sich an ihm um so deutlicher, als er allein war und nicht fürchten mußte, beobachtet zu werden.

Jabłonowskis Stimmung nämlich hätte jedermann erstaunen müssen, just in diesem Moment, da es schien, daß die vollendeten Tatsachen ihn zufriedenstellen sollten. Nach strenger Erwägung waren der Hetman und er, als sie sahen, daß die Sobieskis sich durch eigene Schuld nicht würden halten können und Conti nicht rechtzeitig und nur schwach von Frankreich unterstützt wurde, zur Partei des Kurfürsten übergewechselt und hatten ihn kraft ihres Einflusses wesentlich gestärkt. Nun war geschehen, was sie gewünscht hatten, August war gekrönt, er hatte sich Vater und Sohn gegenüber dankbar gezeigt, beide durften, solange der Sachse regierte, mit Einfluß und Bedeutung rechnen. Was mehr hätten sie jetzt verlangen können? Sie waren, als das Schicksal seine Gaben verteilte, nicht übergangen worden, sie nicht und vor allem diejenigen, derer Geschicke sie sich annahmen. Trotz dieser glücklichen Fügung der Umstände aber zeigte das Gesicht des Woiwoden Unruhe und Betrübnis. Wer die häuslichen Gegebenheiten der Jabłonowskis kannte, konnte auch ihnen diese Leidensmiene nicht zuschreiben.

Schuld an dem Kummer mußten also die öffentlichen Angelegenheiten sein, wenngleich dieselben günstig geregelt schienen. Allein der frühe Rückzug aus der Geselligkeit des neugekrönten Königs, eben als dieser sich entspannte und im vertrauten Kreise der Freunde vergnügte, war etwas Außergewöhnliches. Niemand, auch nicht aus dem nächsten Umkreise des Woiwoden, vermochte sich sein Verhalten zu erklären. Jabłonowski, nachdem er einige Male einen Blick in Äsops Fabeln geworfen, schlug Boethius auf, den er anscheinend am allerwenigsten gebrauchen konnte, las eine Seite und schob auch dieses Buch zurück. Auf den Ellbogen gestützt, saß er da und sann nach.

Leise öffnete sich die Tür, und Dzieduszyckis[49] heiteres Gesicht, dem Woiwoden wohlbekannt und lieb, zeigte sich darin, da aber der Gast die Ruhe des Woiwoden nicht zu stören wagte, blieb er stumm

---

[49] Vermutlich Jerzy Stanisław Dzieduszycki (1655–1730), Lemberger Abgeordneter auf dem Krönungsreichstag, Sohn von Franciszek Jan D., Kastellan von Kiew und Woiwode von Podolien; später reiste er nach Italien und gab offiziell die Krönung Augusts II. bekannt.

an der Schwelle stehen, gleichsam die Erlaubnis zum Eintritt abwartend. Jabłonowski erhob sich, und dem Besucher entgegengehend, streckte er ihm die Hand hin, bemüht, eine frohere Miene aufzusetzen.

»Erlaubt Ihr?« fragte Dzieduszycki.

»Bitte sehr«, sagte Jabłonowski. »Wie Ihr seht, stört Ihr mich lediglich bei trüben Gedanken!«

»Trübe Gedanken mitten in einem Freudenfest?« erwiderte, langsam hereinkommend, Dzieduszycki. Nachdem Jabłonowski sich wieder gesetzt hatte, nahm auch er am Tisch Platz.

»So ist es«, sagte der Woiwode. »Trübe Gedanken beim Freudenfest, vielleicht aber durch dieses Freudenfest ausgelöst. So ist nun mal die menschliche Natur, sie verstrickt sich leicht in Widersprüche.«

»Ich glaube kaum«, fuhr der Gast fort, »daß Ihr die Betrübnis irgendwie rechtfertigen könntet, ich selbst bin schon froh darüber, daß wir diese Tage der anstrengenden offiziellen Freuden, der Galavorstellungen, Hochrufe, Präsentationen, der Reden und Prozessionen glücklich überstanden haben. All das ist so maßlos eitel und ermüdend.«

»Wie wahr!« stimmte der Woiwode zu. »Daran können nur leichtfertige Menschen Gefallen finden, aber was Sitte und Tradition einem abverlangen, muß getan werden. Die Krönung mit allem Dazugehörigen wäre vollbracht, jetzt aber folgt erst noch der Reichstag, eine harte Nuß, die zu knacken ist.«

Beide Herren schwiegen. Schließlich wiegte Dzieduszycki den Kopf und meinte: »Das schlimmste ist, daß man ihn so schwer legalisieren kann, er ist nicht rechtsgültig, nicht die ganze Rzeczpospolita wird dabei vertreten sein.«

»Und es sind Fragen zu erörtern«, ergänzte der Woiwode, »die zu entscheiden auch der komplettesten Versammlung nicht leicht fiele.«

Nach kurzer Pause setzte Jabłonowski hinzu: »Ihr wißt, daß das Original der Pacta conventa verlorengegangen ist.«

Dzieduszycki zuckte die Achseln, und der Woiwode fuhr leiser und ein wenig bissig fort: »Eigentümlich ist doch, daß das, was hinderlich sein könnte, zur rechten Zeit verschwindet, während, was hilfreich zu sein verspricht, unerwartet zur Stelle ist. Dieses große Glück des Königs – ehrlich gesagt, es gefällt mir nicht.«

Dzieduszycki sah den Sprecher ein wenig verwundert an. Mehrere

Male ging der Hausherr schweigend in dem nicht sehr großen Zimmer auf und ab, schließlich blieb er vor seinem Gast stehen.

»Ja, viele Dinge gefallen mir nicht«, sprach er weiter. »Darum seht Ihr mich bekümmert. Euch kann ich es eingestehen – auch unser neuer Regent selbst ist mir, je näher ich ihn kennenlerne, desto weniger nach dem Herzen.«

Dzieduszyckis Augen weiteten sich immer mehr vor Staunen.

Der Woiwode seufzte und fuhr fort: »Nett, gewinnend, höflich ist er, aber allzu leichtfertig, wo es um die Lösung solcher Knoten geht, die für einen Menschen mit Gewissen gemeinhin eine Klippe und eine Schranke sind. Lachend setzt er sich über alles hinweg und mogelt sich durch. Ich verstehe jetzt, warum er so mühelos den Glauben wechseln konnte – darum, weil ihm der Glaube wenig bedeutet. Soll ich einem vertrauen, der keinen Gott im Herzen hat?«

»Herr Woiwode«, unterbrach Dzieduszycki ihn bekümmert. »Das kommt zu spät! Leider, die Tür ist zugeschnappt, es gibt kein Zurück!«

Jabłonowski erwiderte nichts, es schien, als ob er die Ansicht nicht teilte. Jetzt, nach seinem offenen und schmerzlichen Bekenntnis, verspürte er das Bedürfnis nach Rechtfertigung, und auf den Tisch gestützt, den Kopf gesenkt, sagte er: »*Mea culpa*[50]! Ich habe mich in dem Manne getäuscht, denn ich hielt ihn für den, als der er mir anfangs erschien. Er dünkte mich offen, ehrlich bis zum Übermaß, voller Güte, indessen...«

Dzieduszycki unterbrach ihn: »Ihr zweifelt?«

»Alles ist falsch und unecht! Eine einzige Komödie!« endete Jabłonowski, sich ereifernd. »Jetzt, wo er sich weniger vor uns verstellen muß, wird er mir mit jedem Tag unheimlicher. Was man über ihn aus Sachsen hört, flößt Schrecken ein. Wenn wir einen Herrn brauchten für Bankette und Gelage, hätten wir gewiß keinen besseren als ihn auswählen können, aber wir hätten allen Grund gehabt, den Herrgott um einen starken, gestrengen, aber gerechten Herrn zu bitten. Das Gebäude der Rzeczpospolita muß nicht notdürftig gestützt, sondern regelrecht umgebaut werden, und zwar ohne es einzureißen. Unsere alten Sünden müssen von allem überlagernden Müll und Schmutz freigefegt werden. Wir glaubten, uns einen Mann zu nehmen, der diese Aufgabe versteht und der stark genug ist, sie zu bewältigen.

---

[50] (lat.) Es ist meine Schuld.

Indessen liegt seine ganze Stärke in der Faust, im Kopf hat er nur Leichtsinn und Eitelkeiten, im Herzen Kälte und Ichsucht.«

»Um des Himmels willen!« schrie Dzieduszycki. »Blickt doch nicht gar zu verzagt in die Zukunft, und erlaubt mir, Euch zu sagen, daß Ihr ihm, nachdem Ihr Euch schon einmal in ihm getäuscht habt, vielleicht nun mit einem allzu strengen Urteil auch nicht gerecht werdet.«

Jabłonowski hob die gefalteten Hände empor und rief: »Ich wünschte, Ihr wäret der Prophet, und ich der Lügner! Aber leider, leider, ich fürchte, dieses Mal allzu klar zu sehen. Beobachtet doch sein ganzes Betragen, nichts ist daran wahrhaftig, alles ist Schwindel und Heuchelei.«

»Ich weiß nur nicht«, wandte Dzieduszycki ein, »ob alles das seine Schuld ist. Ihr seht ihn von Ratgebern umringt, und was die Belange der Rzeczpospolita angeht, so hat weniger er etwas entschieden, als vielmehr Dąbski und Przebendowski. Legt einen Teil der Schuld diesen Ratgebern zur Last.«

»Ihr habt recht«, antwortete der Woiwode. »Aber in diesem Fall bedeutet die Einwilligung in solche trügerischen Mittel Komplizenschaft. Ihr wißt doch: Wer Bestechung begünstigt anstatt ihrer zu wehren, kann nicht als unschuldig gelten. Schon bei der Königswahl beginnend, ergehen wir uns in Gesetzwidrigkeiten, Dąbski maßt sich die Stellung des Primas an, eine kleine Wählerschar ernennt sich zur Mehrheit, wir alle sind Empörer, aber lassen wir das. Zur Krönung stehlen wir die Insignien, den Zugang zum Schloß verschaffen wir uns durch Bestechung, wir tragen Sobieski zu Grabe, währenddessen sein Leichnam in Warschau liegt, und so weiter. Wenn Ihr wüßtet, wie fröhlich er sich über alle diese Dinge amüsiert. Was dürfen wir von ihm erwarten, was wird ihn verpflichten? Unsere Rechte und Gesetze wird er mühelos umgehen oder wird sie aus dem Weg räumen, und sein Privatleben, ein Graus!«

»Die Jugend«, wandte Dzieduszycki ein.

»Leidenschaft, Heißblütigkeit«, fuhr Jabłonowski fort, »das alles akzeptiere ich, aber nicht, wenn man sich mit der Sünde brüstet und verhöhnt, was Gottes und des Menschen Gesetz ist. Die römischen Cäsaren haben uns gelehrt, daß es für sie keine Gesetze und Schranken gab, daß sie es sich erlauben durften, Pferde zu Konsuln zu ernennen, sich selbst zu Göttern und ihre freigelassenen Sklaven zu Weibern, aber danach kam Christus, und Licht ergoß sich über die Erde, der

Zustand des Menschen wandelte sich, es kamen neue Pflichten, von denen er sich nicht entbinden kann.«

Der Woiwode seufzte, ein längeres Schweigen trat ein. Auch Dzieduszycki, tiefer begreifend, machte eine düstere Miene, dann aber meldete er sich als erster wieder zu Wort.

»Herr Woiwode«, sagte er. »Was immer geschehen ist, wir sollten nicht länger klagen, sondern überlegen, wie Schlimmeres zu verhüten ist.«

Jabłonowski ließ gleichsam kraftlos die Arme sinken.

»Ihr habt recht. Ich mußte nur einmal die schmerzende Seele vor jemand öffnen, aber glaubt mir, niemandem sonst habe ich darein Einblick gewährt. Ihr habt recht, es ist falsch, wenn wir uns nur zu dem Fehler bekennen, ohne danach zu streben, ihn wiedergutzumachen; lamentieren hilft nicht. Wir, die wir uns verpflichtet glaubten, diesen Herrn unbedingt zu unterstützen, werden wohl leider bald gezwungen sein, ihn zu bekämpfen.«

»Wir werden vor dem Kampf nicht zurückschrecken«, antwortete Dzieduszycki tapfer. »Derlei sind wir leider gewöhnt.«

»Aber man kann hier leicht an einer Klippe zerschellen, gegen die wir im Laufe langer Jahre immer wieder gestoßen sind«, bemerkte der Woiwode. »Der Kampf um Recht und Gesetz ist zu leidenschaftlicher Empörerei und zu Verschwörerlust geworden. Stefan Batory hat man nach dem Leben getrachtet, seinem Nachfolger Zygmunt III. das Dasein zur Hölle gemacht, zur Herrschaftszeit von dessen Söhnen wurde stetig Unruhe gestiftet, man hat Wilniowiecki zugesetzt und Sobieski drangsaliert, und all das sollte sich jetzt wiederholen?«

Dzieduszycki erhob sich von seinem Platz.

»Ich meine, wenn Gott will, wird's nicht dahin kommen!« versetzte er heiterer. »Wir müssen ihm nur beizeiten zu spüren geben, daß wir eine Korrektur der Rzeczpospolita verlangen, deren Sturz aber nicht zulassen werden.«

Und wenig später fügte er hinzu: »Sollen wir gar vor den achttausend Sachsen erschrecken, die wir ins Land hereinlassen?«

»Vor den Soldaten?« Jabłonowski lachte düster auf. »Vor Soldaten habe ich keine Angst, ich fürchte andere – jene Leute, die für ihren Eigennutz zu allem fähig sind, die dem König, so wie sie ihm jetzt zu Diensten sind, auch künftig dienen werden.«

»Die Mehrzahl ist doch ehrenhaft«, wandte Dzieduszycki ein.

»Ja, aber die ehrenhaften Leute sind die ruhigen, die ungern Krakeel machen und Fensterscheiben zerschlagen. Die ungestümen Minderheiten haben immer das Übergewicht.«

Nach diesen Worten, gleichsam der eigenen traurigen Ahnungen und Prophezeiungen überdrüssig, trat der Woiwode zum Tisch, nahm ein Buch in die Hand, ließ den Blick darüber gleiten, dann fragte er seinen Gast: »Wißt Ihr Neues aus Łowicz?«

»Vom Primas?« griff Dzieduszycki das Thema auf. »Ich weiß etwas, aber es wird für Euch nichts Neues sein – nämlich daß Radziejowski, obgleich er bislang beharrlich zu Conti hält, dies offenbar darum tut, um sich desto teurer zu verkaufen.«

Der Woiwode machte eine bestätigende Geste.

»Und was hört man von Conti?«

»Sein Schiff ist unterwegs, so viel steht fest. Nur bringt er keine erhebliche Streitmacht mit, und hier wird er sie auch nicht zu seinem Empfang versammelt finden. So zählt er darauf, daß er sich nur zu zeigen braucht, und schon folgen ihm die Heerscharen, aber da hegen wir gehörige Zweifel.«

»Schlimmer, denn wir sind sicher, daß sich eine kleine Schar derer finden wird, die ihr Votum auf dem Feld bei Wola[51] mit der Waffe zu bekräftigen bereit sind. Ein Bürgerkrieg wäre die übelste Katastrophe, welche Polen treffen könnte. Darum müssen wir nicht nur zu August stehen, sondern müssen ihm neue Freunde gewinnen, das ist in der Tat unsere Aufgabe zur Stunde, und was morgen ist – *Deus scit et Deus providebit*[52]*!*«

Damit endete das Gespräch *de publicis*[53], und Jabłonowski, der sich gleichsam von einer Last befreit hatte, wurde leichter ums Herz. Nicht lange indessen währte seine Aufheiterung, abermals sträubten sich seine Brauen, und sein Gesicht verdüsterte sich.

»Wißt Ihr davon«, fragte er seinen Gast, »daß dieser König auf der Fahrt zur Krönung es nicht unterlassen konnte, so eine Deutsche mit herzuschleppen, eine Frau Dufeki[54], die ganz öffentlich in Łobzów Hof

---

[51] Ein Anachronismus, denn erst seit 1736 fand die Königswahl im Dorf Wola bei Warschau statt.
[52] (lat.) Gott weiß und sieht vorher.
[53] (lat.) über die öffentlichen Angelegenheiten
[54] Es ist unklar, wer gemeint ist. Zu den Krönungsfeierlichkeiten wurde August der Starke von seiner Favoritin Gräfin Esterle geb. Lamberg begleitet.

hält, wie eine große Dame aussieht und sich Gräfin nennt? Dessenun-
geachtet sind seine nichtswürdigen Bediensteten bereits in Krakau
unterwegs und stöbern nach hübschen Lärvchen und Buhlen für den
Herrn, der ständig Frisches braucht.«

»*Proh pudor*[55]!« rief Dzieduszycki stirnrunzelnd. »Aber sind das nicht
Hirngespinste und Verleumdungen?«

»Nein«, erwiderte der Woiwode. »Es sind die schimpflichen Anfän-
ge dessen, was uns bevorsteht. Wir werden nachher nicht zulassen, daß
er unsere Gesetze bricht, aber was nützt uns das, wenn er unsere Familien durch Unzucht verseucht, wenn er unsere keuschen Frauen zu
Konkubinen macht. Wenn er unser Heim zerstört, was bleibt uns dann
noch?«

Dzieduszycki senkte stumm den Kopf und seufzte, erst nach längerem Nachdenken stieß er hervor: »Das darf nicht sein! Diese Seuche
kann uns nichts anhaben! Ich glaube es nicht! Ich glaube es nicht und
fürchte darum auch nichts. Unsere Frauen sind allzu rein und keusch.
Unsere Mütter allzu fromm.«

Mit kräftiger Faust hieb er auf den Tisch, und der Woiwode, der
seine Empörung sah, umarmte ihn heftig und drückte ihn an die Brust.
Beide Männer hatten Tränen in den Augen.

Jabłonowski wurde wieder fröhlicher, und da die Zeit der Abendmahlzeit herankam, klatschte er in die Hände nach den Dienstboten
und befahl zu servieren, und er lud Dzieduszycki zum Essen ein.

»Aufs Schloß gehe ich heute nicht, morgen werde ich mich mit
Krankheit entschuldigen müssen«, sagte er. »Aber dieses Saufgelage,
wie es gestern dort stattfand und sich heute wiederholen wird, ist mir
zuwider, schon beim Hinsehen packt mich der Ekel.«

Während des Abendessens zeigte sich, daß, obwohl der Woiwode
das Gespräch gern von dem, was ihn ihm Geiste beschäftigte, ablenkte,
dies sowohl ihm als auch seinem Gast gleichermaßen schwerfiel, und
unwillkürlich bedurfte es nur des kleinsten Wörtchens, um sie wieder
auf den König und die laufenden Angelegenheiten zu bringen. Für
Jabłonowski war der Sachse ein beunruhigendes Rätsel, welches stets
neue Seiten offenbarte. Neben dem mutwilligen, zügellosen und leichtfertigen Menschen verriet sich der kühne Pläne schmiedende Politiker,
der Besorgnis erregte. Der Woiwode hatte bemerkt, daß sich August

---

[55] (lat.) O Schande!

einige Male, stets unter vier Augen und immer bei Abwesenheit der polnischen Magnaten, mit dem brandenburgischen Gesandten von Overbeck beriet, sichtlich bemüht, diesen für sich zu gewinnen.

Aus aufgeschnappten Wörtern, die unterschiedlichen Quellen entstammten, war zu schließen, daß der König bereits an den Zaren Peter herangetreten war und daß er mit dessen Freundschaft und Allianz rechnete. Das alles erklärte sich freilich aus der Notwendigkeit, sich gegen den Schweden zu sichern, dem es Livland wieder abzunehmen galt. In den verschwundenen Pacta stand die Wiedergewinnung der *Avulsa*[56], doch zu denen gehörten außer Livland auch Kamieniec, Podolien sowie die abgetrennten Teile der Ukraine. In Polen empfand man den Verlust von Kamieniec als besonders schmerzlich, aller Augen waren auf die Festung gerichtet, indessen wurde am sächsischen Hof mehr von Livland gesprochen, und es unterlag keinem Zweifel, daß der König zuallererst dessen Rückeroberung im Auge hatte. Die sächsischen Truppen, die nach Polen kommen sollten, waren für Livland bestimmt.

Man wußte bereits, daß der junge Karl XII.[57] von starkem ritterlichen Geiste, von gestrenger Sitte und von männlichem, eisernem Charakter war, doch hoffte man in August jene Kraft zu finden, die sich mit ihm messen konnte. Die deutschen Generäle priesen – trotz des nicht eben rühmlichen Andenkens an den zweimaligen Feldzug gegen die Türken – Augusts ritterliche Tapferkeit und seine hohe militärische Bildung. Man sah in ihm den künftigen Helden, welcher würdig neben der großen Siegergestalt der Schlacht bei Wien stehen konnte. Augusts erste Mißerfolge schrieb man dem Neid und den Ränken der österreichischen Befehlshaber zu.

»Die geheimen Umtriebe mit dem Brandenburger und seinem Gesandten mißfallen mir sehr«, sagte Jabłonowski leise, »ebenso wie die allzu herzliche Verbrüderung mit Zar Peter.«

»Was hätten wir zu befürchten?« suchte Dzieduszycki ihn zu beruhi-

---

[56] (lat.) abgetrennte Gebiete
[57] König von Schweden seit 1697. 1700 begann er den bis 1721 dauernden sogenannten Nordischen Krieg gegen Polen-Sachsen, Rußland und Dänemark; anfangs siegreich, ließ er Stanisław Leszczyński zum König von Polen wählen und zwang August II. mit dem Frieden von Altranstädt (1706) zum Thronverzicht. Nach der Niederlage des Schwedenkönigs bei Poltawa (1709) erklärte August den Frieden von Altranstädt für nichtig.

gen. »Man müßte schon den Verrat dieses Landes mutmaßen, dem doch Treue geschworen wurde, um Eure Besorgnis zu teilen.«

»*Utinam sim falsus vates!*[58]«, seufzte der Woiwode. »Jedoch befürchte ich das Schlimmste. Vielleicht läßt Gott nicht zu, daß es geschieht, allerdings...«

Plötzlicher Lärm im Vorzimmer nötigte die Herren, ihr Gespräch zu unterbrechen. Jabłonowski erhob sich, ohne zu verstehen, wer da zu ihm wollte, als ein Höfling ins Zimmer gelaufen kam und einen Boten des allergnädigsten Königs meldete. Es war dies der dem Leser wohlbekannte Zacharias Wittke, wenngleich nicht der König ihn schickte, sondern Constantini, der sich selbst in die Stadt zu bemühen keine Lust verspürt und sich darum erlaubt hatte, seinen Gehilfen zu entsenden, mit der Ausrede, daß der sich mit dem Woiwoden ja würde polnisch verständigen können.

Wittke hatte sich bereits zu eigenen Zwecken polnisch gekleidet, amüsiert nannte er sich gar Witkowski und spielte überhaupt recht gut den Polen. Jabłonowski empfing den angekündigten königlichen Boten im Sitzen. Es verwunderte ihn, gleichsam einen Polen zu sehen, obwohl der König doch noch gar keinen polnischen Hof hatte. Witkowski war von hinreißender Erscheinung.

»Ich komme«, sagte er nach einer Verbeugung, »im Auftrag des Königs zum Herrn Woiwoden, denn der allergnädigste Herr sähe Euch gern auf dem Schloß, wo er in angeregter Gesellschaft ausruht und zu sich einlädt.«

Jabłonowski, ein wenig verlegen, hieß dem Boten Wein einschenken und sagte höflich: »Ich habe mich unwohl gefühlt und den Herrn Kronmarschall gebeten, mich zu entschuldigen, denn ich muß es mir heute versagen, das Antlitz Seiner Königlichen Majestät zu sehen. Ich verstehe nicht, wie es passieren konnte, daß Lubomirski[59] meine Exkusation vergessen hat.«

»Möglich, daß es dem König gemeldet wurde«, entgegnete Witkowski, »wohl hat aber der hohe Herr Sehnsucht nach dem Herrn Woiwoden.«

»Bitte richtet aus, daß ich, obgleich nicht allzu gut verfaßt, sofort kommen werde, um dem König wenigstens meinen Dank abzustatten.«

---

[58] (lat.) O wäre ich ein falscher Prophet!
[59] Jerzy Dominik Lubomirski (gest. 1727), Vertreter des seit dem 16. Jh. bedeutenden Magnatengeschlechts; Erzschatzmeister, seit 1726 Woiwode von Krakau; anfangs der Conti-Partei zugehörig, später auf seiten Augusts des Starken.

Mezzettinos neuerschaffener Höfling verbeugte sich und trat ab. Der Woiwode, nachdem er ihn losgeworden, befahl sogleich, ihm Kleider zu bringen und einen Wagen anzuspannen.

»Ich muß fahren«, erklärte er Dzieduszycki, sich verabschiedend. »Vielleicht ist es mir sogar dienlich, ihn im Zustand der Berauschtheit, in dem er sich gewiß schon befindet, eingehender zu beobachten. *In vino veritas*, allerdings ist es auch vorgekommen, daß ihn am Ende einer solchen Zecherei zwei Sachsen, rechts und links untergefaßt, zum Schlafgemach geschleppt haben, er aber immerhin noch klar genug im Kopf war, sich mit keinem falschen Wörtchen zu verplaudern.«

Im längst stillgewordenen Krakauer Schloß traf Jabłonowski in entlegenen Gemächern August an, umgeben von Deutschen und von Polen und in überaus angeregter Stimmung; er lachte, gab Anekdoten zum Besten, verspottete seine Nächststehenden, war aber keineswegs betrunken. Polen und Sachsen lagen sich in schönster Vertrautheit in den Armen. Mit kindlicher Boshaftigkeit trieb der König die einen den anderen zu und machte sich daraus einen Zeitvertreib.

Als August den Woiwoden erblickte, ging er mit größter Höflichkeit auf ihn zu und nannte ihn einen Deserteur, nach dem er Sehnsucht gehabt habe. Zugleich aber durchdrang er ihn mit forschenden Augen, als ahne und befürchte er etwas. Der Woiwode, leicht verfinstert und unfähig, seiner Mißstimmung Herr zu werden und sich fröhlich zu geben, dankte dem König in ziemlicher Demut. Er kam nicht umhin, auf die Gesundheit des Königs ein Glas Tokaier zu leeren, eines von jenen zahlreich in verschiedensten Kalibern und wohlausgerichtet bereitstehenden Gläsern.

August mit seiner bei einem Monarchen sonst nicht praktizierten Vertraulichkeit rührte das Herz der Polen. Ohne jemals das Erhabene von sich abzutun, verstand er es dennoch, sich so mild und leutselig zu geben, daß die biederen Gemüter begeistert waren. Jabłonowski, einmal seinem Charakter auf die Spur gekommen, sah darin lediglich eine höchst geschickt gespielte Komödie, an deren Aufrichtigkeit er nicht glaubte.

Die Unterhaltung, aus der alle wichtigeren Inhalte ausgeklammert waren, drehte sich um Bagatellen; Flemming und Przebendowski suchten herauszufinden, welchen Eindruck auf den König die Krakauer Einwohnerschaft gemacht hatte, vor allem die Frauen, unter welche sich voller Neugier auch viele polnische Adelsdamen gemischt hatten.

Flemming behauptete halb im Scherz, daß nunmehr, da August zugleich König von Polen und Kurfürst von Sachsen sei, die Gerechtigkeit es verlange, daß der König, während er die Hälfte des Jahres in Sachsen weilte, dort eine deutsche Geliebte hätte, in Polen sich aber eine Polin erwählen müßte.

Der König schmunzelte dazu, Przebendowski brummte irgend etwas.

Es war dies damals nicht die erste Herrschaftszeit einer Mätresse, derer August allmählich überdrüssig wurde. Auf Fräulein Kessel, die flüchtigen Liebschaften nicht gerechnet, welche selbst Mezzettino nicht zu zählen vermochte – auf die schöne Kessel also folgte Aurora von Königsmarck[60], aus Schweden gebürtig; und obwohl der König nicht gänzlich mit ihr brach, hatte ihren Platz bereits die Komtesse Lamberg eingenommen, eine Österreicherin, die mit dem Grafen Esterle verheiratet war.

Dąbski hatte über den König gewacht, damit er wenigstens zur Krönung keinen Skandal mitbrachte, der die Polen hätte verärgern können. Die Esterle hatte daher in Dresden bleiben sollen, jedoch bestand sie auf der Begleitung des Königs und behauptete, daß niemand von ihr wissen werde; in den ersten Tagen saß sie denn auch brav in Łobzów, danach aber entschlüpfte sie nach Krakau. Der Hof tat, als wisse er nichts. Außer ihr, mit Augusts Wissen und Erlaubnis, gleichsam als Hofmeisterin und Gattin eines der Hofbeamten, war Fräulein Klengel mitgekommen, welche wiederum offen auf dem Wawel einfuhr.

Wie sich all die Bediensteten – die Spiegels, Hoffmanns, Constantinis, Lehmanns, Flemmings und Pflugs und schließlich der König selbst auf diesem altehrwürdigen, düsteren und verlassenen Schloß ausnahmen, ist schwer zu sagen. August fühlte sich hier fremd, nur als Gast, ihm war auf dem Schloß so unwohl zumute wie in der katholischen Kirche, wie im katholischen Polen überhaupt. Er hatte selbst begriffen, daß er in die Rzeczpospolita kam wie der Wolf im Schafspelz. Alles hier erregte seinen Widerwillen, er hatte das Bedürfnis, es von Grund auf umzustürzen und zunichte zu machen.

Gerade eine solche Aufgabe verlangte von ihm, zu lächeln und Freude zu äußern über etwas, das er abstoßend und lächerlich fand. Dieser

---

[60] Maria Aurora Gräfin von Königsmarck (1670–1728), Mutter des späteren Moritz von Sachsen; reiste 1702 im Auftrag Augusts des Starken nach Kurland, um den Schwedenkönig Karl XII. zum Friedensschluß zu bewegen.

innere Kampf war es, welchen Jabłonowski spürte, intuitiv an König August erfaßte. Er war nichts Neues bei einem Monarchen hierzulande, mit ähnlichen Gefühlen hatten schon andere vor ihm den Thron bestiegen: Henryk Walezy[61], der alsbald flüchtete, Batory und auch Zygmunt III.[62], der anfangs versucht hatte, die Krone an den Österreicher Ernst loszuwerden. Weder Władysław[63] noch Jan Kazimierz[64] konnten sich als Polen bezeichnen. Aber sie alle trugen den guten Willen nach Verständigung und Aussöhnung mit dem Lande in sich, während bei August der Krönung feindselige Pläne eines Umsturzes und eines Anschlages auf die Rechte der Rzeczpospolita vorangingen. Kaum daß der König auf dem Krakauer Marktplatz vom Podest gestiegen war, streifte er auch schon die polnischen Gewänder ab und fühlte sich sofort freier. Gegenüber den polnischen Magnaten, den ihm rückhaltlos ergebenen Przebendowski nicht ausgenommen, verriet er niemals seine Gedanken. Auch mit den Sachsen sprach er nicht offen, eine Ausnahme bildete nur Flemming.

An jenem Tage, als auch der Woiwode von Wolhynien aufs Schloß gekommen war, der jedes weitere Glas entschieden abschlug, wurde getrunken, was das Zeug hielt, wurde gelacht und gescherzt, und erst spät in der Nacht ging die Gesellschaft auseinander. Die ganze Zeit über, solange der wolhynische Woiwode zugegen war, beobachtete der König ihn insgeheim, ohne sich indessen etwas anmerken zu lassen. Jabłonowski vermochte seine Gereiztheit wahrlich schlecht zu verbergen.

Als August später mit Flemming in sein Schlafgemach trat, flüsterte er diesem zu: »Die Jabłonowskis sind mir verdächtig, der Vater wie der Sohn.«

Da die Jabłonowskis die ersten gewesen waren, die sich hatten umstimmen lassen, und gerade ihr Einfluß in hohem Maße die Wahl

---

[61] Henri de Valois (1551–1589), 1573 zum König von Polen gewählt, floh 1574 heimlich nach Frankreich, wo er im selben Jahr, nach dem Tode Karls IX., den Thron bestieg.
[62] Sigismund III. Wasa (1566–1623), König von Polen seit 1587, von 1598 bis 1599 zugleich König von Schweden; führte mit den Habsburgern Geheimverhandlungen über die Abtretung des polnischen Throns.
[63] Władysław IV. Wasa (1595–1648), polnischer König seit 1632, Titularkönig von Schweden und russischer Zar; verlor den schwedischen Thron und verzichtete auf den russischen.
[64] Johann Kasimir (1609–1672), Halbbruder von Władysław; 1648–1668 polnischer König, verzichtete danach auf den polnischen Thron und setzte sich nach Frankreich ab.

Augusts begünstigt hatte, fand Flemming den Verdacht absurd. Achselzuckend entgegnete er: »Das verstehe ich alles nicht, und ich sehe auch nicht den geringsten Anlaß zum Unmut gegen die beiden. Man sollte ihnen nicht unrecht tun.«

Der König stand da und blickte den Freund scharf an.

»Ich habe keinen Grund zum Argwohn, das stimmt«, sagte er. »Bislang kann ich ihnen nichts vorwerfen. Und trotzdem spüre ich, daß sie früher oder später meine Feinde sein werden. Besonders der Woiwode von Wolhynien, dieser Philosoph und Frömmler, mißfällt mir. Komisch«, fügte er nach einer Pause hinzu, »schon immer waren mir Leute unheimlich, die nicht trinken und sich amüsieren können, die ihre Tugend wie einen Mantel um die Schultern tragen. Jabłonowski durchschaue ich einfach nicht, er bleibt mir verschlossen, noch nie hat er sich mir gegenüber auch nur einen Moment lang geöffnet.«

»Aber«, bemerkte Flemming ungeduldig, »Charaktere und Temperamente sind doch verschieden. Ich zumindest fürchte in Jabłonowski nicht den Verräter.«

»Das sind Republikaner«, beendete der König das Gespräch.

Mit demselben Gefühl der Abscheu kehrte der Woiwode vom Schloß wieder. Je länger der Aufenthalt beim König gedauert hatte, um so heftiger war sein Widerwille gegen ihn geworden.

Am folgenden Morgen begannen bereits die Vorbereitungen für den Krönungsreichstag und nahmen jedermann voll in Anspruch. Ein großer Teil der eingetroffenen Gäste zeigte sich entsetzt über das Verschwinden der unterzeichneten Pacta conventa. Unbegreiflich, wie solches hatte geschehen können, auch die eingehendste Nachforschung hatte nicht an den Tag gebracht, in wessen Hände das Dokument nach der Unterzeichnung gelangt war und wer es folglich verloren hatte. Es war dies jedoch kein bloßer Zufall, wie Dąbski es hinzustellen versuchte. Man mutmaßte dahinter die Absicht, in jenen Punkten, die dem König möglicherweise unbequem waren, Veränderungen herbeizuführen.

Vertreter der Augustinischen Partei erhoben sogar drohend die Stimme, in dem unguten Gefühl, daß ihr Schweigen sie mit einem Teil der Schuld belastete. Der König nahm die Sache zunächst leicht, und erst als er sah, daß sich ein Sturm zusammenbraute, erklärte er, daß er notfalls ein zweites Mal ein ebensolches Schriftstück Wort für Wort unterschreiben würde. Sein ganzes Verhalten in Polen zeigte, daß er

104

bereit war, die Form zu wahren, auf die man hierzulande großen Wert legte, daß er indessen auf anderen Wegen seinem Ziel zuzustreben gedachte. Seine Absichten waren hinter den Kulissen zu suchen, nie zeigten sie sich offen auf der Bühne.

Witkowski-Wittke, der seinem Freunde Constantini nicht von der Seite wich, erschien am anderen Morgen auf dessen Befehl im Schloß. Das deutsche Hofgesinde begrüßte den polnisch verkleideten Kaufmann aus der Dresdener Schloßstraße stets amüsiert und mit Spötteleien, man freute sich unsäglich über diese Maskerade, die Wittke übrigens gehörig dabei half, sich überall hinzudrängeln und das Ohr am Geschehen zu haben. Er selbst, wie berauscht und in Trance versetzt, weil es ihm gelungen war, Constantini nützlich zu sein, ließ sich von dem Italiener weiterziehen und vergaß im Taumel fast die eigenen Pläne. Ihm war, als stünde er bereits auf der ersten Sprosse jener Leiter, die ihn zu den erträumten höheren Sphären führen sollte.

Was den Handel anbetraf, so hatte sich Wittke davon überzeugt, daß da nicht viel auszurichten war. Für den Aufenthalt des Königs in Warschau, wo dieser mitsamt dem deutschen Hof einige Zeit zu weilen hatte, könnte Wittke freilich heranschaffen, was die Deutschen benötigten und woran sie gewöhnt waren. Ein entsprechendes Angebot konnte er in Dresden für die eintreffenden polnischen Adelsherren bereithalten, doch war das alles nicht von Bedeutung. Handelsgeschäfte größeren Umfanges waren hier nicht aufzubauen.

Und doch gingen seine Bemühungen nicht ganz ins Leere. Er schmeichelte sich damit, daß der König bereits von ihm wußte, womit er allerdings im Irrtum war. Der gewiefte Italiener bediente sich seiner ebenso wie anderer Leute, er hütete sich, seinem Herrn die Werkzeuge zu nennen, die er gebrauchte, und gab alles als das eigene Verdienst aus. Als Constantini jetzt aber sah, wie sehr dem König daran gelegen war, Kontakte zur Familie des Primas, zu den Towiańskis, zu knüpfen, bot er an – und er hatte dabei Wittke im Sinn – , jemanden ausfindig zu machen, der sich dort Zugang verschaffen könnte.

Als dann der Krönungsreichstag eben beginnen sollte, empfing Wittke von Mezzettino Instruktionen für eine Reise nach Warschau und nach Łowicz. Für den mit dem polnischen Land noch nicht allzu vertrauten Kaufmann keine leichte Aufgabe, doch besaß Wittke Selbstvertrauen und einen nicht alltäglichen Mut. Vielleicht war es auch die Neuartigkeit der zu spielenden Rolle, die ihn verlockte. Endlich gedachte er sich Łukasz Przebor nutzbar zu machen, welcher gleich bei ihrer ersten Begegnung damals in Warschau so unnütz gesprächig gewesen war. Um seine geheimen Vorhaben zu bemänteln, mußte Wittke seinem Aufenthalt in Polen endlich eine Rechtfertigung verschaffen, und daß ein Handel mit Getränken und Süßwaren vorteilhaft vonstatten gehen würde, daran zweifelte er nicht. Auch Constantini billigte seine Absicht, irgendwo nahe dem Warschauer Schloß ein Geschäft zu eröffnen, Weinlieferungen kommen zu lassen und mit der Weinstube eine Nachrichtenquelle zu schaffen.

Mit bereits fertigen Plänen also nahm Wittke von den Hallers Abschied, um sich dieses Mal allein auf die Reise nach Warschau zu begeben. Von Constantini, der ihm einen Auftrag der Art erteilt hatte, wie er zur Öffnung der Tore des Krakauer Schlosses geführt hatte, war bisher keinerlei Andeutung hinsichtlich einer Vergütung, nicht einmal einer Aufwandserstattung gemacht worden. In allgemeinen Phrasen nur hatte er von der Dankbarkeit des Königs gesprochen und auf prächtige Zukunftsaussichten verwiesen, ihn vorerst jedoch mit einem Schulterklopfen abgespeist und seine Geschicklichkeit gelobt. Das war alles gewesen. Wittke mangelte es nicht an Mitteln, und so wollte er sich in Geduld üben, bis er eines Tages unverzichtbar sein würde. Schließlich ging es ihm nicht um Bagatelleinkünfte, sondern um die große Rechnung einer glänzenden Zukunft.

Den Kopf voller Träumereien, begab sich Wittke also in Richtung Warschau. Bei seiner letzten Rast vor der Hauptstadt wollte es der Zufall, daß er im Gasthaus dem Franzosen Renard begegnete, dem Eigentümer der Weinstube neben dem Schloß, wo er Łukasz Przebor wiedergefunden hatte. Renards französische Physiognomie hatte sich Wittke wohl eingeprägt, und da er gelernt hatte, jegliche Gelegenheit zu nutzen, ging er auf ihn zu.

Renard hatte während seines langen Aufenthaltes in Polen recht gut Polnisch gelernt.

»Ich bin Kaufmann wie Ihr«, sagte Wittke. »Und ich freue mich, Euch kennenzulernen. Ich bin in Warschau in Eurer Weinstube gewesen. Was gibt's Neues in der Hauptstadt?«

Renard, ein gesprächiger Mensch, knüpfte gern Bekanntschaften.

»Woher kommt Ihr, und was betreibt Ihr für einen Handel?« erkundigte er sich.

»Ich besitze ein Geschäft in Sachsen, in Dresden, da ich aber halber

Pole bin, möchte ich die Königswahl des Kurfürsten zum Anlaß nehmen und nach Warschau übersiedeln. Ich handle, tja, schwer zu sagen, womit, unter anderem auch mit Wein! Nur habe ich keinen Ausschank.«

»Und Ihr wollt auch in Warschau Wein verkaufen?« Renard lachte laut los. »Das ist völlig zwecklos. Die Magnaten lassen sich den Wein fässerweise aus Ungarn kommen, die Schlachta schickt auch immer mehrere Leute zugleich nach Ungarn, die brauchen keinen Mittelsmann.«

»Ich bin nicht allein auf Wein festgelegt«, versetzte Wittke. »Ich würde auch mit allem möglichen handeln. Ich muß mich umsehen. Unser Kurfürst trinkt selbst gern und liebt es, seine Gäste zu bewirten, und Eure Pans hier sollen ja auch keine Weinverächter sein.«

Renard lachte erneut.

»In Polen trinkt man eher zuviel, als daß man sich überfrißt«, bemerkte er ironisch.

Der Sachse ging daran, ihn zu befragen, wie die Geschäfte liefen. Der Franzose zuckte die Achseln.

»Ich könnte mich ja beklagen, um die Konkurrenz abzuschrecken«, sagte er. »Aber ich tue es nicht. Das Geschäft würde gut gehen, wenn ich das nötige Kapital besäße. So muß ich sparsam wirtschaften und immer wieder Löcher stopfen, denn leider haben die adligen Herren wenig Lust zu zahlen, und oft muß ich lange aufs Geld warten. Wenn Ihr über Kapital verfügt, seid Ihr vielleicht glücklicher dran als ich.«

»Geld ließe sich finden«, äußerte Wittke nach einigem Nachdenken. »Aber mir werden die Erfahrung und die Landeskenntnis fehlen, aus dem Grunde weiß ich noch nicht, was ich beginnen werde. Der neue König wird jeweils ein halbes Jahr hier wohnen.«

Das so begonnene Geplauder zog sich über eine längere Zeit hin. Renard gefiel der aufgeweckte und unternehmungslustige Wittke, und umgekehrt lernte Wittke den Franzosen schätzen, er spürte in ihm einen redlichen Mann. Ihm kam sogar der Gedanke, mit Renard gemeinsame Sache zu machen, jedoch behielt er diesen Gedanken für sich. Ihn verlockte dabei auch ein gewisser Umstand, dessen er sich vor sich selbst genierte. Die kleine Henriette, die er in der Weinstube gesehen, Renards Tochter, hatte es, obwohl doch noch ein Kind, seinem Herzen und seinem Auge seltsam angetan. Ihr lächelndes Gesichtchen hatte sich ihm nachhaltig eingeprägt. Sooft er sich bei dieser Schwäche ertappte, errötete Wittke vor sich selber. Renard, der

107

in Sachen des Weingeschäftes nach Krakau unterwegs war, versprach, baldigst wieder in Warschau zu sein, und er lud den Kollegen ein, ihn zu besuchen, was Zacharias mit Freuden versprach. Nach den gemeinsam verbrachten Stunden trennten sich die beiden Männer in bester Vertrautheit. Renard hatte von dem Gespräch viel gewonnen, das ihm Gelegenheit geboten, die Sachsen und ihren Hof besser kennenzulernen.

Am selben Tage übernachtete Wittke in Warschau, und am nächsten Morgen suchte er die Weinstube auf und Madame Renard, die allein mit der Tochter die Wirtschaft besorgte. Er überbrachte Grüße von ihrem Gatten und machte sich bei der Gelegenheit mit den Damen bekannt. Das halbwüchsige Töchterchen, über ihr Alter hinaus entwikkelt und leicht kokett, gefiel ihm sogar noch mehr. Auch in Sachsen mangelte es nicht an hübschen Lärvchen, aber keines der Mädchen, denen er dort begegnet war, war von so edlem Wesen und von der Feinheit dieses Kindes.

In der Weinstube ging es laut her. Wittke hörte viel Neues, besonders von den Contisten, denn diese beherrschten hier das Feld, während die sächsischen Anhänger, sofern es solche gab, sich still und abwartend verhielten.

An den folgenden Tagen ging Zacharias mit deutscher Gründlichkeit daran, Geschäfte abzuklappern und deren Lage zu begutachten, selbst auf der Suche nach einem geeigneten Standort für eine mögliche Niederlassung. Dabei vertraute er sich niemandem an und zog auch keinen der sich aufdrängenden Mittler zu Rate, welche rochen, was für Absichten ihn hierherführten. Obgleich Wittke polnisch sprach und polnisch gekleidet ging, hatten ihm doch die deutsche Erziehung und der deutsche Umgang einen Stempel aufgedrückt, der sich nicht verwischen ließ. Nach Przebor konnte sich Zacharias an diesen ersten Tagen weder erkundigen, noch lief dieser ihm über den Weg. Er war ein gar zu geringes Geschöpf.

Nach allen seinen Berechnungen erschien es Wittke, als ob er keinen wichtigen Schritt übereilen sollte. Er war sich noch nicht sicher, wofür der König ihn würde verwenden wollen, und er zählte ganz auf Constantini. Er bildete sich wahrhaftig ein, der Italiener würde, anstatt ihn zu seinem eigenen Nutzen einzusetzen, sich mit ihm in den Lohn teilen und dem König naiv den Rivalen anempfehlen.

Wittkes ansonsten scharfem Auge entging nicht, daß die Contisten in Warschau, mochten sie auch lautstark gegen den Sachsen wettern

und ihm die Anerkennung verweigern, doch bereits in Sorge waren
und insgeheim zu ergründen suchten, was für ein Wind da aus Krakau
herwehte. Sie maßen Augusts Kräfte ab, und beunruhigt, hielten sie
nur darum an dem Franzosen fest, um sich an dessen Konkurrenten zu
verkaufen.

Der frischgekrönte König verhielt sich überaus klug und geschickt.
Alle seine Aufrufe, die Briefe an den Primas, die Manifeste an die
Nation waren in einem äußerst milden, gütigen Ton abgefaßt. Jedem,
der eine Umkehr in Erwägung zog, stand die Tür dazu offen. Der
König versprach, allen ein liebevoller Vater zu sein. Während der Pri-
mas drohte und bisweilen gar Beschimpfungen gebrauchte, zeigte
August eine lächelnde Miene und verhieß, aller Sünden zu vergessen.

Die Menschen lasen die Verlautbarungen, und kopfschüttelnd machte
sich jeder seine eigene Prognose zurecht.

»Ein Fuchs«, sagten die einen, »der führt alle hinters Licht.«

»Ein kluger und gütiger Monarch«, begeisterten sich die anderen,
und wieder andere setzten hinzu: »Der weiß schon, mein Herr, daß
Faust und Drohgebärden bei uns nichts fruchten.«

VII

Während in Krakau der stürmische Krönungsreichstag vorbereitet wurde und schließlich im Gange war, zu dessen Sitzungen
August, ermüdet von den allabendlichen Banketten, erschien, um all
das nutzlose Wehklagen mitanzuhören, das er weder verstand noch
ernstnahm, spielte sich nahe Danzig der letzte Akt des Dramas ab, in
dem Conti die traurige Rolle des Enttäuschten zukam. Frankreichs
Thronkandidat, kaum gelandet, mußte sich von seiner Machtlosigkeit
überzeugen, und augenblicklich trat er, allen Träumen von der Krone
entsagend, die Heimreise an. Er hinterließ jedoch eine kleine Schar
getreuer Anhänger, allen voran den Primas Radziejowski, der starrköp-
fig an der Adelsempörung festhielt, was unterdessen nur noch ein
Mittel war, um von August einen Kaufpreis zu erzielen.

Der neugekrönte König überblickte seine Lage mit wundersamem
Scharfsinn, der ahnen ließ, daß er beizeiten recht wohl mit dem Zustand der Gemüter im Lande vertraut gemacht worden war. Heiteren

Gesichts und gelassen nahm er alles hin. Nichts fand er bedrohlich, gemächlichen, doch sicheren Schrittes ging er auf seine Ziele zu, trachtete danach, sich Zar Peter geneigt zu machen und unterhielt allerfreundschaftlichste Kontakte zum brandenburgischen Kurfürsten.

Sogar die Wiedergewinnung der *Avulsa* kam ihm sehr gelegen, rechtfertigte ein solches Vorhaben es doch, sächsische Truppen nach Polen einzuführen, deren Stärke niemand kontrollierte. Die Leibberater Flemming, Przebendowski und Dąbski, mehr oder weniger in die Pläne eingeweiht, steuerten das königliche Boot weiter. August selbst stand der Sinn im übrigen mehr nach politischen Ränkespielen als nach Krieg, und obwohl er viel vom Kriege sprach, verspürte er wenig Lust, ins Feld zu ziehen.

Przebendowski und der Bischof von Kujawien hatten es dem König überzeugend eingeredet, daß die Polen zwar gern spektakelten, am Ende aber nachzugeben pflegten, und so beeindruckte den König das auf dem Reichstag erhobene Geschrei in keiner Weise.

Das zweite, woran August sich hielt, war: Was alles der Reichstag verlangte, er versprach es, unterschrieb es, sogar mit der Gewißheit, daß ihn das mitnichten binden würde. Beinahe nach jeder Sitzung wurden in den königlichen Gemächern im vertrauten Kreise die glühendsten der Redner belacht, und Dąbski schmähte dieselben ganz besonders und riet stets aufs neue, unbeirrt weiterzuschreiten. Erörtert wurde nur noch, wann man nach Warschau aufbrechen wollte, um den Empörern die Stirn zu bieten.

Indessen, als im November mit Conti Schluß war, ging es lediglich noch um die geheime Gewinnung des Primas, danach wäre August, ungeachtet aller Ungesetzlichkeiten bei der Königswahl wie bei der Krönung, alleiniger, rechtmäßiger und von der gesamten Rzeczpospolita anerkannter Monarch.

Wittke hielt sich noch in Warschau auf, als Mezzettino ihn durch einen Boten instruierte, er solle unbedingt versuchen, zur Kastellanin Towiańska, der Schwester Radziejowskis, vorzudringen. Über sie allein wäre der Primas zu gewinnen.

Die Frau Kastellanin stand weithin in dem Rufe, sehr gescheit zu sein, aber mehr noch waren ihr Perfidität und Zynismus eigen. Von Kind auf hatte sie mitangehört, wie Marie Louise und Marie Casimire sich alles bezahlen ließen; also erschien es ihr nur rechtmäßig, wenn sie ihre Lage ausnutzte. Sie besaß großen Einfluß auf den Bruder, und ihre Dreistigkeit und Unverschämtheit, dazu ihre Habgier ließen ihr keine Ruhe. Der Kardinal hielt sich an ihren Rat, er hetzte, wetterte, protestierte, nur um es dahin zu bringen, daß man ihn kaufte; die Mittlerin dabei gedachte nicht, sich vergessen zu lassen.

Wittke fiel es nicht schwer, sich nach allen für ihn wichtigen Details über die Frau Kastellanin zu erkundigen, doch bereitete es ihm Kopfzerbrechen, einen Weg zu finden, auf dem er zu ihr vordringen konnte. Frau Towiańska würde nicht mit irgendwem verhandeln und sich nicht dem ersten besten anvertrauen wollen. Sie hatte den Dünkel einer Familie, die, bis vor kurzem in der Rzeczpospolita noch gänzlich unbekannt, eben erst den Senatorenstuhl errungen hatte.

All seiner Geschicklichkeit zum Trotz und obwohl er Tag und Nacht grübelte, wie an die Kastellanin heranzukommen wäre, vermochte der sächsische Kaufmann vorerst nichts auszurichten. Ihm ward lediglich vorhergesagt, daß er auf der Hut sein solle, falls es zu einer Abrede käme und Juwelengeschenke oder Geldgaben zu leisten wären, da er leicht hintergangen werden könnte.

Przebor, den Wittke schließlich fand, war in kleine Hilfsdienste für die Contisten verwickelt. Er bekannte ihm, daß man ihn verwendet habe, um für den Primas Informationen über Dresden und den König zu erhalten, daß er mit Frau Towiańska gesprochen habe, sich ihrer Gunst indes nicht eben rühmen könne. Wittke mußte sich um Przebor sehr bemühen, damit er über ihn, ohne sich selbst aufzudrängen, zur Kastellanin gelangte.

Łukasz Przebor war es sehr recht, sich mit einem solchen Gefallen der Frau Kastellanin anzuempfehlen.

»Nehmt es aber vorweg«, sagte Wittke, sich zu einem Ausflug nach Łowicz bereiterklärend, »daß ich meinen Herrn nicht zu verraten gedenke und darum gern erläutern will, was man von ihm erwarten kann – damit sie sich nicht in falschen Hoffnungen wiegt. Ich habe keinen Grund, die Wahrheit zu verbergen, denn alles, was der Kurfürst tut, tut er offen und unverhohlen.«

Es bedurfte so mancher Vorkehrungen, bis einer Audienz bei der Kastellanin nichts mehr im Wege stand. Frau Towiańska wich ihrem Bruder kaum von der Seite, sie lebte mit dem größeren Teil ihrer Familie bei ihm und bewohnte einen Flügel des Schlosses. Die Pferde, die Kutschen und die Bediensteten des Kardinals unterstanden ihrem Befehl, ebenso der Bruder selbst. Sie war hier die Verfügende.

Laut, dreist und dünkelhaft, wie sie war, besaß sie keine Freunde, niemand konnte sie ausstehen, jedoch umgaben sie Scharen von Speichelleckern und Interessenten aller Art. Obwohl die Towiańska bereits auf die Sechzig zuging, war sie gut bei Kräften und ständig betriebsam und zeigte keinerlei Anzeichen von Lebensüberdruß. Der Gemahl, die Kinder mußten ihr, ebenso wie der Bruder, gehorsam sein. Wenn sie in Wut geriet, was leicht geschehen konnte, dann kannte sie keine Mäßigung, und die mangelnde Erziehung trat dann hervor, denn sie fluchte und schimpfte aufs unflätigste.

Der Pupurmantel des Bruders, seine Primaswürde, die ihn während des Interregnums mit königlicher Macht ausgestattet hatte, waren der Kastellanin, die den Bruder im Weltlichen kaum als sich ebenbürtig erachtete, zu Kopf gestiegen. Man demütigte sich vor ihr.

Contis Mißerfolge indessen, die Schwäche seiner Partei, welche nicht imstande war, ihn zu halten, beunruhigten die Kastellanin, besonders als August unter Umgehung des Primas mit den Anführern der Empörung Verständigung suchte. Es gingen bereits Gerüchte um, denen zufolge Bischof Załuski[65], ein Freund Sobieskis, sich dem Sachsen nähern wollte, und auch die Sobieski-Familie stand in solchem Verdacht. Da hieß es die vielleicht letzten Augenblicke nutzen, um für sich günstige Bedingungen zu erwirken.

Przebor kündigte den Kaufmann als jemanden an, der gute Beziehungen zum Hofe habe und der unbemerkt und insgeheim als Werkzeug dienen könne.

Die Kastellanin mußte wohl einen völlig anderen Menschen erwartet haben, denn es verblüffte sie, als sie, im Lehnstuhl sitzend wie auf einem Thron, einen so schönen jungen Mann eintreten sah, der sich zudem polnisch kleidete. An Wittke war so wenig von einem Sachsen geblieben, daß Frau Towiańska diese Überreste nicht wahrnahm. Sie glaubte sogar, es müsse sich um einen Irrtum handeln, jedoch Przebor, welcher Wittke vorstellte, zerstreute jeden Zweifel.

Łukasz Przebor begriff von selbst, daß er nicht Zeuge der Unterredung zu sein brauchte, daß er eher ein Hindernis als eine Hilfe wäre, und so schlüpfte er sofort wieder aus der Tür.

Nur einen kurzen Augenblick lang hatte die Towiańska Mühe, das

---

[64] Andrzej Chryzostom Załuski (1648–1711), Bischof von Kujawien, Płock und schließlich von Ermland; wurde 1703 Großkanzler. Sein Verhältnis zum königlichen Hof – zunächst zu Jan III. Sobieski, später zu August dem Starken – war wechselnd.

Gespräch zu beginnen. Dann erklärte sie, daß der Sachse, ob einer ihn
nun als König anerkannte oder nicht, Interesse wecke, daß aber wenige Menschen in Polen ihn kannten und man sehr Unterschiedliches
von ihm höre.

»Wir können zu der Wahl nur gratulieren!« beeilte sich Wittke zu
erwidern. »Das ist ein in jeglicher Hinsicht des Thrones würdiger Herr.
Von hohem Verstande, großartig, gebefreudig bis zum Übermaß,
menschlich und milde.«

»Er ist also Lobes voll, was den Sachsen angeht«, versetzte die
Kastellanin. »Verständlich, denn wer ihm dient...«

»Ich habe nicht das Glück, beim König in Diensten zu sein«, sagte
Wittke. »Aber ich bekräftige das, was alle sagen, die ihn kennen.«

»Es heißt, er sei sehr leichtfertig«, fügte die Towiańska hinzu. »Na,
und obwohl er zum Schein den katholischen Glauben angenommen
hat, soll er an seinem alten festhalten.«

»Derlei hat sich indes niemals offenbart«, entgegnete Wittke. »In
Krakau haben es alle gesehen, wie er die Kommunion empfangen hat.«

Die Towiańska nickte.

»Soso, freigebig ist er, sagt Ihr«, schaltete sie ein. »Gewiß, gewiß,
anders hätte er auch nichts ausgerichtet. Die Rzeczpospolita ist ausge-
zehrt nach all den Kriegen und braucht Geld. Die Truppen erhalten
keinen Sold...«

Die Kastellanin hielt inne und sah den Kaufmann forschend an, der
aber tat kühl.

»Er kann es sich leisten«, äußerte er nach einigem Nachdenken. »Er
ist auch imstande, jenen zu danken, die ihm wohlgesinnt sind und ihn
unterstützen.«

Wittke sah der Towiańska in die Augen, und die Röte in ihrem
Gesicht zeigte an, daß sie bereits ahnte, einen Sendboten vor sich zu
haben.

»Nichts ist umsonst auf dieser Welt«, seufzte sie. »Wir werden das
nicht ändern.«

»So hat sich König August denn mit reichem Vorrat versehen, als er
zur Krönung gekommen ist«, sagte der Kaufmann lächelnd. »Gern
würde er Freunde gewinnen und einem Bürgerkriege vorbeugen. Für
diesen Zweck würde er keine Opfer scheuen.«

Ein kurzes Schweigen trat ein, und die Towiańska, die es nicht länger aushielt, rief: »Bekenne Er, daß Er mit einem Auftrag kommt!«

»Nein, ich habe keinerlei Weisungen«, antwortete Wittke ruhig. »Ich bin nur ein ganz kleiner Mann, doch verfüge ich über Kontakte zu wichtigen Leuten. Ich könnte vieles tun, dennoch bin ich zu nichts verpflichtet, und ich kann schweigen.«

Die Kastellanin erhob sich vom Stuhl, blickte um sich, nickte Wittke dann zu und führte ihn in das angrenzende Kabinett hinüber.

»Bekenne Er es schon«, wiederholte sie, »hat Er etwas auszurichten? Ich mag kein Drumherumgerede, was einer im Sinn hat, das soll er auch sagen. Ich verrate schließlich nichts.«

»Ich sage es Euch noch einmal, Frau Kastellanin«, antwortete Wittke. »Ich habe keinerlei Auftrag, aber ich will das Wohl des Königs und würde gern diejenigen für ihn gewinnen, von denen der Friede und das Beschwichtigen der Empörung abhängt. Ich nähme es auf mich, etwas zu überbringen, sollte man mir etwas anvertrauen.«

Die Towiańska nickte. Wer weiß, was sie auf den Gedanken brachte, ihren Gast zu bewirten.

»Vielleicht mag Er etwas trinken?« fragte sie.

»Nein, danke«, sagte Wittke.

Die Kastellanin lief im Zimmer hin und her.

»Wer ist Er eigentlich?«

»Ich? Ein Kaufmann aus Dresden.«

»Und woher hat Er das Polnische?«

Wittke errötete.

»Wir sind schon lange in Deutschland ansässig.«

»Wie heißt Er denn?«

»Die Deutschen nennen mich Wittke, und die Polen Witkowski«, antwortete der Kaufmann.

»Nämlich, ja also, mit dem erstbesten eine Absprache zu treffen...«

Die Kastellanin schüttelte den Kopf. Wittke drängte auf nichts, er hatte die Frau kennenlernen und etwas aus ihr herauslocken wollen, ohne zu erwarten, sofort sein Ziel zu erreichen. Die Towiańska betrachtete ihn mit heftiger Neugier. Sie zweifelte nicht, daß dies hier ein Abgesandter des königlichen Lagers war oder ein zur Erkundung Ausgeschickter; sie glaubte nicht, daß er ein Kaufmann war, und versuchte ihn zu durchdringen, um sich nicht hinters Licht führen zu lassen. Das Gefühl der eigenen Unbeholfenheit – sie besaß wenig Geschick und war für subtile Intrigen nicht geschaffen, bei denen das Herangehen alles bedeutet – , ihr mangelndes Selbstvertrauen mach-

114

ten sie argwöhnisch. Sie hatte keine Geduld, was stets dahin führte, daß sie sich mit einem linkischen Ausbruch verriet. Der rätselhafte Sachse, ein polnisch sprechender Kaufmann, der den König über alles pries und wie auf Bestellung nach Łowicz gekommen war, beunruhigte sie sehr.

»Reden wir offen miteinander!« sagte sie lebhaft, in Verlegenheit gebracht. »Ich hab's gern geradezu, also, die Karten auf den Tisch. Habt Ihr Zugang zum Hof?«

»Den allermühelosesten, sogar zum König selbst«, erwiderte Wittke.

»Na, dann könnt Ihr ja berichten, was Ihr gehört und gesehen habt«, begann sie immer rascher und hitziger zu reden. »Daß der Primas bis zum äußersten unnachgiebig ist und daß, solange der Primas zu Conti hält, seine Partei am Leben bleiben und für Unruhe sorgen wird, so daß die Empörung nicht aufhört. Dem Primas kann er gar nichts tun, nicht mal in Rom! Niemand wird es wagen, ihn anzurühren, nur bei der Strafe der Exkommunikation, schon gar nicht solch ein König, der gerade erst Katholik geworden ist. Der Primas ist eine Macht, er verfügt über mehr als über Militär, nämlich sein Wort steht für Regimenter. Meinem Bruder hat dieses Interregnum genügend Verluste gebracht, seine Gesundheit ist angegriffen, das Geld ist futsch, der Feinde sind mehr geworden. Womit will er ihm das wiedergutmachen?«

Wittke schwieg eine Weile.

»Natürlich kann mein Herr dies durch nichts wiedergutmachen«, sagte er dann. »Aber wenigstens die geldlichen Verluste zu entschädigen, erscheint auch mir gerechtfertigt.«

»Das will ich hoffen!« schrie die Towiańska. »Der König weiß, woher er's nehmen kann, mein Bruder aber hat sein eigenes väterliches Erbe für das Wohl der Rzeczpospolita zugrundegerichtet, hat die Familie in Armut gestürzt...«

»Der König wird gewißlich bemüht sein, die Verluste zu ersetzen«, unterbrach Wittke die Kastellanin, »dabei wäre es angebracht, zumindest annähernd zu wissen, wie hoch sich diese belaufen. Die Ausgaben waren riesig und sind es noch immer, der König mußte den Truppen den rückständigen Sold ausschütten.«

»Hier ist es auch nicht mit einer kleinen Summe getan«, sagte die Towiańska. »Ich weiß ja nicht, aber mir scheint, daß die Sache schwerlich mit hunderttausend Talern erledigt wäre.«

Sie sah Wittke an, der erschrocken tat.

»Für den König«, fuhr Frau Towiańska fort, »ist das eine Lappalie, und der Kardinal, wenn er's bekäme, hätte gerade so viel, um die Schulden zu tilgen, die seit dem Interregnum auf den väterlichen Gütern lasten. Nun, und ich hoffe«, sagte sie und senkte dabei die Stimme, »daß ich als Mittlerin, sollte etwas zustandekommen, nicht vergessen werde. Wollte der König nur ein Dorf kaufen, müßte er Provision zahlen, hier aber geht es um den Thron...«

Die Kastellanin reckte wichtigtuerisch den Kopf hin und her; der Kaufmann hörte gespannt zu, hatte es aber nicht eilig zu antworten.

»Sollte es mit Geld schwierig sein«, fügte, nicht müde werdend, die Kastellanin hinzu, »ich weiß, daß der König Juwelen liebt und sie im Überfluß besitzt. Ich würde mich damit zufriedengeben, nur wollte ich wiederum nicht irgendwelche annehmen.«

Wittke, nachdem er ihr so Gelegenheit gelassen, aus sich herauszugehen und sich zu offenbaren, blickte auf und sagte: »Alles das läßt sich machen, will mir scheinen, natürlich nicht durch einen so geringen Menschen wie mich. Es geht nur darum, daß die Forderungen nicht zu hoch sind.«

»Ja, findet Er etwa, daß der Kardinal weniger nehmen sollte als hunderttausend, und ich Juwelen für ein Viertel der Summe?!« rief die Kastellanin aus. »Denkt Ihr, wir werden feilschen?«

»Ich habe hier nichts zu entscheiden«, entgegnete Wittke ruhig. »Das einzige, womit ich dienen kann, ist, daß, wenn Ihr es mir auftragt, ich den König wissen lasse, daß sich alles einvernehmlich und mit einer Verlustentschädigung beenden läßt. Wünscht Ihr das, Frau Kastellanin?«

So direkt angesprochen, blitzten die Augen der alten Dame auf, und sie biß sich auf die Lippen. Sie spielte schlecht die Zögernde, denn sie wünschte sich ja nichts sehnlicher, als anderen zuvorzukommen und selbst Verhandlungen einzuleiten, dieselben zu führen – und dabei vor allem über die eigenen Interessen zu wachen.

Der Kaufmann, bisher vergeblich auf eine Antwort wartend, wies noch einmal auf die Höhe der Forderungen des Primas hin.

»Hunderttausend Taler sind viel Geld, Frau Kastellanin, sogar für den König«, sprach er langsam. »Mit zu hohen Forderungen kann man alles verderben.«

Die Towiańska unterbrach ihn ungestüm: »Weiß Er was? Sollen die selbst wegen der Summe für meinen Bruder verhandeln. Vielleicht bringt er ein Opfer und läßt etwas nach, das weiß ich nicht, aber ich –

116

ich bleibe bei den Juwelen für fünfundzwanzigtausend. Der König besitzt sie zu Millionenwerten, die Leute sagen, er gehe von Kopf bis Fuß mit Diamanten bedeckt, obwohl ihn seine Geliebten schon um einiges ausgeflöht haben sollen.«

Die Erwähnung der Geliebten überging Wittke mit Schweigen, obgleich die neugierige Kastellanin das Gespräch darüber gern ausgedehnt hätte. Wenig später fragte sie, ob es wahr sei, daß sich der König nach Warschau begeben wolle.

»Ganz bestimmt wird er kommen und seine Hauptstadt beziehen«, erklärte Wittke. »Niemand wird es ihm verwehren, und selbst wenn es dahin käme...«

Er beendete den Satz nicht.

»O ja, wir wissen Bescheid!« rief die Kastellanin. »Er hat genug Soldaten, heißt es. Man hat sie in die Rzeczpospolita hereingelassen, jetzt soll man sich bloß bald überlegen, wie man die wieder Łoś wird. Zuerst haben sich die Unsrigen wegen der eigenen Truppen beklagt, darüber, daß die Kriegssteuer für die Winterquartiere und die Verpflegung sie ausgeplündert hätten, aber nun werden sie erst richtig zu kosten kriegen, wozu solch ein Soldat fähig ist, die Sachsen werden's ihnen zeigen.«

Wittke nahm dies alles schweigend hin, und die Towiańska, voller Erregung und die Hauptsache nicht aus den Augen verlierend, kam erneut auf den Primas zu sprechen und auf die Verhandlungen. Sie riet, der König möge dieselben nicht zu lange hinauszögern, schließlich könnte er im Kardinal eine große und tatkräftige Unterstützung finden.

»Diesen Hohlkopf Dąbski hat sich der König ausgesucht!« rief sie angewidert aus. »Wer ist der schon?! Keiner hört auf ihn, keiner respektiert ihn, und für seine Anmaßung muß er noch gewärtig sein, bestraft zu werden. Der Kardinal wird ihm das nicht durchgehen lassen. Wie es heißt, soll auch Załuski über eine Aussöhnung nachdenken, aber daran wird der König gleichfalls nicht viel Freude haben.«

Der Kaufmann hörte aufmerksam zu, bis die Kastellanin erschöpft verstummte. Ihm schien, daß es Zeit sei, sich zu verabschieden, als aber die Towiańska seine Geste sah, hielt sie ihn zurück.

»Warte Er noch! Und rede Er: Kann ich auf etwas hoffen? Wird Er mir eine Nachricht zukommen lassen?«

»Erlaubt Ihr mir, etwas zu sagen?« fragte Wittke.

»Zu sagen ja, aber nicht herumzuposaunen«, erwiderte die Towiańska in dem ihr eigenen derben Ton. »Spreche Er nur zu denen, die davon wissen sollten, und gebe Er mir Bescheid, ob wir etwas zu erwarten haben. Der Primas will den Adelsaufstand ausrufen, so wird es jetzt von Ihm abhängen, ob die Empörung verstärkt und von Dauer sein wird oder ob sie sich auflöst.«

Der Gast, des Gesprächs bereits müde und über alle nötigen Angaben verfügend, versicherte alles ihm Mögliche zu tun, um Frieden und Eintracht zu beschleunigen.

»Uns Kaufleuten ist mehr als sonst jemandem daran gelegen, daß im Lande und in der Hauptstadt Sicherheit und Frieden herrschen. Also trage ich gern mit meinen kleinen Diensten dazu bei, und sobald ich Neues erfahre, werde ich nicht säumen, es Euch mitzuteilen.«

Ohne sich auf irgendwelche Einladungen und Bewirtungen einzulassen, schlüpfte Wittke so, wie er gekommen war, heimlich durch die Hintertür wieder hinaus. Draußen traf er Przebor wieder, der hier Wache gestanden hatte.

Wittke vertraute seinem einstigen Lehrer nichts von dem mit der Kastellanin Besprochenen an und speiste ihn nur mit der Bemerkung ab, daß es wohl nicht leicht zu einer Verständigung kommen würde.

»Dennoch gibt es keinen Grund zu verzweifeln«, räumte er ein. »Ich bin Euch sehr dankbar dafür, daß Ihr es mir erleichtert habt, die Frau Kastellanin kennenzulernen, und bin bemüht, meine Dankbarkeit zu zeigen. Wenigstens weiß ich jetzt, wie man hier denkt und welche Erwartungen man hegt.«

Da es darum ging, den Ex-Kleriker zu Diensten anzuspornen, es diesem aber völlig einerlei war, ob er Conti diente oder dem Sachsen, wenn nur etwas für ihn dabei heraussprang, zögerte Wittke nicht und zahlte Przebor mit barer Münze dafür, daß dieser ihn nach Łowicz gebracht hatte. Der Kaufmann beauftragte ihn nur, die Ohren offenzuhalten und ihm alles, was da hineingeriete, zu vermelden, denn auch Kleinigkeiten konnten bisweilen hilfreich sein.

Wieder in Warschau angekommen, überlegte Wittke, ob er nicht selbst nach Krakau fahren solle, denn sich mittels Briefen zu verständigen war ebenso gefährlich wie schwierig; allerdings wollte er noch warten, bis er auf seinen allgemein gehaltenen Bericht, den er durch einen Eilboten übersandt, eine Antwort erhalten hätte. In der Zwischenzeit nutzte Wittke den Umstand, daß er mit Renard Bekanntschaft geknüpft hatte. Da der Franzose Wittkes Geld spürte und ihm stets sehr höflich begegnete, konnte er seiner Schwäche frönen – er brachte Henriette kleine Geschenke und Näschereien und blickte dabei in ihre wunderschönen, feurigen, sich dem Leben öffnenden Augen.

Beide Eltern, vor allem aber die in Liebesdingen vielerfahrene Mutter, bemerkten die besondere Neigung des jungen Kaufmannes zu ihrem Töchterchen, das mit seiner Schönheit alle Welt bezauberte. Vater und Mutter freuten sich, denn ein wohlhabender Schwiegersohn konnte ihnen in ein paar Jahren sehr zustatten kommen, um das Geschäft zu erhalten, das zwar bestens florierte, sie aber dennoch nicht aus den Schulden herauszubringen vermochte. Zu letzteren trug auch bei, daß Madame Renard den schönen Aufputz liebte, sie kleidete Henriette wie einen herrschaftlichen Sproß, bezahlte für sie teure Lehrer und setzte große Hoffnungen in ihre Schönheit. Der bescheidene, obwohl vermögende Kaufmann entsprach nicht ganz ihren Vorstellungen, da sie sich für Henriette ein glanzvolleres Schicksal erträumte, doch für alle Fälle war es gut, ihn in Reserve zu haben.

Wittke erschien jeden Tag, und weil der kleinen Henriette seine Liebedienerei schmeichelte, empfing Madame Renard ihn höflich und bediente sich seiner ohne Umstände.

Zacharias war so heftig für das junge Ding erglüht, daß er ans Heiraten und dabei an Henriette dachte. Wie aber wollte er in ein so stilles, bescheidenes Bürgerhaus wie das seine ein derart verhätscheltes Mädchen heimführen, das nur von Flitter, Überfluß und Vergnügungen träumte, das gewohnt war, angebetet zu werden und sich an der Anbetung berauschte?

Alle Gäste Renards trugen die entzückende Henriette geradezu auf Händen, in solchem Weihrauchduft wuchs das Mädchen heran. Wie konnte sich eine Schwiegertochter wie sie mit der frommen, stillen, fleißigen Martha abfinden, die den lieben langen Tag, das Schlüsselbund in der Hand, durchs Haus trippelte, Rechnungen besorgte, im Laden half, die Speisen aus der Kammer herausgab und die Küche beaufsichtigte?

Henriette stattdessen sang wie eine Nachtigall, sah aus wie ein Engel, schaute kokett drein und war so witzig und schlagfertig! Der Reiz ihrer Jugend wirkte auf den bisher ruhigen Deutschen derart, daß er die Macht über sich verlor. Öfters versuchte er, erschreckt von der unpassenden Leidenschaft, dieselbe zu bekämpfen – einige Tage versagte er sich den Besuch bei den Renards, um danach wie ein Toller erneut hinzulaufen, und wenn Henriette ihn an der Tür mit den Worten empfing, warum er sie alle denn vergessen habe, rechtfertigte er sein Ringen mit sich selbst, als wäre es eine Sünde.

Renard und seine Gattin waren beständig und auf jegliche Weise bemüht, sich Wittkes Freundschaft zu erhalten. Das Vorhaben, ein großes Geschäft zu gründen, gedieh allmählich, jedoch war Wittke dort, wo es um Geld ging, äußerst bedachtsam und kalkulierte genau.

Die Antwort aus Krakau ließ nicht lange auf sich warten. Mezzettino verlangte in knappen Worten Wittkes Kommen, um sich mündlich mit ihm zu beraten. So mußte der Kaufmann von den Renards und von der schönen Henriette Abschied nehmen und zurückeilen, obgleich Constantini auch mitteilte, daß der König in Bälde nach Warschau aufbrechen wolle.

Von zweierlei Träumen beherrscht, von dem des Emporkommens und dem der Eroberung der schönen Henriette, erkannte sich der Deutsche selbst nicht wieder. Sehnsucht nach Dresden, nach der Mutter verspürte er kaum, er sorgte sich auch nicht um sein Geschäft, welches er bei der alten Frau in guter Obhut wußte. Trotz der bereits unschönen Herbstzeit verabschiedete sich Wittke, der Mezzettinos Brief am Abend empfangen hatte, sofort von den Renards und eilte am anderen Morgen nach Krakau.

Hier fand er alles unverändert. Der König tafelte wie besessen, hin und wieder schloß er sich für Stunden mit dem Gesandten des Brandenburgers, von Overbeck, sowie mit Flemming, Przebendowski und Dąbski ein, er unterschrieb alles, was man nur wollte, versprach, was man verlangte, lachte und sah sich bereits als einzigen Herrn über die Rzeczpospolita.

Tagtäglich beinahe liefen Deserteure aus dem verringerten französischen Lager über und ergaben sich freiwillig; August empfing sie alle mit unbeschreiblicher Höflichkeit und Milde und verzieh ihnen großzügig. Er gewann damit aller Herzen und wurde in den Himmel gehoben. Die gewichtigeren Staatsmänner flüsterten einander zu: »Nicht nur, daß er ein gütiger und milder Herrscher ist, er hat auch Verstand, Takt und Energie, er wird unsere Stürme bändigen, Ordnung einkehren lassen, eine Reform der veralteten Gesetze vornehmen und die monarchische Macht stärken.«

Jedermann weissagte so, obgleich es in nichts danach aussah, nur die fortwährenden, anstößigen Saufgelage, von deren Teilnahme einen weder der Stand noch das Alter befreiten, kamen in die tägliche Mode, und bei der Trinkerei gab es keinen anderen Gesprächsstoff als die Frauen und die königlichen Amouren. So manches redliche altpolnische Antlitz errötete da vor Scham, das Beispiel aber wurde von oben gegeben.

Constantini nahm den eingetroffenen Wittke in Beschlag; voller Ungeduld forschte er ihn aus und brachte alles Nötige in Erfahrung. Der Kaufmann hatte erwartet, mit seinem Bericht zum König vorgelassen zu werden, so daß dieser ihn kennenlernen konnte. Es sollte der erste Schritt sein, indes klopfte ihm der Italiener nur auf die Schulter. »Was glaubst du denn!« sagte Constantini. »Noch ist es nicht Zeit für dich, um selbst mit dem König zu verhandeln. Überlaß das mir, ich werde dir sagen, wann du dich dazu einfinden sollst. Das ist zu früh!«

Es mißfiel dem Deutschen, derart beiseite gelassen zu werden, jedoch wollte er mit Mezzettino weder brechen noch streiten, darum schwieg er. Selbstverständlich stellte der gewiefte königliche Bedienstete dem König das Einholen all der verlangten Informationen als das eigene Verdienst dar.

Zugleich mit Wittkes Erkundungen erhielt der König von zweiter Seite Nachrichten, welche voll und ganz bestätigten, was der Kaufmann von der Towiańska gehört hatte, dazu kam der eindringliche Rat, mit der Kastellanin zu verhandeln und nicht mit dem Primas, welcher nur über die Schwester zu gewinnen wäre. Der König war unendlich vorsichtig. Die Feinde der Towiańska sowie diejenigen Leute, welche sie gut kannten, warnten wiederholt davor, daß sowohl Juwelen als auch Geldzahlungen ohne Vorkehrungen verloren sein könnten; ohne eine schriftliche Festlegung und Versicherung würde die Adelsempörung kein Ende nehmen. Die Juwelen sollten der Towiańska darum zunächst gezeigt werden, die Übergabe jedoch erst erfolgen, nachdem die Vereinbarung schwarz auf weiß vorläge und der Primas sich öffentlich ausgesöhnt hätte.

Constantini, welcher seinen Herrn in den höchsten Tönen lobte, bekannte Wittke im Vertrauen, daß August gewisse als Geschenk vorgesehene Juwelen in doppelter Ausführung besitze, zwei auf den ersten Blick völlig gleichartige Stücke, von denen aber das eine nachgemacht und wertlos sei, das andere hingegen echt.

Der König habe darum vorgeschlagen, Frau Towiańska, um ihre Lust zu wecken, den falschen Schmuck zu zeigen, ihr diesen auch eine Weile zu überlassen, jedoch den echten erst auszuhändigen, sobald der Vertrag unter Dach und Fach wäre.

Wittke gefiel die Sache nicht.

»Und wenn sie dahinterkommt?« wandte er ein. »Unser König müßte sich doch schämen, wenn sich jemand in seinem Namen mit falschen Juwelen brüstet.«

»Ja, sollte sich dieses Weibsbild, das bestimmt nie derartige Pretiosen zu Gesicht bekommen hat, vielleicht darin auskennen? Oder gar gleich einen Juwelier bei der Hand haben?« versetzte Constantini. »Schlimmer wäre es, wenn sie den echten Schmuck einsteckt, wir könnten dann nicht einmal seine Herausgabe verlangen!«

Constantinti bestand darauf, daß Wittke die falschen Steine mitnahm, um damit der Towiańska Appetit zu machen. Er mußte gehorchen. Die Nachahmung war im übrigen eine so vollkommene Arbeit, daß nur ein Kennerauge der Fälschung gewahr werden konnte. Der Kaufmann nahm den Auftrag mit auf den Weg, die Kleinodien vorzuführen, aber nicht aus den Händen zu lassen, sie der Towiańska allerhöchstens für vierundzwanzig Stunden anzuvertrauen.

Um mit dem Primas über den Abkauf seines Gewissens zu feilschen und einen Vertrag mit ihm zu abschließen, sollte ein anderer Unterhändler ernannt werden. Wittke hatte nur das Feld vorzubereiten, im Grunde genommen die wichtigste Aufgabe. Hunderttausend Taler wollte der König nicht zahlen, aber einem Dreiviertel der Summe stimmte er zu, und die Juwelen für die Kastellanin sollten den von ihr geforderten Wert besitzen.

Alle diese Dinge, nach denen es August so sehr verlangte, besorgte nach des Königs Überzeugung der unvergleichliche, unübertroffene Mezzettino. Der König zog ihn lachend an den Ohren und nannte ihn zärtlich einen großen *ladrone*[66]. Der Kammerdiener plusterte sich stolz, August war erfreut, der Italiener stieg in seiner Gunst, von Wittke war keine Rede.

Kaum hatte der Kaufmann die Instruktionen erhalten, brach er wieder nach Warschau auf. Sein Ausflug nach Krakau machte ihn nicht froh, denn zum einen hatte sich seine Hoffnung nicht erfüllt, den König zu sehen, und zum anderen hatte er nicht ahnen können,

---

[66] (ital.) Räuber

daß man ihm falsche Pretiosen mit auf den Weg geben würde. Sobald er nur daran dachte, lief sein Gesicht blutrot an. Seine ehrliche Kaufmannsnatur erschauderte bei dem Gedanken, sich einer Fälschung zu bedienen, wenngleich sie nur dazu gebraucht werden sollte, sich selbst vor Betrug zu schützen. Er mochte gar nicht glauben, daß die Frau Kastellanin, die Schwester des Primas und trotz ihrer derben Art immerhin eine Aristokratin, zu tun imstande war, wessen man sie bezichtigte. Wittke fühlte sich angewidert und gedemütigt, und er dachte darüber nach, daß der Weg, den Constantini ihn zu gehen anwies, nicht weit führen konnte und daß er ihn lieber verlassen sollte.

Wie es aber oftmals der Fall ist, erging es auch ihm so, daß er, einmal geschnappt und mit in das Übel hineingezogen, nur schwerlich unbeschadet wieder aus demselben herausgekommen wäre. Er fürchtete Mezzettino.

Nachdem Wittke die ersten Augenblicke in Warschau den Renards und Henriette gewidmet hatte, die ihn ebenso gefangenhielt, mußte er sich unverzüglich nach Łowicz begeben, denn der König war voller Ungeduld.

Jene selben Leute, die den Kaufmann schon während der geheimen Audienz bei der Towiańska gesehen hatten, verschafften ihm eilig den Zutritt zur Kastellanin, und obwohl sie soeben dabei war, sich anzukleiden, um Gäste zu empfangen, kam sie ohne Umstände zu ihm heraus, nur einen leichten Mantel um die Schultern geschlagen, das Haar zerzaust, in ausgetretenen Schuhen, so daß sie eher einer alten Wirtschafterin ähnlich sah als der Schwester eines Kirchenfürsten.

Sie maß den Kaufmann mit eindringlichem Blick, und da die Schachteln mit den Kleinodien nicht zu verbergen waren, ahnte sie sogleich, was der Gast ihr brachte, und vermochte kaum an sich zu halten, um sich nicht auf die Schätze zu stürzen, so begierig war sie darauf.

»Nun, was bringt Ihr mir da?« rief sie. »Sagt schon, ich bin in Eile!«

»Auch ich habe keine Zeit zu verschwenden«, erwiderte Wittke. »Auf verschiedenen Wegen bin ich zu einem Freund des Königs gelangt, zu Flemming. König August ist nach wie vor dafür, die Schäden und Verluste zu vergüten, aber auch für ihn sind die Zeiten schwer, was mühelos vorherzusehen war. Der König wird demnächst einen ernstlichen Botschafter für die Unterhandlungen entsenden, und ich vermute, daß man seine Vorschläge akzeptieren wird. Ein wenig jedoch muß der Fürst Kardinal nachlassen.«

Die Towiańska fuchtelte mit den Armen.

»Unmöglich! Das geht nicht!« schrie sie. »Ach, soll er doch selbst darüber verhandeln, was weiß ich, aber wie wird es mit mir?«

»Der König möchte der Frau Kastellanin gegenüber großzügig sein«, erklärte Wittke. »Natürlich, er ist bereit, sich freigebig zu zeigen. Die kostbaren Juwelen, welche er für Euch ausersehen hat, entsprechen gewiß dem, was Ihr zu bekommen wünschtet.«

Die Augen drohten der Towiańska schier aus den Höhlen zu springen.

»Der größere Teil der Kleinodien«, fuhr der Deutsche fort, »ist mir anvertraut worden, damit ich ihn Euch zeige, doch darf ich ihn nicht aus den Händen lassen. Ihr sollt Euch nur davon überzeugen, daß der König es ernst damit meint.«

Fast hätte die Kastellanin dem Kaufmann die Schachteln entrissen, so sehr drängte sie die Neugier. Wittke aber, wie ihr zum Trotz, begann den Schmuck phlegmatisch Stück für Stück auf dem Tisch auszulegen. Die kunstvollen Fassungen und die vollendet nachgeahmten Edelsteine darin begeisterten die Kastellanin im ersten Augenblick derart, daß sie wie erstarrt dastand. Die kostbaren Colliers, Ketten, Ringe, ein Gürtel und ein Diadem leuchteten vor lauter Smaragden und Topasen. Wittke, über den Preis der einzelnen Schmuckgegenstände belehrt, nannte den jeweiligen Wert.

Nachdem sich die Towiańska wieder ein wenig gefaßt hatte, regte sich Mißtrauen in ihr. Nicht, daß sie eine Fälschung vermutete, solch ein Gedanke kam ihr nicht in den Sinn, jedoch meinte sie, die Pretiosen könnten zu hoch taxiert sein. Sie selbst wußte in diesen Dingen nicht sehr Bescheid.

»Ja, schön, schön«, sagte sie, sich jedes Lobes enthaltend, »nur weiß der Teufel, was es wert sein mag! Ich kenne mich damit nicht so gut aus.«

»Aber der König hat doch...« suchte Wittke einzuwenden.

»Der König, na und!« erwiderte die Kastellanin. »Weiß der denn alles und verfügt überall selbst? Ihn können die Juweliere genausogut betrügen wie mich. Ich traue niemandem.«

»Für die Prüfung des Wertes wird später Zeit sein«, sagte der Kaufmann. »Ich bin nur beauftragt, Euch den Schmuck zu zeigen.«

»Laß Er ihn mich wenigstens ein paar Stunden lang betrachten«, drängte die Kastellanin. »Bei mir ist gerade Frau Lubomirska zu Besuch, die Gattin des Großkämmerers, eine nahe Verwandte von uns. Sie kennt sich in den Dingen besser aus als ich. Ihr werde ich die Juwelen zeigen, nur ihr, keinem sonst, mein Wort darauf. Euch lasse ich eine Unterkunft im Schloß anweisen, Ihr bleibt über Nacht, und morgen gebe ich alles zurück.«

»Ich darf es nicht aus der Hand geben, ich bin nicht befugt«, beharrte Wittke.

Vom flehenden Ton wechselte die Towiańska augenblicklich in Zorn über: »Traut man mir etwa so wenig, daß ich die Juwelen nicht für ein paar Stunden haben kann? Ich eigne sie mir schließlich nicht an.«

»Ich bin ein Diener und folge Befehlen«, erklärte der Deutsche.

»Offenbar hat Er die Befehle falsch verstanden«, ließ die Towiańska nicht ab. »Es kann wohl nicht sein, daß man mir, der Senatorsgattin, mit Mißtrauen begegnet.«

Wittke wußte nicht, was er tun sollte, die Kastellanin zürnte, schnaubte und gebärdete sich wie wild. Letztendlich war er derart zermürbt, daß er es fast schon für ungefährlich hielt, ihr die Gegenstände, die von sonderlich hohem Wert nicht waren, für einige Stunden zu überlassen. Er glaubte auch nicht, daß sie die Unechtheit aufdecken könnte, denn beim Betrachten der Pretiosen entzückte sie sich am meisten gerade an den weniger geschickten Edelsteinfälschungen. Es ging auf den Abend, und am anderen Morgen in aller Frühe wollte sie alles zurückgeben.

»Frau Kastellanin«, sagte Wittke schließlich. »Ihr werdet mich nicht ins Verderben stürzen wollen.«

Nun aber verlegte sich die Towiańska aufs Feilschen und Flehen und bestürmte den Kaufmann auf so unerträgliche Weise, daß dieser, am Ende müde geworden, zustimmte, ihr die mitgebrachten Kleinodien bis zum nächsten Morgen zur Ansicht zu lassen. Er hätte dies wohl nicht getan, ohne die Gewißheit zu haben, daß es sich um Unechtes handelte.

Sofort wurde der Hofmarschall des Primas gerufen, ein gewisser Skwarski, und die Kastellanin übergab ihm ihren Gast und mahnte dabei, ihn bestens aufzunehmen und unterzubringen. Skwarski, ein mürrischer und säuerlicher Mensch, blickte Wittke von unten herauf an und nahm ihn mit sich.

Unterdessen verfiel die Kastellanin in Eile, sie schloß die Schachteln mit den Pretiosen und kleidete sich hastig an.

VIII

Die Kastellanin vermochte sich so bald nicht von dem Eindruck zu erholen, den der Anblick der kostbaren Juwelen auf sie gemacht hatte. Allein daß man ihr dieselben gebracht hatte, war eine Sache von großem Gewicht, also würden die Verhandlungen zum Erfolg führen. Dank ihrer Mittlerschaft würde der Primas erreichen, was er begehrte. Seine Bedeutung würde sich vergrößern, er durfte hoffen, die anderen Ratgeber beiseitezudrängen und selbst über den König zu herrschen. Die Kastellanin bereitete sich ihrerseits darauf vor, den Primas zu regieren. Der war es gewohnt, ihr zu willfahren.

Der Towiańska schwindelte der Kopf, glaubte sie doch, die glückliche Wendung der Dinge sich selbst zuschreiben zu können. Jedoch mußte sie trotz der Berauschtheit vorsichtig sein. Ihr fiel ein, daß ein aus Warschau hergeholter Juwelier hier im Schloß, wo man ihn unter Bewachung hielt, soeben dabei war, die alte erzbischöfliche Mitra umzuarbeiten. Vor Freude darüber, daß sich alles so wundersam günstig fügte, klatschte sie in die Hände.

Der Juwelier, ein Christ und Bürger Warschaus, gehörte bereits in der vierten Generation zur Zunft. Der vermögende und rechtschaffene alte Mann, ein gewisser Mrużak, galt als großer Kenner in Sachen des Goldschmiedehandwerks. Schon öfters hatte man ihn hinzugezogen, wenn es um eine Reparatur der Krönungsinsignien ging oder um deren Schätzung, falls dieselben verpfändet werden mußten.

Die Kastellanin beschloß, ihn zu rufen. Jedoch mußte sie sich beeilen, denn als Gastgeberin hatte sie im Hause des Bruders zum Mittagessen zu erscheinen, außerdem weilte die Lubomirska, ihre junge Verwandte, die Gemahlin des Großkämmerers, zu Besuch, überdies waren die Herbsttage nur kurz, und der Abend eignete sich nicht zum Betrachten von Edelsteinen, die im Licht häufig die Farbe wechseln. Es gelang ihr aber, alles in der Weise miteinander zu vereinbaren, daß sie bei Tische, nachdem sie nur rasch zwei Teller Hühnerbrühe zu sich genommen, auf das weitere Essen verzichtete, die Schwiegertochter unter einem Vorwand beauftragte, sie bei den Gästen zu vertreten, und Mrużak rufen ließ.

Der alte Juwelier mochte die Dame nicht leiden, welche im Schloß das Regiment führte, schon öfters hatte sie ihm bei manchem Handel zugesetzt, er wußte aber, daß sie hier mehr bedeutete als der Primas,

126

also ging er heimlich fluchend hin, entschlossen, sich von dieser Megäre baldmöglichst wieder zu befreien.

Die Towiańska empfing ihn in ihrem Kabinett mit ungekannter Höflichkeit. Sie begann damit, daß sie ihm strenge Geheimhaltung gebot und verlangte, er möge ihr gewisse Kleinodien schätzen. Nachdem sie alle Türen geschlossen hatte, entnahm sie einer Schublade die Schachteln mit den Juwelen, und Mrużak mit einer Siegermiene messend, forderte sie ihn auf, seine Meinung zu äußern.

Der Alte ging sorgfältig zu Werke, er hieß den Tisch ans Fenster rücken, zog ein Vergrößerungsglas hervor und widmete sich der Betrachtung. Zunächst beeindruckten ihn die kunstvollen Fassungen, bewundernd wiegte er das Haupt, sagte aber kein Wort. Plötzlich erregte eine verdächtige Lichtbrechung seine Aufmerksamkeit. Er forschte genauer, und wie versteinert saß er eine Weile da, unternahm dann abermals eine Prüfung und verfiel erneut, die Achseln zuckend, in Nachsinnen.

»Erlauben mir die allergnädigste Frau Kastellanin die Frage, ob diese Juwelen bereits erworben wurden?« fragte er schließlich.

Die Towiańska antwortete lebhaft: »Noch nicht, aber man will sie mir billig verkaufen.«

Mrużak lächelte kurz, wieder sann er nach, es fiel ihm schwer, etwas zu sagen.

»Was ist das alles zusammen wert?« drang die Kastellanin in ihn. »So ungefähr?«

»Hm!« machte der Juwelier nach längerer Überlegung und steckte das Vergrößerungsglas ein. »Hm, die Juwelen sind kaum mehr wert als die kunstvolle Fassung... Es gibt da eine Menge böhmischer Steine, viel Glas, es ist wenig Echtes.«

Die Kastellanin schrie auf und rang die Hände.

»Ist Er übergeschnappt?!« rief sie. »Das kann nicht sein. Ich weiß, woher die Juwelen kommen.«

»Und wenn sie aus dem Kronschatz wären«, versetzte Mrużak bissig, »oder auch aus der Gnesener Sakristei, gleichwohl handelt es sich um imitierte Karfunkel, deren größerer Teil völlig wertlos ist.«

Die Entschiedenheit, mit welcher Mrużak sein Urteil fällte, während er vom Stuhl aufstand, versetzte die Kastellanin in einen nicht zu beschreibenden Zustand. Zorn, Wut und Entsetzen packten sie. Jemand trieb seinen Spott mit ihr! Konnte der König wollen, daß man sie derart betrog? In ihrer ersten Entrüstung wollte sie den Deutschen festnehmen und einsperren lassen, die Angelegenheit an die große Glocke hängen, aber ein kurzes Nachdenken zwang sie zur Mäßigung. Sie zügelte ihren Zornesausbruch.

»Ist Er sich ganz sicher?« fragte sie beherrschter.

»So sicher, wie ich lebe«, erwiderte der Goldschmied. »Ich bin in meinem Fach beschlagen, aber die Sache ist so augenfällig, daß es keiner besonderen Schläue bedarf, um dahinterzukommen. Die Goldschmiedearbeit ist freilich so schön, daß sie der kostbarsten Edelsteine wert wäre, die müssen auch darin gesessen haben, heute jedoch...«

»Oh, ich habe es ja gleich bemerkt«, unterbrach ihn die Towiańska. »Eben darum habe ich Ihn rufen lassen!«

Mrużak verbeugte sich und schritt zur Tür. Die Kastellanin hielt ihn nicht auf. Ihr erster Gedanke war gewesen, die Kleinodien bis zum anderen Morgen zu behalten und sich damit vor der Lubomirska zu brüsten, nun aber erlaubte ihr die Empörung nicht, bis zum nächsten Tage zu warten. Sofort schickte sie nach Wittke, der sich soeben an den Tisch des Hofmarschalls zu setzen im Begriffe war.

Solche Eile machte ihn betroffen, und ängstlich schlich er sich hinaus. In ihrem Kabinett, mit gleichsam blutigroten Wangen und am ganzen Körper zitternd, erwartete ihn die Schwester des Primas. Die Juwelen lagen auf dem Tisch, ein Teil in den Schachteln, ein Teil war draußen umhergeworfen.

Mit stolzer Geste wies die Kastellanin darauf.

»Packe Er das sofort ein, und hinaus mit Ihm!« schrie sie. »Eines von beiden – entweder man will mich betrügen oder aber verspotten, jedoch beides bin ich nicht gewöhnt hinzunehmen. Versteht Er?«

»Ich verstehe überhaupt nichts«, sagte Wittke beherzt. »Bitte erläutert es mir.«

Die Kastellanin schnaubte wütend los: »Das ist Glas und unechtes Zeug. Ihr wolltet mich hinters Licht führen, aber ich bin schließlich nicht auf den Kopf gefallen! Ich weiß, daß man den Deutschen nicht aufs Wort glauben darf.«

»Mit Verlaub«, unterbrach Wittke sie. »Ich bitte Euch, Frau Kastellanin, vorab zu bedenken, ob es hier einen Grund gibt, sich zu erzürnen. Ich habe Euch die Kleinodien nicht gebracht, um sie zu übergeben, sondern um sie zu zeigen. Die Angelegenheit stellt sich lediglich für mich als höchst peinlich dar. Ja, seht Ihr denn nicht, daß man sich offensichtlich fürchtete, mir die echten, derart kostbaren Pretiosen anzuvertrauen, und mir darum Fälschungen mitgegeben hat? Ich allein habe daher Grund, den königlichen Dienern böse zu sein. Euch wollte ganz sicher niemand betrügen, denn Ihr hättet Euch nicht hintergehen lassen.«

Die Argumentation und das verfallene Gesicht des königlichen Abgesandten, welcher demütig die Schmuckschachteln einsammelte, gaben der Towiańska zu denken. Sie beruhigte sich ein wenig.

»Ihr habt also nicht gewußt, was Ihr bei Euch tragt?« fragte sie.

»Wenn ich es auch nur geahnt hätte, wäre ich nicht auf diese Reise gegangen«, erwiderte Wittke knapp und kühl, während er die Schachteln zählte und ihren Inhalt überprüfte. »Ich werde mich auf keine weitere Mittlerschaft mehr einlassen.«

Wittke, der kraft seiner glücklichen Beweisführung die Kastellanin besänftigt hatte, war nun selbst erregt und zornig, und er hatte große Lust, nicht nur das Kabinett der Towiańska zu verlassen, sondern auch Łowicz, ohne noch einmal zur Tafel des Hofmarschalls zurückzukehren. Die alte Dame schien dies zu ahnen, und sie bereute ihre Heftigkeit.

»Ihr solltet mir nicht böse sein«, ließ sie sich sanft vernehmen. »Auch mich hat man gekränkt. Ihr klagt, daß man Euch mißtraut habe, doch auch ich kann sagen, daß es an Vertrauen zu mir fehlte.«

Und die Achseln zuckend fuhr sie fort: »Da sprecht Ihr von der großen Freigebigkeit und dem Edelsinn Eures Königs, aber ist das etwa königlich, sich solcher Hinterlist und solcher Winkelzüge zu bedienen?«

»Ich beschuldige dessen nicht Seine Königliche Majestät, und ich schreibe meinem Herrn eine solche Handlungsweise nicht zu«, erwiderte Wittke. »Dies dürfte eine Angelegenheit der untergeordneten Diener sein, mit denen ich zu tun hatte, der König weiß davon nichts...«

»Eines ist sicher«, erklärte die Towiańska, »sollte es zum Vertrag kommen, nehme ich ohne einen Juwelier nichts von Eurem König an. Wie der Herr, so's Gescherr! Feine Diener hat Euer Herr.«

»Eurer Ansicht nach verdiene ich vielleicht, dazugerechnet zu werden«, unterbrach Wittke sie mit einer gewissen stolzen Entsagung in der Stimme. »Aber ich sagte es Euch schon und wiederhole es noch einmal – ich stehe nicht beim König in Diensten.«

129

»Für mich ist Er stets sein Diener«, entgegnete die Kastellanin, »denn hier hat Er ihm gedient und ist hübsch dabei weggekommen!«

Sie lachte böse, denn die Wut stieg erneut in ihr auf.

»Von Anfang bis Ende gründet sich alles bei Euch auf Lug und Trug. Dąbski hat Euren Herrn unrechtmäßig zum König ausgerufen, eine Handvoll Usurpatoren übernahm es, ihn im Namen der Rzeczpospolita willkommen zu heißen. Die Pacta conventa hat kein anderer gestohlen als derjenige, der sie unterschrieben hat. Um zur Krone zu kommen, mußte in die Schatzkammer eingebrochen werden, die Tore zum Schloß hat man sich mit Geld aufgeschlossen.«

Sie machte ein wegwerfende Geste.

»Gehabt Euch wohl!« rief sie, dann aber sagte sie milder: »Sollte es darum gehen, sich mit mir zu verständigen, müßt Ihr wissen, daß mein Bruder ohne mich keinen Schritt tut, darum laß Er sich nicht abschrekken, Er kann herkommen und mit mir reden, nur möge Er mir keinen Schwindel anbringen, denn wir lassen uns nicht hinters Licht führen.«

Als Wittke nichts darauf erwiderte, setzte die Kastellanin schließlich noch höflicher hinzu: »In solchen Dingen ist Zorn unangebracht. Wenn Ihr etwas zu überbringen habt, dann kommt her! Ich bin heftig, aber man kann mit mir auskommen. Ich hege keine Ranküne im Herzen.«

Der Kaufmann, der darauf nichts mehr zu sagen hatte, machte eine artige, kühle Verbeugung und verließ das Kabinett. Was hernach in ihm vorging, als er zur Nacht in die Herberge zurückkehrte und als er am anderen Morgen nach Warschau zurückfuhr, läßt sich schwer beschreiben. Alle seine Absichten, Pläne, ehrgeizigen Ideen schienen zunichte gemacht. Er wußte es erst jetzt, daß es für einen rechtschaffenen und gewissenhaften Menschen ein Unding war, sich auf solche geheimen Ränke mit Menschen von losem Gewissen einzulassen. Er wollte alles hinschmeißen und zur Mutter zurückkehren, um in aller Ruhe das bescheidene väterliche Geschäft weiterzuführen. Er warf sich unvernünftigen Ehrgeiz vor, der ihm nur Verluste und Erniedrigungen einbrachte.

Kaum aber hatte Wittke solch einen vernünftigen Entschluß gefaßt, überkam ihn sogleich auch die Reue. Nein, er mochte das angesponnene Werk nicht einfach aufgeben und sich vom ersten Mißerfolg entmutigen lassen, vielmehr von der Unannehmlichkeit, die er erfahren hatte. Vielleicht waren es aber auch der Reiz der kleinen Henriette und seine Schwäche für dieses Kind, die ihn nach Warschau zogen.

Auf dem Wege von Łowicz nach Warschau wechselte Wittke mehrmals seine Überzeugung. Er wollte nach Dresden zurückkehren und wünschte dennoch, in Warschau zu bleiben, er errötete bei der Erinnerung an die erlebte Enttäuschung und erklärte sie sich damit, daß er sie vorhergesehen hatte, daß allein Constantini der Verursacher und Schuldige war. Von diesem Ringen mit sich selbst unendlich ermüdet, erreichte er schließlich das Gasthaus, aber er fühlte sich derart zerschlagen, daß er an diesem Tage nur noch die Briefe an Mezzettino vorbereitete, sich indes nicht mehr aus dem Hause rührte, obgleich es ihn sehr zu dem Mädchen hinzog.

In wenigen Worten, voller Groll auf den Italiener, schilderte er Constantini sein Abenteuer, und er machte ihm bittere Vorwürfe, ihn einer solchen Schmach ausgesetzt zu haben, wobei auch auf den König selbst ein Schatten gefallen und der Verdacht aufgekommen sei, er könne sich derlei Mittel bedienen. Sich selbst vor allem konnte es der Kaufmann nicht verzeihen, daß er sich zu der Täuschung hatte überreden lassen. Und obwohl er in Wahrheit nicht beabsichtigte, mit dem königlichen Kammerdiener zu brechen und die weiteren Kontakte zu ihm aufzukündigen, drückte er sich im Brief dennoch so aus, als ob er sich weiterer Dienste enthalten wollte.

Nachdem er sich etwas ausgeruht hatte, ging Wittke zu den Renards, wo er wie stets auf das herzlichste empfangen wurde. Renard drängte ihn, er möge keine Zeit verlieren und einen Entschluß für die Zukunft fassen, er bot ihm seine Dienste an und rühmte ihm dieses Mal Warschau. Jedoch mehr als alle seine Worte sprachen den Kaufmann Henriettes lachende Augen an, dennoch zögerte Wittke noch. Schon aus Liebe und Achtung für seine Mutter wollte er ohne sie keine solchen Entscheidungen treffen. Aber es fiel ihm so schwer, sich hier loszureißen und zu ihr zu fahren!

Sehr rasch erging über die königliche Militärpost Mezzettinos kurze und befehlende Antwort: »Kommt schnellstens nach Krakau und bringt die anvertrauten Juwelen mit!«

Mit dem Italiener mußte ein für allemal Schluß gemacht werden. Am folgenden Morgen verabschiedete sich Wittke von den Renards, und verärgert und gedemütigt schleppte er sich zurück nach Krakau.

Die Reise vermochte ihn nicht aufzuheitern, um so weniger, je näher er der alten Hauptstadt kam, um welche herum die sächsischen Truppen lagerten. Scheinbar zu Strafmaßnahmen auf die Exerzierplätze getrieben, stellte man sie im Grunde zur Schau, in neuer Uniform nahmen sie sich schön und elegant aus, doch genügt es, Zeugnisse von Zeitgenossen zu lesen, um eine Vorstellung von den tatsächlichen Zuständen zu erhalten, von der Zügellosigkeit der Vorgesetzten, von der Not des einfachen Soldaten, davon, wie schändlich ihn die Offiziere ausnutzten, die selbst Tag und Nacht nur der Trinkerei, dem Kartenspiel und der Ausschweifung frönten.

Solange der König nicht gekrönt gewesen war, hatten die Offiziere strengsten Befehl gehabt, die Troßknechte in der Zucht zu halten und waren für deren ruhiges Betragen verantwortlich gewesen. Gewalttaten wurden nicht zugelassen. Mit dem Augenblick aber, seit sich der König seines Thrones sicher war, änderte sich alles, und die Soldaten trieben ihr Unwesen wie in einem eroberten Land. Von überallher, wo die Truppen stationiert waren, hagelte es Klagen und Beschwerden. Die Sachsen fielen ungeniert über die Gutshöfe her, sie richteten die Bauern zugrunde, zerstörten Schober und plünderten Schuppen, brachen in Scheunen und Speicher ein. Die Beschwerden halfen nichts, zwar wurden die Schuldigen an andere Standorte versetzt, dort aber fing alles von neuem an.

Auf seiner Reise wäre Wittke, da er polnisch gekleidet war, beinahe selbst ausgeraubt worden, jedoch konnte er sich mit seinem Deutsch zur Wehr setzen; unterwegs beobachtete er den dreistesten Mißbrauch und hörte die wildesten Flüche.

Ein schrecklicher Sturm braute sich gegen die entfesselten sächsischen Truppen zusammen. Es fanden bereits Beratungen darüber statt, zu welcher entlegenen Grenze hin man sie abschieben konnte, von wo kein Wehklagen und kein Geschrei mehr herdränge. Dort, wo die Sachsen waren, tobte nahezu ein Krieg zwischen Soldaten und Bewohnern; die Schlachta, sobald sie kleinerer Häuflein habhaft werden konnte, erschlug und ertränkte die unliebsamen Fremden.

Ein alltäglicher Anblick war auch, daß der König mit seinen Sachsen das Krakauer Schloß besetzt hielt, und es wuchs der Verdacht, daß er mit ihnen die gesamte Rzeczpospolita zu beherrschen gedachte. Das war Wasser auf die Mühle der Empörer. König August, scheinbar immer mehr in seiner Lage gefestigt, erhielt jetzt in Wahrheit sogar Gegner in jenen, die ihn auf den Thron gebracht hatten. Man sah es allmählich, daß die Aufgabe, welche er übernommen hatte, seine Kräfte überstieg. August verließ sich bald auf Flemming, bald auf Przebendowski und hatte selbst nur Zerstreuungen im Sinn sowie glänzende, prunkvolle Auftritte; immer neue Vergnügungen mußten her, er trank und tollte und schien zu glauben, daß das, was er beabsichtigte, sich kraft eines Wunders von selbst erfüllte.

In Gesprächen entwickelte er die trefflichsten Gedanken und die schönsten Pläne – nicht mehr für eine Korrektur der Rzeczpospolita, sondern für deren völlige Umgestaltung, für einen Zusammenschluß mit Sachsen und der Schaffung einer starken Monarchie. Aber mit Worten und Träumereien, mit der Gewinnung einzelner Personen endete bereits alles. Vor allem anderen kamen die Frauen, die Gastmähler, die Jagden, die Turniere, die Vorführungen von Stärke und Geschicklichkeit. Selten gab es noch einen Tag, der nüchtern endete, ohne daß sich Gäste und Gastgeber völlig berauschten. Die ernsthafteren Leute zeigten immer düsterere Mienen.

In Krakau angekommen, eilte Wittke, angewidert und voller Unmut, zu Mezzettino, welcher ihn schmollend und mit Ausflüchten begrüßte.

»Wie denn! Ihr selbst seid an allem schuld!« rief er. »Ihr hättet die Juwelen nicht aus der Hand geben dürfen, ich habe ja gewarnt, sie sollte den Schmuck nicht zu genau ins Auge fassen können! Wäret Ihr nach meinem Willen verfahren, hätte sie der Unechtheit nicht auf die Spur kommen können. Was sind Euer Liebden doch für ein Neuling.«

»Ja, in solchen Dingen bin ich wahrhaft ein Neuling«, versetzte der Kaufmann erbost. »Ich bin es nämlich gewöhnt, gerade Wege zu gehen, ohne Schwindeleien. Daß ich mich mit Schande bedecken mußte, ist eine Sache, die andere ist, daß das alles dem König Schaden zufügen kann.«

Constantini lachte laut auf.

»Ach, du heilige Einfalt!« rief er. »Meinst du vielleicht, daß der König selbst auslöffelt, was er eingebrockt hat? Der sagt, daß ich der Schuldige bin, und läßt mich bestrafen, ich aber wälze alles auf dich ab, ausbaden muß es immer der Kleinste. Wenn das mit den falschen Brillanten in die Öffentlichkeit käme, würde es heißen, daß du dich bereichern wolltest und sie darum untergeschoben hast, so etwas glauben die Leute eher, als daß der König auf solche Gedanken kommt.«

Wittke legte die Schachteln mit dem Schmuck auf den Tisch und verbeugte sich.

»Ich danke Euch für die Lehre und werde sie beherzigen«, sagte er.

133

»Ich habe mich auf etwas eingelassen, was nicht meine Sache ist, und nun kehre ich zum Handel zurück. Ich sehe nicht, was ich bei solchen Diensten gewinnen könnte. Wenn ich Erfolg habe, wird derselbe Euch zugeschrieben, geht etwas schief, muß ich dafür büßen.«

Er schickte sich bereits an zu gehen, aber Constantini packte ihn mit beiden Händen am Rockaufschlag.

»So kann das nicht beendet sein!« rief er aus. »Erst müssen wir den König und auch uns reinwaschen! Dieses Mal gebe ich Euch dieselben Juwelen mit, aber mit den echten Steinen. Ihr bringt sie der Kastellanin hin und werdet verlangen, daß man sie schätzt; dann wird sich herausstellen, daß die Towiańska keine Augen im Kopf gehabt und uns verleumdet hat.«

Wittke erklärte sich einverstanden, eine solche Rehabilitation stellte ihn zufrieden. Nicht länger als zwei Tage dauerte es, bis die aus den Fassungen entfernten echten Steine wieder eingesetzt waren. Auf den ersten Blick handelte es sich um dieselben Halsketten, Ringe und Diademe, jedoch besaß dieser Schmuck nunmehr einen Wert von reichlich zwanzigtausend Talern.

Constantini wies Wittke lediglich an, das teure Depositum nicht aus den Händen zu lassen.

Das ständige Reisen ödete den Deutschen bereits an und ermüdete ihn, noch einmal aber mußte er, zur eigenen Reinwaschung, diese Mission übernehmen. Da die Landstraßen nicht eben sicher waren, wurde die teure Fracht den königlichen Wagen angeschlossen, welche mit einer Eskorte nach Warschau fuhren, wohin sich August demnächst selbst begeben wollte. Es gab niemanden, der Warschau gegen ihn verteidigt hätte, und insgeheim war dem König die Übergabe des Schlosses, der Waffenkammer und alles sonstigen bereits zugesichert worden. Man wartete nur noch auf den Abschluß der Verträge mit dem Primas.

Zu spät reute es Wittke, sich derart in die Dinge verstrickt zu haben, daß er sich jetzt nur schwer wieder von den Fesseln befreien konnte. In Warschau legte er fast keine Pause ein und fuhr sogleich weiter nach Łowicz. Obgleich er mit der Frau Kastellanin nicht im besten geschieden war, ließ ihn dieselbe jedoch, als man sein Kommen vermeldete, sofort höchst neugierig hereinrufen.

»Was führt Euch her?« fragte sie, auf ihn zueilend.

»Die Notwendigkeit, mich zu rechtfertigen, Frau Kastellanin«, erwiderte Wittke. »Ihr habt diese Juwelen als Fälschungen bewertet, indessen garantieren die Leute, welche mir den Schmuck anvertraut hatten, um ihn Euch zu zeigen, für seine Echtheit, und ich verlange darum, meinetwegen zehn Juweliere herbeizurufen, welche Sachkenner sind. Wer hier Falsches gesehen hat, muß blind gewesen sein.«

Die Towiańska geriet in Zorn.

»Eine schöne Geschichte, ha!« schrie sie.

Aufgeregt lief sie zur Tür.

»Mrużak soll herkommen, sofort!«

»Bittet so viele Meister her, wie Ihr wollt, Hauptsache, sie haben Augen im Kopf«, sagte Wittke.

Darauf begann er sich über die Unannehmlichkeiten, die er wegen der Sache erfahren hatte, zu beklagen und forderte unbedingt ein Gutachten von Sachverständigen.

Mitten in dem hitzig geführten Gespräch erschien der Goldschmied, kaum hörte er aber, was man von ihm wollte, meinte er achselzuckend: »Ich brauche kein zweites Mal hinzusehen, denn was ich gesagt habe, dabei bleibe ich.«

»Und ich gebe meinen Kopf dafür, daß Ihr nichts beweist!« rief Wittke aus.

»Es ist hier noch ein Kollege von mir, gleichfalls ein erfahrener Mann«, sagte Mrużak. »Soll er herkommen.«

Man schickte nach jenem Menschen, auch er war schon in den Jahren, ein Phlegmatiker, der dafür berühmt war, daß das Gold in seinen Händen alle von ihm erträumten Formen annahm, er verflocht das Material, verwebte es, holte heraus, was immer er wollte, und besonders schön gelangen ihm Blumen. Sein Name war Padniewczyk.

Mrużak, der selbst den Schmuck kein zweites Mal in Augenschein nehmen mochte, flüsterte dem Kollegen zu, worum es ging. Wittke begab sich mit ihm zu dem am Fenster stehenden Tisch und öffnete nacheinander die Schachteln.

Schweigen trat ein, auch Frau Towiańska näherte sich den Betrachtenden. Padniewczyk, der wohl mit dem alten Meister ungern in Konflikt geraten wollte, sagte lange Zeit kein Wort, stumm nahm er die Schmuckstücke in die Hand, sah sie sich an, drehte sie herum, legte sie wieder hin, schließlich seufzte er und schüttelte den Kopf.

»Na, was ist?« fragte lachend und selbstsicher der alte Mrużak. »Sag schon.«

135

»Bisher bin ich hier auf nichts Unechtes gestoßen«, äußerte Padniewczyk. »Beim Herrgott, entweder kann ich nicht sehen, oder ich bin blind!«

Mrużak rannte lebhaft hinzu und ergriff eine der Halsketten, an die er sich gut erinnerte, denn die großen Saphire darin waren deutlich nachgemacht gewesen. Als er aber jetzt darauf schaute, erstarrte er und bekreuzigte sich.

»Im Namen des Vaters und des Sohnes!« rief er. »Die Fassung ist dieselbe, jedoch die Steine...«

»Sind gleichfalls dieselben«, fiel Wittke ihm spöttisch ins Wort. »Nur die Augen sind heute andere. Seht gut hin, meine Herren, und prüft, damit ich rein hervorgehe.«

Mrużak schlug sich mit der Faust an die Brust.

»Ich konnte mich nicht täuschen!« schrie er. »Seht hier mein graues Haupt. Als ob ich zum erstenmal mit Perlen und Edelsteinen zu tun gehabt hätte!«

Die beiden Goldschmiede senkten den Kopf, sie holten Vergrößerungsgläser hervor und prüften die Härte der Steine. Mrużak öffnete nacheinander sämtliche Schachteln und verstummte.

»Das ist irgendeine teuflische Geschichte«, ließ er sich nach einer Weile seufzend vernehmen. »Ich weiß gar nicht mehr, was ich sagen soll... Ich selbst kann heute dem nicht widersprechen, daß hier keine Fälschung dabei ist, aber genausogut wäre ich bereit zu schwören, daß hier eine Fälschung vorlag.«

»Was glaubt Ihr denn«, unterbrach Wittke ihn von oben herab, »daß sich einer damit vergnügt, in so kostbare Fassungen Glas und falsche Diamanten einzusetzen?«

Mrużak schwieg, gedemütigt trat er vom Tisch zurück.

»Zum erstenmal in meinem Leben erlebe ich eine solche Verwirrung«, sagte er. »Beim Herrgott, es ist nicht zu fassen!«

Padniewczyk betrachtete der Reihe nach sämtliche Juwelen, und er bewunderte schon nicht mehr so sehr jene Karfunkel darin als vielmehr die gediegene und kunstvolle Arbeit, die er für eine italienische hielt.

Die Kastellanin stand in Gedanken versunken. Auch sie hätte zu gern einen Blick auf den Schmuck getan, auf den sie so lüstern war, aber Wittke packte mit großer Emsigkeit sofort alles wieder ein und schloß die Schachteln.

»Falls Frau Kastellanin es wünschen«, sagte er zum Schluß, »bin ich bereit, diese Juwelen jedem Sachverständigen vorzulegen, den Ihr bestimmt.«

Mrużak verließ wütend das Kabinett, er wartete nicht erst darauf, daß man ihm Vorwürfe machte.

»Der Juwelier hat sich geirrt«, setzte der Deutsche hinzu, »und ich mußte es büßen.«

Die Kastellanin schwieg verwirrt, das ganze Abenteuer erschien ihr höchst unbegreiflich. Sie wollte etwas über den Fortgang der Verhandlungen erfahren, aber Wittke erklärte, nichts darüber zu wissen und keinerlei Aufträge zu haben, nur nebenher fügte er an, daß sich der König alsbald mitsamt all den Herren Senatoren an seiner Seite nach Warschau zu begeben gedachte.

»Wie denn?« rief die Kastellanin aus. »Ohne abzuwarten, bis er sich mit meinem Bruder verständigt hat?«

»Ich weiß es nicht«, sagte Wittke. »Möglicherweise ist er sicher, daß der Primas angesichts dessen, wie sich die Dinge fügen, den König anerkennen und die Empörung auflösen wird.«

Die Kastellanin brach in Lachen aus.

»Davon ist mir noch nichts bekannt«, erwiderte sie. »Schließlich muß der König irgend etwas unternehmen, denn er braucht uns.«

Die Towiańska hatte kaum die Worte zu Ende gesprochen und Wittke schickte sich bereits an zu gehen, als eine Seitentür des Raumes, in dem sie sich befanden, leise und behutsam geöffnet wurde und darin, von höchst anmutig frisiertem Haar gerahmt, ein entzückendes Gesichtchen erschien, um dessen rosigen kleinen Mund ein schalkhaftes Lächeln spielte. Die Erscheinung vermochte sogar den hier völlig fremden Wittke ein wenig zurückzuhalten, derart anziehend war sie, so voller Reiz und Verlockung der Anblick und die Ausstrahlung dieser noch blutjungen, doch beherzten Person. Die natürliche, gänzlich ungezwungene Koketterie schien diesem Antlitz so eigen zu sein, daß man es ohne sie nicht hätte begreifen können. Die dunklen, geheimnisvoll von den Lidern und langen Wimpern umhüllten Augen, die Korallenlippen und die hervorlugenden perlweißen Zähne, die Gesamtheit der Züge, die eher reizend waren als schön, wirkten herausfordernd und fesselnd zugleich.

Die Towiańska, als ob das Erscheinen des Gastes für sie kein Hindernis wäre, um offen mit Wittke zu sprechen, fuhr in ihrer Rede fort und

137

tat nichts dagegen, daß die neugierig hereinschauende Dame vertraulich ins Zimmer schlüpfte.

Es war dies ein eher kleines Persönchen, aber von ungemeiner Wohlgestalt und Biegsamkeit, und die elegante Kleidung und die Kühnheit der Bewegungen zeigten an, daß dies bereits eine verheiratete Frau sein mußte. Die zierlichen Beine und Arme, welche sie sichtbar zu machen wußte, waren gleichsam einer griechischen Statue entliehen, wenngleich die Gesichtszüge durchaus nicht klassisch zu nennen waren, jedoch besaßen sie mehr, als eine makellose Regelmäßigkeit der Züge ausdrücken kann: Lebendigkeit und unbezwingbaren Charme. Die junge Dame kam auf Zehenspitzen herein, mit lachendem Gesicht, das Haar ein wenig mutwillig zerzaust, um ihm Lebendigkeit zu verleihen, und ihr Blick wechselte von der Towiańska zu dem hübschen jungen Mann, den sie vor sich sah. Denn obwohl leicht zu erraten war, daß die gesellschaftliche Stellung den Besucher in große Distanz zu der Anmutigen stellte, säumte diese nicht, ihn zu betören und ihm einige kühne und bezwingende Blicke zuzuwerfen. Wittke stand wie angewurzelt, bei sich dachte er: Eine Zauberin!

Die Towiańska, verdrossen, war bemüht, ihr zuzulächeln, zugleich verwandte sie ihre ganze Aufmerksamkeit auf Wittke. Es war deutlich zu erkennen, daß die Kastellanin vor ihrem Gast keine Geheimnisse hatte und daß es sich um jemanden aus der Familie des Kardinals handeln mußte.

In der Tat: Die Zudringliche war Urszula Lubomirska, die Gattin des Großkämmerers. Ihr Vater, welcher wohl zu Zeiten der Marie Louise aus Frankreich zugewandert war, hatte Bouccon geheißen, er hatte sich in Polen verheiratet und seinen Namen ein wenig polonisiert, und die hübsche Urszula, obgleich kaum fünfzehnjährig, ohne Mitgift und keiner bedeutenden Familie entstammend, hatte es verstanden, den jungen Hetmannssohn in ihre Fesseln zu binden.

Der leidenschaftlich in sie verliebte Jerzy Dominik Lubomirski hatte sie ungeachtet des Widerstandes seiner Familie vor nicht langem zum Altar geführt, doch war die Ehe des Großkämmererpaares dem Vernehmen nach nicht eben glücklich. Urszula bezichtigte ihren Mann des Dünkels, der Eifersucht, der Absonderlichkeit und Tyrannei, Jerzy Dominik seine Frau der Gefallsucht und der Flatterhaftigkeit.

Die hübsche Urszula machte sich über den Gatten lustig, er zürnte ihr dafür. Ganze Monate lang sprachen sie nicht miteinander, er verlangte, aufs Land umzuziehen und irgendwo in der Wüste, fern aller Welt zu leben, sie hingegen dürstete nach der Welt, sie brauchte Leben, Bewegung, Fröhlichkeit und Jugend um sich. Man versöhnte sich am Morgen, und am Abend hatte man sich schon wieder entzweit. Allerdings muß hinzugefügt werden, daß die hübsche Urszula, sooft es ihr notwendig erschien, den erbosten Gatten anzulocken und zu versöhnen, dies ohne alle fremde Hilfe zuwege brachte. Er lag ihr dann zu Füßen, um Verzeihung bittend. Was half es, wenn der Irrwisch alsbald wieder lachend losrannte und den Gemahl mit seiner Koketterie zur Verzweiflung brachte.

Wittke war schon dabei, sich zu verabschieden und zu gehen, als die Lubomirska ihn festhielt.

»Wartet noch«, rief sie und kam näher heran, von der Sucht getrieben, schönzutun. »Wartet! Ihr kommt doch aus Krakau. Kennt Ihr den König? Habt Ihr ihn gesehen? Sprecht nur, wir sind überaus neugierig auf unseren jungen Herrn. Ich hatte schon die Absicht, zur Krönung zu fahren, aber mein Gemahl, dieser Unausstehliche, wollte mich nicht hinbringen!«

Der Kaufmann, der nicht wußte, wie er auf dieses vertrauliche und zudringliche Gezwitscher antworten sollte, stand da und betrachtete die entzückende Dame, und nur mit dem Kopf machte er ein Zeichen, daß er bereit war, sich den Prüfungen zu unterziehen. Die Großkämmerersgattin zupfte an den Locken ihrer Frisur, welche das reizende Gesichtchen umgaben, und fuhr fort: »Man erzählt uns, daß der König jung ist und sehr, sehr schön, man zeigt uns auch Porträts, aber die lügen ja so... Und dann soll der König sich so elegant kleiden, und so charmant zu den Frauen sein. Stimmt das?«

Unwillkürlich mußte Wittke lächeln.

»Alles, was man über den König spricht«, antwortete er bereits gänzlich bezaubert, »ist noch ungenügend. Die Porträts machen ihn viel älter als er ist, und was die Damen anbelangt, so ist er ihnen bis zum Übermaß willfährig.«

Die Lubomirska stampfte mit dem Fuß auf und unterbrach ihn: »Wie wagt Ihr es zu sagen, daß einer uns allzu willfährig sein könnte! Wir sind schließlich dazu geschaffen, daß man auf uns hört, zumindest solange wir schön sind. Und weil diese Anmut schon bald verblüht, steht uns um so mehr zu. Jedoch«, unterbrach sie ihre Rede und lenkte auf das Thema zurück, »sagt es mir offen heraus – hat der König zur Zeit viele Geliebte?«

Die Kühnheit der Frage machte Wittke verlegen, er errötete und senkte die Augen.

»Ich weiß von keiner«, erwiderte er.

»Ach, was soll das wieder!« rief die Lubomirska lachend. »Da gehört Ihr zum Hof, habt dort Eure Beziehungen und wißt von nichts! Diskretion ist etwas sehr Schönes, aber seid doch mal ehrlich, ich verrate Euch nicht. Schließlich ist Gräfin Esterle mit ihm nach Krakau gekommen, also wird er sie sicherlich auch nach Warschau mitbringen, wenn er hierherkommt?«

Der Kaufmann, auf solche Weise angesprochen, mußte sich eine Weile bedenken, bevor er antwortete. Er wollte den König nicht bloßstellen, aber es fiel ihm auch schwer, sich dieser Inquisitorin zu erwehren, welche mit ihren Augen die Geheimnisse aus den verborgensten Seelenwinkeln heraufholte.

»Von der Gräfin Esterle habe ich in Krakau nichts gehört«, sagte er endlich, als er sah, daß auch die Towiańska dem Gespräch lauschte, sichtlich angetan von dieser Ausforscherei. »Mag sein, daß die Neugier sie zur Krönung hergeführt hat. Ich jedenfalls habe sie nicht gesehen.«

Die Lubomirska trat noch um einen Schritt dichter an ihn heran, als ob sie mit dieser Annäherung noch stärker auf ihn einwirken wollte. Indem sie die Stimme senkte, machte sie dieselbe zuckersüß und einschmeichelnd.

»Sagt die Wahrheit, Ihr wißt es doch«, flüsterte sie. »Das ist nicht die erste Liebe des Königs! Hängt er sehr an ihr? Und sie? Ist sie kokett?«

Man hörte ihre kleinen Füße vor Ungeduld auf dem Fußboden trappeln, und ihre kleinen Hände mit Ringen bedeckt, zupften ungestüm am Spitzenbesatz des Kleides. Wittke vermochte zwar nicht, ihrem Charme zu widerstehen, aber er wußte auch nicht, was er sagen sollte.

»Bitte glaubt mir, daß ich so gut nicht über die privaten Dinge des Königs unterrichtet bin, als daß ich mit Gewißheit davon sprechen könnte. Der König ist verheiratet...«

»Ach!« fiel ihm die Lubomirska lachend ins Wort. »Alle Welt weiß, daß er seine Frau hoch achtet, aber nicht liebt. Im übrigen ist er jetzt Katholik, und sie eine Dissidentin, schon dadurch ist die Ehe zerrissen, und wir werden keine Königin haben.«

Und unter sonderbarem, heftigem Lachen fügte sie hinzu: »Er muß sich hier eine provisorische Königin erküren! Die Esterle wollen wir nicht haben! Esterle, Esterle – das klingt fast so, als wäre sie eine Jüdin...«

»Die Esterle ist eine Gräfin«, berichtigte Wittke. »Sie ist eine geborene Lamberg.«

Die Großkämmerergattin verzog das Gesicht, und ihr kleiner Mund hob sich verächtlich in die Höhe.

»Na, und?« ließ sie nicht ab. »Liebt er sie sehr? Sagt schon!«

»Ich habe die Gräfin Esterle noch nie in meinem Leben gesehen«, sagte Wittke zurückhaltend. »Sie tritt in Dresden nicht sehr in Erscheinung, daraus schließe ich, daß man mehr von ihr spricht als nötig.«

Die Lubomirska hörte aufmerksam zu.

»Er muß sich hier eine zeitweilige Königin erwählen«, flüsterte sie erneut und flocht dann lebhaft ein: »Was ist eigentlich aus der schönen Aurora geworden?«

Der Kaufmann, aufs neue überrascht, zögerte abermals mit der Antwort.

»Die Gräfin Königsmarck steht«, sagte er schließlich, »wie jedermann weiß, beim König allezeit in der Gunst.«

»Obwohl er sie so schändlich mit dieser Fatima betrogen und danach wegen der Esterle verlassen hat«, ergänzte die Großkämmerersgattin, damit beweisend, wie vorzüglich sie über alle königlichen Amouren im Bilde war und wie sehr dieselben sie bewegten.

»Ich sehe«, ließ sich Wittke nach einer Pause vernehmen, »daß ich eher etwas von Euch erfahren anstatt Euch Neuigkeiten zukommen lassen könnte. Unsereins hält die Augen geschlossen und zieht es vor, sich nicht in die Herzensangelegenheiten Seiner Majestät zu mischen. Auch muß ich Euch bekennen, daß ich nicht zum Hof gehöre, ich bin Kaufmann, mit Verlaub...«

»Ach, so!« rief die Lubomirska lebhaft und ungestüm. »Und womit handelt Ihr? Mit Edelsteinen und Schmuck, nicht wahr?«

Wittke mußte lachen.

»Nicht im mindesten«, antwortete er fröhlich. »Darin kenne ich mich überhaupt nicht aus.«

Bei diesen Worten, obwohl die Lubomirska ihn wiederum zurückzuhalten suchte und sie noch viele aufdringliche Fragen auf den Lippen hatte, verbeugte sich Wittke zunächst vor der Kastellanin, dann vor der schönen Unbekannten, und zügig verließ er das Kabinett, noch immer in Sorge, wider Willen etwas auszuplaudern.

Kaum hatte sich die Tür hinter ihm geschlossen, wollte die Towiańska soeben ein Gespräch mit ihrer jungen Verwandten beginnen, aber da trat Mrużak, welcher im Vorzimmer gewartet hatte, ein und brachte seinen Kollegen Padniewczyk mit. Beide Männer trugen düstere und feierliche Mienen zur Schau.

»Euer Hochwohlgeboren«, hob Mrużak, sich tief verbeugend, an. »Ich habe vor jenem Herrn keinen Streit beginnen wollen... Bei der Wahrheit und beim Herrgott, die Steine am heutigen Tage waren echt und sehr schön, aber jene ersten, welche er in denselben Fassungen vorgelegt hat, waren, Gott steh mir bei, zum Betruge eingesetzt... Padniewczyk bezeugt es mir, daß man den Fassungen sogar frische Spuren des Stocherns ansieht, vom Herausnehmen und Wiedereinsetzen der Steine... Es steht mir nicht an zu beurteilen, was das bedeuten sollte«, fügte er an, »aber ich bin ein alter Hase, ich kenne mich aus in dem Gewerbe, man hat mich öfters zur Schätzung der Kronjuwelen gerufen, wenn diese verpfändet werden sollten, ich habe mich nicht irren können und ich will mich nicht lächerlich machen lassen.«

Die Stimme des alten Goldschmieds zitterte, so sehr nahm er sich seinen vermeintlichen Irrtum zu Herzen. Die Kastellanin zuckte nur die Achseln, während Padniewczyk, undeutlich murmelnd, die Versicherungen seines Kollegen bestätigte.

»Ich glaube es ja, ich glaube es ja«, versetzte die Towiańska, »seid ganz ruhig, die wollten mich betrügen, aber daraus wurde nichts, nun werde ich vorsichtiger sein. Weil dies aber trotz alledem königliche Diener sind, sollten wir darüber lieber schweigen.«

Die Kastellanin hatte damit völlig recht, während sie aber Mrużak Schweigen auftrug, vermochte sie selbst es nicht zu wahren. Von jenem Abenteuer wußte die hübsche Großkämmerersgattin Lubomirska, ebensowenig war es kein Geheimnis für die Schwiegertochter, für den Primas, für einen großen Teil ihres Hofes, und niemandem wurde ans Herz gelegt, nicht umherzuerzählen, was er vernommen hatte, so daß sich die Kunde von den falschen Juwelen im Lande verbreitete und die verschiedensten Urteile herausforderte. Die Towiańska empfand es nicht als so schändlich, eine Provision verlangt zu haben, was durchaus üblich war, weit mehr bewegte es sie, daß sie hätte hintergangen und betrogen werden können.

Wittke, davon überzeugt, seinen Fehler bereinigt zu haben, kehrte ein wenig beruhigter nach Warschau zurück.

IX

Bis zum neuen Jahre 1695 änderte sich die Lage scheinbar wenig; insgeheim wurden die Unterhandlungen mit den hauptsächlichen Anführern der Adelsempörung weitergeführt. Man versicherte, daß sogar der Primas gewonnen sei und daß sich die hübsche Großkämmerersgattin Lubomirska auf unbekannte Weise in diese Versöhnung eingemischt und darin eine gewisse Rolle gespielt habe, unabhängig von ihrem Ehemann und womöglich ohne dessen Wissen.

Eines ist sicher, nämlich daß sie bei jeder Gelegenheit lauthals und voll der größten Bewunderung von dem schönen, netten, den Frauen gegenüber unvergleichlich höflichen König August schwärmte. Es unterlag keinem Zweifel, daß sie ihn verschiedentlich traf, sie war hingerissen von ihm, doch sehnte sie den Moment herbei, da sie offen und vor aller Augen in nähere Bekanntschaft mit ihm treten konnte. Diese Laune der hübschen Urszula kam sowohl dem Primas als auch der Towiańska so sehr zupaß, daß die beiden ihren jungen Eifer nicht zügelten, sondern denselben noch anzustacheln schienen, sie setzten auf diese Zauberin und gedachten, den Einfluß, den sie möglicherweise gewinnen würde, in eigenen Nutzen zu verwandeln. Der sehr eifersüchtige junge Lubomirski wußte weder von den Unternehmungen seiner Frau noch von ihrer Bewunderung für den König.

Nachdem August inzwischen durch Milde und allergeschickteste Duldsamkeit die Sobieskis, den Bischof Załuski und auch Lubomirski samt seiner Familie für sich gewonnen hatte und im Begriffe stand, eine Versöhnung der beiden einander bekämpfenden Parteien in Litauen herbeizuführen: der Sapieha[67] und der Schlachta, zögerte er seine Reise in die Hauptstadt Warschau nicht länger hinaus.

Auf Klagen und Beschwerden infolge der Übergriffe sächsischer Soldaten, deren Rückzug aus Polen dringend gefordert wurde, antwortete der König sehr geschickt mit dem Befehl, sie nach Preußen zu

---

[67] Das litauische Magnatengeschlecht, angeführt von Großhetman Jan Kazimierz Sapieha (1637–1720), strebte in Litauen die Übermacht an, was den Widerstand der Schlachta und bewaffnete Zusammenstöße auslöste. August der Starke versuchte unter dem Schein der Friedensstiftung die Anhänger der Sapieha-Partei zu gewinnen. Daraufhin unterlagen die Sapiehas in der Schlacht bei Olkieniki (1700), J.K. Sapieha floh ins Ausland, wurde später aber von August wieder in seine Ämter und Würden eingesetzt.

verlegen, von wo das Geschrei nicht so leicht herdringen konnte und wo die Missetaten die klein- und die großpolnische Schlachta bereits weniger berührten.

August überführte seinen gesamten zahlreichen und prächtigen Hof, all seinen Luxus, seine Kleider und Juwelen in die Hauptstadt, wo er sich den Masuren ebenso glanzvoll präsentieren wollte wie in Krakau den Kleinpolen. Beizeiten hatte man sich versichert, daß der Befehlshaber des Warschauer Schlosses dasselbe ohne Widerstand der den König begleitenden sächsischen Garde übergeben würde.

Der ganze mähliche Marsch von einer Hauptstadt in die andere gestaltete sich gleichsam zum Triumphzug für den Sachsen, der sich nunmehr damit schmeicheln durfte, daß er nach dem guten Beginn im weiteren keinerlei noch zu bezwingende gefährliche Hindernisse mehr vorfinden würde.

Unterwegs gab es kaum eine Rast oder ein Nachtlager, wo nicht eine Schar Adliger mit Beamten an der Spitze August mit Zurufen willkommen hieß und ihm huldigte. Ohne diese Leute nach ihrer Vergangenheit auszuforschen und ohne irgendwelche Rachegelüste zu hegen, empfing der König sie alle, ganz gleich, in welchen Beziehungen sie früher in den gegnerischen Lagern gestanden hatten, empfing sie mit außerordentlicher Höflichkeit, mit hellem Antlitz, freier Tafel und vollen Gläsern. Bei jedem Nachtlager wurde ein Festmahl für die Gäste gegeben, und August mitsamt seinem nächsten Gefolge setzte sich dazu und zechte fast bis zu dem Augenblick, da es galt, zur Weiterreise zu rüsten. Auf den bequemeren Stationen, in kleineren Städten, wurde für ganze Tage haltgemacht.

Die Schlachta begeisterte sich für den neuen Landesherrn, der sie so höflich empfing, bewirtete und mit frohem Lächeln beglückte. Eine Unterhaltung mit ihm führen konnte zwar kaum jemand außer denjenigen, die des Französischen mächtig waren, dafür aber sprach sein Gesicht davon, daß er selbst sich glücklich fühlte und alle um sich herum glücklich zu sehen wünschte.

Das großartigste dieser Bankette auf dem Wege nach Warschau wurde in Radom, im Kloster der Bernhardiner, am Vorabend des Dreikönigsfestes abgehalten. August traf dort nicht nur auf eine Schar Schlachtschitzen, sondern auf eine ganze Reihe bedeutenderer Personen, welche zu gewinnen er beabsichtigte. Deren Kommen und die Tatsache, daß sie sich dem königlichen Gefolge anschlossen, waren von großem Gewicht. Die Empörung verlor so an Stärke und am Ende ihre Daseinsberechtigung.

Obgleich Rom bisher über den Nuntius und über die Jesuitenpater Augusts Königswahl in Polen befördert hatte, obgleich mit Augusts Übertritt zum Katholizismus die Geistlichkeit gewonnen schien, lag dem König dennoch viel daran, innerhalb des Klerus recht viele Freunde zu haben, denn der Heilige Stuhl zögerte aus unersichtlichen Gründen noch immer, ihn als König anzuerkennen.

So war August denn ehrlich froh darüber, hier in Radom einen Freund des verstorbenen Sobieski und seiner Familie vorzufinden, den erzgescheiten, hochgelehrten und allseits geschätzten Załuski.

Der Primas, so hieß es, sei bereits gekauft und habe die Bezahlung schon erhalten oder bekomme sie demnächst. Er hatte sich mit fünfundsiebzigtausend Talern einverstanden erklärt, und die Towiańska hatte, nach launischen Ausfällen und Verzögerungen, während derer sie etwas von gefälschten Juwelen verlauten ließ, Pretiosen im Werte von fünfundzwanzigtausend angenommen. Der König, selbst ein Schmuckliebhaber, der sich gern mit dem Flitter antat, seufzte wehmütig über den Verlust der schönen Edelsteine, doch waren Frieden und Eintracht auch etwas wert. Der Primas versprach, mit dem König zu gehen und ihn kräftig zu unterstützen. Die Empörung des Adels sollte aufgelöst werden.

In Radom an den üppig gedeckten Tafeln erwuchs eine besonders große Liebe für den Sachsen. Schließlich hieß es, er werde auf alles eingehen, was die Schlachta nur begehrte, darauf, daß die übermütigen Soldaten nach Preußen abzögen, daß den Empörern bedingungslose Vergebung zugesichert würde, daß der vorzügliche Anführer auf der Stelle aufbrechen sollte, um Livland zurückzuerobern oder daß er sich gemeinsam mit dem Moskauer Zaren gegen die Türken wenden wollte, um das unvergessene Kamieniec wieder in die Gewalt zu nehmen.

Es läßt sich vorstellen, wie langsam diese Reise Augusts vonstatten ging, wenn er am Vorabend des Dreikönigsfestes in Radom feierte, danach in Warka und erst nachdem ihn die Sobieskis in Wilanów empfangen hatten, am fünfzehnten Januar in Warschau Einzug hielt. Zwei der Söhne Sobieskis kamen ihm bis an den Schlag seiner Kutsche entgegen.

Die ganze Reise war für den König eine Aneinanderreihung von Glücksfällen. In Radom gelang es ihm, unmittelbar am Dreikönigstage

145

und mit Hilfe von Załuski und Lubomirski, sich die verbissensten Feinde, welche den Frieden in Litauen störten, anzunähern – Sluszko, den Kastellan von Wilna, sowie den litauischen Schatzmeister Sapieha[68]. Hier schloß sich ein großer Teil zwiefach berauschter Schlachtschitzen und Magnaten dem Zuge an und begleitete den König bis Warka. Die beiden Sobieski-Söhne begrüßten ihn hier zunächst bei der Überquerung des Flusses Pilica, danach sprengten sie voraus gen Wilanów, um dem König dort einen Empfang und eine Rast zu bereiten, ehe man daran dachte, mit welcher Art Festlichkeit ihn die Hauptstadt begrüßen sollte.

Obwohl die winterliche Jahreszeit es nicht erlaubte, alle Schönheiten Wilanóws zu würdigen, gefiel dem König die einstige Residenz Sobieskis sehr. Gewiß werden es die Söhne Sobieskis nicht gehört haben, wie August seinem Vertrauten Flemming ins Ohr flüsterte: »Das ist wie für mich geschaffen, die Sobieskis werden mir dieses kleine Versailles abtreten müssen!«

Endlich wurde der fünfzehnte Januar für den feierlichen Einzug nach Warschau bestimmt. Aus der Hauptstadt fuhren dem Monarchen in ihren Kutschen entgegen: Załuski, der Vizekanzler Radziwiłł, der Schatzmeister Sapieha, Dąbski, der Referendar Szczuka[69], der Kammerherr Bielawski sowie eine Vielzahl geringerer Leute.

Der König ritt der Kälte wegen nicht zu Pferde, er erschien angeputzt mit seinen Brillanten und Goldbrokaten, mitsamt all dem theatralischen Pomp, auf den er so viel Wert legte und den er so sehr genoß, in seiner von acht Rossen gezogenen vergoldeten Kutsche, umgeben von der prächtigen, auserlesenen sächsischen Garde. Unübersehbare Menschenmengen strömten ihm teils hinterher, teils ergossen sie sich aus der Hauptstadt heraus ihm entgegen, und unter Kanonenschüssen, dem Läuten sämtlicher Glocken und Freudenschreien fuhr er wie ein triumphierender Sieger ein und wandte sich geradenwegs zur Kirche des heiligen Johannes, wo Ansprachen und das Tedeum die feierliche Einnahme der Hauptstadt beschlossen.

Wittke, der sich unter den vielen Menschen in der Schloßkirche befand, gewahrte auf einem Podest unweit des Hauptaltars die

---

[68] Dies war das erste Staatsamt in der Laufbahn von Jan Kazimierz Sapieha (s.o.); zur Zeit der Romanhandlung war Sapieha bereits Hetman.
[69] Antoni Stanisław Szczuka (gest. 1710), Anhänger Augusts des Starken

Lubomirska, schön wie ein Gnadenbild, ja, wahrhaftig ein wundertätiges Bild – mit halb geschlossenen Augen und leisem Lächeln begrüßte sie August, welcher sehr sichtbar das Lächeln erwiderte und sein Haupt bedeutsam neigte.

Das bewies, daß sie sich bereits kannten. Wittke zuckte die Achseln und sagte sich im Stillen: So, jetzt ist er also wirklich der polnische König, da auf den Platz der Esterle gewiß die Großkämmerersgattin rücken wird!

Allerdings war davon noch nichts zu hören. Nach dem Besuch bei der Königswitwe und nach der Einnahme des Schlosses, das die Sachsen bezogen, begannen zunächst die Feierlichkeiten, Festmähler, Vergnügungen und Turniere. Der König wollte selbst dabei mithalten und seine Stärke und Geschicklichkeit präsentieren.

Am zweiten oder dritten Tage, nach dem Mittagsmahl und vielen Schoppen, welche allein die gute Laune anstachelten, da August viel vertragen konnte und nicht so bald unter Schwindel litt, veranstalteten die Sachsen ein Ringreiten. Auch einige der Polen versuchten sich in dem Spiel, bei dem es darum ging, daß der Wettkämpfer, zu Pferde und mit einem Speer in der Hand, Anlauf nehmen und mit der Speerspitze einen hoch an einem Gerüst hängenden Ring stechen und herunterholen mußte.

Selbst die Geübtesten aber verfehlten oftmals das Ziel, denn jegliches Zucken des Pferdes oder der den Speer haltenden Hand brachte einen vom Ziele ab, und das bloße Berühren des Ringes galt nicht, man mußte schon seiner habhaft werden.

Da in Polen derartige Ritterspiele seit langem nicht mehr stattfanden – denn während die Kosaken das Land überschwemmten, blieb zu Vergnügungen keine Zeit –, vermochte kaum einer der Schlachtschitzen sich als ein geschickter Ringreiter zu beweisen. Es war dies eine Schau, bei welcher der schöne und stattliche junge Sachse seine Stärke und Wendigkeit vorführen konnte. An jenem Tage hatte niemand Glück; die Deutschen wie die Polen blieben erfolglos, sie erschöpften lediglich die Rosse und sich selbst. Das Turnier fand auf dem durch Ketten abgesperrten Schloßplatz statt, um den sich viel Volk drängte und die herrschaftlichen Spiele wie ein Zirkusspektakel verfolgte. Der König, stets galant, hatte für die angeseheneren Gäste und für die Damen eine Zuschauertribüne aus Bohlen zimmern lassen, über die farbige Leinwand gehängt war. Sämtliche Damen, die herausgeputzten Gattinnen

147

und Töchter der Senatoren, fanden hier Platz und saßen stundenlang, um den schönen jungen König zu bewundern.

Unter den Gästen – genau jener Stelle gegenüber, wo der König unterm Baldachin, von den Magnaten umgeben, als Richter und Anführer Platz genommen hatte – befanden sich durch Zufall oder Berech-nung – die Großkämmerersgemahlin Lubomirska mit der Kastellanin Towiańska und deren Schwiegertochter. Unter den polnischen Damen mangelte es nicht an Schönheiten, da gab es wohl auch solche, welche Urszula in der Feinheit des Gesichts und der Vollkommenheit der Figur übertrafen, trotzdem leuchtete die Lubomirska hier wie ein Stern. Sie besaß eine besondere Gabe, aller Augen auf sich zu lenken. Ihr hübsches Gesichtchen, der Blick, das ganze originelle Äußere, der Schick ihrer Kleidung, dazu die Lebhaftigkeit der Bewegungen, ihre Kühnheit und Koketterie ließen alles sie Umgebende verblassen. Man ärgerte sich über sie und war eifersüchtig, aber die Männer hefteten ihren Blick an sie wie Kinder an einen Regenbogen. Jedermann konnte sehen, wie der König immer wieder zu ihr hinübersah und daß auch sie nur Augen für ihn hatte. Großkämmerer Lubomirski, mit finsterer Miene, kam mehrere Male zu seiner Frau und flüsterte ihr etwas zu, aber diese pflegte ja weder auf ihn, noch auf sonst irgend jemand zu hören.

Unter Gelächter, Applaus, Geschrei und Trompetenstößen zog sich das Schauspiel etwas trostlos hin, bis gar der König sich erhob und Flemming zuflüsterte, man möge ihm sein Pferd herführen. August war im Ringreiten geübt, oft schon war er in Dresden mehrere Male hintereinander als Sieger im Wettkampf hervorgegangen.

Dieses Mal aber war Flemming gegen eine Beteiligung, er versuchte August, die Prahlerei auszureden.

»Viel Ruhm bringt es nicht ein«, antwortete er leise, »und sollte es mißlingen, ist der Verdruß empfindlich, da so viele Augen zusehen.«

Der König indes hörte nicht auf den guten Rat des Freundes. Ein Raunen ging durch die Menge, einer gab es dem anderen weiter, daß der König persönlich sich an dem Wettkampf beteiligen wolle.

Die Lubomirska klatschte in die Hände.

In der Tat, da gab es etwas zu sehen, denn das edle Roß und der stattliche König, einem Helden und Ritter gleich, boten einen unerhört reizvollen Anblick. Das Aufsitzen, das Ergreifen des schweren Speeres, den er wie eine Feder handhabe, die Beherrschung des Rosses, jede der anmutigen Bewegungen weckte die Bewunderung der Zuschauer. Selbstsicher ritt August zunächst eine Runde durch die Arena, den feurigen Renner unter sich führte er dabei wie beim Tanz. Die Damen spendeten Applaus und winkten mit Tüchern, die Lubomirska war hingerissen und nahe daran, den Verstand zu verlieren.

Nach dieser einleitenden Parade machte August gleichsam unlustig vor dem Ringe halt. Er ließ den Speer sinken, sah kurz hin, und plötzlich gab er seinem Roß ein Signal und sprengte in wildem Ungestüm dem Ringe zu.

Was dann geschah, vermochte im nachhinein niemand zu verstehen noch zu erklären – das Roß krümmte sich unter dem Reiter, stürzte, begrub einen Teil Augusts unter sich, und das eine Bein wurde sehr gequetscht. Als alle schon zu Hilfe eilten und der König aufstehen wollte, konnte er sich nicht halten, denn der große Zeh war schlimm verletzt, und das Blut schoß nur so hervor.

In dem Augenblick, als dies geschah, beugte sich die Lubomirska vor, die Arme ausbreitend, als wollte sie zu Hilfe laufen, doch ohnmächtig sank sie der Towiańska in die Arme. Nicht viele bemerkten es, denn aller Aufmerksamkeit war auf den König gerichtet, welcher nicht zugeben mochte, wie sehr er litt, und auf Pflugs Arm gestützt sofort entschwand. Daß aber die Lubomirska danach nicht wieder zur Besinnung zu bringen war, daß auch um sie sich eine Schar Neugieriger versammelte und man die Geschwächte zu ihrem Wagen beinahe tragen mußte, verbreitete sich alsbald. Der Großkämmerer kam herbei und verfluchte die Nerven und die weibliche Furchtsamkeit, er war so aufgebracht und zornig, daß, wäre der Primas nicht gewesen, er seine Gemahlin wohl unverzüglich aufs Land hätte bringen lassen oder dies selbst getan hätte, aber die Towiańska nahm sie mit sich.

Aus dem Vorfall begann man zu jenen Zeiten, in denen der Aberglaube noch vorherrschte, Ungutes zu prophezeien. Der Sturz, die Verletzung, das Blut, alles das gab zu denken.

Die Lubomirska, aus Angst um den König und aus Widerwillen gegen ihren unerträglichen Gatten, erkrankte ernstlich. Die Hofschranzen des Königs, welche denselben an diesem Abend zu trösten suchten, berichteten ihm natürlich von der Ohnmacht der Großkämmerersgattin. Die Nachricht machte ihn sehr froh, denn ihm gefiel diese Frau unmäßig. Allerdings hatte man ihn gewarnt und ihm ans

149

Herz gelegt, hier in Polen, zumindest am Anfang, sehr vorsichtig zu sein. Es mit den Lubomirskis zu verderben, war eine gefährliche Sache.

Er wußte es allzu gut, indessen daran gewöhnt, stets seinen Launen genüge zu tun, vermochte er auf die Lubomirska nicht zu verzichten. Sie ihrerseits drängte sich ihm geradezu auf, und von jenem Tage an wurde das Verhältnis zu ihrem Ehemann ein unerträglicher Kampf. Erinnert sei daran, daß die Kastellanin Towiańska auf ihre junge Cousine und deren Einfluß auf den König setzte, so daß sie, anstatt diese zurückzuhalten, sie auch noch, wenngleich ungeschickt, anstachelte.

Der Hof rings um den König, dessen Eitelkeit an diesem Tage so unbändig gelitten, bemühte sich, den Unfall zu erklären, und wies die Schuld dem Pferde zu. Die Fußverletzung, anfangs für wenig bedeutsam gehalten, erwies sich als eine so starke Quetschung, daß die Ärzte schon eine Amputation des Zehs in Erwägung zogen. August konnte lange Zeit nicht gehen, und als er endlich gesund und die Wunde verheilt war, blieb ihm zeitlebens ein Schmerz erhalten, und schon früh mußte er einen Stock zur Stütze des Beines verwenden.

Am anderen Morgen kam ein heimlich entsandter Page des Königs zur Towiańska, richtete Artigkeiten aus und erkundigte sich nach dem Befinden der hübschen Urszula. Jene Ohnmacht entschied über die künftigen Geschicke der Lubomirska. Der König, dem die Esterle bereits gleichgültig geworden war, der ohnehin niemals lange bei einer Leidenschaft verweilte und beständig nach Abwechslung suchte, hatte sich ungeachtet der Warnungen seiner Freunde gänzlich der Großkämmerersgattin zugewandt.

Flemming zuckte die Achseln und schmunzelte, hatte er doch die Wahl einer Polin für sicher gehalten – schließlich standen August zumindest zwei Geliebte zu, so wie er auch über zwei Kronen verfügte. Die Sachsen, mit der Lebensweise des Kurfürsten vertraut, maßen dem Ganzen nicht viel Gewicht bei, für sie war es die natürlichste Sache, unter den polnischen Magnaten erhöhten allein der Name und die gesellschaftliche Stellung der Lubomirska die Bedeutung dieser Liebschaft und machten sie zum Ärgernis.

Grollend erinnerte man sich der Radziejowska[70] zur Regierungszeit

[70] Elżbieta Kazanowska geb. Słuszko, die spätere dritte Frau des Vizekanzlers Hieronim Radziejowski (1622–1667); er bezichtigte seine Gattin einer Romanze mit dem König und geriet mit der Familie der Słuszkos in Streit. Wegen eines bewaffneten Überfalls wurde er zur Verbannung verurteilt.

des Jan Kazimierz sowie all der Mißerfolge, die zu Unrecht der Schwäche des Königs für diese Frau angelastet worden waren. Bislang aber gaben die Beziehungen der Großkämmerersgattin keinen Anlaß, ihr oder August etwas vorzuwerfen. Sie hatte mit ihrem Mann nicht gebrochen, sie hatte sich nichts zuschulden kommen lassen außer der Ohnmacht, die sich mit weiblicher Empfindsamkeit erklären ließ.

Nur jene, welche das frühere Leben des Kurfürsten besser kannten, die Przebendowskis beispielsweise, sahen voraus, daß August, leichte Siege gewohnt und bereit, dafür die größten Opfer zu bringen, nun, da er einmal ein Auge auf die hübsche Urszula geworfen, sie sich nicht versagen würde.

Den Hofleuten fiel auf, daß August ihrem Gatten, der ihm nahezu täglich unter die Augen kam, sehr höflich begegnete und auch herzlicher als je zuvor. Er behandelte ihn bevorzugt vor allen anderen und voller Ehrerbietung. Es war dies eine übliche Handlungsweise des Königs: Jemanden, den er am nächsten Tage nach Königstein zu schikken gedachte, umgab er am Abend vorher mit all seiner Zärtlichkeit.

Nach ihrer Ohnmacht ließ sich die Lubomirska mehrere Tage lang nicht blicken. Der Großkämmerer mußte mit Gewalt zu ihr vordringen. Wie es hieß, hatte es zwischen den Eheleuten eine heftige Szene unter vier Augen gegeben. Die Towiańska hatte Schreie vernommen, und der Großkämmerer war wütend aus dem Zimmer gestürzt, ohne geneigt zu sein, mit der Kastellanin ein paar Worte zu wechseln. Nachdem er sich entfernt hatte, ging sie zu Urszula hinein und fand die Cousine in Tränen des Zornes, mit heißen Wangen, aufgebracht bis zur Raserei.

»Ich will ihn nicht mehr sehen!« schrie sie. »Ein Tyrann ist er, ich kann mit ihm nicht leben. Ich lasse mich scheiden, komme, was da wolle. Mein Onkel wird in Rom für die Auflösung dieser Ehe sorgen. Man hat mich zu ihr gezwungen, ich habe diesen Mann nie geliebt.«

Vergebens mühte sich die Towiańska, sie zu beschwichtigen und ihr darzustellen, daß der Bruch mit dem Ehegatten ganz unnötig wäre, daß er überdies nur Schmähung und Geschrei auslösen würde. Sie riet zur Versöhnung, dazu, den Gatten zu besänftigen, sie selbst und der Primas wollten das übernehmen. Die Lubomirska schwor, lieber ins Kloster gehen zu wollen.

Der Großkämmerer, obgleich der Launen seiner Ehefrau müde, hing dennoch an ihr, und er war alles zu vergessen bereit, unter der

Bedingung, daß sie sofort mit ihm aufs Land führe. Davon aber wollte Urszula nichts hören. Es geschah das, was Augusts Höflinge bereits hatten kommen sehen – heimliche Bande wurden geknüpft, so kunstvoll im Verborgenen, daß selbst die auf Wacht stehende Towiańska nichts davon wußte.

Der König, der so sehr mit der Empörung des Adels, mit den Angelegenheiten der Rzeczpospolita beschäftigt war, überließ zu diesem wichtigsten Zeitpunkt des Durchbruchs alles Flemming, Dąbski, den Przebendowskis, Pflug und den übrigen und hatte nur noch Gedanken für die hübsche Urszula. Kein Livland, kein Kamieniec vermochten ihn von ihr loszureißen. Diesen Dingen widmete der König kaum einen kurzen Augenblick, indessen die Intrige mit der Lubomirska den Rest des Tages verschlang. Der König zeigte sich, verschwand wieder, schloß sich ein, die Boten gingen um und verteilten Geschenke... Die Ehe jedoch war bislang nicht zerrissen, der Großkämmerer drang immer wieder stürmisch zur Gattin vor, zankte sich mit ihr, hoffte auf Versöhnung und verlangte dafür, gemeinsam aufs Land überzusiedeln. Die hübsche Urszula aber versicherte ein ums andere Mal, mit dem Gatten nirgends hinzufahren und sich im Gegenteil von ihm trennen zu müssen.

Bei all dem spielten der Primas und die Kastellanin die gleiche Rolle wie bei der Empörung des Adels. Primas Radziejowski war bereits gewonnen, es ging nur noch um die Höhe der Summe, die ihm zu zahlen war. Heimlich vertrug er sich mit dem König, aber öffentlich trat er gegen ihn auf und schürte die Empörung und zog sie hinaus. Er hinterging die Schlachta und das gesamte eigene Lager, gleichzeitig aber hielt er auch den König in der Schwebe, kam zu keinem Schluß mit ihm und ließ keine Befriedung zu, um möglichst viel zu erpressen und herauszuhandeln. Einen glänzenden Vorwand für die Zögerlichkeit des Primas war der Umstand, daß er sich mit Bischof Dąbski nicht einigen konnte. Beide waren sie in höchstem Maße ergrimmt.

In Litauen erhitzten sich, trotz aller Bemühungen um eine Aussöhnung der Sapiehas mit der Schlachta, weiterhin die Gemüter, und es drohte ein Bürgerkrieg. August unterdessen rüstete zu einem Krieg gegen die Türkei, zugleich aber versuchte er den brandenburgischen Kurfürsten für sich zu gewinnen und trat mit ihm nicht nur über Gesandte in Verhandlungen, sondern unternahm selbst, unter dem Anschein, zur Jagd zu fahren, eine Reise, um mit ihm die weiteren

Geschicke der Rzeczpospolita zu besprechen. Was für Angebote der König dem Kurfürsten machte und welche Gegenleistungen er verlangte, blieb ein Geheimnis, jedoch steht außer Zweifel, daß es um radikale Veränderungen ging, um eine Aufteilung Polens, um einen Wandel der Regierungsform.

Es läßt sich ahnen, daß der König durch günstigste Bedingungen und territoriale Zugeständnisse den Kurfürsten auf seine Seite zu ziehen bemüht war, der aber fühlte sich in seiner Position derart stark und sah so große Zukunftsperspektiven vor sich, daß er sich durch keine entschiedene Absprache binden mochte. Wenn die Rzeczpospolita von Grund auf umgestaltet werden sollte, wollte er allein daraus einen Nutzen ziehen, anstatt sich denselben mit dem Sachsen zu teilen, welcher nicht allzu fest auf seinem Throne saß.

Zwischen diesen Ausflügen, die August nach Danzig und nach Preußen unternahm, um sich mit dem brandenburgischen Kurfürsten und dem russischen Zaren Peter zu verständigen, wobei er letzteren für sich zu gewinnen hoffte, vergaß der König nicht sein Techtelmechtel mit der Lubomirska.

Die hübsche Urszula war sich des gekrönten Geliebten bereits so sicher, daß sie jetzt selbst auf den endgültigen Bruch mit ihrem Gatten drängte. Der Großkämmerer erschien mehrere Male, um eine Versöhnung herbeizuführen, wurde aber nicht empfangen. Seine Gattin wollte ihn nicht sehen. Für mehrere Wochen sogar schloß sich die hübsche Urszula, um eine Begegnung mit ihm zu vermeiden, auf Anraten des Primas im Kloster der Klarissinnen ein, und es verbreiteten sich Gerüchte in der Stadt, daß August ihr dort, als Kapuzinermönch verkleidet, Besuche abstattete.

Primas Radziejowski, in der Hoffnung, daß ihm die Lubomirska künftig eine Hilfe wäre, mit der er auf den König Einfluß nehmen könnte, betrieb über die Towiańska und auch persönlich die Scheidung der hübschen Urszula, um sie gänzlich zu befreien.

Den Großkämmerer suchte man mit verschiedenen Mitteln zu beschwichtigen, man redete ihm ein, daß die Scheidung eine Möglichkeit sei, um der unangenehmen Verstrickung zu entrinnen. Danach wäre er für seine Frau und ihr Verhalten nicht länger verantwortlich. Mit gebrochenem Herzen schließlich stimmte der Großkämmerer der Trennung zu, die hübsche Urszula aber verließ das Kloster und präsentierte sich der Welt in neuem Glanze als Siegerin. Ihr Hof, die Juwelen, die

153

Lebensweise, die sie umgebenden Personen, die bereits unverhohlenen Kontakte zum König ließen keinen Zweifel daran, daß sie seine Geliebte war.

Dasselbe verriet auch das jähe Verschwinden der Gräfin Esterle. Ihr Freund, Kanzler Beichling[71], und Frau Rechenberg hatten sie beizeiten gewarnt, daß die Lubomirska ihren Platz einnehmen würde. Aus Furcht, verjagt und um die sehr kostbaren Juwelen gebracht zu werden, die der König ihr zum Tragen und Repräsentieren überlassen hatte, floh die Gräfin aus Warschau, nachdem sie heimlich mit Beichlings Hilfe die Pretiosen eingepackt hatte.

Wie es hieß, konnte die Lubomirska, der gerade jener Schmuck ins Auge gestochen hatte, dessen Verlust Beichling nie verzeihen, so daß sie schließlich zu seinem Fall beitrug.

Der König selbst, froh darüber, daß er die Esterle ohne die ihm unerträglichen Vorwürfe, Tränen und Szenen losgeworden war, konnte die Einbuße der Kostbarkeiten leicht verschmerzen und trug ihr später nichts nach. Die Esterle und auch Aurora von Königsmarck verstanden es, sich mit ihrem Schicksal abzufinden und sich die Freundschaft Augusts zu bewahren, der ihnen zugetan blieb und sich bisweilen fröhlich mit ihnen vergnügte.

Unter den Bedingungen, die der Großkämmerer für eine Scheidung stellte, war die, den Namen der Lubomirskis weitgehend vor Schande zu bewahren. Die hübsche Urszula sollte seinen Namen ablegen und einen anderen Titel führen. Der König ging darauf ein, ebenso die Großkämmerersgattin. Diese erwartete die Würde einer Fürstin Teschen.

Das Techtelmechtel mit der Lubomirska, das in Sachsen keine größere Rolle spielte und also auch kein Ärgernis hervorrief, erregte in jenem Polen, wo die Familienbande respektiert wurden und die Frau der unsichtbare Schutzgeist des häuslichen Herdes war, großes Aufsehen. Nicht die Schwäche der Frau und nicht die Leichtfertigkeit des Königs waren das Wesentliche, sondern die alle göttlichen und menschlichen Gesetze verhöhnende Öffentlichkeit. Es mochten in Polen ähnliche Verirrungen vorkommen, jedoch war man zumindest aus Achtung vor der Tugend darum bemüht, sie zu verbergen, nicht aber sich

---

[71] Wolf Dietrich Beichling (1665–1725), Großkanzler bis 1703; wurde im selben Jahr wegen seiner negativen Einstellung zum Krieg gegen Schweden von August dem Starken zur Festungshaft auf Königstein verurteilt.

ihrer zu rühmen und sie zur Schau zu stellen. Hier trat nun gar der auf den Thron erhobene göttliche Gesalbte, der bei der Krönung Priestergewänder getragen hatte und Wächter sein sollte über den Glauben und das Gesetz der Nation, das eine wie das andere leichtfertig und entheiligend mit Füßen.

In anderen Ländern konnte man Derartiges damit entschuldigen und erklären, daß der König über allen Gesetzen stand, da er selbst die Gesetze erließ und wieder zurücknahm, konnte er für sich Ausnahmen machen. In der polnischen Adelsrepublik mit ihrem Wahlkönigtum gab es eine solche Ausnahmestellung für den Herrschenden nicht.

Anfangs mochte man der im Lande umgehenden Nachricht, die man sich, um die Jugend zu schützen, nur ins Ohr flüsterte, keinen Glauben schenken. Der Name der Lubomirskis machte sie zweifelhaft. Der König verlor viel Ansehen bei jenen seiner Anhänger, die auf seine Fähigkeiten gebaut hatten. Ja, konnte denn die Rzeczpospolita reformieren, wer sich selbst nicht in der Zucht hatte?

»*Quid leges sine moribus*[72]«, raunte Jabłonowski, und ihm pflichteten solche wie Stanisław Leszczyński[73] bei und viele andere lautere und brave Leute. Sie konnten nicht auf die leichte Schulter nehmen, was die Familie anbetraf, die Frau, die heiligsten und kostbarsten Bande. Die hübsche Urszula bemerkte alsbald, daß außer den Towiańskis und wenigen anderen Familien alle mit ihr brachen. Sie mußte sich neue Freunde am sächsischen Hofe suchen, unter den Deutschen und unter jener kosmopolitischen Aristokratie, mit welcher sich August umgab, weil er sie bequemer fand als seinen heimischen Adel.

Es ward Tradition bei Hofe, sich mit Ausländern zu umgeben. Fast zur selben Zeit wurden in Sachsen die Rechte des Adels eingeschränkt – zu den beratenden Versammlungen, den Landtagen, waren nur solche Adligen zugelassen, die sich nach dem väterlichen wie nach

---

[72] (lat.) Was sollen Gesetze, wenn es an der Sitte mangelt.
[73] Stanisław Leszczyński (1677–1766), polnischer König. Anfangs auf der Seite Augusts des Starken, führte er 1703 die gegen ihn gerichtete großpolnische Opposition. 1704 von dem im Nordischen Krieg siegreichen Schwedenkönig Karl XII. als Gegenspieler zu August auf den polnischen Thron gehoben, verlor er nach der schwedischen Niederlage 1709 bei Poltawa die Krone wieder an den Sachsen. Nach dessen Tode erneut zum König gewählt, übernahm er die Regierung nicht wegen der russischen Intervention, dankte 1736 ab und ließ sich als Herzog von Lothringen in Frankreich nieder. Seine Tochter Maria war seit 1725 die Gemahlin König Ludwigs XV. von Frankreich.

155

dem mütterlichen Geschlecht über vier Generationen als Edelleute ausweisen konnten, sowie Beamte höherer Ränge. Sogar noch diese Art der Untertanenversammlung, obgleich ohne alle Macht, erschien gefährlich. Für das Heer und für die Dienste beim König wurden in großer Zahl Italiener und Schweizer angeworben.

Einen jeden, der die beiden unter einem Zepter vereinten Länder kannte, frappierte der gewaltige Unterschied in beider Gesetzgebung. August übersah denselben anfangs leichtfertig wie alles andere, in dem Glauben, die jahrhundertealten Freiheiten bald auslöschen zu können. Der Lärm aber, der sich gegen die sächsischen Truppen bei der Besetzung des Warschauer Arsenals erhob – der General der Artillerie Kątski protestierte so heftig, daß August nachgeben mußte – belehrten ihn darin, daß er den Sturz jahrhundertealter, mit dem Leben eines Volkes verwachsener Institutionen nicht unterschätzen durfte.

Obgleich den König in diesem Jahr so viele wichtige Dinge beanspruchten, daß er sich ihretwegen fast seine geliebte Vergnügung, die Leipziger Messe, versagen zu müssen glaubte, ging es doch über seine Kräfte, in dem stillen und öden Warschau zu verweilen, während dort in Leipzig hervorragende Gäste ihren Aufenthalt ankündigten, darunter Sophie Charlotte von Preußen[74], eine für ihren boshaften Witz berühmte Frau.

Auch die Lubomirska gelüstete es sehr, den ihr von August hochgelobten Trubel kennenzulernen. Was er darstellte, läßt sich heute schwer sagen. Die würdigen Gäste pflegten für eine Weile ihren hohen Stand zu vergessen, sie mischten sich unters Volk und vergnügten sich wie einfache Sterbliche. August ritt dann incognito, eine Pfeife im Mund, zu Pferde die Jahrmarktsbuden entlang und hielt Ausschau nach hübschen Lärvchen.

Der Zufall wollte es, daß in diesem Jahre, ohne daß die eine Dame von den anderen wußte, alle zusammen nach Leipzig kamen: die Lubomirska, Gräfin Aurora Königsmarck, die aus Warschau geflohene Gräfin Esterle und Frau Haugwitz, vormalig Fräulein Kessel, jene erste offiziell bekannte Mätresse Augusts und Vorgängerin der Königsmarck.

Auf den Maskenball begab sich die Lubomirska, und dort war auch

---

[74] Sophie Charlotte von Hannover (1668–1705), Gemahlin Friedrichs III., Kurfürst von Brandenburg, der seit 1701 als Friedrich I. König in Preußen war.

Sophie Charlotte. Der König machte ihr natürlich die Honneurs. Sie verlangte, für ihn die Quadrille zusammenstellen zu dürfen, und versprach, dafür die vier schönsten Damen auszuwählen. An der Spitze placierte sie August und Urszula, daneben und gegenüber die früheren Favoritinnen Königsmarck, Esterle und Haugwitz. Die Damen erkannten einander erst, als der Tanz begann, und vermuteten dahinter einen bösen Schabernack der Kurfürstin, welche längst verschwunden war. August, sogleich voll des unguten Gefühls, entdeckte in den Masken die alten Geliebten, aber er ließ es nicht zu, daß sie, verärgert und beleidigt, derjenigen einen Gefallen taten, die ihm mit dieser Quadrille seine Leichtfertigkeit hatte schmerzlich spüren lassen wollen. Nacheinander mußte er eine jede von ihnen anflehen und beschwören, daß sie einander mit fröhlichen Gesichtern begrüßten und sich zumindest nicht gekränkt zeigten.

Aurora hatte bereits die Erfahrung mit der schönen Fatima gelehrt, nachsichtig zu sein, die Esterle hatte den König um Vergebung zu bitten, Frau Haugwitz mußte den Beispielen folgen. Am schwierigsten war es der Lubomirska abzunötigen, sich in eine Reihe mit jenen Damen einzuordnen, die sie für weit unter sich stehend erachtete.

August mußte sie mit Versprechungen und dringenden Beschwörungen dahin bringen, den üblen Streich, den man ihnen bereits gespielt, ohne Zornesausbruch hinzunehmen. Allein Fröhlichkeit und Geringschätzung des Ganzen konnten die Quadrille neutralisieren und einen Skandal verhindern.

Mit falscher, erzwungener Heiterkeit tanzten die Damen die Quadrille, nach außen laut lachend, verfluchten sie in der Seele diesen Tanz, bei dem der König, Verachtung im Gesicht, voller Grazie und mit dem ihm eigenen Gleichmut nacheinander der Vergangenheit und der Gegenwart die Hand reichte.

Für die hübsche Urszula, die sich schmeichelte, die Letzte zu sein und für immer an seiner Seite zu bleiben, war dies ein schlimmes Memento mori.

Sophie Charlotte zum Trotz, die aus dem Verborgenen alle Regungen der Damen beobachtete, welche einander, wilde Eifersucht im Herzen, mit glühenden Blicken streiften, lud August sie alle mitsamt ihren Partnern zum gemeinsamen Abendessen ein, bei dem die hübsche Urszula, Schmerz, Erniedrigung und Zorn im Herzen, die Rolle der Gastgeberin spielte.

Die Königsmarck, die Kühlste unter ihnen allen und voller herrschaftlichem Dünkel, spöttelte und stichelte am ungezwungensten gegen den König, und August nahm ihre Witzeleien schicksalsergeben hin.

Durch die absichtlich zur Hälfte offengelassene Tür konnte diejenige, welche diese wunderschöne Quadrille eingefädelt hatte, sich unbemerkt davon überzeugen, daß August mit der Erhabenheit eines Jupiter und heiteren Gemütes in dieser Göttinnenrunde herrschte.

In der Historie seines Herzens, falls solche Sittenlosigkeit etwas mit dem Herzen gemein haben kann, war dies erst der Anfang; die Welt sollte noch staunen, denn seine Zügellosigkeit steigerte sich bis zu ungeheuerlichen Exzessen.

ENDE DES ERSTEN BANDES

ZWEITER BAND

I

Den armen Wittke, nachdem er mit Constantinis Hilfe die ersten Versuche unternommen, sich dem Hofe zu nähern, verdroß es gründlich, nur ein einfaches, unbewußtes Werkzeug in den Händen des Kammerdieners sein zu müssen, ohne Gelegenheit zu haben, sich dem König zu zeigen und ihm bekannt zu machen. Er verspürte große Lust, sein ehrgeiziges Spiel verloren zu geben und sich wieder dem Handel zuzuwenden. Die mächtige Maschinerie jedoch ließ einen, den ihre Räder erst einmal erfaßt hatten, nicht leicht wieder los. Glücklich noch derjenige, der ohne zermalmt zu werden, in die Freiheit entrann – nicht wann er es wollte, sondern dann, wenn man ihn wie eine Frucht wegwarf, aus der man allen Saft ausgequetscht hatte.

Wittke büßte jetzt den Leichtsinn, mit dem er sich freiwillig in den Strudel höfischer Intrigen rings um den polnischen König gestürzt hatte. Der gewiefte Mezzettino wußte ihn zu schätzen, der rechtschaffene und vermögende Kaufmann war nicht leicht zu ersetzen, also ließ er den glücklichen Fang nicht wieder aus der Hand. Wittke getraute sich nicht, seinen Unwillen zu erregen, indem er jäh mit ihm brach, wußte er doch, wie grausam und rachsüchtig der Italiener sein konnte. So wurde er bei der Lubomirska, bei den Towiańskis, beim Primas eingesetzt, in vielerlei Fällen, da es um Geldangelegenheiten ging und wo der uneigennützige Wittke eine unschätzbare Gewähr bot.

Der Kaufmann, solchermaßen festgekettet, hatte im Wechsel die Rolle eines Deutschen und eines Polen zu spielen – für die Interessen des Königs, der von seiner Existenz überhaupt nichts wußte, und sein einziger Trost war es, daß er in Warschau Tag für Tag den Anblick der sich vor seinen Augen mit ungewöhnlicher Schnelligkeit entwickelnden schönen Henriette genießen konnte.

Die Mutter, beunruhigt und sehnsüchtig, verlangte seit Jahresfrist seine Rückkehr, wenigstens eine zeitweilige Heimkunft nach Dresden, denn die Geschäfte litten unter des Hausherrn Abwesenheit. Wittke sehnte sich ebenfalls, war voller Unwillen, aber Constantini hielt ihn hin, drohte, spottete und schmeichelte im Wechsel und verzögerte so Tag um Tag die Abreise nach Dresden.

Die Großkämmerersgattin Lubomirska bedurfte inzwischen keiner Mittler mehr zum König. Zwischen August und ihr bestand völliges Einvernehmen. Die Beziehungen waren vereinfacht, und über die Lubomirska konnten der Primas und die Towiańska mit dem König in Kontakt treten und umgekehrt.

Hier also kam man bereits ohne Wittke aus, nur Constantinti selbst, wildfremd in Polen und niemandem vertrauend, war froh, den mit der Sprache und den Landessitten vertrauten Wittke zu Diensten zu haben.

Der Lärm, den es um die Ausschreitungen der sächsischen Soldaten gab, deren Abzug aus den Grenzen der Rzeczpospolita lauthals gefordert wurde, zwang König August zur Besänftigung der Gemüter, dazu, Mittel und Wege zu suchen, um wenigstens einen Teil der sächsischen Streitmacht innerhalb Polens halten zu können.

Ein Krieg mit der Türkei erwies sich als nicht möglich, vielmehr als nicht wahrscheinlich. Die Türken schickten sich an, wenngleich wehen Herzens, die Ukraine und Kamieniec an Polen zurückzugeben, und verlangten Frieden[1]. Hier wurden die Sachsen demnach nicht gebraucht. Zum Glück blieb noch Livland als ein wiederzugewinnender Landesteil übrig.

Also wandte August, ebenso der brandenburgische Friedrich und Zar Peter, den Blick nach Livland. Da August vorhatte, die polnische Adelsrepublik umzubilden und zu zerstückeln, lag es in seinem Interesse, Livland einzunehmen. Von sächsischen Truppen besetzt, hätte es ihn gleichsam dazu berechtigt, mit ihm wie mit einem eroberten Land zu verfahren. Sich mit Friedrich über die Inbesitznahme zu verständigen, erschien möglich.

Alles fügte sich für August überaus günstig. Dänemark versprach, mit ihm zu gehen, der brandenburgische Kurfürst sagte wenn nicht

---

[1] Die Rückgabe der Gebiete erfolgte mit dem Frieden von Karlowitz (1699).

Beistand, so doch Sympathie zu, Zar Peter reichte als erster dem König die Hand und offerierte ein Bündnis.

Schließlich sah sich der starke und reife August, der raffinierte Politiker, der sich schmeicheln durfte, ein vorzüglicher Herrscher zu sein, einem Milchbart gegenüber, der als verrückter Sonderling ohne Erfahrung verschrien war und der den gegen ihn Vereinten in keiner Weise die Stirn bieten konnte. Schweden besaß, wie es hieß, weder Geld noch Waffen, noch Leute und auch keinen Anführer. Der Sieg schien leicht zu sein, ein Krieg verlockend. Flemming und General von Carlowitz suchten den König zum Krieg zu überreden, dabei benötigte August keine Anregung, verlangte es ihn doch ohnehin ungeduldig danach.

Zu dem Zeitpunkt, da der Kampf gegen Karl XII. beginnen sollte, war ein Übereinkommen mit Zar Peter von immensem Gewicht. Der Zar, soeben incognito unterwegs, besuchte europäische Höfe, und auf der Reise nach Wien sollte er in Dresden eintreffen. König August konnte selbst nicht zu seinem Empfange eilen, und so ging es darum, Peter in der sächsischen Hauptstadt so aufzunehmen, daß er sich wie zu Hause, wie bei Freunden fühlte.

Man kannte bereits einige seiner Absonderlichkeiten und auch sein Wesen, das keinerlei Zwang duldete. Es ging vor allem darum, ihn auch nicht durch die geringste Kleinigkeit zu verstimmen. Diesbezügliche Weisungen waren bereits an Augusts Statthalter Fürstenberg, an General von Rose und an Baron von Rechenberg ergangen, doch kam dem unruhigen König August unentwegt etwas Neues in den Sinn, und so wünschte er sich außerdem noch jemanden dort, der insgeheim die Erfüllung seiner Befehle überwachte. Er wollte Constantini zur Erkundung und mit Befehlen ausgestattet hinschicken, jedoch befürchtete der Italiener, daß Hoffmann oder Spiegel seine Abwesenheit ausnutzen und die Gunst und das Vertrauen, das er bei August genoß, untergraben könnten. Ohne dem König zu sagen, wen er für die Mission einzusetzen gedachte, versicherte Mezzettino seinem Herrn, daß er, wenn er schon nicht selbst führe, so doch einen Stellvertreter fände, der alle Aufträge ausführen würde. Wittke wußte noch nicht, was ihn erwartete, als der König, dem Zureden seines Lieblingsdieners nachgebend, es diesem überließ, einen Vertrauten nach Dresden zu entsenden, um den Empfang des Zaren Peter in der sächsischen Hauptstadt vorzubereiten.

Unser Kaufmann beriet soeben mit Renard die Gründung eines Großdepots für Weine und Delikatessen, als man ihn noch am Abend aufs Schloß rief.

Daselbst empfing ihn Constantini und begrüßte ihn geradezu mit einem Befehl: »Morgen fahrt Ihr mit königlichen Aufträgen nach Dresden. Hier ist, für alle Fälle, ein von seiner Majestät gezeichnetes Beglaubigungsschreiben.«

Mit diesen Worten legte er Wittke ein Papier mit dem Privatsiegel des Königs vor. Der Kaufmann warf einen Blick darauf. Er erwartete, in dem Schreiben zumindest seinen Namen zu finden, was der Nachweis gewesen wäre, daß der König ihn über Constantini kannte, aber die Hoffnung trog, das Schreiben war auf denjenigen ausgeschrieben, der es ihm vorlegte.

Wittke verzog das Gesicht. »Warum habt Ihr meinen Namen nicht eintragen lassen?« fragte er unwirsch.

»Ich habe es verlangt«, log Mezzettino, »aber der König hatte offenbar Gründe, zu verfahren, wie Ihr es hier seht. Ich kann mich ihm nicht widersetzen. Jedoch ist es ein Beweis außergewöhnlichen Vertrauens, daß Seine Majestät Euch entsendet und nicht einen anderen.«

»Er weiß also von mir?« fragte Wittke.

»Selbstverständlich«, antwortete Constantini.

Der Kaufmann zögerte einen Augenblick, aber da er sich an das Drängen der Mutter erinnerte und wußte, daß sein Aufenthalt in Dresden vonnöten war, und schließlich weil er sich den König geneigt machen wollte, erhob er keinen Einwand.

Constantini, der einen Widerspruch gleichsam von vornherein ausschloß, ging sofort daran, ihm die Instruktionen zu übermitteln, welche er vom König erhalten hatte. Mündlich sollte er dem Statthalter Fürstenberg, den Generälen und dem Hof auftragen, den Zaren mit aller möglichen Höflichkeit zu empfangen. Man sollte ohne Befremden auf jegliches Verlangen von ihm, sei es auch noch so grillig, eingehen. Das Schloß, die Dienerschaft, das Militär, alles sollte ihm zur Verfügung stehen. Wittke wurde aufgetragen, sich unter die Hofbediensteten zu mischen und dergestalt zu operieren, daß er später über jeden kleinsten Schritt des Zaren Auskunft geben könnte. Vielleicht schmeichelte es dem Kaufmann, ward er doch als Kontrolleur über die allerersten Beamten gestellt. Er war berechtigt, alles zu sehen, überall zugegen zu sein, nach allem, was ihm gefiel, zu fragen.

Das geschah im Juni des Jahres 1698. Constantini hielt Wittke den längeren Teil des Abends bei sich fest, um ihm seine Obliegenheiten zu erläutern, dabei zur Eile gemahnend, denn noch im selben Monat wollte der Zar, von Amsterdam kommend, auf seinem Wege Dresden besuchen.

Wittke, dergestalt in Beschlag genommen, ging noch an diesem Abend zu den Renards, um Abschied zu nehmen, und als er der schönen Henriette in die Augen sah und sie fragte, was er ihr als Andenken aus Dresden mitbringen solle, errötete das Mädchen und erwiderte kokett, daß er nur selbst recht bald wiederkehren möge. Am andern Tag in aller Frühe saß Wittke schon in seinem kleinen gedeckten Wagen und hielt geradenwegs auf Dresden zu. Die lange Abwesenheit daheim, die Trennung von der Mutter, die Vernachlässigung seiner Geschäfte bedrückten ihm die Seele. Er warf sich die versäumten Pflichten vor, besonders aber die Kälte gegenüber der Mutter, die ihn so sehr liebte und sich vor Sehnsucht nach ihm verzehrte. Nun würde er ihr eine Überraschung bereiten, erwartete sie ihn doch jetzt keinesfalls. Je näher er der Heimat kam, um so mehr vergaß er seine ihm anvertraute Mission.

Es war Abend, und die Burschen waren soeben dabei, die Fensterläden des Geschäftes zu schließen, als Wittkes Wagen am Tor hielt; die alte Frau, kaum daß sie ihren Sohn erkannte, stieß einen Freudenschrei aus und lief ihm entgegen. Gerührt fiel Zacharias vor ihr auf die Knie, er fühlte sich im Angesicht der Mutter wie ein Schuldiger. Die Freude, obgleich unsäglich groß, währte jedoch nur kurz, denn die Augen niederschlagend bekannte Wittke, daß er mit wichtigen Aufträgen gekommen sei und nach kurzem Bleiben wieder nach Warschau zurückkehren müsse. Die Nachricht machte die alte Martha traurig, obwohl Wittke, da er sie nicht in seine Tätigkeiten einweihen konnte, ihr sagte, daß er zusammen mit einem Franzosen ein Geschäft in Warschau einrichten werde.

Die alte Frau empfand Widerwillen und Mißtrauen gegenüber jenen Italienern und Franzosen, die sie bei Hofe gesehen und von denen sie öfter gehört hatte. Der Franzose war ihr darum als Teilhaber nicht sonderlich lieb, und Wittke, der dies spürte, ließ die schöne Henriette ganz unerwähnt, um die Mutter nicht noch mehr zu beunruhigen. Bis spät in die Nacht saßen sie beide, so viele Dinge, den Laden, die Kasse, überhaupt die Geschäfte betreffend, hatte die Mutter dem Sohn zu berichten. Auch der Obergehilfe ward dazugerufen, denn Wittke durfte keinen Augenblick seiner Zeit versäumen.

Am folgenden Morgen bereits fand er sich im Vorzimmer des Fürsten von Fürstenberg ein, dessen Haus dem Schloß unmittelbar gegenüber stand, und ließ sich als ein Abgesandter des Königs melden.

Den Statthalter kannte der Kaufmann nur vom Sehen. Er war ein Mann in mittleren Jahren, von sehr herrschaftlichem Äußeren und von stattlichem Wuchs. Unschwer sah man ihm den gewandten Höfling an, den ausgezeichneten Komödianten. Fremd in Sachsen, denn der König hatte den ihm anempfohlenen Katholiken aus Österreich importiert, hatte Fürstenberg binnen kurzer Zeit enge Beziehungen zur lokalen Aristokratie geknüpft und es verstanden, dieselbe für sich zu gewinnen, und so war er zu jener Zeit, wie es schien, bereits weitgehend gegen Ungunst versichert. Er hatte die Unterstützung derer von Friesen[2], welche derzeit beim Adel das Wort führten.

Fürstenberg kannte die Bedürfnisse des unablässig auf Geld begierigen Königs und war bemüht, solches zu beschaffen. Wie so viele seiner Zeitgenossen, ja wie selbst der König, glaubte er fest daran, daß die Alchimisten dahin gelangen müßten, mit Hilfe ihrer geheimen Wissenschaften Gold herzustellen. Er war alchimiekrank, das gesamte Kellergewölbe des Fürstenbergschen Hauses nahm ein Alchimistenlaboratorium ein, und immer gab es dort einen Adepten, der etwas braute und für den nächsten Tag Erfolge versprach.

Als dem Statthalter der königliche Gesandte gemeldet wurde, hieß er ihn sofort in sein Kabinett geleiten und eilte ihm beunruhigt entgegen.

Wittke zeigte ihm zunächst das Beglaubigungsschreiben. Fürstenberg gefiel das Ganze nicht, doch der stolze Statthalter maß den Kaufmann mit scheinbar gleichgültigem Blick und log, daß er bereits über sein Kommen unterrichtet sei.

Wittke richtete aus, was ihm aufgetragen war, und bekam bei jedem Satz zur Antwort, daß man von allem schon wisse. Schließlich erteilte ihm der Fürst gleichsam von sich aus den Auftrag, sich von Rose und von Rechenberg vorzustellen und in alles Einblick zu nehmen.

---

[2] Heinrich Friedrich Friesen – Generalmajor, seit 1726 Kabinettsminister Augusts des Starken; heiratete 1725 Auguste Constanze, die natürliche Tochter Augusts des Starken und der Gräfin Cosel. Henriette Amalie von Reuß geb. von Friesen – sächsische Hofdame, führte einen politischen Salon und besaß viel Einfluß.

»Im Grunde genommen«, fügte Fürstenberg mit feinem Lächeln hinzu, »habe ich verlangt, daß mir der König einen Vertrauten schickt. Ich freue mich, daß man Sie mir als Gehilfen beigibt. Der Zar wird vermutlich in wenigen Tagen eintreffen. Rose und Rechenberg müßten noch heute aufbrechen und ihm entgegenfahren. Im übrigen sind wir im Schloß empfangsbereit, sofern man bereit sein kann, einen Gast zu empfangen, der *incognitissimo* reist, sich indessen alle Augenblicke durch seinen Eigenwillen und seine Launen verrät.«

Nachlässig stellte der Statthalter noch einige Fragen, unter welche sich auch zweideutige, die Großkämmerersgattin betreffende, mischten, dann verabschiedete er Wittke. Er eilte zur heiligen Messe in die katholische Kapelle, schließlich mußte er religiösen Eifer bezeigen.

Da er hier von den Wiener Jesuitenpatern eingeführt worden war, mußte er dies durch sein Verhalten rechtfertigen, obgleich er damit bei der Kurfürstin, einer eifrigen Protestantin, Ärger und Unwillen hervorrief und deshalb bei ihr nicht eben in Gunst stand.

Im Schloß, wo Wittke auch Baron von Rechenberg antraf, fand er in der Tat alles derart gerüstet, daß der Zar augenblicklich hätte eintreffen können, und nichts hätte zu seinem Empfange gefehlt. August mit seiner Vorliebe für Pracht und Überfluß wollte auch den für seine Schlichtheit der Sitten bekannten Zaren durch seinen Luxus blenden und ihm höflich und herzlich Gastfreundschaft erweisen. Beinahe den ganzen Vormittag über lief Wittke im Schloß umher, ebenso besichtigte er das Neitschützsche Haus, in dem Zar Peter gleichfalls willkommen geheißen werden sollte, er erkundigte sich nach dem Zeremoniell, und erst zu Mittag konnte er nach Hause zurückkehren.

Das einzige, was sich Wittke damit zuzog, daß er, seiner Verpflichtung gemäß, in alle Winkel äugte, war allgemeiner Widerwille. Unablässig mußte er sein Beglaubigungsschreiben hervorholen, und man beugte zwar das Haupt vor ihm, dennoch trafen diesen Aufseher säuerliche Blicke.

Den verbleibenden Tag konnte er nun mit der Mutter und dem alten väterlichen Freund verbringen, der zu seiner Begrüßung herbeikam und ihn nach unzähligen Einzelheiten des königlichen Aufenthaltes in Polen befragte. Dessen Rede und überhaupt allem hier Gesehenen und Gehörten konnte Zacharias leicht entnehmen, daß die Sachsen voller Eifersucht und Unwillen auf dieses Polen blickten, das ihnen den Kurfürsten wegnahm und das Land auszehrte, denn immer noch mehr Geld wurde aus ihnen herausgezogen, nie konnte es genug sein.

Bei diskreten Klagen über die Lage daheim verfloß der Tag. Am folgenden ward die Ankunft des Zaren verkündet, und schon im voraus hatte dieser das strengste Incognito angeordnet. Augusts Befehle widersprachen dem ganz und gar.

Nunmehr wieder deutsch gekleidet, mußte sich Wittke bereits am Morgen unter jene, die Ankunft des Zaren erwartenden Hofbeamten und die Dienerschaft mischen. Endlich fuhren die Kutschen, von General von Rose und Baron von Rechenberg geleitet, in den Schloßhof ein und hielten vom Stallhof aus geradenwegs auf die hell erleuchteten Gastgemächer zu.

In den ersten drei Wagen befanden sich, als Begleiter des Zaren: General Lefort[3], der Beamte des Kriegsministeriums Golowkin[4] und der Kanzler. Erst aus der vierten Kutsche lehnte sich der Zar, gekleidet in ein kurzes Wams nach spanischer Mode, mit weiten, geschlitzten Ärmeln, in enge Hosen und einfache Holländerschuhe; auf dem sehr kurz geschnittenen Haupthaar trug er eine Art schwarzer Kappe, als er aber beim Aussteigen die vielen Augen auf sich gerichtet sah, nahm er die Kappe vom Kopf und verdeckte damit sein Gesicht, auf daß man ihn nicht erkenne.

Kaum hatte der Zar das prächtige Appartement betreten und dasselbe mit raschem Blicke gemessen, verlangte er zu essen. Im Speisezimmer stand alles bereit. Peter setzte sich zu Tisch, kostete eilig von diesem und jenem, trank etwas Wein, dann hob er den Kopf und rief: »In die Kunstkammer!«

Graf von Eck[75], als Zeremonienmeister mit der Führung betraut, war sofort bereit, dem Befehl nachzukommen, wenngleich die späte Stunde und die Ermüdung nach der Reise einen solchen Wunsch nicht hatten vorherahnen lassen. Licht und Bedienstete standen in Augenblicksschnelle zur Verfügung.

Den Weg zu dieser Art Schatzkammer und Museum, über die Flure des Schlosses, lief Zar Peter behend, stets darauf bedacht, möglichst

[3] Baron und General im Dienst Peters I.
[4] Eigentlich: Fjodor A. Golowin (1650–1706), russischer Politiker und Diplomat; begleitete Peter I. 1697 und 1698 auf seinen incognito unternommenen Reisen durch Europa. Bis zum Ende seines Lebens lenkte er Rußlands Außenpolitik.
[5] Möglicherweise handelt es sich um Friedrich Vitzthum Graf von Eckstädt (1675–1726), einen Günstling Augusts des Starken, seit 1721 Kabinettsminister.

wenig gesehen zu werden. Eck erklärte er, daß er sich niemandem zu zeigen wünsche.

Obgleich die Kunstkammer ein wenig geplündert war, da der König viele Schätze nach Polen mitgenommen hatte, gab es hier dennoch vieles zu sehen, und der Zar betrachtete etliche Gegenstände so eingehend, daß er sich nach den ersten beiden Räumen erschöpft fühlte und alles Übrige auf den nächsten Tag verschob. Zeremonienmeister von Eck führte den Gast in sein Schlafgemach, und so ward der erste Tag glücklich beendet.

Wittke kehrte entgegen seiner Absicht nicht nach Hause zurück, sondern übernachtete in Constantinis Wohnung. Er mochte sich nicht vom Schloß entfernen, mußte man doch gewärtig sein, daß der Zar früh aufstehen und den Tag zeitig beginnen würde.

Schon im Morgengrauen war der gesamte Hof auf den Beinen und bereit, den hohen Gast zu amüsieren, der indessen zeigte sich niemandem, er verlangte nichts und erklärte, auch das Mittagessen allein in seinen Räumen einnehmen zu wollen.

Wie er es wünschte, so geschah es.

Nach nur kurzer mittäglicher Rast wünschte der Zar das Zeughaus zu sehen, und Baron von Rose trug er auf, der Gemahlin und der Mutter des Kurfürsten seinen Besuch anzukündigen. Die beiden Damen, trotz der Trauer um den hannoveranischen Kurfürsten[6] juwelengeschmückt, warteten vergeblich bis zum späten Abend, dann ließ sich der Zar nur für eine knappe halbe Stunde bei ihnen blicken, machte, auf einem Stuhl zwischen den Damen sitzend, artig Komplimente, jedoch maß er der Audienz so wenig Bedeutung bei, daß er sich dafür nicht einmal umgekleidet hatte.

Aus den Gemächern der Kurfürstin trat Peter ins Vorzimmer, in dem sich Hofdamen, Beamte sowie aufs Schloß geladene Honoratioren der Stadt befanden. Jedoch ohne innezuhalten begab sich der Zar, von Fürstenberg geleitet, in das Neitschützsche Haus gegenüber dem Stallhof, wo ein überaus prächtiges Abendessen und die schönsten Damen der Stadt und des Hofes seiner harrten. Bis spät in die Nacht vergnügte sich hier der Zar in ihrer Gesellschaft, indessen die Kanonen auf den Wällen Salut schossen und reichlich auf seine Gesundheit getrunken wurde.

All die Eleganz, der Prunk, der Überfluß schienen auf den Zaren

[6] Ernst August von Hannover (1629–1698)

keinen großen Eindruck zu machen, und mit den Anwesenden ging er höchst unzeremoniös um, er aß und trank mit Lust, warnte aber Fürstenberg, er sollte ja keine schaulustige Öffentlichkeit zulassen, solches könne schwer bestraft werden.

Auf den strengen Befehl des Königs hin, beim Empfange des Zaren nicht zu geizen, spannten der Statthalter und die Beamten alle Kräfte an, um dem Gast Annehmlichkeiten und abwechslungsreichste Zerstreuung zu bieten, so daß der Zar, solchermaßen begütigt, es am Ende sogar den Neugierigen nicht verwehrte, von weitem einen Blick auf ihn zu werfen, dennoch scherte er sich nicht um sie und ließ sich seine Ungezwungenheit nicht nehmen.

Tags darauf schon gedachte er abzureisen, aber Fürstenberg hatte einen erneuten Empfang in jenem prächtigen Saal an der Elbbrücke, der sogenannten Jungfer, arrangiert. Ausgezeichneter Wein versetzte den Gast in gleichfalls ausgezeichnete Laune, so daß er gar auch den nachfolgenden Tag in Dresden verweilte, noch bemerkenswerter aber war, daß er sich in höchst sittsame deutsche Tracht kleidete.

Da man Zar Peter hier in Dresden alle Pracht zeigen wollte, fuhr man mit ihm in den sogenannten Großen Garten und zum Palais vor dem Pirnaischen Tor, und dort feierte man vergnügt bis drei Uhr früh, also bis zum hellen Tag, und in der herzlichen Atmosphäre, mit der man den Zaren umgab, wurde dieser, zu Anfang noch steif und finster, mit der Zeit immer fröhlicher gelaunt. Dazu trug vielleicht auch der Umstand bei, daß er hier als einziger, nur von Menschen niederen Ranges umgeben, auf niemanden Rücksicht zu nehmen brauchte und sich ungeniert betragen konnte.

Gegen Morgen war die Rede auf die Festung Königstein gekommen, und der Zar verlangte, dieselbe zu besichtigen. Pferde und Wagen wurden gebracht, und man fuhr so zügig draufzu, daß die Kutsche schon um sechs Uhr vor den Festungstoren hielt. Es folgte die Besichtigung der Festung, des Zeughauses, überhaupt alles Sehenswerten, daran schlossen sich ein Essen und ein Konzert, und bei allem zeigte sich der Zar in bester Stimmung. Bis fünf Uhr nachmittags verweilte er noch, dann brach er, ohne noch einmal nach Dresden zurückzukehren, über Böhmen gen Wien auf. Dabei ahnte er nicht im leisesten, welche Neuigkeiten ihn dort erwarteten und wie bald er die Rückreise würde antreten müssen.

Während all der Festlichkeiten hatte der arme Wittke, welchem aufgetragen war, alles mit anzusehen, um hernach Bericht zu erstatten, unbemerkt in der Ecke stehen und schauen und lauschen müssen. Er hatte also Zeit gehabt, einen der originellsten Menschen seines Jahrhunderts zu beobachten, und am meisten frappierte ihn dessen Tatkraft und die Mißachtung all der Nebensächlichkeiten, auf welche die vornehme Gesellschaft hierzulande so großen Wert legte. Auch der Umgang mit den Menschen kennzeichnete den Herrscher, der die Grenzen seiner Macht nicht kannte und es gewohnt war, nach eigenem Antriebe, ohne alle Scheu, zu handeln.

Am Abend eilte Wittke, ohne auf die Herren zu warten, die mit Fürstenberg das Gelage auf Königstein fortsetzten, nach Hause. Nachdem erfüllt war, was man ihm aufgetragen, hatte er mit seinem Bericht sofort nach Warschau zu fahren. Es war ein leidiges Leben, und unser Kaufmann schwor, sich davon freizumachen, doch mußte er sich auch um die Zukunft kümmern.

Die Mutter hoffte, ihren Sohn nach so langer Abwesenheit doch ein wenig länger bei sich behalten zu können, obwohl Wittke ihr schon zu Beginn gesagt hatte, daß er alsbald wieder aufbrechen müsse.

Als er in der Nacht nach Dresden kam, bekannte er der ihn zur Begrüßung umarmenden Mutter gleich zu Beginn, daß er länger als einige Stunden nicht mehr würde bleiben können, und die arme Martha, auf das ärgste beunruhigt, trat zum erstenmal in ihrem Leben mit einer gewissen Energie hervor. Zwar gab offenbar die Liebe ihr dieselbe ein, doch war Zacharias so sehr daran gewöhnt, bei der Mutter auch nicht auf den geringsten Widerstand zu stoßen, daß er anfangs einfach außerstande war, auf die Bitten und Beschwörungen etwas zu erwidern.

»Ich verstehe dich nicht«, sagte die Mutter unter Tränen, »vielleicht bin ich darum so sehr um dich besorgt. Wir haben doch in Ruhe und Sicherheit gelebt, dem Vater und auch dir ging es gut. Irgendeine verhängnisvolle Macht hat dich in fremde Dinge hineingezogen und gibt dich nicht mehr frei. Wir tun hier unser Möglichstes, um dich zu ersetzen, aber ohne das Haupt des Hauses fehlt uns der Mut, und du hast dich selbst und uns vergessen. Ich weiß nicht, worauf du hinauswillst! Ich beschwöre dich, laß die uns fremden Dinge sein und kehre zu deinen eigenen zurück. Hab keine Scheu!«

Die Mutter weinte, während sie sprach. Wittke fühlte sich sowohl schuldig als auch gerührt, aber er konnte ihr ja nicht die ganze Wahrheit bekennen, und sich gänzlich aus allem zurückzuziehen, dazu war es zu spät. So versuchte er denn die Mutter mit leeren Versprechungen zu beruhigen und versicherte ihr, er wolle sich bemühen, alle die Dinge loszuwerden, aber so plötzlich ginge das nicht.

Mit solchen Versicherungen gelang es ihm, die Mutter ein wenig zu beschwichtigen, aber so oder so, er mußte nach Polen zurück. Aus Briefen, die vom Hofe gekommen waren, wußte er, daß er den König nicht mehr in Warschau finden würde, daß dieser unter dem Vorwand, einen Feldzug gegen die Türken zu unternehmen, irgendwo in Ruthenien zu suchen war. Constantini, der König August begleitete, teilte Wittke mit dieser Nachricht außerdem mit, daß er auf der Durchreise in Warschau nach Möglichkeit erforschen sollte, was beim Primas vor sich ging.

Radziejowski war scheinbar mit dem König versöhnt, jedoch hatte der Italiener Meldungen und auch Beweise, daß die Towiańskis und er trotz des Einflusses der Lubomirska überall, wo sie nur konnten, Komplotte gegen den König schmiedeten und ihm allerfeindlichst gesinnt waren. Towiański hatte man ein Amt verweigert, Radziejowski, der sich großen Einfluß erhofft hatte, sah sich in seinen Erwartungen enttäuscht. In Litauen und in Polen herrschte überhaupt ein unbeschreibliches Chaos.

Kreuz und quer liefen die Intrigen, die allergegensätzlichsten Richtungen wirkten auf den König ein. Freundschaft mit oder Krieg gegen Schweden – diese Frage war noch nicht entschieden. Mit aller Macht der Jugend zeigte sich Karl XII. am Horizont. August nahm ihn nicht ernst, Dänemark und Brandenburg traten gegen ihn auf, auch Zar Peter erklärte sich zum Beistand bereit. Aufgrund der Verwandtschaft also und wegen der Versicherungen, die er Karl XII. geleistet hatte, zögerte vermutlich der König.

Eben in diesem Augenblick tauchte in Polen ein livländischer Edelmann auf, von dem bereits die Fama ging, daß er ein Mann von großen Fähigkeiten und von Bedeutung sei. Es war dies der berühmte und unselige, kühne, aber auch arglistige Reinhold Patkul[7], welchen später

---

[7] Johann Reinhold von Patkul (1660–1707) verteidigte die livländische Ritterschaft bereits gegen den Schwedenkönig Karl XI.; 1698 in Diensten Augusts des Starken, schuf er 1699 ein Bündnis Sachsens, Dänemarks und Rußlands und wurde so eigentlicher Urheber des Nordischen Krieges. Seit 1701 im Dienst Peters I.; als August einen Sonderfrieden mit Schweden anstrebte, betrieb er eine antisächsische Politik; wurde, als russischer Gesandter in Dresden, 1705 verhaftet und nach dem Altranstädter Frieden 1707 an Karl XII. ausgeliefert, der ihn rädern ließ.

ein so trauriges Schicksal ereilte und dessen Blut August II. für immer besudeln sollte.

Als Wittke nach Warschau zu kommen beabsichtigte, gab es hier nur ein Gesprächsthema: Patkul. Der Primas versicherte, der Edelmann habe von seinen Landsleuten einen Aufruf mitgebracht, eine an August gerichtete Bitte, zu kommen und Livland zu befreien. Sogar finanzielle Unterstützung wurde zugesichert. Für den Anfang hunderttausend Taler. Wie sollte sich August, bei der Beigabe eines Bündnisses zwischen dem Dänen, dem Brandenburger und dem Zaren Peter, nicht durch den gleichsam von vornherein gesicherten Sieg verlocken lassen? Gegen diese Mächte trat ein Grünschnabel an, ganz allein, ohne Leute, ohne Waffen, ohne Geld und Erfahrung. Sich vom Edelmut hinreißen zu lassen und dem einsamen Jüngling die Hand zu reichen – dazu war August viel zu ehrgeizig und egoistisch! Eher war er zu Verrat bereit denn zu Opfern!

Zu all diesen Anreizen für einen Krieg mit dem Schweden kam noch der Charme hinzu, den Patkul ausstrahlte. Mutig, gebildet, mit allen Wassern gewaschen, war er in der Politik von derselben Schule wie August. Er suchte den Erfolg, ohne sich um die Mittel und um moralische Rücksichten zu scheren, doch war er vielleicht geschickter als er, da er dies besser verbarg, während August sich wegen seiner Verderbtheit nicht genierte und sie kaum bemäntelte. Beredt und ein Menschenkenner, glatt wie ein Höfling, aber energisch wie ein Soldat und voller Enthusiasmus, wenn dieser ihm dienlich war – gewann Patkul nahezu jeden für sich, mit dem er in Beziehung trat. Seine nichtalltäglichen Fähigkeiten machten ihn jenen, mit denen er zu tun hatte, überlegen.

Wittke, seiner Schwäche für die kleine Henriette treu, die er in Dresden nicht vergessen, da er ihr dort erworbene Geschenke mitbrachte, lief nach seiner Rückkehr gleich zu den Renards, wo er stets ein lieber Gast war. Das Mädchen rannte ihm als erste entgegen, konnte sie doch sicher sein, daß er sie nicht mit leeren Händen begrüßen würde. Und in der Tat kehrte sie mit voller Schürze zur Mutter zurück. Auch beide Eltern eilten dem Freunde entgegen, denn so wurde er hier bereits genannt. Man nahm ihn mit ins Schlafzimmer, um ungestört mit ihm zu reden.

Renard war es nach Contis Flucht im Grunde gleichgültig, wer herrschen würde, wenn nur die Herrschaft Leben und Treiben in die Stadt

175

brachte. Obgleich er für den Sachsen keine besondere Liebe hegte und im Herzen den Franzosen vorgezogen hätte, so wußte er von seinem Standpunkt aus doch August zu schätzen und war ihm günstig gesinnt. Er wußte, daß der König gern und über die Maßen trank, daß er Menschen anzog, mit Geld um sich warf und großartige Festschmäuse ausrichten ließ, also war er für ihn und wünschte ihm Erfolg, auf daß Warschau sich durch Reichstage, Karnevalsfeiern, Jagden und Weiberintrigen belebte.

Renard berichtete Wittke als erster von Patkul und von der Wahrscheinlichkeit eines Krieges mit Schweden. Der Empfang des Zaren Peter in Dresden, wovon Wittke Nachricht brachte, war die Gewähr für ein Bündnis mit Moskau, und ein solches versprach ein leichtes Bezwingen des unvorsichtigen Grünschnabels.

Um Mezzettinos Auftrag gemäß genau zu erkunden, was beim Primas und bei den letzten Adelsempörern vor sich ging, hätte unser Kaufmann leicht einen Vorwand finden können, um sich nach Łowicz zu drängen, aber er mochte sich dort nicht gern zeigen. Er wollte zuvor Przebor erwischen, in der Hoffnung, ihm alles Nötige zu entlocken. Die Renards aber schätzten den Glücklosen wenig und wußten nicht einmal, wo er hingeraten war. So mußte Wittke ihn in der Stadt aufspüren, und er fand ihn als Schreiber bei einem der Lubomirskis.

Łukasz Przebor, der sich damals, als er die Przebendowska selbstherrlich verließ, so große Zukunftsaussichten gemacht hatte, beklagte jetzt seine Unbesonnenheit, denn ein Zurück gab es nun nicht mehr. Beim Primas anzukommen, wollte ihm nicht gelingen, und in der Not hatte er sich einem der jungen Lubomirskis angeschlossen, der dem König die Verführung der Großkämmersgattin und die seiner Familie damit angetane Schande nicht verzeihen konnte. Przebor beklagte sein Los, und auf der Suche nach etwas Besserem schnappte er freudig nach Wittke, voller Bereitschaft, ihm zu dienen.

Viel aber war mit ihm nicht los. Przebor begriff seine Lage recht wohl, konnte jedoch wenig dagegen tun. Mißgünstig, rachsüchtig und allzu leidenschaftlich, vermochte er auf dem schlüpfrigen Pfad, den er betreten, nicht zu gehen, und je ungeduldiger er wurde, desto weniger gelang ihm. Durch ihn erhielt Wittke Kundschaft aus Łowicz, ohne sich selbst dorthin begeben zu müssen.

Przebor hatte, was als überaus günstig erschien, eine Liebesbeziehung mit einer nicht mehr jugendfrischen armen Verwandten der

Towiańska, die im Hause der Kastellanin lebte, geknüpft. Das bot einen guten Vorwand für einen Ausflug nach Łowicz.

»Merk dir eins«, schärfte der Deutsche ihm ein, als er das Reisegeld übergab, »belüge mich nicht, denn das wird dir nicht gelingen. Sollte ich dich nur einmal bei einem solchen Gelüst ertappen, habe ich mit dir nichts mehr zu schaffen.«

Przebor, für den der vermögende Kaufmann nunmehr die einzige Hoffnung war, beteuerte, ihm treu dienen zu wollen. Dennoch hätte er ihn jederzeit hintergangen, aber dieses Mal brachte es nichts ein.

Zwei Tage lang saß Wittke bei den Renards und wartete auf den Entsandten, bis dieser endlich wiederkehrte. Er hatte verworrene, ungewisse Nachrichten, eine davon aber war entschieden und gewiß, nämlich daß ungeachtet aller Zusicherungen und entgegen dem Anschein der König dem Primas Radziejowski nicht trauen durfte. In Lowicz herrschte eine höchst königsfeindliche Stimmung. Der Primas, der nach außen hin stets Treue und Ergebenheit zeigte, hatte sich insgeheim die Freiheit bewahrt, August zu hintergehen. Die Towiańska und ihr Sohn traten nahezu unverhohlen vor allem gegen die Przebendowskis, aber auch gegen den König auf, Radziejowski hielt es offiziell mit dem Sachsen und sprach für ihn.

Mehr konnte Wittke in Warschau nicht in Erfahrung bringen, und dem Befehl des Italieners folgend, brach er auf, den König in Ruthenien zu suchen. Er hoffte, ihn in Brzeżany zu finden, was in der Tat so geschah. Auch jetzt trug er sich mit der Absicht, sich aus Constantinis Fesseln zu befreien, aber er wußte ja nicht, was ihn erwartete.

Mezzettino, als er ihn sah, packte ihn mit beiden Händen am Kragen und befahl ihm, eingehendst des Zaren Aufenthalt in Dresden zu schildern. Vor allem kam es ihm darauf an, Wesen und Temperament des Zaren zu erfassen, zu wissen, wie er mit den Menschen umging, denn August hoffte, sich mit ihm treffen zu können.

Man mutmaßte, daß der Zar in Wien unbedingt vom Aufstande der Strelitzen erfahren haben mußte, und man zweifelte nicht daran, daß dieser so wichtige Vorfall ihn bewegen würde, seine Reise abzubrechen und nach Rußland zurückzukehren. Zwar wurde der Aufstand niedergeschlagen, seinen Folgen jedoch vermochte allein der Zar persönlich vorzubeugen.

Constantini holte aus Wittke heraus, was er konnte, und er schmeichelte sich, daß der König sich mit seinem Rapport zufriedengeben würde. Er log zunächst, den Bericht schriftlich erhalten zu haben, doch der Art der Erzählung merkte August an, daß er ihn täuschte, und streng befahl er Constantini, ihm seinen Sendboten vorzuführen.

Es war dies das größte Unglück für den Italiener, mußte doch die Folge einer solchen Vorführung unweigerlich sein, daß sich der König ohne seine Mittlerschaft Wittkes würde bedienen wollen.

Sobald August Mezzettinos Unaufrichtigkeit entdeckt hatte, trug er Hoffmann auf zu erkunden, wen der Italiener entsandt hatte und wer bei ihm eingetroffen war. Constantini, in die Enge getrieben, mußte sich geschlagen geben, als der König ihm unverblümt sagte: »Wenn du nicht willst, daß ich ihn herbefehle, diesen Wittke, dann bringe du selbst ihn morgen früh zu mir.«

Zusätzlich drohte der König. Constantini gab sich heiter und resolut zugleich.

»Majestät«, erwiderte er, »ich leugne nicht, daß ich nur ungern jemanden zu Eurer Majestät vorlasse. Ich bin eifersüchtig und möchte selbst Eurer Majestät dienen.«

August unterbrach ihn: »*Pulcinello*!«

Am anderen Morgen erreichte Wittke jäh und unverhofft das Ziel seiner Wünsche. Mezzettino sollte ihn dem König vorstellen! Das würde über sein weiteres Geschick entscheiden. Von Constantini konnte er sich noch leicht befreien, vom König nimmermehr.

Als sie in das Schlafgemach eintraten, wies August, um seinen Favoriten zu ärgern und zu strafen, diesem die Tür und hieß ihn hinausgehen, er aber blieb mit Wittke allein.

Sogleich begann er ihn nach Zar Peter auszuforschen, und so geschickt, daß selbst ein minder begabter und gescheiter Mensch eine Vorstellung von ihm hätte liefern müssen. Wittke, obzwar anfangs ein wenig befangen, hatte sich bald wieder in der Hand, und da er August in guter Stimmung sah, schilderte er ungezwungen und gewandt den Aufenthalt in Dresden.

Der König nahm alles dankbar entgegen, danach fragte er noch, welche Dresdener Schönheiten den Zaren beeindruckt hätten, aber der Kaufmann wußte nur dies, daß sich der Gast mit den Damen überaus vertraulich und geringschätzig verhalten, sich ihrer wiederum auch nicht überdrüssig gezeigt habe. Wittke fügte hinzu, daß sich der Zar beim Besuch der Kurfürstin und ihrer der Königinmutter anständig betragen habe, obwohl er in Reisekleidern bei ihnen erschienen sei, und daß er einen Abschiedsbesuch nicht als verpflichtend erachtet habe.

August schien über Wittkes Darlegungen sehr froh, er klopfte ihm auf die Schulter und fragte, ob er in seine Dienste treten wolle.

»Majestät«, antwortete der Kaufmann, »ich habe einen Laden in der Schloßstraße und betreibe recht umfangreiche Geschäfte, die ich nicht im Stich lassen kann. Aber sooft Eure Majestät mich verwenden wollen, stehe ich gern zu Diensten. Ich spreche polnisch, und ich habe Lust, mich zur Hälfte in Warschau niederzulassen.«

»Alles das kommt mir gelegen«, sagte der König. »Auch umgekehrt, sollte ich dir mit etwas helfen können, will ich tun, was ich vermag. Bloß«, ergänzte August lachend, »daß du jetzt kein Geld von mir verlangst!«

II

In den ersten Augusttagen herrschte in dem unscheinbaren Städtchen Rawa Ruska[8] ein Treiben, wie man es hierorts seit Menschengedenken nicht erlebt hatte. Die ganze Umgegend war von den schönsten sächsischen Regimentern, den königlichen Garden und der Artillerie in Beschlag genommen; sämtliche etwas besseren Behausungen in der Stadt, welche die Eigentümer räumen mußten, wurden für die hohen Gäste hergerichtet, da dies aber nicht genügte, schlossen sich auf dem Markt errichtete prächtige Zelte daran an. Den Zelten war es leicht anzusehen, daß sie der Türkenbeute aus der Schlacht bei Wien entstammten. Der frisch und überaus elegant aufgeputzte Hof Augusts, von den Sachsen der Starke geheißen und von anderen der Prächtige, tummelte sich zahlreich vor den Herbergen und den sich daran anschließenden Zelten.

Die Ställe vermochten kaum die Pferde aufzunehmen, in den Schuppen fanden die Wagen des Königs und seines Gefolges nur mühsam Platz. Die wichtigsten Generäle, die höchsten Beamten, die Diener, auf die sich August am meisten verließ – alle befanden sie sich hier. Schon Tage im voraus war es zu spüren und zu sehen, daß Gäste erwartet wurden. In der Tat, Zar Peter sollte sich auf seiner eiligen Rückreise nach Moskau hier mit dem polnischen König treffen. August lag unendlich viel daran, den Zaren für sich einzunehmen, er hoffte auf

---

[8] Damals zu Polen gehörige ukrainische Stadt, in der 1693 August der Starke mit Peter I. zusammentraf.

dessen Beistand bei der Bezwingung seines Cousins, des blutjungen Karl XII.

August hielt alles nur Erdenkliche bereit, um sich den Zaren geneigt zu machen und ihn an sich zu binden. Er kannte Peter vom Erzählen, von seiner Reise durch Europa, aus Wittkes Bericht und aus jener Intuition, wie sie ihm gewisse Wesenszüge eingeben mochten.

Mit alledem war der in sich so widersprüchliche Eigenschaften und Fehler verknüpfende Peter in vieler Hinsicht für August, wie für alle, ein Rätsel. Eines aber stand gänzlich außer Zweifel:Daß er eine eiserne Energie, Ausdauer, einen unbeugsamen Willen besaß und daß ihm die künftige Größe seines auf dem Wege zur Zivilisation etwas nachhinkenden Staates am Herzen lag.

Der Impuls zu Umgestaltung und Fortschritt, den der eigene Wille dem eingeschläferten Volk nicht geben konnte, mußte von Peter ausgehen, von ihm erzeugt werden. Außerdem war der Zar gezwungen, sämtliche Bedingungen für ein neues Leben selbst zu schaffen, dabei sah er nicht voraus, daß sein Wille keine Wunder würde vollbringen, daß er die Zeit nicht würde ersetzen können.

Nach allem, was er gehört hatte, stellte August sich den Zaren eigensinnig und stolz vor; ihn tröstete, daß man sich an der Tafel und beim Wein – Freuden, die sie beide liebten – leichter würde verständigen können. Er ärgerte sich auch nicht darüber, daß Peter im voraus verkündet und sich ausbedungen hatte, sein Incognito wahren zu wollen – nur die höchsten Würdenträger sollten zu ihm gelassen werden, sonst niemand.

Jenes vom Zaren ausbedungene Incognito wirklich einzuhalten, war unmöglich. Schon im vorhinein wurde von der Ankunft des Zaren geredet, im übrigen verriet, trotz des kleinen, bescheidenen Hofes, trotz der unscheinbaren Wagen, mit denen er reiste, schon das Äußere, daß hier jemand von weither kam.

An den Tagen vor der Ankunft des Zaren zerbrach sich König August den Kopf darüber, wie er seinen Gast amüsieren, interessieren und wie er sich bei ihm einschmeicheln sollte. Einige Tage galt es gemeinsam zu verbringen, um das Bündnis abzufassen und endgültig zu schließen. Der König konnte seine sächsischen Truppen vorführen, er hatte viele schöne Dinge zu präsentieren, zuallererst seine Körperkraft, aber er wollte den Zaren doch blenden und bezaubern!

Endlich kam der Tag der Ankunft, für den sich August mit all sei-

180

nem geliebten Glanz und Pomp gerüstet hatte. Zar Peter traf mit nur wenigen Leuten ein, er kam in schmucklosen, unauffälligen Wagen, mit schlichter Dienerschaft, er selbst trug seine vernachlässigten, abgewetzten Reisekleider, die zu wechseln er nicht gedachte.

Die stattliche Erscheinung des sächsischen Herkules–Antinoos, sein edles, stolzes und zugleich liebliches Antlitz, seine theatralischen Gebärden und Mienen machten Peter, der auf alle äußerlichen Dinge nichts gab, zur scheinbar untergeordneten Figur. Wer aber beide Herrscher nebeneinander betrachtete, konnte leicht erkennen, daß in dem unscheinbaren Peter mehr Energie, mehr Stärke steckte als in dem sächsischen Tausendkünstler.

Aller Glanz und Prunk und Reichtum, mit dem August den Zaren empfing, war gleichsam verloren. Peter würdigte den Pomp keines Blickes, das, was er sah, ließ ihn so sehr gleichgültig, als ob er alles, was ihm ungewohnt war, mißachtete. Während August sich nahezu unterwürfig vor ihm verneigte, ihn hätschelte und um ihn bemüht war, schien der Zar sich über den König, über den Empfang und die Honneurs gleichsam lustig zu machen. Sein Auge maß die Deutschen und die wenigen Polen mit einigem Hohn und mit einer unverhohlenen Gleichgültigkeit.

Neben diesen Beobachtungen konnte sich August schon am allerersten Tag davon überzeugen, daß der derbe, ungenierte Zar sich weder täuschen noch sich in die Seele blicken lassen würde. Er gab sich überaus offenherzig und sagte doch nichts. Letzten Endes speiste er einen lachend und mit Trinksprüchen ab. August, trotz all seiner feingesponnenen Politik, verriet sich jeden Augenblick, Peter hingegen nie.

Gleich am ersten Abend nach der Ankunft des Zaren schlossen sich die beiden Herrscher zu Gesprächen unter vier Augen ein. August nämlich drängte es, dem Zaren den Puls zu fühlen, wie er es Flemming gegenüber nannte, Peters Puls aber war trotz des Strelitzenaufstandes ruhig und gleichmäßig.

Der Sachse zog in Eile sämtliche Register, auf deren Klangfarbe er neugierig war, und die Reaktion war geräuschvoll, jedoch nicht allzu verständlich. Sie zu ergründen, mußte man auf die kommenden Tage verlegen. Zuvörderst wollte der König dem Zaren eine großartige Vorstellung von sich und seiner Macht, von seinen Reichtümern geben, jedoch die größte Anstrengung zeitigte kein Ergebnis. Peter spiel-

181

te die kleine, untergeordnete Figur, versteckte sich hinter seinem Lefort, stand stets zur Hälfte abseits und wahrte das Incognito.

Das sächsische Lager war in einiger Entfernung vom Städtchen errichtet, dort hielt Flemming Haus. Am Morgen kamen beide Monarchen, um es zu besichtigen; August schwang sich aufs Pferd und führte persönlich seine Regimenter vor – stattliche, schmucke Kerle, erlesen bewaffnet und gekleidet. Der Zar klatschte Beifall, jedoch Begeisterung war ihm nicht anzusehen. Polnische Regimenter waren im Lager überhaupt nicht zu finden.

Flemming bemühte sich nicht minder rührig als sein Herr, den Zaren zu umwerben, aber auch er spürte, daß sie es mit einer harten, jeglicher Verführung widerstehenden Natur zu tun hatten, die ihre eigene Ansicht und ihr eigenes Urteil hatte und die einem die Einsicht darein nicht leicht machte.

»Solche schönen Truppen kann ich nicht haben«, bemerkte der Zar nach der Parade zum König. »Meine Soldaten sind einfache Bauern, aber meine Infanterie steht wie ein Wall, und die Offiziere gehorchen wie Soldaten. Sollten sie zu meutern versuchen, schlage ich allen die Köpfe ab und habe für eine ganze Weile Ruhe. Bei mir ist viel Verschlafenes, dafür muß ich jetzt Tag und Nacht wachen.«

Nach der Truppenschau bat Flemming die Monarchen ins Zelt, wo er sie aufs prächtigste empfing, mit Speise und Trank und vergnüglicher Zerstreuung. Der Zar umarmte und küßte August, lachend versprach er ihm Beistand und unverbrüchliche Freundschaft, und sobald die Rede auf den Schweden kam, zwinkerte er ihm vielsagend zu.

Den jungen Karl XII. behandelten sie wie einen anmaßenden Milchbart. Dänemark sollte den Tanz mit ihm beginnen, danach August ihn auffordern, auch Peter hielt sich in Bereitschaft, und der äußerst vorsichtige brandenburgische Kurfürst sicherte in aller Stille zu, sich ebenfalls später anzuschließen. Nur, allein zu beginnen, lehnte er entschieden ab.

Nach der Truppenschau hatten sich die Monarchen im Zelt neuerlich zu Festschmaus und Wein niedergelassen, aber noch immer fand der König keine geeignete Gelegenheit für ein entscheidendes Gespräch mit seinem Gast. Spät in der Nacht endlich richtete er es so ein, daß er mit dem Zaren unter vier Augen allein blieb. Den Plan für das Gespräch hatte sich August beizeiten zurechtgelegt. Zar Peter schien das Gespräch zu erwarten, selbst indessen begann er es nicht.

Da bereits mehrmals an diesem Tage die Rede davon gewesen war, was der Zar in seinem Lande zu tun gedachte und welche gewaltigen Aufgaben ihm bevorstanden – Heer und Flotte, Schulen, Handwerk, europäische Künste wollte er bei sich anpflanzen –, bezog sich August in der Einleitung zunächst auf eigene Dinge.

»Lieber Bruder!« wandte er sich an Peter, während er ihn umarmte und auch von ihm einen glühenden Kuß empfing. »Wir können uns wahrhaftig Brüder nennen. Glaube nicht, daß ich in meinem neuen Königreich mit den Händen im Schoß dasitzen könnte! Auch bei mir gilt es so gut wie alles umzuwenden. Du hast es mit einem halbwilden Volk zu tun, das ängstlich ist und gefügig, ich dagegen mit einem zügellosen, entfesselt durch eine Freiheit, wie sie sie kein Volk dieser Erde kennt. Glaubst du, so könnte das bleiben? Ich habe nicht nach der Krone gelangt, nur um mich mit ihr zu schmücken. Mein Sinnen und Trachten geht um vieles weiter. Du kannst mir die Hand reichen. Die Grenzen meiner Rzeczpospolita können wir gemäß Eurer alten Forderungen regulieren, dafür müßt Ihr mir dabei helfen, Ordnung ins Land zu bringen und alle die ungeeigneten Freiheiten abzuschaffen. Ich habe dafür auch die Zusage Brandenburgs, welches gleichfalls mit etwas zufriedenzustellen ist. Ich kann ihm Land abgeben, werde es von der Lehnspflicht entbinden, aber das, was mir übrigbleibt, will ich zu einer Erbmonarchie vereinen und die Dynastie der Wettiner auf den Thron setzen. Du wirst im Norden einen Großstaat errichten, ich im Westen. Das neue brandenburgische Königreich muß mit uns sein, um sich gegen Österreich zu behaupten, das ich für mich gewinnen werde.«

Zar Peter hörte aufmerksam zu.

»Oho«, bemerkte er, vom Weine kostend, »mit den polnischen Pans wirst du eine harte Nuß zu knacken haben! Sie sind es gewohnt, hier zu regieren.«

August lachte auf und sagte augenzwinkernd: »Dagegen weiß ich Mittel, lieber Bruder«, erwiderte er. »Seht nur, was sich in Litauen tut, da stehen sich zwei Lager so ergrimmt gegenüber, daß sie sich gegenseitig zerfleischen werden, und eines davon, welches den Sieg erkauft, entsagt auch den Freiheiten. Dieselbe Methode werde ich auf Polen übertragen. *Divide et impera!*[9]« August lächelte anmutig. »Eine alte und

---

[9] (lat.) Teile und herrsche!

183

unfehlbare Maxime, die niemals versagt, und nirgends sonst läßt sie
sich leichter anwenden als in meinem Land.«

»Es ist ein ritterliches Volk, das Heer hat sich einst wacker geschlagen! Die sind bis nach Moskau gekommen...« seufzte der Zar.

»Das Heer!« Der Sachse lachte auf. »Das Heer ist auch jetzt hübsch
anzusehen. Manche der Regimenter haben Flügel an den Schultern,
aber die Zeiten sind ein für allemal vorbei, da sie damit durch die Lüfte
flogen. Ihre Lanzen waren für Turniere gut, nicht für den Krieg. Die
Schlachta ist träge geworden, sie hat zu viel gerodet, zu viel Ackerland
geschaffen, aus Rittern sind Bauern geworden.«

Der Zar, welcher aufmerksam zuhörte, schüttelte unwillig den Kopf.

»Tja«, ergänzte er, »ich habe zu Hause alle Hände voll zu tun, aber
bei mir muß alles von neuem begonnen werden, indessen man bei dir
Verdorbenes wiederherrichten muß.«

»Da irrst du, Bruder«, entgegnete August. »Auch ich muß Neues schaffen, denn das Vorhandene taugt zu nichts. Das sind Epigonen der Römer,
Republikaner, ich aber muß aus ihnen gehorsame Untertanen machen.«

»Eine Aufgabe, für die ein Leben kaum ausreicht«, sagte Peter.

Der Zar wurde nachdenklich. August stieß seinen vollen Becher
gegen den seinen.

»Alles läßt sich machen, Bruder, so wir nur zusammengehen«, er-
munterte er seinen Gast. »Euch sind Karl XII. und Schweden Feind
und Hindernis, für mich ist Schweden Werkzeug und Mittel zum Zweck.
Mein dreister kleiner Cousin wird vor uns weichen müssen. Sein Erb-
teil können wir dann teilen.«

»Der Brandenburger wird auch mit Forderungen kommen«, flüsterte Peter. »Ich fürchte ihn, er ist schlau und vorsichtig, er geht langsam
voran, aber wo er den Fuß hinsetzt, dort hält er sich. Seht ihn auch jetzt
– anfangen will er nicht, sollten wir aber ins Straucheln kommen, wird
er dem Schweden die Hand reichen.«

August, weniger scharfsinnig, aber von Friedrich frisch eingenommen, schüttelte den Kopf.

»Das heißt, daß er bei uns weniger zu verlieren hat. Wir können uns
in das Land teilen und welches erkaufen, er nicht. Er hat wenig Platz
für die künftige Majestät.«

»Wer von uns hätte aber zu viel Platz?« erwiderte der Zar. »Mich
bedrängt der Türke. Wohl oder übel werde ich künftig den Krieg
gegen die Türken meinen Nachfolgern überlassen müssen, auf daß die

sie vertreiben oder vernichten. Darum muß mit Euch ein Friede befestigt werden, ein starker Friede.«

»So stark, wie wir beide es sind«, unterbrach der König den Zaren, und bei den Worten knüllte er einen silbernen Becher in der Hand wie ein Blatt Papier.

Beide Monarchen tranken vom Weine. Peters Gesicht, soeben noch leicht verdüstert, erhellte sich, und langsam sagte er: »Zeig mir deine Polen! Ich höre so viel von ihnen und habe kaum welche gesehen. Gern würde ich Eure kleinen Zaren kennenlernen.«

Die polnischen Truppen, zu der Zeit bei Lemberg in Marsch gesetzt, waren nicht allzu weit enfernt. August, kaum daß er den Wunsch des Zaren vernommen, langte zum Glöckchen. Ein Page erschien; der König befahl, den Sekretär zu rufen und einen Brief sofort, mitten in der Nacht Hetman Jabłonowski zuzustellen, welcher, ein wenig auf einen solchen Ruf gefaßt, mit dem Feldhetman Szczęsny Potocki[10] schon zum Aufbruch bereitstand. Dem alten Jabłonowski wäre es als eine Schmälerung der polnischen Truppen erschienen, wenn sich auf polnischem Boden nur die Sachsen dem Zaren präsentiert hätten.

Anderthalbtausend Mann der erlesensten Reiterei, Fähnlein von Gepanzerten, Husaren, leichter Kavallerie standen bereit, die Herren Hetmane zu begleiten. Als Jabłonowski der königliche Brief mit der Einladung erreichte, in welchem zugleich ausgedrückt war, daß der Zar nicht von vielen Leuten gesehen zu werden wünsche und kaum die allervornehmsten vor sein Angesicht treten lassen werde, vermochte sich der Hetman nur mit Mühe des aufbrausenden Lärms zu erwehren, drängte doch ein jeder danach, auf dem Boden der Rzeczpospolita eine solche Seltenheit wie den Zaren zu sehen, noch dazu einen Zaren, von dem man sich so verwunderliche Dinge erzählte. So kam es, daß sich die einen mit der Zustimmung der Hetmane und die anderen eigenmächtig deren Gefolge anschlossen. Alle waren sehr darauf bedacht, sich von den Sachsen nicht übertrumpfen zu lassen, und so konnte man die paar Tausend Rosse als das Erlesenste vom Erlesensten ansehen; ein Mann war wie der andere gewachsen, die Rosse herrlich, Rüstung und Reitzeug ließen sich gut und gern auf Tausende Dukaten schätzen. Jabłonowski hatte ein Gefolge, um welches ihn der König hätte beneiden können.

---

[10] Szczęsny Kazimierz Potocki (gest. 1702), Teilnehmer an der Schlacht gegen die Türken bei Wien, seit 1692 Feldhetman, wurde im letzten Lebensjahr Großhetman.

Eine Viertelmeile vor Rawa stiegen die Hetmane aus den Kutschen und schwangen sich aufs Pferd, und in großartiger Parade, mit Hetmansflagge und türkischen Roßschweiffahnen, den Hetmansstab in der Hand, zogen sie auf dem Marktplatz ein.

Der König, der benachrichtigt worden war, erwartete die Herren im Zelt, hier auch empfing er Jabłonowski und Potocki. Nach ihnen drängten schon die vornehmeren Begleiter herein, darauf begierig, den Zaren zu sehen.

August, bestens gelaunt, begrüßte die Gäste, da er aber sah, daß das Zelt sich füllte, und er wußte, daß der Zar es verwehrte, sich jedem Beliebigen zu zeigen, sagte er leise zu Jabłonowski: »Mein Gast ist ein origineller Mann, und als Gastgeber muß ich seiner Laune willfahren. Ich werde daher gehen und ihn fragen, wieviele und wen er zu empfangen beliebt.«

Mit diesen Worten entfernte sich der König, und alsbald kehrte er lächelnd wieder.

»Ich habe es vorhergesehen«, sagte er. »Der Zar will außer den Hetmanen und den Senatoren niemanden zu sich lassen. Ich bin daran nicht schuldig, gehen wir.«

Der König wandte sich jener Tür zu, welche aus dem Zelt ins angrenzende Haus hineinführte und weiter auf einen großen Hof, von diesem aus ging er auf Hinterwegen zum Zaren, nur acht Männer mit sich nehmend, darunter den Sohn des Hetmans, den ruthenischen Woiwoden Jan Stanisław.

Der alte Hetman hielt seine Begrüßungsansprache auf polnisch, denn er zweifelte nicht, daß der Zar dieselbe verstand, die Verwandtschaft der beiden Sprachen gestattete eine solche Gewißheit.

Die herrschaftliche, edle Haltung des alten Jabłonowski, seine Ruhe und seine Art, sich weder zu sehr zu erniedrigen noch sich allzu stolz hervorzutun, mußten auf Zar Peter einen großen und guten Eindruck machen, denn er ließ kein Auge vom Hetman, und als dessen Ansprache beendet war, antwortete er nach kurzer Besinnung auf ruthenisch[11]: »Ich danke Euer Liebden dafür, daß Ihr meinen Bruder August zum König gewählt habt.«

Während der Begrüßungsrede und der Erwiderung war der Hetman

---

[11] Das Ukrainische, das unsere Schriftsteller dem Zaren in den Mund legen, kann von ihm gar nicht verwendet worden sein, denn er sprach Moskauer Mundart; jedoch wollten wir nichts aus den Quellen verändern. (Anmerkung des Verfassers)

immer näher auf den Zaren zugetreten, indessen dieser mehr und mehr zurückgewichen war, dann aber ging der Zar dicht an Jabłonowski heran.

Für ein Gespräch blieb allerdings nicht viel Zeit, denn der König wachte darüber, daß der größere Teil des Tages an der Tafel verfloß. Alsbald wurde daher verkündet, daß angerichtet sei, jedoch in einem anderen Hause, und man begab sich dorthin – voran die Monarchen und Hetmane, ihnen folgten die Senatoren.

Da der Zar auf seinem Incognito beharrte, nahm August oben an der Tafel zur Rechten Platz, Peter zur Linken, neben dem König reihten sich der Großhetman, der Feldhetman und die Senatoren, neben dem Zaren Lefort, Golowkin und dessen ganze Gesandtschaft. Man hatte noch kaum zu speisen begonnen, da wurden schon riesige Becher und Kelche gefüllt, und der König ließ Jabłonowski wissen, daß es hier um die Ehre der Nation gehe und die Polen bis zum Grund trinken sollten.

»Majestät«, wehrte Jabłonowski lachend ab, »ich vertrage nicht viel, ich werde betrunken.«

»Da kann man nichts machen«, sagte August. »Auch ich werde mich wohl betrinken, aber ich denke, daß hier niemand nüchtern davonkommt.«

Das Mahl nahm seinen Lauf, mehr noch das mörderische Besäufnis, es ging fröhlich und munter zu und zog sich lange hin.

Der König, um den Anschein zu erwecken, als wolle er die Senatoren zu seinen Absprachen mit Peter zulassen, verkündete ihnen bei Tische, daß man sie anderntags zur Konferenz betreffs der künftigen Umstände rufen werde. An diesem Tage hatten alle schon einen so schweren Kopf, daß an derlei nicht zu denken war.

Die beiden Jabłonowskis, Vater und Sohn, denen des Königs ganzes Verhalten verdächtig erschien, sahen auch in dieser Einladung zur Konferenz einzig das, was sich tatsächlich dahinter verbarg. August ging es darum, die Vereinbarung mit Zar Peter wegen des Krieges gegen Schweden zu bemänteln, über welchselbe bei den Beratungen niemand ein Wort verlor, obwohl derartiges doch in der Luft lag. Der Zar erwähnte lediglich einen Vertrag von Karlowitz und erklärte sehr allgemein, ein Bundesgenosse der Rzeczpospolita sowie König Augusts unzertrennlicher Freund, Bruder et cetera zu sein.

Alles das arrangierte der König sehr geschickt zum Schein, aber nicht jeder ließ sich hinters Licht führen. Die Zeit des Aufenthaltes in Rawa verging im übrigen bei Trinkgelagen, bei denen König und Zar sich in den Armen lagen und sich küßten, sowie bei Truppenparaden, mit welchen August prunkte, indessen der Zar denselben, ironisch lächelnd, Lob spendete.

Die Liebedienerei des Gastgebers gegenüber dem Gast war nur allzu sichtbar und grenzte beinahe an Unterwürfigkeit, Zar Peter hingegen nahm alles kühl und gleichsam als etwas Gebührendes hin. Beim Weine lachte er und geizte nicht mit Küssen, den Rest der Zeit blickte er unruhig umher, wohl prüfend, was ihn umgab. Der König kleidete sich tagtäglich in die vornehmsten Gewänder, in Goldbrokate mit Brillantenknöpfen, festlich präsentierte er sich selbst und seinen Hof, während der Zar, mit der Ausrede, sein Gepäck zurückgelassen zu haben, unverändert sein graues, abgewetztes Wams trug und seine einfachen, plumpen Holländerschuhe, die er mit Lederschnüren band. Aus den Höflingen war er nur schwer herauszukennen, und allein an dem Respekt, den ihm alle erwiesen, ließ er sich erahnen.

Aus diesem Grunde kam es zu einem Vorfall, der den König überaus erregte. Peter, eigenwillig und sich um nichts scherend, ging am Morgen nach der Ankunft der Hetmane hinaus auf den Exerzierplatz, über den sich etliche Leute zu Fuß und zu Pferde bewegten. Der Stallmeister des Feldhetmans Szczęsny Potocki, der noch nie in seinem Leben den Zaren gesehen hatte, stieß denselben im Vorbeireiten unvorsichtig an, worauf Peter die Peitsche hob, die er in der Hand hatte, und ärgerlich auf ihn einprügelte. Der Stallmeister, ob er nun etwas ahnte oder nicht, zog sofort blank, einige Kameraden, welche bei ihm waren, taten desgleichen, und so stürzten sie dem davoneilenden Peter nach.

Es dauerte eine Weile, bis jemand den Stallmeister anrief: »Halt, bleibt stehen, das ist der Zar!«

Außer Atem, schnaufend kam Peter zum König gelaufen, welcher zum Glück unweit mit Jabłonowski stand, und halb lachend, halb erbost rief der Zar dem alten Hetman zu, welchen er so sehr ins Herz geschlossen: »Deine Polen wollten mich in Stücke hauen!«

Jabłonowski, erschreckt, wollte sogleich davonstürzen, um die Sache zu prüfen und Gerechtigkeit herzustellen, jedoch Peter hielt ihn zurück: »Laß sie, ich habe ja als erster zugeschlagen! Pst, pst, nur nichts ausposaunen!«

Auf den alten Jabłonowski konnte der König geradezu eifersüchtig sein, so sichtbar bevorzugte der Zar ihn vor allen anderen. Die Autorität, das Alter, die edle Form des Umgangs, die nichts von Augusts eleganter Unterwürfigkeit hatte, gefielen ihm, und mehrmals sagte er es dem Hetman, wenn er getrunken hatte, daß er ihn, hätte er ihn bei sich, wie einen Vater achten und auf seinen Rat hören würde. Zum Teil gar übertrug sich des Zaren Zuneigung auch auf den ruthenischen Woiwoden, den Hetmannssohn, welchen er, da dieser die Stadt Biala Cerkiew an der unkrainischen Grenze hielt, den »Nachbarn« nannte.

Dem König begegnete Peter ungeachtet aller Bemühungen, welche um seiner Gunst willen unternommen, kühl... König und Zar schlossen sich Tag für Tag zu Beratungen ein, Augusts Antlitz war eine gewisse Freude anzusehen, jedoch konnte die vertrauliche Beziehung sich selbst im angeheiterten Zustand nicht von einer gewissen Steifheit befreien.

Schließlich kam es dahin, daß man Abschied nehmen mußte. Da Peter der Eile wegen seine Kutschen mitsamt aller Ausstattung zurückgelassen hatte und nur in einem einfachen Wagen gekommen war, bedrängte August ihn, eine Reisekalesche bis nach Moskau und eine militärische Eskorte bis zur Grenze anzunehmen. Außerdem stattete man den Zaren für unterwegs überreichlich mit Getränken und mit Speisen aus, und als Andenken schenkte der König dem scheidenden Gast einen schönen und kostbaren, mit Diamanten besetzten Spazierstock, und Zar Peter bedankte sich, um Augusts Vorliebe für Edelsteine wissend, mit einem respektablen großen Saphir, mit dem er den König höchlichst erfreute.

Der Abschied der Verbündeten war, für das Auge zumindest, überaus herzlich, und den Gesichtern von Przebendowski und Flemming ließ sich leicht ansehen, daß das Ziel erreicht worden war. Zu den Vorfällen während des Zarenbesuches in Rawa muß noch gezählt werden, daß Przebendowski, der Unbeliebte, dem alles zugeschrieben wurde, was immer der König mit den Polen tat, ums Haar von Potocki massakriert worden wäre, denn ihn, den Reichswächter, hatte man nicht zur Tafel zugelassen, indessen die beiden jungen Jabłonowskis[12], Bannerträger der eine und Quartiermeister der andere, eine Einla-

---

[12] die Brüder Jan Stanisław und Aleksander Jan (s. vorn)

dung erhalten hatten. Przebendowski, verschreckt, führte den Reichswächter gleich nach dem Essen herein.

So wurde, für viele im verborgenen und für andere bereits ganz offen der unselige Krieg gegen den Schweden vorbereitet, welchen der König so geringschätzte, nicht ahnend, was ihm seitens dieses Grünschnabels bevorstand.

Wohl nie sind so nahe Verwandte, Cousins, einander weniger ähnlich gewesen als Karl und August. Abgesehen davon, daß persönlicher Mut und das Gefühl der eigenen Würde in Karl XII. zum Übermaß getrieben waren, daß er als Soldat und als Herrscher ein Despot war und es nicht duldete, daß sich ihm jemand zu widersetzen wagte, war er als Mensch, als Heerführer und auch als König eine glänzende Persönlichkeit.

Allein das Äußere des jungen Königs frappierte durch den Kontrast zu August. Allereinfachste Kleidung aus derbem Tuch, ohne Besatz, ohne Zeichen, gewaltige plumpe Schuhe, die er mitunter monatelang auch zum Schlafen nicht auszog, um auf jeden Ruf hin bereit zu sein, Verachtung jeglichen Luxusses, das Leben eines Anachoreten – all das machte ihn zu einem außergwöhnlichen Menschen. Er träumte nur von Heldentum und Ruhm, und er glaubte, daß Willenskraft gar Körperstärke ersetzen könne. Durch nichts auf der Welt war er zu bestechen oder zu zerbrechen.

Als Mensch war er ebenso ein Verehrer von Ideal, Tugend, Opferfreudigkeit, Reinheit der Sitten. Über Mut zu reden ist müßig, grenzte doch sein Mut schon an Dreistigkeit und gänzliche Selbstvergessenheit. Die Verachtung von allem, was äußerliche Zurschaustellung und Konventionalität war, kennzeichnete ihn so sehr, wie im Gegenteil August das Komödienspiel zur Natur geworden war.

Im Augenblick jedoch kannten die beiden künftigen Gegner einander noch nicht. Welche Vorstellung Karl von August besaß, ist schwer zu erahnen, August aber bewies mit seiner Geringschätzung des jungen Verwandten nicht die geringste Voraussicht.

Neben Angelegenheiten von solcher Tragweite, die der König größtenteils Flemming überließ, der wiederum sich bei ihrer Erledigung des in Polen verhaßten Przebendowskis bediente, nahmen die Liebschaften ihren Lauf. Noch immer herrschte die Lubomirska über Augusts Herz und Sinne, er war mit ihr befaßt, was ihn keineswegs hinderte, freundschaftliche Beziehungen zu der schon entlassenen

Gräfin Königsmarck, zur Spiegelin, zu allen einstigen Geliebten zu unterhalten sowie dann und wann neue flüchtige Liebschaften mit französischen Schauspielerinnen und den koketten Damen von den Jahrmärkten in Leipzig zu knüpfen.

Des Königs Zügellosigkeit ward bis zum höchsten Grade getrieben, und ihre Offenheit, insbesondere in Polen, rief Abscheu und Empörung hervor. Die Jesuiten und anderen Geistlichen, die um der Interessen des Katholizismus willen August zu unterstützen hatten, gerieten durch das Betragen des Königs manches Mal in Verzweiflung, sie waren außerstande, ihn zu entschuldigen und in Schutz zu nehmen.

Man suchte alles als Lüge hinzustellen, anderntags aber, wie zum Trotz, verdammte der König sich selbst. Die Karnevalsfeiern und Jahrmärkte in Leipzig, zu denen er eigens fuhr, um in Gesellschaft von Französinnen und Italienerinnen, eine Pfeife schmauchend, seine königliche Majestät zu banalisieren, beunruhigten auch die unglückliche Lubomirska.

Ihre Illusion hinsichtlich der Dauerhaftigkeit ihrer Beziehung zum König konnte sich nicht lange erhalten. Sie mußte so tun, als ob sie von den Treubrüchen nichts wisse, um keinen Anlaß für eine Trennung zu geben. Sie besaß ja noch nichts außer ein paar Juwelen und großartigen Versprechungen.

Im übrigen würde die hübsche Urszula die vorauszusehende Katastrophe leichter überstehen können als eine Frau, die tatsächlich an August hinge. Die Lubomirska besaß jene Natur, die koketten Frauenzimmern überhaupt eigen ist. Im ersten Moment, da sie jemanden erobern wollen, sind sie bereit, ihr Leben hinzugeben. Aber diese ganze Tollheit währt, je heftiger sie ist, um so kürzer. Ihre Kraft erscheint stets im umgekehrten Verhältnis zu ihrer Dauer. Hernach bedarf es nur des geringsten Anlasses zur Abkühlung.

Die hübsche Großkämmerersgattin war in Ohnmacht gesunken, als der König vom Pferde stürzte, sie hatte sich von ihrem Manne scheiden lassen, es mit der Familie verdorben, sie litt die Verachtung und gewissermaßen den Bann der Gesellschaft, aber nachdem sie diese Opfer für den König erbracht, war sie schon nach wenigen Monaten dahin gekommen, daß sie die Liebe, die völlig erkaltet war, nur noch heuchelte.

Der König hielt es aus vielerlei Gründen mit der Lubomirska. Zuvörderst war da noch ein Rest Leidenschaft für sie geblieben, welchen die hübsche Urszula sehr geschickt am Leben zu erhalten wußte. Darüber hinaus war die Lubomirska für ihn in Polen ein wichtiges Instrument. Über sie gelangte August zum Primas, über den man wachen mußte, oft konnte sie etwas erklären und erleichtern, was weder Flemming noch Przebendowski zustande brachten.

Die Lubomirska sah voraus, daß sie sich im Herzen des Königs nicht würde halten können, und so wollte sie nur Titel und Ausstattung erlangen. Anscheinend leicht, flatterhaft, kokett, ja sogar unbesonnen, war sie in Wahrheit unglaublich geschickt und durchtrieben, und diese äußere Erscheinung eines Schmetterlings, dieses Sichverraten, die scheinbaren Irrtümer, die sie beging, die Schwächen, für welche die Verwandtschaft sie tadelte – alles das war wohlberechnet und vorbereitet. Sogar die Gewieftesten, die einzuwickeln und zu betören überaus schwierig war, ließen sich von ihr in die Irre leiten, so vollendet natürlich gab sie sich. Eines ihrer Mittel, Vertrauen zu erwecken, war am wenigsten alltäglich und darum am meisten erfolgreich: Absichtlich machte sie Fehler, um diejenigen zu täuschen, die sie gern allzu schlauer Berechnung bezichtigt hätten.

August, eifersüchtig und argwöhnisch, verdächtigte sie niemals. Die Ohnmacht bei den Reiterspielen war eine Gewähr für ihre Anhänglichkeit, die sich um so heftiger offenbarte, je mehr sie abkühlte. Außerdem verstand es die Großkämmerersgattin, ihre Beziehungen zum König auf einer gewissen idealen Höhe zu halten. Währenddessen August anderswo bis an die äußersten Grenzen von Unzucht und Schamlosigkeit ging, mußte er bei ihr stets die Rolle des ritterlichen Geliebten, des Helden, des Halbgottes spielen. Die Liebe hatte für sie diese Eigenheit, und das machte sie dem unbeständigen Herrn erträglich. Er fand bei ihr eine Art Abwechslung. Mit den französischen Schauspielerinnen leistete er sich geradezu tierische Exzesse, mit der Lubomirska mußte er selbst in der größten Leidenschaft Anstand und Vornehmheit bewahren.

Die Feinde der Großkämmerersgattin, die dieselbe unter den Deutschen ebenso besaß wie Freunde, wagten es bislang nicht, etwas gegen sie zu beginnen, so stark war noch ihr Stand. Der König erwies ihr die allergrößte Hochachtung. Sie war die erste Polin mit großem Namen, die seinetwegen alles geopfert hatte – den Mann, das Haupt, die Familie. Das hatten für ihn weder die Kessel noch die Königsmarck, noch die Fatima Spiegel, noch die Lamberg-Esterle getan. Die Leistungen jener Damen hatte er entgelten können, indem er ihnen Ehemänner verschaffte, dieser hatte er den Mann genommen, dafür mußte er reichlich zahlen. Die Lubomirska verstand ihre Lage, und trotz ihres koketten Wesens bot sie dem König nicht den geringsten Anlaß, sie zu verdächtigen und mit ihr zu brechen.

August, mit seinem politischen Geheimnis befaßt, fand bisweilen ganze Monate keine Zeit für ein Stelldichein mit der Großkämmerersgattin. Dann kursierten zwischen dem König und ihr innigste Briefe, zärtlichste Liebesversicherungen, und wenig später beglückte die Hoffnung auf einen Nachkommen die hübsche Urszula. Es war dies eines der Dinge, welche sie so heiß ersehnte... Der König konnte, in Anbetracht des Kindes, nun nicht mehr weniger für sie tun als für Aurora.

Nach seiner Rückkehr aus Dresden und der unverhofften Vorladung zum König veränderte sich Wittkes Lage gänzlich. Das Ersehnte war erreicht, der König kannte ihn und rechnete mit seinen Diensten. Andererseits aber durfte sich Wittke keinen Täuschungen hingeben. Constantini, solange er sich seiner zu eigenen Zwecken bediente, war ihm wohlwollend zugetan gewesen, jetzt aber, befürchtend, daß seine Stellung untergraben werden könnte, wurde er argwöhnisch und geradezu feindlich. Mezzettino hatte beim König so große Verdienste, und er glaubte, für August so unverzichtbar zu sein, daß er es für ein Leichtes hielt, sich dieses neuen Mannes, Wittkes, zu entledigen.

Sofort nach der königlichen Audienz rief Constantini den Kaufmann zu sich.

»Na siehst du«, sagte er zu ihm. »Das verdankst du mir, ich habe dich dem König empfohlen. Fühle dich mir also zu Erkenntlichkeit verpflichtet und zu treuen Diensten, denn so leicht es mir gefallen ist, dich zu empfehlen, so leicht kann ich dich wieder entfernen. Verstanden?«

»Um Himmels willen!« rief Wittke aus. »Wie könnt Ihr etwas anderes annehmen, ohne Euch tue ich keinen Schritt!«

Man reichte einander die Hand und trennte sich.

Zu den gescheitesten Mitteln, um den König in Abhängigkeit von sich zu halten, zählte die Lubomirska die sorgsamste Überwachung eines jeden Schrittes ihres Geliebten. Sie hatte Pagen um sich, die sie hatte gewinnen können, sowie polnische Herren, die ihr jede kleinste Einzelheit meldeten.

Den Italiener beargwöhnte sie zu Recht, denn obzwar dieser vorerst nichts zu unternehmen wagte, zielte er in der Tat auf den Bruch des Königs mit der Lubomirska und dahin, daß sein Herr eine neue Beziehung mit jemandem knüpfte, der ihm zugänglicher wäre. Über Wittke machte man der Großkämmerersgattin umgehend Meldung, mutmaßte man am Hofe doch, daß der König, der sich hochlobend über ihn geäußert hatte, nicht säumen würde, ihn zu verwenden.

Sofort setzte die Lubomirska alles daran, um Wittke kennenzulernen und ihn sich geneigt zu machen. Es war dies nicht einfach, aber bei ihren Bemühungen, etwas in Erfahrung zu bringen, traf die Fürstin auf Przebor. Da ihr dieser ganz und gar mißfiel, benutzte sie ihn nur als Mittler und beauftragte ihn, Wittke zu ihr zu führen. Ihr Begehren ließ sich leicht begründen: Der Kaufmann wohnte in Dresden, und die Lubomirska, die dorthin umzusiedeln gedachte, mußte die Stadt kennenlernen. Wittke konnte ihr dabei behilflich sein.

Zu der Zeit schon überlegte August, wo er die Lubomirska unterbringen sollte, indes der noch allmächtige Beichling, Herzensfreund der Gräfin Esterle, gegen sie intrigierte. Um sich seiner zu erwehren und ungestört in Dresden ihren Wohnsitz zu nehmen, wie auch um sich die Verhältnisse bei Hofe erläutern zu lassen, bedurfte die Lubomirska jemandes. Wittke konnte ihr dabei – wie auch dem König – zu Diensten sein.

Also trachtete sie, ihn heranzuziehen und für sich zu gewinnen. Wittke war weder so erfahren noch so vorausschauend, um darin irgendwelche Ränke zu vermuten. Die Lubomirska erschien ihm so bezaubernd! Ihre Anmut nahm ihn gänzlich gefangen. Ihr zu dienen dünkte ihn zugleich ein Beweis seiner Treue zum König. Er fand es nicht einmal seltsam, daß sie ihm Geheimhaltung gebot und ihn warnte, sich Constantini anzuvertrauen. Nach zwei heimlichen Begegnungen mit der Lubomirska war der Kaufmann gänzlich gewonnen. Das Geheimnis, das die Kontakte umhüllte, erschien ihm nur natürlich.

Auf diese Weise zwiefach verstrickt, konnte Wittke nicht mehr daran denken, sich zurückzuziehen.

III

In Bielany bei Warschau, wo der König eigens ein kleines Sommer-palais hatte errichten lassen, um sich mit seinen Amouren und Ze-chereien dorthin flüchten und so dem Spott der Polen entziehen zu können, war das Vorzimmer voller sächsischer und polnischer Bedien-steter, und es herrschte Totenstille.

Die einen sahen die anderen an, Furcht und Entsetzen im Gesicht sowie die Ungewißheit, was zu tun wäre. Dem hier Eintretenden war es auf den ersten Blick ersichtlich, daß man etwas erwartete, daß die Panik von einer Nachricht herrühren mußte.

Aus den Gemächern, in denen der König zur Zeit weilte, drang kein Laut, dennoch kehrten sich aller Ohren und Augen ihnen zu. Manche der Anwesenden näherten sich behutsam der Tür, vergeblich bemüht, etwas zu erlauschen.

Soeben hatten sich hier die dem König nächsten und ergebensten Senatoren eingefunden, die Sachsen kamen einer nach dem anderen herbei, Pflug war erschienen, ebenso die blasse Lubomirska. Alle diese Leute waren in den Tiefen der Gemächer verschwunden, dort, wo das unheimliche Schweigen herrschte.

Die sächsischen und die polnischen Bediensteten, unter denen man, was ungewöhnlich war, die Senatoren und die Günstlinge Constantini, Hoffmann, Spiegel und Wittke sehen konnte – für gewöhnlich mied man einander und hielt sich in gesonderten Häuflein –, gingen aufein-ander zu und tauschten Fragen und Antworten aus.

Kaum ein Jahr war seit jenen glänzenden Hoffnungen verflossen, von denen sich August nach seiner Zusammenkunft mit Zar Peter in Rawa genährt, und nun hatte sich die Lage unerwartet aufs schlimmste gewandelt. Jener unbesonnene Milchbart, dem man den sicheren Untergang vorhergesagt, hatte sowohl seinem Gegner in Dänemark eine schwere Niederlage bereitet wie auch Zar Peter bei Narwa geschla-gen[13]. August stand ihm schließlich mit seiner überwältigenden Artil-lerie und mit seinen besten Leuten bei Riga gegenüber und erwartete von Flemming Siegesnachrichten. Allein die sächsischen Geschütze mußten die Schweden zu Brei zermalmen.

Ein Eilbote Flemmings war nach Warschau gekommen. Was er mit-

---

[13] Karl XII. besiegte dort im November des Jahres 1700 das russische Heer.

brachte, wußte noch niemand schlüssig, aber Sorge breitete sich aus. Daß er keinen Sieg verkündete, war gewiß.

Von Warschau nach Bielany zog einer nach dem anderen, zu Pferde und in Wagen. Die Freunde des Königs, blaß im Gesicht, stürzten in den Saal und in die Gemächer und verschwanden darin. Es herrschte Grabesstille. Im Vorzimmer stand Mezzettino, er starrte aus dem Fenster, und auf seiner gerunzelten Stirn war mehr zu lesen als Unsicherheit und Besorgnis. Er und Wittke – letzterer war bei den Diensten für den Herrn und für die Lubomirska derart blaß, mager und alt geworden, daß man ihn kaum wiedererkannte – blickten einander an und wiegten bedeutsam das Haupt.

Die übrige Dienerschaft umschwärmte die beiden, versuchte sie anzusprechen und auszuforschen, aber Constantini und Wittke zuckten die Achseln und antworteten auf keine der Fragen. Die Erwartung zog sich bis ins Unendliche hin.

Das ganze Jahr über hatte man sich auf den Schweden vorbereitet. Mittels Gałeckis[14] Sondergesandtschaft hatte August ihn eingewiegt und ihm versichert, daß er den Vertrag von Oliva[15] einhalten werde, danach aber... wurde heimlich geplant und zum Kriege gerüstet.

Ein persönliches Werk des Königs?

Der König erschien immens beschäftigt, und doch tat er nichts. Er bediente sich Flemmings, der Generäle, der Höflinge, der Frauen und der Spione, er debattierte und kombinierte, reiste umher, warf hier und da von ferne einen Blick, aber seine Amüsements, seine Liebschaften, seine Bankette und Besäufnisse opferte er durchaus nicht der Politik. Sich selbst die Leitung von fern und von oben vorbehaltend, fühlte er sich nicht in der Pflicht, für die Ausführung zu sorgen. Er warf Flemming Befehle hin und schien felsenfest davon überzeugt, daß die Vorsehung und seine Leute verpflichtet waren, dieselben auszuführen, ohne ihm abzuverlangen, daß er Vergnügen und Lebensgenuß dafür hingab.

In diesem Jahr hatte die Lubomirska ihm den Sohn Georg, den

---

[14] Franciszek Zygmunt Gałecki (gest. 1711) – Woiwode von Inowrocław, später von Kalisz. Zunächst Anhänger Augusts des Starken, verbrachte er einige Zeit in schwedischer Gefangenschaft. Nach dem Altranstädter Frieden nahm er die Partei von Stanisław Leszczyński.

[15] Im Frieden von Oliva (1660) hatte der polnische König Jan Kazimierz einen großen Teil Livlands an Schweden verloren gegeben.

Chevalier de Saxe, geboren, der ebenso wie Auroras Sohn, Moritz von Sachsen, vom König anerkannt wurde, zudem führte die hübsche Urszula nunmehr den Titel einer Fürstin Teschen. Somit hatte sie das Ziel ihrer Wünsche erreicht, und fast schien es ihr, als könne sie den König binden, ihn bei sich halten.

Er erwies ihr große Zärtlichkeit, eine fast übertriebene Ehrerbietung, und die Fürstin freute sich darüber, nicht ahnend, daß dies erste Anzeichen von Gleichgültigkeit waren.

Wer August besser kannte, wie der mit allen Wassern gewaschene Mezzettino, der wußte sehr wohl, daß die Herrschaft der Lubomirska dem Ende zuging, da sich wieder einmal alle Anzeichen von Langeweile und Überdruß einstellten. Immer häufiger entfloh August der Fürstin auf geheimnisvolle Ausflüge und Jagden. Allein Constantini begleitete ihn dann, oder aber er verriet, daß er über das Ziel der Reise Bescheid wußte.

Gegenüber der Lubomirska diente zumeist die Politik als Ausrede für das Sichdavonstehlen, für Ermüdung und sichtbare Abkühlung. Die hübsche Urszula mühte sich, die dunklen Wolken zu vertreiben. Der König reagierte mit erzwungener Zärtlichkeit, doch erstarrte die Luft zwischen ihnen. Die Lubomirska verwünschte die Politik, sie wartete, daß endlich der Schwede niedergeworfen, Livland genommen und das Tedeum gesungen sein würden.

Als sich jäh diese Grabesstille in den Vorzimmern des Palais' in Bielany ausbreitete, saß im Kabinett neben der aufgeputzten, weißgepuderten, lockig frisierten, lächelnden – neben der wundersam entzückenden Fürstin gerade der König, mit halb verdüstertem, halb gelangweiltem Gesicht.

Er beklagte sich über Flemming, weil der keine Nachrichten übermitteln ließ, wo solche doch schon seit dem Vortage hätten eintreffen müssen. Sooft er seine Beschwerde wiederholte, blickte Urszula ihm schüchtern in die Augen, erbebten ihre Lippen, als ob sie etwas sagen wollte und es ihr doch an Mut fehlte.

Sie kannte die maßlose Heftigkeit des Königs, seine Fähigkeit, jäh von mutwilligem Lachen zu wütendem Zorn überzugehen, um dann wie ein rasender Löwe zu zerquetschen und zu erschlagen, was ihm nur unter die Finger geriet. Also schnurrte die schöne Dame, streichelte und besänftigte, und der König, obgleich ihm zum Gähnen zumute war, lächelte ihr zärtlich zu.

Nur eine verschlossene Tür trennte die beiden von dem kleinen Saal, in dem leise und sichtlich verängstigt, alle Freunde des Königs beisammenstanden. Schon dieser Menschenauflauf hier verhieß nichts Gutes, die Gesichter zeigten Niedergeschlagenheit und unsägliches Entsetzen, ja Verzweiflung stand darin geschrieben. Trotz eifrigsten Bemühens, Schweigen zu bewahren, hörte man doch hie und da ein Murmeln im Gedränge.

Der König, trotz der Bemühungen der Fürstin zerstreut und voller Unruhe, horchte jäh auf. Geräusche hatten ihn erreicht, ein Raunen, welches auf eine größere Menschenansammlung schließen ließ, obwohl er eine solche hier zu dieser Stunde nicht erwarten konnte. Ohne nachzudenken und obwohl die Fürstin seine Hand faßte, um ihn zurückzuhalten, sprang August, erbleichend, auf und stürzte zur Tür, die sich unversehens sperrangelweit öffnete.

Als der König das Gedränge seiner Freunde sah, vornan die ersten Senatoren und Geistlichen, packte ihn einen Augenblick lang Bestürzung. Allein die Gesichter sprachen ihm ein schlimmes Urteil. Beim Anblick des Königs sahen sich alle untereinander furchtsam an. Dąbski stand ganz vorn.

Ungestüm schritt August auf ihn zu.

»Was ist los? Rede!« schrie er. »Eine Niederlage? Sagt es schon!«

Er stürzte sich so auf den Bischof und danach auf Jabłonowski, als wollte er sie beide mit seinen zitternden Händen erwürgen. Seine Wut mußte an jemandem ausgelassen werden. Dąbski, der ihn ja schon kannte, der Woiwode, alle hier Versammelten hatten, obwohl darauf vorbereitet, den König von der schweren Niederlage bei Riga zu unterrichten, auf einmal allen Mut verloren und wagten nicht zu sprechen. Ihr Schweigen aber steigerte nur die Erregung des Königs.

August stürmte gegen Dąbski an: »Rede, Pfaffe! Rede schon, was verheimlicht ihr vor mir? Seit zehn Tagen trage ich in mir die Vorahnung einer Niederlage. Auch mich mußte treffen, was dem Dänen und dem Zaren widerfahren ist.«

»Die Niederlage«, sagte Dąbski endlich, »ist nicht einmal so schwerwiegend wie diejenige der Verbündeten. Flemming hat sich überrumpeln lassen. Es war keine Schlacht, sondern ein heimtückischer Überfall.«

Da rief der unbesonnene Pflug, die Hände ringend: »Achtzig unserer Kanonen... Sie haben uns die Augen aus dem Kopf geklaubt!«

August stand da und schien nicht zu verstehen, plötzlich stürzte er zum Fenster – man befand sich im Obergeschoß –, riß, alles zerschmetternd, die Flügel heraus und schickte sich an, hinauszuspringen. Alle, die da waren, umfaßten ihn, das zu verhindern. Aus dem Kabinett nebenan lief die Fürstin herbei und warf sich vor ihm auf die Knie. August stand da, zitternd, und fuhr hin und her.

»Majestät!« rief Pflug. »Die Kanonen sind durch andere zu ersetzen. Ihr aber durch nichts und niemanden!«

Was da im König vorging, ließ sich nur an seinem bald erbleichenden und bald wieder rot aufflammenden Gesicht erahnen. Sein über der Brust geknöpftes Gewand riß er auf, um atmen zu können. Er wollte schreien, aber die Stimme versagte, doch dann brach es aus seinem Munde: »Ein Pferd! Ein Pferd! He, bringt ein Pferd!«

Die Deutschen, die ihn kannten und wußten, daß er mitunter, um seinen schrecklichen Zorn durch Erschöpfung zu lindern, ein Pferd zuschanden hetzte, zögerten nicht, dem Befehl nachzukommen, obwohl die Fürstin ihm flehend zu Füßen lag. August sah sie nicht einmal... Er rief nach einem Pferd.

Constantini eilte zu den Ställen, aber statt eines Pferdes für den König ließ er alle vorhandenen Reitpferde herausbringen, denn allein wollte er August nicht fortlassen.

Als der König draußen seinen Grauschimmel erblickte, rannte er, wie er ging und stand, ohne etwas auf den Kopf zu setzen und nur krampfhaft, mechanisch den Säbel umschnallend, hinaus, dabei stieß er jeden beiseite, der ihm im Wege war... Ein paar Sachsen und einige junge Polen sprangen auf die hergeführten Rosse, um ihn zu begleiten.

Man hatte geglaubt, der König würde nach Warschau eilen, indessen stieß er dem Pferd die Sporen in die Weichen, und blindlings, ohne auf die Richtung zu achten, jagte er im Galopp davon.

Im Palais in Bielany verharrten alle abwartend und vor Schreck gleichsam erstarrt, und die Frauen trugen die in Ohnmacht gesunkene Fürstin hinaus.

Der König und seine Begleiter entschwanden hinter den Bäumen der Umgebung.

Nun geschah etwas Unfaßbares, etwas gänzlich Unverständliches für diejenigen, die dem König reitend folgten. Aus den Flanken des Grauschimmels, da, wo die Sporen hineinschnitten, troff Blut. Roß und Reiter, beide wutentbrannt, kämpften gegeneinander. In rasendem

Ungestüm setzte der Grauschimmel über Kloben, Zäune, Gräben hinweg, und der König peitschte ihn, preßte ihm die Knie in den Bauch, bohrte ihm die Sporen ins Fleisch. All seine Wut ließ er an dem Pferd aus. Er war von Sinnen. Die ihm nachritten, beobachteten ihn mit unbeschreiblicher Angst, jeden Augenblick schien es, als ob König und Pferd gemeinsam stürzten, jedoch das Roß war seines Reiters würdig. Auch das Roß brannte vor Wut und war toll.

Als August aus dem Wald aufs freie Feld hinausritt, jagte er so noch einige Augenblicke dahin, aber schon rang der Grauschimmel nach Luft, und er schwankte. Dann stürzte er. Die Begleiter waren zurückgeblieben, und noch hatten sie den König nicht einholen können, als dieser bereits aus dem Sattel gesprungen war und zitternd auf der Erde stand.

Der Grauschimmel hob den mit blutigem Schaum bedeckten Kopf zu ihm auf. Da blitzte der aus der Scheide gezogene Säbel, und mit mächtigem Hieb schlug August seinem geliebten Roß das Haupt vom Rumpf. Dieser seltsame Wahnwitz machte alle erbeben, denn umwillkürlich dachten sie, daß der König in diesem Augenblick ebensogut einen Menschen hätte morden können.

Der Anblick des Blutstromes, der ihn von oben bis unten bespritzte, beschwichtigte August jäh. Den blutigen Säbel von sich schleudernd, fiel er zu Boden. Deutsche und Polen eilten hinzu und umringten ihn in unendlichem Erstaunen: August erschien gänzlich abgekühlt, und nur mit den Zähnen knirschte er so, daß alle Anwesenden Schauer überliefen.

Lange Zeit wagte keiner ein Wort zu sagen. Der König, blutbesudelt, keuchte noch immer, seine Augen irrten blicklos umher. Pflug versuchte ihn anzusprechen, doch es war, als ob er nichts hörte, nichts verstand. Niemand wußte, was tun. Alle standen da, umringten den König, der am Erdboden saß, inmitten einer Pfütze aus dem Blut seines erschlagenen Pferdes.

Einen Augenblick währte dies nur, doch dünkte er allen eine Ewigkeit. Endlich sah August sich um, er kam zu sich. Er fuhr zusammen, schüttelte sich und versuchte aufzustehen. Pflug reichte ihm von der einen Seite, Jabłonowski von der anderen die Hand. Mühsam richtete er sich empor. Man brachte ein kräftiges Pferd herbei, aber die Deutschen bestanden darauf, daß ein Stallknecht es am Halfter führte. Der stärkste Heiduk ward dafür ausersehen. Der König widersetzte sich weder, noch gab er kund, was mit ihm vorging.

Nach dem wahnwitzigen Ritt bewegte sich der Zug nunmehr schleppend zurück. Nicht einmal die Zügel nahm August in die Hände. Das Pferd, welchem er dann und wann krampfartig die Knie in die Flanken preßte, blieb ein ums andere Mal stehen, keuchend. Sobald es Linderung verspürte, schritt es weiter. So erreichten sie den Wald und endlich zur Dämmerung auch das Palais in Bielany.

Hier standen alle Gäste, vermehrt um die aus Warschau neu Angekommenen, auf dem Hof, furchtsam die Rückkehr erwartend, und der Anblick des Königs wurde mit Freuden begrüßt. Nur das Blut, mit dem er befleckt war, steigerte anfangs das Entsetzen, jedoch erläuterten die Bediensteten, was vorgefallen. Der König ließ sich bis zur Auffahrt des Palais' heranführen, dort saß er ab und ging mit Constantini und mit Hoffmann in sein Schlafgemach.

Drinnen, in den Gemächern, warteten alle.

Die Fürstin Teschen hatte man all die Zeit über zur Besinnung zu bringen versucht, sie weinte immerfort, fiel erneut in Ohnmacht oder warf sich geistesabwesend umher. Als der König zurückkehrte, wollte sie sogleich zu ihm laufen, doch Constantini verwehrte es ihr.

Pflug, auf dem Bett sitzend, las August Flemmings Briefe und Rapporte vor, und seinen leisen Vortrag begleitete Augusts Zähneknirschen. Der König unterbrach Pflug mit keinem Wort. Nachdem der Deutsche geendet hatte und soeben Beileid und Trost äußern wollte, gebot ihm August, die Stirn gerunzelt, zu schweigen. Zu Häupten des Bettes stand der Doktor.

August sah rings um sich her, dann verlangte er mit gedämpfter Stimme nach Wein. Der Doktor versuchte zu widersprechen, aber der bedrohliche Blick des Königs verbot es ihm, den Mund zu öffnen.

»Wein!« wiederholte der König.

Constantini, welcher jeden Wink seines Herrn verstand, machte sich daran, ihn umzukleiden. Allmählich kam alles in August zur Ruhe. Eines nach dem anderen leerte er zwei große Gläser Wein... Dann ging er daran, Flemming zu schmähen.

Keiner wagte es, ihn zu unterbrechen. Er belebte sich mehr und mehr.

So ging es bis zum Abendessen. Die Fürstin stand fast die ganze Zeit über vor der Tür, wurde aber von der Dienerschaft nicht eingelassen. Man beruhigte sie nur, daß der König ganz zu sich gekommen sei und bald wieder völlig beschwichtigt sein würde.

Die Tafel, zum Abendessen gedeckt, wartete schon. Constantini flüsterte etwas, und langsam erhob sich August und wandte sich geradenwegs zum Speisezimmer, wo er seinen gewohnten Platz einnahm.

Auf seinen Wink hin goß ihm der Mundschenk Wein ein. Die Polen, nach dem Erlebten noch nicht wieder recht bei Besinnung, gewahrten staunend, daß der König zu speisen begann. Von aller Wut war nur wilder Sarkasmus auf seinen Lippen übriggeblieben.

Man hatte erwartet, daß er von dem reden würde, was ihn zu solcher Verzweiflung getrieben, indessen sprach August von völlig Gleichgültigem. Er fragte einen Polen, ob er gesehen habe, wie er dem Pferd den Kopf abschlug, und nachdem dieser es bejaht hatte, sagte er: »Das war zum zweitenmal in meinem Leben.«

Danach verstummte er, und leise flüsterte er den Namen seines geliebten Pferdes.

August wählte die Gesprächsinhalte so, daß sie zu dem Vorgefallenen nicht im geringsten Bezuge standen. Denen, die ihn zum ersten Mal in einem solchen Zustande gesehen, erschien dies völlig unfaßbar, und da sie nicht wagten, den Mund aufzutun, tauschten sie nur Blicke untereinander. Allmählich, mit der Wirkung des Weines und nach einigem Nachdenken und einem Ringen mit sich selbst, hellte sich das Gesicht des Königs auf.

Pflug flüsterte ihm etwas zu. August stand auf, und ohne sich von seinen Tischgenossen zu verabschieden, den Weinpokal in der Hand, begab er sich langsamen Schrittes hinaus. Kaum hatte sich die Tür hinter ihm geschlossen, stürzte die Fürstin weinend auf ihn zu und umklammerte seinen Hals.

»Mein Herr! Mein König! Ach, fast hättest du mir den Tod bereitet!« rief sie.

August blickte über sie hin und drückte ihre Hand.

»Geh zur Ruhe«, sagte er mit seltsamer Stimme. »Geh zur Ruhe! Alles ist vorüber... Ich muß mich erquicken...«

Mit diesen Worten küßte er sie auf die Stirn, und ohne die Flehende länger anzuhören, kehrte er zu den Gästen zurück. Die tägliche Trinkerei begann nunmehr allein mit dem Unterschied, daß der König noch viel mehr trank als sonst, jedoch stocknüchtern blieb, und daß er, anstatt artig und höflich zu sein, mit unbarmherzigem Hohn und Spott um sich warf.

Jener erste Mißerfolg bei Riga, welcher der Vorbote einer ganzen Serie von Niederlagen des Königs und der wider Willen in den Krieg gegen den Schweden hineingezogenen Rzeczpospolita war, wurde mit keinem Wort erwähnt, mit keiner Anspielung bedacht.

Weit nach Mitternacht, als alle zum Mittrinken gezwungenen Kumpane bereits stumpfen Sinnes dasaßen und manche von ihnen kraftlos auf dem Tische lagen, brachte Constantini mit der Unterstützung der Dienerschaft den jäh berauschten König zu Bett.[16]

Am anderen Morgen erwartete die Fürstin Teschen voll großer Besorgnis den König, jedoch schien es, als ob die Nacht und die Zecherei zwei Momente voneinander schieden, welche absolut nichts miteinander zu tun hatten. Auf den Wahnwitz, nachdem er durch Blut beschwichtigt, folgte die Fortsetzung des Alltagslebens.

Wie üblich überließ August erneut alles seinen Dienern und Gehilfen und suchte selbst Zerstreuung. Seiner Ansicht nach waren die Leute an dem Unglück schuld, er selbst hatte sich nichts vorzuwerfen. Nicht anders verlagerte Flemming die Schuld auf seine Untergebenen, und der König, der ihm vertraute und in schlechter Gewohnheit an ihm hing, ergriff seine Partei.

Jener im Lager so hinterrücks von Karl XII. überfallene sächsische Truppenteil war fast völlig vernichtet worden. Noch übler aber schien, daß die achtzig kostbaren Kanonen, von denen man einen Teil dem Brandenburger entliehen hatte, den Schweden in die Hände geraten waren. Auch teuer bezahlte Vorräte an Kugeln, Pulver, Munition hatten die Sieger erbeutet.

Der brandenburgische Verbündete, der Unterstützung zugesagt hatte, zog sich seitdem zurück und rührte sich nicht, er ließ den Zaren Peter und August mit dem Dänen allein in der Misere.

In Polen löste die Nachricht von der Niederlage bei Riga Entsetzen aus. Die Schwedenkriege zu Zeiten von Jan Kazimierz hatte man hier noch in frischer Erinnerung. Karl XII. trat als würdiger Nachfolger seines Vorgängers in Erscheinung. In ganz Polen erregten sich die Gemüter, der Unmut wurde zu einer schweren Bürde für August. Seine verborgenen Feinde machten ihn sich schon zunutze.

Am nächsten Morgen wartete die Fürstin Teschen lange Zeit vergeb-

---

[16] Diese historische Szene schildert Lamberty in seinen Memoiren. (Anmerkung des Verfassers)

lich auf den König. Nur für einen Augenblick erschien er bei ihr, und kalt, mit überfließender Freundlichkeit, bat er sie, nach Warschau zurückzufahren, wohin auch er zu kommen versprach. Sie wagte nichts dagegen zu sagen, doch las sie an diesem Tage in dem gläsernen Blick, mit dem er sie ansah, gleichsam ihr Urteil. Der Bedrängte brauchte stärkere Erlebnisse als die, welche die Fürstin ihm nach mehreren Jahren des Zusammenlebens verschaffen konnte.

Soviel begriff auch Constantini. Er und Wittke saßen am Abend dieses Tages beisammen.

»Alles kann sich noch ändern«, sagte der Italiener. »Wir sind hinreichend stark, um Flemmings Schlappe wettzumachen und uns an dem Schweden zu rächen, nur braucht der König kräftigere Zerstreuung, etwas Neues anstelle dieser Fürstin, die er schon nicht mehr sehen kann.«

Wittke empörte sich.

»Was redet Ihr«, rief er aus, »jetzt, wo sie ihm den Sohn geschenkt hat, ist sie ihm sicherlich teurer denn je!«

Der Italiener lachte.

»Na, du kennst ihn eben besser«, erwiderte er höhnisch. »Und was hat der Moritz der Königsmarck genützt? Nein, genau jetzt hat er genug von der Teschen. Was könnte sie noch mehr verlangen? Sie hat das Fürstentum Teschen, derartiges hat keine andere gekriegt, außerdem besitzt sie Hoyerswerda und etliche Güter in der Lausitz! Als ob sie damit nicht in Dresden auf königlichem Fuße leben kann!«

»Daran ist sie ja wohl gewöhnt«, entgegnete Wittke.

»Ich bezweifle, daß der König ihr das jemals wieder wegnimmt«, fügte Constantini noch hinzu, »aber mehr kann sie kaum fordern.«

»Was heißt – wieder wegnehmen!« schrie der Kaufmann. »Könnte das denn sein?«

Constantini schüttete sich schier aus vor Lachen, er trat auf Wittke zu und küßte ihn auf die Stirn.

»Wer gibt, hat vermutlich auch das Recht, wieder zu nehmen. Ich garantiere für nichts! Aber du, Freund der hübschen Urszula, solltest lieber überlegen, ob du nicht irgendwo ein anderes hübsches Ding für ihn auftreibst. Wenn ja, würde ich sogar die Belohnung mit dir teilen.«

Wittke machte einen Schritt zurück.

»Dafür bin ich ungeignet«, verwahrte er sich. »Sogar wenn mir der

204

König selbst es befehlen würde – zum Menschenhandel habe ich weder Talent noch Lust.«

»Was denkst du dir!« fiel Constantini ihm ins Wort, die Stirn runzelnd. »Unser Dienst kennt keine Grenzen. Wenn es jemanden töten heißt, müssen wir die Mörder ansetzen, und wenn ein Stück Frischfleisch verlangt wird, ist es unsere Pflicht, es zu liefern. Was bist du sonst für ein Diener?«

Wittke antwortete nichts, er wich zur Tür zurück. Constantini war ganz und gar von dem Gedanken beansprucht, daß August eine heftige Zerstreuung brauchte, und außer einer Frau konnte ihm die niemand verschaffen.

»Sieh mal, das ist so«, sagte er zu Wittke. »Wenn einer einen grün und blau schlägt, legt der Doktor Spanischfliegenpflaster drauf, daß es eitert. Das Mädchen ist solch ein Pflaster, etwas anderes hilft da nicht, nicht mal ein Sieg über diesen verflixten Schweden.«

Einige Tage später weilte der König bereits in Warschau, als ihm unverhofft die Ankunft Auroras von Königsmarck gemeldet wurde, die ihm kondolieren wollte.

Die Königsmarck brachte fast immer Fatima Spiegel mit, und so waren da außer der Fürstin Teschen noch zwei weitere Trösterinnen, die August ihr Beileid zu bekunden suchten.

August pflegte die Damen beinahe sämtlich mit großer Galanterie und Artigkeit, ja fast mit Koketterie zu empfangen, bisweilen auch beschenkte er sie, lud sie zum Abendessen ein und besuchte sie, jedoch keine dieser Ariadnen vermochte, einmal von ihm verlassen, von neuem sein Herz oder vielmehr seine Sinne zu erobern. Eine Neuheit, sogar eine minder verlockende, zog ihn stärker an.

Er empfing jedoch die eingetroffene Aurora sehr dankbar, er fuhr zu ihr und saß eine ganze Weile dort. Die Königsmarck versuchte, ihn zu trösten, aber schon beim ersten Wort zogen sich seine Brauen zusammen, und ungestüm lenkte er das Gespräch auf einen anderen Gegenstand. Es war dies seine übliche Art, schmerzliche Erlebnisse zu meiden. Anstatt Rettung vor ihnen zu suchen, ignorierte August sie. Wie jener Vogel Strauß, der angesichts der Gefahr den Kopf in den Sand steckt, mochte er weder daran denken noch davon sprechen. Die Vorsehung und seine Leute hatten die Pflicht, ihn von allen Schicksalsschlägen zu erlösen.

Anstatt mit Aurora über den Schweden und den gegen ihn geführten Krieg zu reden, unterhielt er sie zunächst mit Plaudereien über die polnischen Damen, über Trachten und Sitten auf dem Lande, über den Klatsch vom Warschauer Pflaster, besser gesagt, vom Warschauer Morast, denn der größere Teil der Stadt war nicht einmal gepflastert.

Erst nach längerem Verweilen bei der noch immer schönen Schwedin erhob sich August und sagte scherzhaft: »Wer weiß? Ihr könnt mir noch sehr zustatten kommen, der kleine Karl ist Euer König, Ihr seid Schwedin. Er ist blutjung, Ihr aber besitzt die Macht der Reize und dazu Verstand. Wer weiß?« wiederholte er. »Ihr könntet Mittlerin sein zwischen Eurem König und einem Freund.«

Aurora preßte die Hände aufeinander.

»Für Euch und um Euretwillen wäre ich bereit, mein Leben zu geben«, entgegnete sie. »Befehlt!«

»Oh, heute habe ich für Euch noch nichts zu tun«, versetzte der König. »Lieber würde ich ihn schlagen und demütigen als mit ihm in Verhandlungen treten, aber...«

Er beendete den Satz nicht und zuckte die Achseln.

Aurora, der die Erwähnung einer Mittlerschaft bei Karl XII. höchst willkommen war, verhieß sie doch etwas für die Zukunft, verabschiedete August voller Hoffnung und Träume. Vielleicht schien es ihr, daß es doch gelingen könnte, seine frühere Gunst und Zuwendung zurückzugewinnen.

Die Nachricht über das Treffen verbreitete sich in der Stadt wie ein Lauffeuer, und Wittke, der insgeheim der Fürstin Teschen diente, eilte zu ihr, um zu erfahren, ob sie schon etwas von ihrer Konkurrentin wußte. Die hübsche Urszula kam ihm entgegen, ein wenig betrübt zwar, aber mehr noch gelangweilt.

»Ich weiß, daß die Königsmarck da ist«, sagte sie. »Aber ich fürchte sie nicht. Weder sie noch sonst eine bekommt ihn zurück, wenn sie ihn einmal verloren hat. Allenfalls für eine Stunde, wenn er große Langeweile hat.« Die Teschen zuckte mit ihren weißen Schultern.

»Die Neuen fürchte ich mehr«, fügte sie an, »und je übler es dem König in Polen und in Livland ergeht, um so mehr muß ich Angst haben, daß er irgendwelche heftigen Zerstreuungen sucht.«

Sie sah Wittke fragend an.

»Ach nein, ich bringe nichts Neues!« erwiderte der Kaufmann. »Der König ist mehr mit der Politik befaßt als mit Liebesabenteuern.«

»Ihr kennt ihn nicht«, warf Urszula ein. »Je schlechter es ihm geht, desto ärger drängt es ihn nach Abwechslung. Ich wäre noch froh, wenn er sie bei den französischen Schauspielerinnen suchte und nicht an anderer Stelle.«

Von denen, die den König tagtäglich schauen durften und zu seiner Gesellschaft zugelassen waren, konnte ihn kaum jemand verstehen, die engsten Vertrauten ausgenommen. Inmitten der größten Gefahren, der schlimmsten Wirrnisse und Wallungen im Lande, da man meinen konnte, der König müsse sich mit ganzer Kraft und ganzer Seele der eigenen Rettung wie der des Landes hingeben, frönte August seinen Freuden und zeigte trotzigen Gleichmut gegenüber den Niederlagen, nahm die wichtigsten Dinge unglaublich leicht. Von dorther dünkte er manch einen ein großer Politiker, indessen ihn der allergewöhnlichste, nicht ans Morgen denkende Egoismus beherrschte und Ansporn zu all seinen Taten war. Er verließ sich auf seine Diener, in Polen auf Przebendowski, in Sachsen auf Fürstenberg und Flemming. Ja, war nicht das Schicksal es ihm schuldig, nachdem es ihn zeitweilig getrogen, ihn augenblicklich wieder aus der Misere zu erheben?

So wie die Cäsaren des alten Roms, wie der Prototyp Ludwig XIV., hielt August sich für ein außerordentliches Geschöpf, dem alles erlaubt war und das Götter und Fatum zu schützen hatten. Den Kampf mit Karl XII. betrachtete er, je länger und je unseliger er sich hinzog, um so gleichgültiger, dessen gewiß, daß er zurückgewinnen würde, was er verloren hatte. Wie aber? Darum sollte das Schicksal sich kümmern! In den glücklichsten Stunden, so schien es, wollte er nur beweisen, daß das Unglück ihm nichts anhaben konnte.

Weitaus stärker empfanden dies alles die den König umgebenden Leute, denn sein Niedergang war auch ihr Ruin.

Die Lubomirska, bislang in Gnaden und von allen Favoritinnen die am großzügigsten Beschenkte, da sie auch am meisten geopfert hatte, vergoß, obwohl sie den König nicht liebte, bittere Tränen, sah sie doch angstvoll voraus, daß sie ebenso wie Aurora vernachlässigt werden würde.

Es bestand keine Aussicht und keine Hoffnung, in die polnische Gesellschaft zurückzukehren, in den Schoß der Familie, – die Towiańskis und den Primas ausgenommen. Die Lubomirskis, mit denen sie sogar selbst verwandt war, dieser alte polnische Adel und überaus kostbare

Bestandteil der Schlachta, ließen sie nicht vor ihre Augen kommen. Sie bot ihnen Unterstützung an, wollte sich bei August für Ämter und Starostenwürden einsetzen, jedoch schaudernd wiesen sie jegliches Anerbieten ihrerseits zurück.

Unter anderen war es Starost Górski, über seine Frau mit ihr verschwägert, der sich bei der bloßen Erwähnung der hübschen Urszula die Ohren zuhielt und jedem, der es wagte, in seiner Gegenwart über sie zu sprechen, die Tür wies.

»Soll ich vielleicht das königliche Liebchen in mein Haus einlassen?« rief er. »Meine Töchter müßten sich vor ihr verneigen, meine Frau sie ehrenvoll behandeln, und ich ihr die Hand küssen, wie? Nie im Leben!«

Kein Einschmeicheln, keine Bitten, keine Erniedrigung halfen da. Górski war der erste, der den Bannfluch gegen sie schleuderte, und niemand getraute sich etwas zu ihrer Verteidigung zu sagen.

»Den König und seine unzüchtige Ausschweifung ertrage ich noch, weil ich es muß«, erklärte der Starost. »Die Rzeczpospolita erlegt mir auf, ihn zu ehren. Der Herrgott, nicht ich, wird ihn richten; aber damit genug, nichts kann mich zwingen, vor dieser Bathseba zu dienern.«

Nachdem sie sich überzeugt, daß sie in Polen weder mit ihren Juwelen noch mit ihrem Fürstinnentitel, noch mit ihrem prunkvollen Leben würde Straffreiheit erlangen können, tat sich die Lubomirska, in der Vorraussicht ihres sicheren Falls, schon nach etwas um, was ihr August ersetzen konnte. Am sächsischen Hof war ein Ersatz gewißlich unschwer zu finden, aber auch hier, beim Kanzler angefangen, hatte sie erbitterte Feinde. So folgten einander in stetem Wechsel ihre Versuche, sich bald der eigenen Familie und bald den Fremden anzunähern.

Bislang aber hielt August ihr, zumindest zum Schein, die Treue. In vieler Hinsicht entsprach die hübsche Urszula am besten seinen Anforderungen. Sie war hübsch, witzig, sanft, sie plagte ihn nicht mit Eifersuchtsszenen, und sie machte ihm Ehre mit ihrer Hofhaltung, ihrem prunkvollen Leben und ihrer Position, in welcher sie sich zu halten verstand. Schließlich überwachte sie ihm den Primas, der, nachdem er sich scheinbar ergeben hatte, insgeheim gegen ihn wirkte. Keine andere Frau beeindruckte August zu der Zeit mehr.

Und er hielt ihr wohl sogar auch zugute, daß sie sich um seines

Friedens willen mit Aurora abgefunden hatte, sie verübelte ihm nicht die bei ihr verbrachten Abende, und wenn er wiederkehrte, lächelte sie ihn kokett an. Er erriet nicht, was in ihrer Seele vorging und wie sehr sie sich quälte, wenn sie in die Zukunft sah. Das Schicksal rächte sich an ihr für den verlassenen Mann, jedoch ertrug sie ihr Martyrium, ohne sich jemandem zu offenbaren, ohne zu klagen, lächelnd kleidete sie sich in immer eleganteren Aufputz und stellte mit ihrem Glanz alle anderen Damen in den Schatten, ihr Auftritt war der einer Königin. Und da sich die protestantische Kurfürstin niemals in Polen blicken ließ und den ihr gebührenden Titel nicht trug, trat die Lubomirska hier gewissermaßen an ihre Stelle.

Während all der Verwicklungen, wie sie der Krieg um Livland, danach der Kampf in Polen und der Bruderstreit in Litauen zwischen den Ogińskis[17] und den Sapiehas mit sich brachten, zog der König unentwegt von Ort zu Ort, berief Versammlungen, Beratungen, Reichstage ein, pflegte Kontakte zum Militär, besuchte Krakau und Warschau, entschlüpfte unerlaubt nach Dresden und Leipzig, und die unermüdliche Fürstin Teschen jagte ihm hinterdrein, begleitete ihn und ließ es nicht zu, daß er sie verließ. Sie erschien in der sächsischen Hauptstadt und gewann hier für sich Verbündete, zugleich machte sie Kanzler Beichling Feinde, welcher gegen sie intrigierte. Darauf eilte sie nach Warschau, nach Łowicz, ins Feldlager, welchem immerfort eine ungezählte Menge Damen sowie Frauen verschiedenen Standes nachfolgten, auf daß der König nicht Gefahr liefe, sie zu vergessen.

Wittke unterdessen hörte sich um, erstattete ihr Meldung, erteilte Ratschläge. Guten Rat hätte er dabei selbst gebrauchen können, denn eingeengt und von anderen ausgenutzt, wie er war, litt er am Verfall seines Vermögens, seines Handels wie am Verlust seiner Freiheit.

Der König verwendete ihn für heikelste Dienste und zahlte mit Versprechungen. Constantini hielt ihn mittels Angst und Drohungen fest. Die unüberwundene Leidenschaft für Henriette erlaubte ihm nicht, sich zu entfernen, währenddessen sich die arme alte Mutter daheim mit der Arbeit plagte und ihn anflehte, nach Hause zu kommen. Wittke,

---

[17] Ein litauisch-ruthenisches Adelsgeschlecht. Grzegorz Ogiński (gest. 1709), ein Anhänger Augusts des Starken, war im Nordischen Krieg Feldhetman, später litauischer Großhetman. Er führte den litauischen Adel an, der die Sapiehas bekämpfte (s. vorn).

gerührt, war mitunter schon drauf und dran abzureisen, er beschloß seine Schwäche zu bezwingen, zu fliehen und zur väterlichen Lebensweise zurückzukehren. Meistens aber, wenn der fromme Entschluß soeben ausgeführt werden sollte, ließ Mezzettino ihn rufen, oder aber der König erteilte ihm einen Auftrag oder aber die Fürstin Teschen bedurfte seiner, und Wittke blieb, wo er war.

Von einem Tag auf den anderen verschob er die Korrektur, zu der ihm die Kraft fehlte. Er gewann rein nichts, er fühlte seine Demütigung und seinen Fall, doch aus eigener Kraft vermochte er sich nicht aus dem Sumpf herauszuziehen.

Getrost läßt sich sagen, daß alle, die August den Starken umgaben, die ihm dienten oder überhaupt in irgendeiner Beziehung zu ihm standen, seine Opfer wurden, denn erbarmungslos nutzte er sie alle aus. Nicht anders als mit den schönen Damen, die er durch seine Wahl geehrt, um sie alsbald, wenn die Glut verlosch, gleichgültigst sitzen zu lassen, verfuhr er mit seinen Günstlingen, mit den Werkzeugen seiner Politik, seiner Intrigen und mit den Anführern seines Heeres. Das Herz regte sich niemals in ihm. Eiskalten Blutes verurteilte er seine Opfer, sobald er dies brauchte, er selbst spendete nicht den kleinsten Augenblick für jemanden. Seine ausgesuchte Höflichkeit und Galanterie dienten ihm nur zur Bemäntelung seines Egoismus und dazu, sich vor peinlichen Szenen und gegen Vorwürfe zu schützen.

Die Lubomirska hatte am Beispiel Auroras und anderer ihrer Vorgängerinnen gelernt, daß sie, um sich die Gunst des Königs zu wahren, ihm alles verzeihen mußte, bis hin zum offenen Treubruch, und daß sie ihn vergöttern mußte, auch wenn er aufs schmerzhafteste Schindluder mit ihr trieb. Sie wußte, daß ihre Stunden gezählt waren, und sie tröstete sich damit, daß sie, so wie Aurora bei den Schweden, noch beim Primas von Nutzen sein konnte.

Die Lage des Königs in Polen verschlechterte sich immer mehr. Im Lande herrschte das schrecklichste Durcheinander, man lehnte sich gegen den Krieg auf, in den man wider Willen hineingezogen worden war, und schon wurden Stimmen laut, die verlangten, man solle selbst mit dem Schweden verhandeln, um sich gegen noch schlimmere Niederlagen zu sichern.

Wittke, der einst, als er sich in die unseligen Dienste drängte, geglaubt hatte, daß August ruhig und ungestört in Polen herrschen würde, bemerkte erst jetzt seinen Fehler. Warschau und auch Krakau konnten von dem Schweden bedroht werden, welcher niemandes Eigentum schonte, und an Handelsgeschäfte war gar nicht zu denken. Sich in das ruhige Dresden zurückzuziehen und zum früheren Dasein zurückzukehren, erlaubten die vielfältig geknüpften Beziehungen nicht. Möglicherweise hätte Wittke sie letztlich alle zerrissen, wäre da nicht die schöne Henriette gewesen.

Zusehends wuchs sie heran, reifte vor der Zeit, Wittke hing an ihr, und obwohl sie sich seine Freundin nannte, sah er doch voll Schmerz, daß sie sich zu allen anderen Gästen der Renards genauso großzügig verhielt. Ihre unvorsichtigen Eltern vor allem waren es, die in dem Wunsch, Gäste in ihre Weinstube zu ziehen, ihr nicht verboten, zu den Gästen hinauszugehen, bei ihnen zu verweilen und sich Komplimente machen zu lassen, sondern sie im Gegenteil noch dazu anspornten.

Besonders die sächsischen Offiziere von der königlichen Garde kamen, sooft sie sich in Warschau befanden, in Scharen herbei und saßen ganze Tage über bei der schönen Französin. An den Abenden sang sie ihnen Lieder, manchmal ließ man Musik kommen, und Henriette stellte sich mit Tänzen zur Schau. Die jungen Männer waren verrückt nach ihr. Und der arme Wittke schmachtete vor Eifersucht schier dahin.

Wenn er den Eltern manchmal leise vorwarf, welcher Gefahr sie ihre Tochter aussetzten, lächelte Madame Renard gleichgültig.

»Wir haben ein Auge auf sie«, beruhigte sie ihn, »alles geschieht doch offen in unserem Beisein. Wir können ja nicht die Gäste davonjagen oder aber sie ins Kloster geben, dann müßten wir den Laden morgen schließen.«

Henriette, wenn sie mit Wittke sprach, spottete über all die Offiziere, die um sie scharwenzelten, an jedem hatte sie etwas auszusetzen. Wer aber konnte dafür garantieren, daß sie mit denen nicht insgeheim ihn verlachte?

IV

In Wielkie Góry, der Residenz des Starosten Górski, fand sich zahlreich die durch den Krieg vom Schweden bedrohte großpolnische Schlachta zur Beratung zusammen. Schon im vorhinein erwachte hier das Gefühl der Entrüstung über August, der die Rzeczpospolita arglistig in diesen Krieg hineingezogen hatte, obwohl sich alle gegen denselben ausgesprochen und keiner ihn gewollt hatte, und auch Karl XII. hatte von Beginn an verkündet, mit Polen in Frieden und Eintracht verbleiben zu wollen.

Da August mit all seiner Durchtriebenheit sich keine starke Partei hatte schaffen können, verlegte er sich auf dieses und jenes, langte nach den verrücktesten Einfällen und änderte von Tag zu Tag sein Vorgehen. Aber auch in Polen gewann er keine neuen Freunde, und tagtäglich fiel einer der einst gewonnenen von ihm ab.

Als ihn die Nachricht erreichte, daß sich die Großpolen berieten und eine Konföderation oder eine Empörung im Sinne führten[18], wußte August nicht einmal jemanden, den er als Kundschafter hätte dorthin entsenden können. Starost Górski war kraft seines Ansehens eine gewichtige Persönlichkeit. Die Lubomirska hatte August gegenüber mehrfach von ihrer Verschwägerung mit dem Starosten gesprochen. Der König, der auch gern Frauen in seine Dienste einspannte, im Vertrauen auf ihre Fähigkeit, Menschen zu gewinnen, fragte bei der hübschen Urszula an, ob sie nicht den Wunsch verspüre, ihre entfernte Verwandtschaft in Großpolen zu besuchen.

Die hübsche Dame zögerte einen Augenblick, weil sie aber sah, daß die Königsmarck sich anschickte, als Parlamentär zu den Schweden zu reisen, wollte sie sich nicht zuvorkommen lassen und erklärte ihre Bereitschaft zu fahren.

Sie kannte Górski nur allzu gut, um irgendwelche Erwartungen zu hegen, aber versuchen mußte sie es wenigstens. Leider fügte es sich so, daß die prächtigen Kutschen und der sehr zahlreiche Hof der Fürstin Teschen just an demselben Tage in Wielkie Góry eintrafen, als man dort die große Versammlung vorbereitete. Für den Starosten wie für die Fürstin konnte es sich nicht unseliger fügen. Górski gedachte sich

---

[18] Die antisächsische Bewegung der großpolnischen Schlachta während des Nordischen Krieges gipfelte im Bündnis mit Karl XII., der Stanisław Leszczyński zum polnischen König erklärte.

weder vor der königlichen Geliebten zu erniedrigen noch sich vor ihr zu verneigen, er beschloß sogar, seine Ehefrau nicht mit ihr zusammentreffen zu lassen und sie sozusagen an der Haustür abzufertigen. Die hübsche Urszula hatte einen frostigen Empfang erwartet, nicht aber, zurückgewiesen zu werden!

Bleich wie Leintuch und zitternd, die Brauen gerunzelt, erwartete sie der Starost im leeren Saal, fest entschlossen, sich durch kein Flehen erweichen zu lassen. Die Fürstin, verwirrt bereits dadurch, daß trotz der unübersehbaren Gästescharen niemand sie zu empfangen oder zu begrüßen gedachte, aber auch mit einer Nervenstärke versehen, wie sie nur Frauen eigen ist, schritt, sich selbst Mut machend, voran.

Diener öffneten ihr die Tür zum Saal, in dessen Mitte einsam und allein, in aufrechter Haltung und mit dem Antlitz eines strengen Richters, Górski auf sie wartete.

Lebhaft, freudig eilte sie auf ihn zu. Górski, als er hörte, daß er mit einem Verwandtschaftstitel angesprochen wurde, unterbrach sie sofort: »Euer Liebden«, sagte er, »ich meine, daß die gnädige Frau mit der Annahme eines neuen Titels aller früheren Beziehungen entsagt hat. Zwischen uns bestehen keinerlei verwandtschaftlichen Bande mehr.«

Der hübschen Urszula verschlug es für einen Augenblick die Sprache.

»Aber Ihr könnt mir doch nicht auch freundschaftliche Beziehungen verwehren, Herr Starost!« rief sie dann. »Ich habe mir nichts zuschulden kommen lassen, womit ich solches verdient hätte.«

»Ja, wie denn?« erwiderte Górski streng. »Fühlen es Euer Liebden nicht, daß Ihr mit Eurem Fall allen Schande angetan habt? Nicht nur der Familie, sondern unserem gesamten Adelsstamm... Ihr habt Euch und uns mit den französischen, italienischen und deutschen Tänzerinnen und Sängerinnen auf eine Stufe gestellt. Ihr mögt die Fürstin Teschen sein, aber keine polnische Edelfrau wird der die Hand reichen. Darum werden weder meine Frau noch meine Töchter zur Begrüßung hier erscheinen.«

Die Worte des Starosten klangen grausam, und die Fürstin, zunächst schwer getroffen, ja beinahe tödlich, wurde alsbald von Zorn ergriffen, der sie wieder zum Leben erweckte. Verächtlich sah sie sich im leeren Saale um.

»So also sieht heute Gastlichkeit in Polen aus«, versetzte sie voll Bitterkeit. »Wegen irgendwelcher politischer Erwägungen versagt man einer Frau den Empfang...«

»Ihr irrt, Euer Liebden«, sagte der Starost. »Es geht hier nicht um Politik, Gott sei mit ihr! Es geht um die Vergewaltigung kirchlicher Rechte und die Verspottung der Moral.«

»Ihr kündigt dem König bereits den Gehorsam«, fuhr die Fürstin Teschen fort, ohne Górskis Äußerung zu beachten, »Ihr wollt eine Empörung anzetteln...«

»Darüber pflege ich mit Frauen nicht zu sprechen«, entgegnete der Starost. »Ich werde darum nicht antworten.«

In dem Bestreben, ihr Bleiben noch ein wenig auszudehnen, und immer noch hoffend, doch nicht so schändlich im Angesicht der zahlreich Versammelten abgewiesen zu werden, suchte die Fürstin nach einer Gelegenheit, um sich zu setzen.

»Laßt mich wenigstens verschnaufen!« erwiderte sie stolz, auf einen Stuhl zustürzend. Zorn und Ergriffenheit preßten ihr Tränen ab, doch kaum daß diese auf die glühenden Wangen rollten, schwanden sie dahin und hinterließen nur Flecken wie von Verbrühungen.

Górski stand da, ohne etwas zu erwidern. Aus den benachbarten Zimmern, wo sich die versammelte Schlachta befand, drang lautes Stimmengewirr, und Zurufe waren zu hören. Der leere Raum hier, die Leute nebenan, welche mit der Sendbotin des Königs weder das Brot teilen noch sie unter sich dulden mochten, der Hausherr, der dastand und darauf wartete, den aufdringlichen Gast loszuwerden, das stolze und gerunzelte Antlitz des Starosten, das schmerzvoll veränderte, verzerrte Gesichtchen der Frau waren ein Bild, da angetan war, ein mitleidiges Herz zu rühren. Der Starost besaß ein solches Herz, jedoch mit seinen Grundsätzen ließ er sich nie auf Vergleiche ein, ihnen machte er keine Zugeständnisse. Nachdem er der Fürstin Teschen nachgerade brutal die Wahrheit gesagt hatte, wartete er nur noch darauf, daß sie ihn von ihrer Gegenwart erlöste.

Die hübsche Urszula war noch außerstande sich einzugestehen, daß ihre Reise mit einer solch schändlichen Enttäuschung ihren Abschluß finden würde. Die ganze hier versammelte Schlachta hatte sie kommen sehen und sollte nun ihre erbarmungslose Zurückweisung miterleben, ja, ihr eigener Hof durfte seine Herrin verspotten. Die Demütigung war fürchterlich.

»Ihr seid ohne Erbarmen, Herr Starost«, meldete sich die Fürstin nach einer Weile des Nachsinnens zu Wort. »Ihr setzt mich der Schande aus, und Euch der Rache des Königs, der die mir angetane Schmach nicht verzeihen wird. Ihr könnt doch nicht gestrenger mit mir sein als der Primas, welcher mich in Łowicz empfängt, oder als meine Familie, die mir Besuche macht.«

»Ein jeder handelt nach seiner Überzeugung und nach seinem Gewissen«, antwortete Górski ruhig. »Ich habe kein Erbarmen mit Euch, weil Ihr es mit Euch selbst, mit Eurer Familie, mit Eurem ehrbaren Namen nicht hattet. Ihr habt mit uns gebrochen, also lebt denn mit denen, die Euch lieber waren als die Tugend.«

Urszula schlug die Hände vors Gesicht.

Der Starost hatte, als er zu ihr hinausgegangen war, seiner Gattin entschieden untersagt, sich zu zeigen, und Frau Górska hätte es wohl auch nicht gewagt, den Willen ihres Gatten zu mißachten, allein hinter der Tür, von welcher aus sie auf das Geschehen drüben lauschte, vermeinte sie ein Schluchzen zu hören, und ihr weiches Frauenherz drängte sie dazu, einen Spaltbreit die Tür zu öffnen. Der gestrenge Blick ihres Gatten indes zwang sie, sich augenblicklich zurückzuziehen. Eine Weile noch dauerte das Abwarten. Die Fürstin hoffte, den Starost zu erweichen, der Starost wartete, die Fürstin loszuwerden, und unterdessen erschollen draußen auf dem Hof Vivatrufe. Lärm erhob sich, und den Lärm übertönten noch lautere Stimmen. Górski ahnte, daß ein besonderer Gast gekommen sein mußte, und ohne der Fürstin auch nur zuzunicken, ging er aus dem Saal und ließ sie allein zurück.

Seit jenem denkwürdigen Augenblick, da die hübsche Urszula beim Anblick des vom Pferd stürzenden Königs ohnmächtig geworden war und sich ihm ganz hingegeben hatte, mußte sie ihre Liebe schon mit so mancher Demütigung bezahlen, aber noch nie hatte eine so schmerzhafte Strafe, eine so unbarmherzige Verdammung sie getroffen. Alle Charakterstärke reichte nicht aus, um das Erlittene zu bewältigen. Der Fürstin schwindelte es im Kopf, und mit leisem Aufschrei sank sie in die Bewußtlosigkeit. Die Starostengattin, die sie mitleidvoll durch die Tür beobachtete, lief ihr zu Hilfe. Einige Tropfen Wasser und etwas belebender Essig genügten, um die Geschwächte zur Besinnung zu bringen, und als hätte ihr die Ohnmacht neue Kraft verliehen, schnellte die Fürstin Teschen empor und verlangte stolz, abzureisen.

Man rief ihre Bedienten herbei, da es aber über ihre Kraft gegangen wäre, den Weg durch das Portal und über den Hof zu nehmen, auf dem sich die Schlachtschitzen drängten, zeigte ihr die Starostengattin den Weg durch den Garten, an dessen Tor die Wagen der Fürstin vorfahren sollten. Mit was für Empfindungen sie, halb wahnsinnig vor Zorn und Rachedurst, in ihre Kutsche stürzte und im ersten besten Städtchen zu rasten befahl, läßt sich unschwer erraten.

Derjenige, den die Schlachtschitzen in Wielkie Góry mit solchen Zurufen begrüßten, wäre für einen Fremden wohl eine höchst rätselhafte Person gewesen – allein schon was sein Alter anbetraf, denn er schien kaum mehr als zwanzig Jahre zu zählen, und ein forsches, gesundes und tätiges Leben hatten ihm erlaubt, sich alle Frische der ersten Jugend zu bewahren. Kraftlose Greise, mit Grauhaar und mit ehrenvollen Kriegernarben bedeckt, diese ganze ritterliche Menge empfing den zu Pferde und nur mit kleinem, bescheidenem Gefolge eintreffenden Gast wie einen Helden, obzwar die jungen Jahre kaum vermuten ließen, daß er bereits hätte Verdienste erwerben können.

Die Blicke der Versammelten wandten sich ihm voll Ehrerbietung und Liebe zu, wie einem in diesen schweren Zeiten, da das Vaterland gefährdet war, zu ihrer Rettung Auserkorenen. Alle Großpolen schienen ihn zu kennen, denn auf seinem Wege streckten sie ihm die Hände entgegen, sie hoben die Mützen, zwinkerten ihm zu, verbeugten sich.

Der junge Gast, ein schöner Mann von edlem Antlitz voller Ruhe und Milde, kam, obgleich man in ihm den Nachkommen einer der bedeutendsten großpolnischen Familien erahnen durfte, ohne allen Pomp und Aufwand, was Kleidung und Waffen anbetraf. Weder er selbst noch sein Pferd hoben sich durch irgendwelchen Schmuck hervor, mit dem man sich dazumal gern bei jedem Auftritt zur Schau stellte. Seine Gestalt war die eines Ritters und Herren, der Ausdruck des Gesichts jedoch, der Blick, alles an ihm verhieß eher den Staatsmann denn den Soldaten. Der Senatorensproß war ihm leicht anzusehen.

Die Schlachta, die in der jungen Nachkommenschaft der Magnaten für gewöhnlich nur ungern das Andenken und die Verdienste der Väter ehrte und viel lieber darauf pochte, daß »der Edelmann auf seinem Boden ist gleich dem Woiwoden«, verübelte es diesem jungen Herrn in keiner Weise, daß er hier so aristokratisch erschien wie ein zum Anführer Geborener.

Neidlos und eitel Freude in den Augen, begrüßte man ihn auf seinem Wege mit immer lebhafteren Vivatrufen. Der alte Górski, der sonst ungern jemandem seinen Gruß entbot, ging ihm mit offenen

Armen und unbedeckten Hauptes entgegen. Diejenigen Schlachtschitzen, die schon früher angekommen waren und sich im Speisesaal
an den zum Frühstück gedeckten Tisch gesetzt hatten, um sich zu
stärken, ließen Teller und Schüsseln stehen und eilten zur Begrüßung
hinaus. Es strahlten die schnurrbärtigen Gesichter der für ihren Hochmut bekannten Großpolen.

Der Ankömmling – der Liebling aller, die Hoffnung der Rzeczpospolita –, war der Sohn des Woiwoden von Posen und Generals von
Großpolen, der selbst schon nach dessen Ableben, ungeachtet seiner
jungen Jahre, zum Woiwoden von Posen ernannte Stanislaw Lész-
szyński[19]. Von der Mutter her strömte in seinen Adern das Blut der
Jabłonowskis, sie nämlich war eine Tochter des Hetmanns, und der alte
Jabłonowski liebte diesen Enkel wie seinen Sohn. Die überaus sorgfäl-
tige, von Liebe und Voraussicht gleichermaßen bestimmte Erziehung hatte ihn in der Tat zu dem gemacht, als den man ihn
pries – zu einem Phänomen, einer außergewöhnlichen Persönlichkeit.

Der gerade zwanzigjährige Jüngling besaß bereits den ganzen Ernst
und die ganze Bedachtsamkeit eines Senators der Rzeczpospolita.
Niemals ließ er sich auch nur die geringste Leichtfertigkeit zuschulden
kommen, ja man darf behaupten, daß er auf wundersame Weise den
Übergang vom Kinde sogleich zur Mannesreife vollzogen hatte. Gelassenheit und Selbstbeherrschung, wie andere sie mit den Jahren und
mit dem Leben erwerben, waren ihm dank der besonderen Gunst des
Schicksals in einem Alter gegeben worden, da andere sich noch die
Hörner abstoßen; er hatte eine Reise ins Ausland unternommen, um
Welt und Menschen kennenzulernen, und als Zwanzigjähriger war er
bereits dem Vater als Woiwode nachgefolgt und stellte somit das Haupt
der großpolnischen Lande dar.

Wer ihn näher kannte, äußerte sich über ihn nicht nur ehrerbietig,
sondern gleichsam bewundernd und begeistert. Die allgemeine Zuneigung schuldete Leszczyński keiner Schmeichelei für die Menge und
nicht den üblichen Mitteln, mit denen man gemeinhin die Gunst der
Schlachta zu gewinnen suchte – nicht also Höflichkeiten und Gaben.
Er war stets so mutig, die Wahrheit zu sagen, auch dann, wenn er
wußte, daß dieselbe der Allgemeinheit nicht lieb sein würde. Wenn er

---

[19] Stanisław Leszczyński (1677–1766) war der Sohn von Rafał Leszczyński (1650–1703),
der nacheinander Woiwode von Kalisch, Posen, Lentschiza, seit 1702 königlicher Schatzmeister war.

sich vermessenen Gelüsten entgegenstellte, hörte man ihn geduldig und ehrerbietig an.

Auch dieses Mal umgab man den, der da vor der Schloßauffahrt soeben vom Pferde absaß, mit lebhaften Zeichen der Liebe – lebhafteren womöglich, als jemals sonst.

Lächelnd begrüßte er die sich tief vor ihm Verneigenden.

»Ich stehe den Herren Brüdern zu Diensten! *Ad sum!*[20] Beraten wir uns und denken wir selbst an uns, da keiner an uns denken mag oder kann.«

Górski umarmte ihn an der Tür.

»Allein Euer Kommen macht uns Lust«, sagte er. »Ihr erhellt die trüben Gesichter, Herr Woiwode, ganz wie die aufgehende Sonne. Das ist keine Schmeichelei, mit Euch ist uns lichter zumute.«

Der Woiwode errötete.

»Bei Gott, lieber Starost«, erwiderte er, »ich komme, um bei Euch das Licht zu suchen, und ich trage den innigen Wunsch in mir, mit Euch zusammen fürs gemeinsame Wohl zu arbeiten.«

Damit betraten sie den größten Saal im Erdgeschoß, der so überfüllt war, daß man sich kaum hindurchzwängen konnte. Beim Anblick der Eintreffenden mäßigte sich sofort der Lärm. Alle drängten sich, dem Woiwoden die Hand zu schütteln oder ihn wenigstens mit dem Blick zu grüßen. Ganz von selbst, dank der Achtung, die man dem begehrten Gast entgegenbrachte, stellte sich eine Ordnung her. Die Senatoren bildeten einen Ring um ihn, die übrigen stellten sich auf, wie es eben ging, und die lauten Stimmen, die noch vor kurzem den Lärm hatten beherrschen wollen, waren freiwillig verstummt.

Górski hatte seinen Gast zuvörderst an die Tafel bitten wollen, im Glauben, daß dieser nach der Reise einer Stärkung bedürfte, der Gast aber dankte und behauptete, nicht hungrig zu sein und gern bis zum Mittagessen warten zu wollen.

Auf der Stelle meldete sich ein besonders Eifriger zu Wort.

»Herr Woiwode«, sagte er, »wir haben genug durch Zwist und Zwietracht gelitten, und in Litauen und Polen gibt's das noch immer reichlich, als daß wir jetzt neuen Streit mehren sollten. Eine Empörung oder eine Konföderation ist immer leicht zu bewerkstelligen, nur jegliche Befriedung danach ist schwierig. Es gibt Augenblicke, da einer, der

---

[20] (lat.) Da bin ich.

218

sich am Rande des Abgrunds sieht, nach der Waffe greift, die er zur Hand hat, um sich vor dem Untergang zu retten. Das, woran zu glauben schwerfällt, wird jeden Tag sichtbarer. Als wir den König wählten, holten wir unbedacht den Feind in *viscera*[20] der Rzeczpospolita. Eine Bagatelle ist noch, daß er seine Sachsen ohne den Konsens aller ins Land gebracht hat, daß er sie hier hält und unter den verschiedensten Vorwänden noch vermehrt; ich lasse beiseite, daß die fremden Söldner für uns eine Landplage sind, daß August, welcher selbst die Händel mit dem Schweden gesucht, uns Polen zwingt, seine Sache als die unsere anzunehmen – aber heute wird doch mit jedem Tage deutlicher, daß er sich auf den Verderb, auf das Niederreißen unserer Freiheiten verschworen hat und darauf, uns in das *absolutum dominum*[22] zu schmieden. Abgefangene Briefe, gebrochene Verträge, der ganze Gang seiner Dinge überzeugt einen davon, daß er mit Zar Peter nichts anderes vereinbart hat als einzig unsere Unterjochung, die Zersplitterung unseres Landes und seine Umwandlung in eine Erbmonarchie für sich selbst. Dafür ist er bereit, mit dem Brandenburger zu unterhandeln, mit dem Zaren, ja sogar mit dem Schweden, wenn er ihm nur bei seinem Vorhaben hilft. Dafür spannt er alle seine Kräfte an.«

Mit vor Erregung zitternder Stimme sprach dieser erste Mann, die Debatte eröffnend, und der alte Górski stimmte seinen Worten mit stummem Kopfnicken zu.

»Ihr macht dem König einen schweren Vorwurf«, unterbrach ihn Leszczyński. »Und ehe wir ihn als wahr annehmen, sollten Beweise gesammelt werden. Wir würden der Beschuldigung ungern glauben.«

»Auch wir nicht«, fügte Górski an, »doch taugt es ebensowenig, sich vor lauter Vertrauen selbst blind zu machen, und übertriebener Eifer ist dort, wo es um unsere einzigen Schätze geht, angebrachter als ein Verkennen der Gefahr. Ich gestehe es offen«, fuhr der Gastgeber fort, »daß ich nie für diese Königswahl gewesen bin, daß ich diesem Herrn, der sich uns, unsere Gesetze brechend, gleich zu Beginn aufgedrängt hat, den Franzosen vorgezogen hätte oder auch einen der Söhne von König Jan Sobieski. Als Conti herkam, ebenso auf uns zählend wie wir auf ihn, um uns, enttäuscht, aufzugeben, da bin auch ich, und nach mir

---

[21] (lat.) ins Innere
[22] (lat.) alleinige Herrschaft

viele andere, August gefolgt, um weiteren Zerwürfnissen und einem Bürgergkrieg, wie er in Litauen grassiert, vorzubeugen. Wir haben uns ergeben, aber man hat uns schlecht dafür belohnt. Mit Hinterlist, Falschheit und Bestechung auf den Thron gelangt, fährt der Sachse fort, wie er begonnen – nachdem er uns gekauft hat, will er uns veräußern. Darum ist er so in Liebe zu Zar Peter entbrannt, darum ist er mit dem Brandenburger im Bunde, und der leistet ihm scheinbar insgeheim, für uns aber ganz offen Beistand, und schließlich ist es kein Geheimnis, daß, wollte Karl XII. nur einwilligen, sich Polen mit ihm zu teilen, er ihm gern die Hand reichte. Wir haben unsere früheren Könige beschuldigt, das *absolutum dominum* einführen zu wollen, hier aber geht es nicht mehr um eine Diktatur, sondern darum, daß das mit Blut erworbene Erbe unserer Vorväter in Stücke gerissen werden soll. Die Freundschaft und das Bündnis mit dem Zaren kann sich auf nichts sonst gründen als auf eine Rektifikation der Grenzen, was bedeutet, daß wir seinetwegen auf unsere Grenzlande verzichten sollen. Die Freundschaft mit dem Brandenburger ist nichts anderes als dessen Befreiung vom Lehen und vom Lehnseid sowie die Rückgabe des unbedacht aufgegebenen Elbing. Und geb's Gott, daß der damit zufrieden ist. Schließlich sollten die Verträge mit Karl, mit welchen diese *proh pudor – virago!*[23] und dieser Vitzthum unterwegs waren... nichts anderes besagen als die Aufteilung der Rzeczpospolita und ihre Unterjochung. Werden wir ihn hier erstarken und sich festsetzen lassen?! Wird er seine Absichten verwirklichen?!«

Górski senkte das Haupt, der Woiwode stand da und schwieg.

»Es gibt Dinge«, sprach er endlich mit ruhiger Stimme, »an die man besser nicht glaubt, um ihre Möglichkeit nicht zuzulassen. Es taugt nicht, den göttlichen Gesalbten eines solch finsteren Verrats zu bezichtigen, solange wir keine Beweise dafür haben. Tun wir, was in unserer Macht steht, um einem solchen Verrat vorzubeugen, doch werfen wir keine Schande auf den König, den wir achten und ehren sollten. Zwar gibt es Beispiele von Ländern, in denen sich schändliche Umstürze vollzogen haben, jedoch sind wir selbst ein Beispiel dafür, daß dort, wo die Tugend der Bürger wacht, die eidlich zugesicherten Rechte nicht so leicht zu brechen sind. Seien wir wachsam, aber bleiben wir dem

---

[23] (lat.) O Schande – Heldenjungfrau! (Eine Anspielung auf die Mission der Königsmarck und des Grafen Vitzthum von Eckstädt, die Karl XII. zum Friedensschluß bewegen sollten.)

König treu und stehen wir zu ihm, denn dies ist das beste Mittel, ihn zu hindern, sich durch fremdes Zureden auf den Weg des Verderbens lenken zu lassen.

»Mit Zar Peter«, meldete sich einer der Umstehenden zu Wort, »dauern die engen geheimen Verbindungen fort, bei Hofe spricht man laut davon, daß der Livländer, heute General in sächsischen Diensten, dieser verderbte und gescheite Patkul, als Werkzeug dient, um die für uns fatalen Verträge zu knüpfen.«

»Mit dem Zaren«, unterbrach ihn Leszczyński, »konnte sich August zur gemeinsamen Abwehr gegen Karl XII. verständigen. Das läßt sich ihm noch nicht vorwerfen.«

»Was eigentlich geht uns Augusts Hader mit dem Schweden an?« warf ein anderer ein. »Die Rzeczpospolita, durch den Vertrag von Oliva gebunden, will in Karl gar keinen Feind sehen, und er selbst läßt immerfort feierlich verlauten, ein Freund und Gönner der Rzeczpospolita sein zu wollen. Er hat uns als erster die Augen geöffnet und wissen lassen, womit man jene Dame und Herrn Vitzthum zu ihm geschickt hat. Zum Festschmaus ladend, bei dem wir ihnen hätten den Fraß liefern sollen, wollte August, welcher Zar Peter Hilfe gegen den Schweden versprochen hat, den Schweden nun mit der Bereitschaft gewinnen, ihn gegen Peter zu unterstützen, wenn sie nur beide gemeinsam Polen in Stücke rissen – nein, dem Sachsen geht es nicht um unsere Ganzheit und um die Rückgewinnung der abgetrennten Gebiete, sondern um die Vergrößerung seiner Erbmonarchie auf unsere Kosten. Auf diesen unehrenhaften Gedanken zu verfallen, war angesichts unserer Unbedachtheit und Uneinigkeit nicht schwer. In Litauen kocht der Bruderkrieg, wir haben wenig Soldaten, die Schlachta ist schwer in Bewegung zu setzen, bei ihr Geld für Soldaten zu erbetteln ist mühsam... Die Pergamente, die unsere Freiheiten garantieren, werden sich nicht selbst verteidigen, wenn wir nicht zur ihrer Verteidigung bereitstehen.«

Nach dieser Rede herrschte für eine Weile bedrücktes Schweigen, Leszczyński seufzte.

»Möge uns der Herrgott davor schützen, daß Eure Worte sich auch nur im mindesten bewahrheiten«, sagte er. »Vorerst sehe ich nicht, daß ein solcher Zusammenbruch möglich wäre. Wir werden es nicht dahin kommen lassen, da wir die Gefahr sehen.«

»Ja, wir müssen uns zusammenfinden, sei es, daß wir konföderieren und uns so selbst zur Wehr setzen. Die Rzeczpospolita könnte, falls sie das wollte, allein, ohne die Mittlerschaft des Königs, mit dem Schweden verhandeln und einen Krieg mit ihm abwenden. Wir sollten Gesandte benennen und sie zu Karl XII. schicken. Er wird sie gern empfangen.«

»Aber das riecht nach Empörung!« warf jemand von der Seite her ein.

Leszczyński nahm nicht das Wort. Man sah, daß er nicht zum Äußersten, nicht zum Bruch mit dem König neigte, daß er ungern die Zerrissenheit mehrte, denn August hatte eine bedeutende Schar von Senatoren bei sich, die einem Bündnis, das mit dem Schweden ausgehandelt werden sollte, nicht zustimmen konnten.

Auf der anderen Seite unterlag es keinem Zweifel, daß Karl XII. nicht nur eine Verständigung mit der Rzeczpospolita wünschte, sondern ihr gegenüber sogar zu Zugeständnissen bereit war. Nach Ansicht vieler konnte die Rzeczpospolita sogar Mittlerin zwischen den beiden Gegnern sein. Dieser und jener fügte noch eine Äußerung hinzu, die Debatte verlief ruhiger, als der erst jetzt eintreffende Bronisz, Starost von Pyzdry[24], kaum daß er den Hausherrn begrüßt hatte, das Wort zu nehmen verlangte...

»Es wäre gut«, sagte er, »wenn der Schwede die Rzeczpospolita als Mittlerin annehmen würde, doch muß man dies bezweifeln, da Karl XII., heftig erbittert hauptsächlich dadurch, daß sich König August mit Zar Peter gegen ihn verschworen hat, offenbar in keine Verhandlungen mit uns eintritt, bevor nicht der von uns erwählte Herr vom Thron gestürzt ist. Die beiden sind nahe Verwandte, der Schwede jedoch, ein eisenharter Mann und leidenschaftlich im Haß wie in der Freundschaft, läßt sich von einem einmal gefaßten Beschluß nicht wieder abbringen. Er will von der Rzeczpospolita Kurland und Livland haben, und doch würde er rascher darauf verzichten als August verzeihen. Ich weiß es sicher, daß er darauf zielt, den Sachsen zu entthronen.«

Nach dumpfem Schweigen regte sich hier und da Flüstern, und verschiedene Stimmen wurden laut.

Leszczyński, der das Äußerste nicht annehmen wollte, sagte: »Von dieser für uns verderblichen Absicht müßten wir ihn eben mittels einer Gesandtschaft, falls es dazu kommt, abzubringen suchen, und nur wir allein, indem wir anzeigen, daß wir dem nicht zustimmen werden, wären dazu imstande.«

---

[24] Piotr Jakub Bronisz (gest. 1719) – in der Bewegung der großpolnischen Schlachta gegen die Sachsen trieb er ein doppeltes Spiel: ein proschwedisches und ein prosächsisches.

Bronisz blickte den Woiwoden mit vielsagendem Lächeln an.

»Das ist ein Zeichen«, sagte er, »daß Ihr Karl XII. nicht kennt, wenn Ihr meint, daß man ihn bekehren und zum Wandel seiner Überzeugungen bewegen könnte. Er ist kein solch glatter und trügerisch gefälliger Politiker wie unser Herr, von dem niemand sagen könnte, daß er weiß, was er denkt und beabsichtigt; der Schwede verbirgt seine Ziele nicht, er geht die Dinge an wie ein Soldat, aber eher läßt er sein Leben, als daß er sich ergibt. Ich bin kein Prophet, aber mir scheint, daß dieser Krieg kein Ende haben wird, solange August auf dem Thron bleibt.«

Leszczyński und auch andere entrüsteten sich darüber so sehr, daß sie nicht einmal annehmen wollten, daß es Karl nach einer so weitgehenden Rache verlangen könnte.

Die Ankunft des Starosten von Pyzdry, der, wenngleich er sich nicht dazu bekannte, geheime Kanäle zu dem Schweden besaß, brachte etwas Klärendes in die leidenschaftlichen Debatten, in denen viel Unsinniges geschwätzt wurde. Bronisz hatte Verbindungen, die er nicht erläuterte, aber man kannte ihn als einen Mann, der nicht irgend etwas nachbetete, sondern der eigene Überzeugungen besaß sowie ein gesundes Urteil über Menschen und Dinge. Während andere Sagenhaftes von dem Schweden erzählten, der von einem jüngst noch verachteten Milchbart binnen weniger Jahre zu einem Riesen herangewachsen war, hielt sich der Starost von Pyzdry vor Lachen den Bauch, sobald er aber selbst von ihm sprach, sah man, daß er sich auf eine eigene Meinung stützte.

»Es stimmt, daß Karl unsere Rzeczpospolita, obwohl er behauptet, sie zu lieben, bedrückt und bedrängt, ihm aber kommt es vor, als ob er damit nur Augusts Anhänger verfolgt«, sagte Bronisz. »Er wird dem polnischen König und sächsischen Kurfürsten so lange zusetzen, bis er ihm die Krone vom Haupt genommen, seine Erblande verwüstet und sie mit Kontributionen ausgesogen hat. Er hegt Abscheu gegen ihn und einen persönlichen Groll, und seinen eisernen Willen kann nichts auf der Welt brechen, ihr werdet es sehen. Unser Bemühen, uns schützend vor August zu stellen, würde vergeblich sein.«

»Aber wir haben die Pflicht, dies zu tun«, versetzte Leszczyński. »Bisher hatte Karl XII. es mit einzelnen Personen und mit Häuflein zu tun, jetzt wird die Rzeczpospolita auftreten und eine Gesandtschaft in ihrem Namen. Das verändert die Gestalt der Dinge.«

»Ich bezweifle das sehr«, erwiderte Bronisz. »Karl XII. hat offenbar schon einen König ausersehen...«

Durch den Saal ging eine neugierige Bewegung, aber der Starost verstummte, als ob er mehr nicht sagen konnte oder wollte.

»Einen König ausersehen?« warf der Hausherr düster ein. »Es ist unzweifelhaft, daß auch wir lieber einen anderen hätten, denn es gibt keinen, der unseren Sitten und Traditionen mehr entgegenstünde als dieser Sachse, aber gerade die Achtung unserer Tradition verlangt es, daß wir den gewählten, gesalbten und gekrönten König, denjenigen, dem wir die Treue geschworen haben, nicht leichtfertig im Stich lassen.«

Leszczyński pflichtete ihm lebhaft bei.

»Wahrhaftig, so ist es«, sagte er. »Er mag uns nicht lieb sein, weil er unsere Gesetze mißachtet und auf geheimen Wegen sie zu umgehen trachtet. Wir sollten ihn auf den Weg der Gesetzlichkeit lenken, aber ihn nicht aufgeben und im Stich lassen. Wir sollten uns dem an Willkür gewöhnten August widersetzen, die Sachsen kennen ja weder Reichstage wie die unseren, noch nimmt ihr Adel an der Regierung teil, doch lassen wir es nicht zu, daß ein fremder Monarch unseren König stürzt und uns einen anderen, ihm genehmen, hinsetzt.«

»Wahrhaftig, heilige Worte!« rief Górski. »Wir haben unbedacht diesen Sachsen genommen, nun müssen wir zu ihm halten, schlimmer noch, wir müssen mit ihm kämpfen und seinetwegen den Krieg und die Verheerung unseres Landes erdulden; jedoch *pereat mundus, fiat iustitia*[25]! Wir sollten bei den Pacta und bei unserem Eid bleiben. Mißachtet man Recht und Gesetz erst bei einer Sache, folgt seine Mißachtung bei allem. Wir haben schon alles zur Genüge: Empörungen und Konföderationen, Militärbündnisse und Reichstagsgezänk!«

»Gleichfalls muß ich es Euch zurufen, Herr Starost: Heilige Worte!« erwiderte Leszczyński. »Geben wir keine Beispiele des Leichtsinns, der König läßt sich, denke ich, auf den rechten Weg bringen.«

Ein alter Freund des Bischofs von Kujawien, Zakrzewski, außerdem mit demselben verwandt, zuckte bei dem zuletzt Gesprochenen die Achseln.

---

[25] Eigentlich: »Fiat iustitia, et pereat mundus!« (lat.) Gerechtigkeit muß sein, und sollte darüber die Welt zugrunde gehen. (Die Umstellung geschieht hier analog zu »Pereat mundus, vivat libertas!« – s. vorn)

»Erlaubt bitte, Herr Woiwode«, sagte er. »Als jemand, der gut informiert ist, möchte ich trotz des Respekts, den ich für Euch hege, Eurer Ansicht widersprechen. Dąbski ist mein Verwandter, seit der Kindheit sind wir wie Brüder – kein anderer als er ist besser in alle Geheimnisse der königlichen Gedanken eingeweiht. Über ihn kenne ich August.«

Und auflachend fuhr Zakrzewski fort: »Dąbski ehrt und entschuldigt ihn, aber meiner Meinung nach bedeutet dieses Verteidigen Verurteilung. Er ist die Falschheit, die Verhüllung und der Despotismus in Person, vor allem aber der Egoismus. Flemming und die Przebendowskis haben ihn uns zugeführt, sie hofften auf die Wirren hierzulande und rechneten damit, daß im trüben Wasser leicht fischen ist. Vor seinen Leuten hält der Sachse nicht damit hinter dem Berg, daß er Polen unterjochen und in eine an Sachsen angeschlossene Erbmonarchie verwandeln will. Wir sind bloß blind dafür. Für den Anschlag gegen uns hat er bei dem Brandenburger um Hilfe nachgesucht, der aber ist vorsichtig und würde sich lieber selbst etwas einverleiben, wenn er könnte; dann sucht er sie bei Zar Peter, welcher ihm zugesagt hat, mit ihm zu gehen; und er ist sogar bereit gewesen, uns gemeinsam mit Karl XII. zu zerfleddern. Wir werden ihn nicht bessern, noch dazu ist es ein Graus zu sehen, wie er lebt! Wir wissen noch, wie unsere Väter und Großväter sich über König Zygmunt entrüsteten, weil der nacheinander zwei Schwestern ehelichte[26], aber wie ließe sich das Leben dieses gottgefälligen Mannes mit der Daseinsweise Augusts vergleichen, welcher mit einem offenkundigen Konkubinat die Gesetze Gottes und der Menschen verhöhnt? Mit der Lubomirska haben unsere Damen schon begonnen, ihm zu dienen, und dessen wird noch mehr werden. Wohin geht unsere gute Sitte, was wird aus unserer Scham, unserer heimischen Tugend!«

Górski hob ratlos die Hände und seufzte.

»Es wird Euch nicht verborgen sein«, sagte er leise und mit schmerzlicher Resignation, »daß die katholische Geistlichkeit, sogar die Jesuitenpater vor der Ausschweifung des Königs die Augen verschließen, denn der Kirche liegt an ihm, um Sachsen zu bekehren, das man ein Nest des Lutheranertums nennen kann. Wir sollten es der Geistlich-

---

[26] Sigismund III. Wasa heiratete nacheinander die Töchter Anna und Constanze des Erzherzogs Karl von Habsburg.

keit gleichtun, das heißt stillschweigen, aber zugleich August nichts nachsehen.«

»Ihr sagt, daß Rom ihn hält und unterstützt«, unterbrach ihn Zakrzewski. »Ist es so? Warum aber sträubt man sich dort, ihn als König anzuerkennen?«

»Weil man ihn zur eifrigeren Unterstützung der Katholiken zwingen will«, erwiderte Górski. »August hat zugesagt, seinen Sohn katholisch zu erziehen, indessen befindet der sich in der Hand von Mutter und Großmutter, von zwei glühenden Protestantinnen. Darum zögert der Papst, er will ihm eine Garantie für die Zukunft abringen. Vermutlich kennt man August in Rom und weiß, daß man seinem Wort nicht trauen darf.«

Zakrzewski zuckte die Achseln, er schien darüber nicht länger debattieren zu wollen, denn er wandte sich an Bronisz: »Ihr sagtet, der Schwede habe schon einen Kandidaten für die Krone ausersehen. Wir wüßten gern, wer das ist.«

Bronisz verzog das Gesicht.

»Ihr wüßtet es gern«, versetzte er mit ärgerlichem Auflachen, »und ich plaudere es nicht gern aus.«

»Wo Ihr aber wißt, daß es wahr ist«, beharrte Zakrzewski.

»Nicht jede Wahrheit kann man auf der Straße ausrufen«, versteifte sich der Starost von Pyzdry.

»Dies ist doch keine Straße!« fauchte ein Schlachtschitz. »Wir sind hier versammelt, um *de publicis*[27] zu beraten, wie aber sollen wir das tun, wenn Ihr uns verbergt, was Eurer Ansicht nach droht oder zu erwarten ist? *Clara pacta, clara pacta*[28]*!*«

Auch andere bestürmten nun Bronisz, der aber biß sich auf den Schnurrbart.

»Ich hätte nicht gedacht«, sagte er schließlich, »daß Ihr so wenig Scharfsinn besitzt und gar noch meine Aussage benötigt, um etwas zu sehen, was klar auf der Hand liegt!«

Alle sahen einander an.

»Ahnen kann man es in der Tat schon«, fiel ihm der junge Woiwode ins Wort. »Karl XII. war und ist ein Bewunderer unseres Jan Sobieski, er nennt ihn einen Helden und den größten Kriegsmann unserer Zeit,

---

[27] (lat.) über öffentliche Angelegenheiten
[28] (lat.) hier: Macht die Dinge deutlich!

er trägt sein Bildnis bei sich, er beliest sich zur Historie und weiß, daß Jakub und Konstanty, während sie mit dem Vater im Felde waren, von ihm die Kriegskunst erlernt und von ihm den Mut in ihre Adern aufgenommen haben.«

Einige der anwesenden Schlachtschitzen, als sie das hörten, zischten und prusteten los.

»Hehe!« rief Piętka. »Wie man sieht, kommt Karl XII. aus Schweden hierher, ohne sich umzuhören. Die Sobieskis und die Königinwitwe haben das Ansehen, das sie hier genossen, schon verloren. Man kann nicht einmal dafür garantieren, daß sie selbst jetzt gern mit August in Kollision geraten würden. Sie haben ihn in Wilanów äußerst höflich empfangen.«

Viele schüttelten den Kopf, aber der Woiwode Leszczyński fügte hinzu: »Soweit ich weiß, haben die Sobieskis an eine solche Eventualität nicht gedacht, und würde sie eintreten, machten sie gewiß ungern davon Gebrauch. Mir scheint, der schwedische König sollte beizeiten darauf verzichten, auf sie zu zählen.«

Leise, zum Ohr des Woiwoden geneigt, fragte Górski: »Und was ist mit unserem Primas?«

Der stets besonnene und sehr gemäßigte junge Mann zögerte mit der Antwort, nach einigem Nachdenken sagte er ebenfalls leise: »Es ist wohl unnütz zu rätseln, was in seinem Innern vorgeht, aber öffentlich steht der Kardinal bisher auf Seiten Augusts, und er spricht sich lauthals für ihn aus.«

»Es gehen verschiedene Gerüchte um«, versetzte Górski wiederum leise. »*Relata refero*[29], hat der König die Towiańskis dadurch gereizt, daß er ihnen erhoffte Ämter und Würden versagt hat; *inde irae*[30], und da die Towiańskis verärgert sind, kann der Primas nicht gleichgültig bleiben. Ich schließe daraus, daß er bei der erstbesten Gelegenheit bereit sein wird, aktiv gegen denjenigen aufzutreten, den er nicht gekrönt hat. Es gibt sogar Leute, die ihn schon geneigt sehen, den Schweden zu unterstützen.«

»Herr Starost«, unterbrach Leszczyński, »ich brauche es nicht zu wiederholen, daß ich Ihnen in allem zustimme. Wir dürfen die Zwietracht nicht mehren, sondern müssen einen und heilen. Wenn es

---

[29] (lat.) Nur Erzähltes berichte ich wieder.
[30] (lat.) Daher der Zorn.

denn zu der Gesandtschaft und zur Mittlerschaft zwischen Karl XII. und der Rzeczpospolita käme, sollten wir nicht neue Kandidaten, sondern den uns von Gott gegebenen König unterstützen. Wir billigen nicht sein Tun, uns mißfallen seine Allotria und seine Zuchtlosigkeit. Sein Schacher mit der Rzeczpospolita ist von Übel. Alles das ist wahr, aber er ist der König, wir haben ihn anerkannt und ihm geschworen. Er wird vor dem Herrgott Rechenschaft ablegen müssen, wir aber haben unsere Rechte und Gesetze, die uns in den Stand setzen, Gewalttaten nicht zuzulassen. Mag er die Rzeczpospolita in eine Erbmonarchie verwandeln wollen, wir sind dazu da, dies zu verhindern, und nicht, ihn zu stürzen und damit der Anarchie Vorschub zu leisten.«

Bronisz, welcher das leise Zwiegespräch der beiden nicht hörte, erging sich weiter in den höchsten Tönen über Karl XII., als hätte er sich ihm heimlich verschworen.

»Es gibt auf der Welt keine zwei Monarchen, die einander weniger ähnelten als diese beiden Vettern. Karl kleidet sich derart, daß man ihn für einen einfachen Soldaten halten könnte, wären da nicht das Gesicht und dieser Blick, der einen Menschen gleich ganz durchschaut. Seine Kleidung ist aus einem Tuch gemacht, wie es August für seine Dienstboten verschmähen würde. Zu einem Gelage hat er sein Lebtag noch nicht Platz genommen, er ißt dasselbe wie sein Hof und trinkt mehr Wasser als Wein. Rüstung und Schuhe behält er manchmal tagelang auf dem Leib, wie er geht und steht, so legt er sich zur Ruhe, das riesige Schwert zu Häupten. Juwelen hat an ihm oder bei ihm noch keiner gesehen, Frauen guckt er nicht an und hat für sie nichts übrig. Er ist von gestrengen Sitten, ein Soldat vor allem, unerbittlich sich selbst und anderen gegenüber... August wirkt neben ihm wie eine Puppe, und mag er ihn auch belächeln und ihn einen ungehobelten Bauern nennen – der Bauer schlägt und gewinnt!«

»Meint Ihr vielleicht«, mischte sich Ślaski ein, welcher dann und wann bei Hofe weilte und daselbst Freunde hatte, »daß August es sich sehr zu Herzen nimmt, wenn man ihm die Leute umbringt und die Kanonen erbeutet! Hauptsache, die Lubomirska und all die Kebsweiber nimmt ihm keiner weg, und im übrigen, was kostet es ihn, den Sachsen eine neue Kriegssteuer aufzuerlegen und sie mit der Akzise zu belasten? Wenige Tage nur nach der Bataille, bei der man ihn aufs Haupt geschlagen, da hat er gezecht und geschmaust und sich amüsiert, als ob es ihn gar nicht kratzte, daß man ihm seine wunderschöne Garde vernichtet hat. Nun ja, die Welt ist für ihn da, und nicht er für die Welt. Karl XII. wird eines Tages nachgeben müssen, Österreich und das Kaiserreich wird seinen Kurfürsten ausrufen, über die Gräber wächst Gras, und August, mit Brillanten behängt, wird auf dem *theatrum mundi*[31] den Herkules und den Samson geben!«

V

Zitternd, blaß, verweint und zornig stürzte die Fürstin Teschen zur Gartenpforte hinaus und warf sich in ihre Kutsche, deren Schlag geöffnet war. Ihren Höflingen und Dienern gönnte sie keinen Blick. Sie wußte nicht, was beginnen. Den Leuten fehlte jegliche Anweisung. Der oberste Gefolgsmann kam zu ihr und fragte: »Wohin befehlen Durchlaucht?«

Die Fürstin mußte überlegen, und wer weiß, was sie beschlossen hätte, wäre da nicht zugleich mit dem Höfling ganz unverhofft Wittke aufgetaucht, der ihr nachgereist war. Ihn gewahrend, schrie die hübsche Urszula beinahe freudig auf, denn nach dem schweren Schlag jemanden bei sich zu haben, und sei es nur, um sich Beileid bezeigen zu lassen, bedeutete eine Linderung ihres heftigen Schmerzes.

»Ins Städtchen, zur Herberge!« rief sie. »Ich falle um vor Erschöpfung... Du lieber Gott... Ich bin hier in so etwas wie in einen Provinziallandtag geraten, in Lärm und Getöse... Was soll ich da? Mit keinem kann man reden, diese Aufwiegler haben alle den Kopf verloren...«

Wittke gab ein Zeichen, daß eine Herberge gesucht würde, dann verbeugte er sich und ging. Eine Gesellschaftsdame, die Gradzka, eine alte Dienerin der Fürstin und ihre einstige Kinderfrau, nahm ein Fläschchen mit Rosmarinwasser zur Hand und beträufelte sie, um sie wieder zu beleben.

Ohne etwas zu sagen, noch immer niedergeschmettert lag sie auf den Polstern der Kutsche und fuhr so zu der Herberge. Unter dem Eindruck des Erlebten, tief getroffen von Górskis Zurückweisung, hatte

---

[31] (lat.) Welttheater

229

sie so sehr an Kraft verloren, daß man sie ins Haus nahezu tragen mußte. Hier wartete Wittke auf sie, und sein Anblick brachte die vor Schmerz fast Ohnmächtige ein klein wenig zu sich. Sie hoffte, er würde ihr vielleicht etwas Tröstliches sagen, zuvor aber mußte man sie wieder zu Kräften bringen, in einen normalen Zustand versetzen.

Die alte Grądzka kannte die Natur ihres Schützlings, sie wußte, wie man sie ansprechen, womit man sie trösten mußte, und mit den ihr bekannten und erprobten Mitteln gelang es ihr, die Fürstin allmählich zu beruhigen.

»Liebste Herrin, du meine Königin«, flüsterte sie, indem sie sie streichelte, »solltest du denn verzweifeln, dir etwas zu Herzen nehmen? Bist du denn nicht voller Kraft, weißt du nicht der ärgsten Verstrickung zu entkommen? Ich flehe dich an, verliere deinen Mut nicht! Weine nicht, zeige nicht, daß du etwas fürchtest. Du bist die Königin, die Prinzessin, du stehst über ihnen allen, für dich gibt es keine Furcht!«

Nachdem sie sie derart eingewiegt hatte, erschien es der Grądzka angebracht, Wittke zur Zerstreuung zu rufen, jedoch an der Tür flüsterte sie ihm zu: »Solltet Ihr eine schlechte Nachricht haben – die Zeiten sind ja jetzt so launisch, daß uns alles verquer geht – , dann rückt nicht gleich damit heraus. Das arme Frauchen ist schlimm vergrämt.«

Wittke bedeutete ihr, die Lage begriffen zu haben, und trat ins Zimmer.

Die hübsche Urszula lag auf dem eilends bezogenen Bett, die Augen halb geschlossen, fast wie tot, als sie aber Wittke kommen sah, welchen auszuforschen es sie drängte, sprang sie so lebhaft, so kraftvoll empor, als ob ihr nicht das geringste zugestoßen wäre. So war sie immer – dem leichten Fall folgte ein ebenso leichtes Aufrichten.

»Was hast du mir zu berichten?« stürmte sie auf ihn ein. »Ich flehe dich an... Bestimmt hat dir die Grądzka, die mich hätschelt, nahegelegt, mich zu schonen, aber bitte – verheimliche mir nichts! Wo ist der König, was tut er, was denkt er?«

Die Fürstin rang die Hände.

»Er wird immerfort nur geschlagen... Man nimmt ihm die Soldaten weg, die Geschütze, sogar die Heereskasse! Wie es heißt, hat der Schwede nach der jüngsten Schlacht ein Faß mit Gold geschnappt! Was sind sie bloß wert, Eure sächsischen Generäle, diese Flemmings, Carlowitze und all die anderen. Bei der Parade sind sie Helden, auf dem Kampfplatz jedoch mieser als jeder Troßknecht.«

Die Hände ringend, schritt sie im Zimmer auf und ab. Wittke stand noch immer da und schwieg. Plötzlich stürmte sie auf ihn zu. »Aber das geht ja mich nichts an«, sagte sie. »Sag mir die Wahrheit! Was hört man in Dresden? Und aus Leipzig? Was denkt August? Mich hat er ja wohl schon vergessen, während ich mich hier für ihn ins Feuer stürze.«

Sie heftete die Augen auf Wittke, der düster dastand. Erbarmen überkam ihn angesichts dieser armen Frau, als er sich vorstellte, wie leidenschaftlich sie dem König verbunden war und wie schrecklich sie an seiner Unbeständigkeit würde leiden müssen. Darum behielt er all die Ausschweifungen Augusts für sich, von denen Constantini ihn eingehendst in Kenntnis gesetzt hatte, ohnehin glaubte er, daß die leichtfertigen, flüchtigen Liebschaften der Anhänglichkeit an die Fürstin und ihren Sohn unschwer weichen würden, daß August treu zu ihr zurückkehren würde, wie es schon manches Mal geschehen war. Viel hätte Wittke zu sagen gehabt, aber er zögerte. Unterdessen betrachtete sich die erhitzte und aufgebrachte hübsche Urszula einige Male in dem Spiegel, den ihr die Grądzka schon auf den Tisch gestellt hatte, sie kühlte bereits ab und dachte nunmehr nur noch an sich. Wittke, als er sie jetzt so scheinbar gänzlich beschwichtigt sah, überlegte, ob er ihr nicht alle Wahrheit, welche er ihr mitbrachte, bekennen sollte, auch wenn sie keineswegs tröstlich war.

Der Fall der Teschen bereitete sich schon seit langem vor, jetzt aber schien er fast unausweichlich. August vertraute es sogar Constantini an, daß er froh wäre, ohne Lärm und Aufsehen mit der hübschen Urszula brechen zu können. Jedoch mutmaßte er, daß er ihr, da sie so viel Leidenschaftlichkeit an den Tag gelegt hatte, einen fürchterlichen Stoß versetzen würde. Er hatte noch ein wenig Erbarmen. Im übrigen konnte solch ein Bruch in Polen beim Primas von Schaden sein und sich auf seine Angelegenheiten auswirken, auf die Empörung der Schlachta, auf die gärenden Elemente.

Der entscheidende Schritt wurde daher hinausgeschoben, und der gewiefte Constantini, der selbst nicht Werkzeug zu einem solchen sein mochte, bestimmte in Gedanken Wittke zum Mittler. Über ihn erfuhr Wittke erstmals, daß der König wahnsinnig verliebt sei, weitaus heftiger als in Aurora, Fatima oder die Lubomirska, und zwar in eine Frau

231

von wahrhaft außerordentlicher Schönheit, nämlich die Gattin des Ministers Hoym[32], der in betrunkenem Zustande geprahlt und schließlich gewettet hatte, daß seine Ehefrau alle anderen Frauen an Schönheit übertreffe.

Das geschah, kaum zu verstehen, just in dem Augenblick, da August von den allergrößten Sorgen, von Verlusten und Gefahren umgeben war. Man raubte ihm Armeen und Waffenlager, er aber eroberte eine neue Geliebte. Die jedoch war nicht so leicht zu betören wie die anderen. Sie hatte zwar einen ungeliebten Mann, der ihr weder vom Geiste noch vom Herzen her gewachsen war und sie wie eine Sklavin eingesperrt hielt, jedoch eine Mätresse so wie Aurora oder Urszula wollte sie nicht sein. Wagen voller Gold und Haufen von Juwelen vermochten ihren Widerstand nicht zu bezwingen. Der Widerstand der schönen Hoym (sie entstammte mütterlicherseits einer dänischen Familie, also reihte eine neue Nationalität sich ein) steigerte nur das Feuer des Königs, der es wohl ertragen konnte, daß Karl XII. ihn besiegte, der sich aber keinesfalls von weiblicher Tugend geschlagen geben konnte.

Nach den vielen Beweisen von Augusts Unbeständigkeit wollte sich die hinreißende Anna ihm nur hingeben, so ihr schriftlich die Ehe versprochen würde für den Fall, daß die Kurfürstin einst das Zeitliche segnete. Der König ging auf die Bedingung ein, womöglich mit dem Gedanken, daß er ein so gegebenes Versprechen leicht wieder würde zurücknehmen können. Außerdem sicherte sich die Hoym eine riesige jährliche Summe, und nach dem Vorbilde der Fürstin Teschen verlangte auch sie einen neuen Titel.

August war bereit, allem zuzustimmen. Über Wittke wollte Constantini die Fürstin Teschen davon unterrichten lassen, denn er sah ihre Verzweiflung voraus und fürchtete einen Ausbruch. Wittke war bereits mit allen die Laune des Königs begleitenden Umständen vertraut. Auch die Königsmarck, mit der sich August gelegentlich traf – sie hatte sich an ihre Lage gewöhnt und nahm sie gleichgültig hin, wenn sie nur behielt, was August ihr vermacht hatte – auch sie also trug Wittke auf, ihre Freundin und nunmehrige Leidensgefährtin zu warnen, daß sie nicht unnütz versuche, dem Unvermeidlichen zu wehren. Sie empfahl ihr, sich voll Demut und Geduld in ihr Los zu schicken, das allein

---

[32] Anna Konstanze von Hoym geb. Brockdorff (1680–1765), die spätere Gräfin Cosel, langjährige Geliebte Augusts des Starken.

könne den König milde stimmen und ihr seine Protektion sichern, die Bewahrung von Gütern und Ausstattung.

Die Mission lastete auf Wittke wie ein Stein, doch konnte er sich ihr nicht entziehen, er mußte sie erfüllen. Hingegen traf er hier auf eine Situation, wo es einen jammerte, noch mehr Schmerz und Kummer zufügen zu müssen.

Wittke wußte nicht im einzelnen, wie man die Fürstin bei den Górskis empfangen hatte, doch viele kleine Hinweise machten es ihm leicht, dies zu erahnen. Schließlich zögerte sie selbst nicht, nachdem sie ein wenig abgekühlt, alles zu enthüllen und dem Deutschen, den sie für ihren Freund hielt, ihr Leid zu klagen.

»Stell dir vor«, begann sie, nachdem sie die erste Erregung bezwungen, »stell dir nur vor, wie mich hier meine Verwandtschaft empfangen hat, was ich für diesen König erdulde. Der Starost hat seiner Frau verboten, sich zu zeigen, und mich hat er abgewiesen, als ob ich nicht die Fürstin Teschen wäre, sondern die Allerletzte! Ich glaubte, wahnsinnig werden zu müssen, es hat mich schier erschlagen! Ich kann noch gar nicht zu mir kommen.«

»Warum aber haben Durchlaucht sich in die Gefahr begeben?« fragte Wittke. »Ihr kanntet den Starost doch?«

»Warum? Natürlich nicht um meinetwillen!« schrie die Fürstin auf. »Ich habe es für den König getan, ich weiß doch, daß sie hier alle etwas gegen ihn im Schilde führen. Ich wollte ihm diesen... diesen... geneigt machen...«

Ein Schluchzen unterbrach ihre Rede, aber sogleich wandte sie sich, die Gemütsstimmung ändernd und bereits vergessend, wovon sie soeben gesprochen, an Wittke: »Was macht der König? Was denkt er? Hast du ihn gesehen? Etwas gehört?«

Und da sie im Gesicht des Deutschen Verlegenheit las, beharrte sie aufdringlich: »Sprich! Du bringst mir doch etwas. Ich spüre es. Nie kommt ein Unglück allein. Du hast Erbarmen mit mir«, zwitscherte sie fort. »Oh, ich fühle es seit langem, daß ich seinen Undank erfahren werde! Ich weiß es...«

Gern hätte ihr Wittke noch eine Weile den Schmerz erspart, aber sie bestürmte ihn so sehr, daß er glauben konnte, sie wisse bereits etwas. Er mußte sie auf den Schlag, der ihr unausweichlich drohte, vorbereiten.

»Eure fürstliche Durchlaucht«, erwiderte der Kaufmann, »ich... ich weiß nichts weiter, nur ganz alltägliche Dinge... Es gibt nichts Neues...

233

Der König, wenn er in Dresden ist, fährt manchmal zur Königsmarck zum Abendessen, und er vergnügt sich mit Französinnen in Leipzig.«

Wittkes Worte begleitete ein Lächeln.

»Nun, und dies wäre wohl eine Neuigkeit, nämlich daß die Ministersgattin, die schöne Frau Hoym, erstmals an den Hof eingeladen wurde und sich dortselbst gezeigt hat.«

»Die Hoym? Wer ist das?« unterbrach ihn die Fürstin ungestüm. »Die Hoym? Augenblick!«

»Niemand hat sie gekannt, keiner sie in Dresden je gesehen«, fügte der Deutsche an. »Ihr Ehemann soll sie in Laubegast eingesperrt halten und eifersüchtig über sie wachen, damit weder der König noch der Hof sie zu Gesicht bekommt.«

»Und du, hast du sie gesehen?« warf die Fürstin hitzig ein, über der schönen Hoym hatte sie alles andere schon vergessen.

»Wo hätte ich sie sehen sollen?« antwortete Wittke mit traurigem Lächeln.

»Und was spricht man?« drängte die Fürstin.

»Man spricht... Man spricht, daß sie wahrhaftig eine außergewöhnliche Schönheit sei«, sagte Wittke zögernd, »nun, und daß sie den König, wie es bei ihm üblich ist, sehr beeindruckt habe.«

Die Teschen zog eine stolze Grimasse, merklich abgekühlt, schritt sie einige Male im Raum auf und ab.

»Ich ahne es«, sagte sie, »dem König wird das neue Sieb schöner vorkommen als alle anderen, aber ob es sich lange auf dem Topf hält?«

Der Kaufmann schwieg. Er wollte nicht gleich allzu nachdrücklich sein und fand es sicherer, seine Botschaft in zwei Gaben zu reichen. Die hübsche Urszula überschüttete ihn mit Fragen, deren größeren Teil er nicht zu beantworten vermochte. An diesem Tage ließ er sich nicht mehr entlocken, was er mitgebracht hatte. Es wurde Abend, und obwohl die Fürstin unbedingt noch selbigentags in die nächste Stadt weiterzureisen wünschte, redete er ihr zu, hier zu übernachten. Schließlich willigte sie ein, denn die Gedanken belagerten sie und ließen nicht von ihr ab, und in ihrer Unruhe wußte sie selbst nicht, was sie tat. In ihre Gedanken vertieft, überließ sie es der Grądzka und dem Deutschen, mit ihr zu tun, was ihnen beliebte. Am späten Abend rief sie noch einmal den Kaufmann zu sich, um ihn zu fragen, ob er Aurora gesehen habe.

Er bejahte es.

»Läßt sie mir nichts ausrichten?«

»Natürlich«, sagte Wittke. »Ich soll Euch ihr Beileid bekunden, denn sie meint, daß der König ganz mit der Hoym beschäftigt ist, nur will die Hoym nichts von ihm wissen.«

Die Fürstin brach in ein etwas unheimliches Lachen aus.

»Und Ihr glaubt daran?« rief sie. »Sie ziert sich, um sich besser zu verkaufen, nichts sonst.«

Wittke schwieg.

Damit endete ihr Gespräch an diesem Tage, die alte Grądzka kam, um die Fürstin zur Ruhe betten, sie sollte schlafen.

Am anderen Morgen waren die Pferde bereits angespannt, aber niemand wußte, wohin die Fürstin zu fahren wünschte. Sie war zögerlich. Schon um sich zu beklagen, vielleicht aber auch mit gewisser Berechnung, bestimmte sie Łowicz als Ziel. Es verwunderte sie ein wenig, daß Wittke erklärt hatte, sie begleiten zu wollen. Oho, dachte sie jetzt im Stillen, also hat er mir noch mehr zu sagen, da er aber geschwankt hat, ob er es gleich bekennen soll, muß es eine schlechte Nachricht sein.

Sich aus dem Wagen lehnend, gab sie ihrem ersten Gefolgsmann Befehl, im allernächsten Gasthaus zur Einkehr zu halten.

Als der Kaufmann ihr beim Aussteigen aus der Kutsche behilflich war, fiel ihm ihre düstere, besorgte Stimmung auf, zugleich aber auch ihre Kühle und Ruhe. Er brauchte also nichts länger hinauszuschieben und bat von sich aus, ihr in das hergerichtete Zimmer folgen zu dürfen.

»Sag mir noch mehr von der Hoym«, begann sie sogleich mit Nachdruck. »Mir scheint, du willst mich schonen, dabei bin ich längst auf alles vorbereitet. Das, was die Haugwitz[33], die Königsmarck erlebt haben, erwartet auch die Fürstin Teschen. Was spricht man von der Hoym?«

»Dem Herrgott sei Dank, daß Euer Liebden gerüstet sind«, unterbrach sie der Deutsche. »Es heißt in der Tat, daß der König sehr mit ihr befaßt ist, daß er sie dem Minister Hoym wegnehmen will und dafür eine große Summe ausersehen hat.«

»Er ist bereit, die Krone zu verlieren«, entfuhr es der Fürstin. »Es wird das Geld fehlen, um neue Kanonen zu kaufen, nachdem er so viele verloren hat, aber seinen Launen muß er Genüge tun.«

---

[33] ehem. Kessel, frühere Geliebte Augusts des Starken

»Ich weiß nur nicht, ob er auf die Bedingung eingehen wird, welche die Hoym ihm gestellt hat. Sie verlangt nämlich ein schriftliches Versprechen, sie zu ehelichen, falls die Kurfürstin sterben sollte.«

»Oh!« entschlüpfte es heftig dem Munde der hübschen Urszula. »Meint Ihr, er wird unterschreiben? Lieber würde er ja dem Teufel seine Seele vermachen als nachgeben. Nach ein paar Monaten wird er das Schriftstück zurückverlangen und die Frau, so wie uns, davonschicken.«

Wittke ließ sie ihrem Ärger Luft machen.

»Das wäre dann wohl alles, was du mir zu überbringen hattest, ja?« sagte die hübsche Urszula schließlich.

»Wobei einige Leute sogar behaupten, daß König August eine solche Teufelsverschreibung schon unterschrieben habe.«

Die Fürstin erblaßte, hatte sich aber sofort wieder in der Hand. Sie überlegte.

»Mir ist es immer lieber«, stieß sie hervor, »nicht unnütz Illusionen zu hegen, sondern beizeiten nachzudenken, wie man dem Bösen abhelfen kann.«

Ihre Stimme zitterte, und man sah, daß sie bis eben noch Illusionen gehabt hatte und daß sie auf einmal die ganze Tiefe ihres Sturzes ermaß. Auch sie war beinahe eine Königin gewesen, auch sie hatte von der Krone geträumt, nun jedoch...

Über ihr blasses Gesicht rannen Tränen, alsbald aber regte sich Zorn und brachte dieselben zum Versiegen.

Oh, hätte sie sich rächen können! Aber leider, August war zu stark, selbst dann noch, wenn man ihn vom Thron stürzte.

Wittke, fortwährend voller Mitgefühl für sie, beobachtete jede Regung an ihr.

»Gräfin Aurora, die Euch wohl will«, sagte er nach längerem Abwarten, »läßt Euch raten, dem König keine Vorwürfe zu machen, ja nicht einmal zu ihm vorzudringen in der Absicht, sein Herz rühren zu wollen.«

»Sein Herz!« brummte die hübsche Urszula. »Sein Herz rühren, wo er gar keines hat! Mit dem Herrgott ist er genauso umgegangen wie mit uns, den lutherischen hat er sein lassen, um sich unter das Kommando des päpstlichen zu stellen, dabei scheint er für beide nur Spott übrig zu haben. Aber die Rache Gottes wird kommen!«

Wittke machte ihr ein Zeichen, sich zurückzuhalten, er fürchtete,

236

daß sie belauscht werden könnten, in diesen Zeiten mußte man auch vor der Dienerschaft auf der Hut sein.

»Ach!« rief Urszula ohne langes Bedenken. »Ich werde Auroras Rat folgen, sie selbst gibt mir das beste Beispiel. Wozu unnütz wüten und sich entrüsten. Aber ich würde gern von ihm Abschied nehmen, es aus seinem Munde hören...«

»Glaubt mir, es wäre unnötig«, erwiderte der Deutsche. »In Kürze bezieht die Hoym ein ihr zugedachtes Palais in der Nähe des Schlosses, alle Welt weiß sicherlich davon, und der König wird dankbar sein, wenn er sich ohne Vorwürfe trennen kann. Reizt ihn nicht.«

Die Fürstin zuckte die Achseln.

»In Dresden will ich nicht wohnen«, bestimmte sie entschieden. »Da sind Aurora, die Haugwitz, Fatima Spiegel ... Genug, das ist nichts für mich. Ich suche mir eine andere Zuflucht.«

Erschöpft sank sie auf einen Stuhl und fing wieder zu weinen an. Sie zählte ihre Freunde: gestern noch hatte sie beliebig viele gehabt, waren alle ihr zu Füßen gefallen, aber jetzt... jetzt suchte sie vergebens nach ihnen. Weder auf Pflug noch auf Fürstenberg durfte sie allzusehr zählen.

In Polen zeigten außer dem Primas und den Towiańskis alle mit dem Finger auf sie, so wie Górski, und gingen ihr aus dem Weg. Sie besaß ihr Fürstentum, die Güter in der Lausitz, Juwelen und ein wenig Geld – unter diesen unseligen Reichtümern mußte sie suchen, was ihr die Freunde ersetzen konnte.

Der Stimmung des Primas Radziejowski war sie gewiß, er hegte insgeheim den größten Widerwillen gegen den König. Mit ihm mußte sie sich verbinden, ohne Zweifel. Sie war sicher, daß sich die Kunde von ihrem Sturz, von der neuen Favoritin schon verbreitet haben mußte.

»Grądzka«, wandte sie sich an ihre alte Dienerin, »gib Befehl, daß man, nachdem die Pferde gefüttert sind, an eine bequeme Weiterreise nach Łowicz denkt.«

Wittke sah auf.

»Zum Primas, Durchlaucht?« brummte er.

»Wo sollte ich sonst hin?« Die Fürstin lachte bitter. »Sogar wenn ich mich wie ein Kind beschweren komme, wird er mich bedauern.«

Das Gespräch mit dem Deutschen dauerte noch fort, als die Grądzka aus dem Stall zurückkehrte, ein Lächeln auf den Lippen. Es zeigte an, daß etwas geschehen sein mußte. Draußen vor der Tür waren fröhliche Stimmen zu hören.

»Was gibt es dort so Lustiges?« fragte Urszula, von der unpassenden Fröhlichkeit unangenehm berührt.

Die Grądzka machte eine abwehrende Geste und sagte nur: »Puciata!«

Auf das Gesicht der Fürstin trat ein Lächeln, jedoch ein abschätziges.

Dieser Puciata[34], ein recht vermögender Schlachtschitz, der sich jedoch vom Namen und vom Geschlecht her das Recht auf einen Fürstenhut anmaßte, war seit langem in die hübsche Urszula verliebt – ohne die geringste Hoffnung auf Gegenliebe, nicht einmal auf irgendwelche Gunst für treue Dienste, hartnäckig hörte er nicht auf, um die Lubomirska und später um die Fürstin Teschen zu kreisen.

Die hübsche Urszula ärgerte sich bisweilen über seine Aufdringlichkeit, jedoch in eiligen Angelegenheiten bediente sie sich häufig seiner. Puciata, das kann man sagen, verbrachte sein Leben damit, sich bei ihr einzuschmeicheln. Er hatte wohl die Vorstellung, daß sie ihm eines Tages, müde, die Hand reichen würde, wenn sich nichts Besseres fand.

Man hörte hastiges Füßeabtreten, Sporenklirren und ein Räuspern, die Tür ging auf, und ein wie stets heiter gelaunter Mann von stattlichem Wuchs, mit aufwärts gerichtetem Haarschopf, weder häßlich noch schön, aber beherzt und lebensvoll und immer schon lachend, bevor es etwas zu lachen gab, rannte auf die kleinen Hände der Fürstin zu, ergriff dieselben gegen ihren Widerstand und rief: »Endlich habe ich Euer Liebden erwischt, ha!«

»Was treibt Ihn denn mit solcher Eile zu mir?«

Puciata legte die Hand auf sein Herz.

»Muß ich es zum hundertstenmal sagen?« antwortete er. »Zum ersten und grundsätzlich, die Sehnsucht, und zum zweiten gibt es vielleicht etwas zu vermelden.«

Er blickte sich um und hielt inne.

Wittke verließ auf Zehenspitzen den Raum.

Die Grądzka stand in einiger Entfernung. Puciata begann an seinem langen, liebevoll gepflegten Schnurrbart zu zwirbeln.

»Nicht wahr, fürstliche Durchlaucht«, sagte er. »Hab ich's nicht vorhergesagt, daß er Euch im Stich lassen wird? Herrengunst und Lerchensang klinget wohl und währt nicht lang!

[34] eine historische Figur

»Und dachtet Ihr, ich hätte es nicht gewußt?« erwiderte die Fürstin lachend. »Genausogut wie Ihr!« Und nach einem Moment des Schweigens fügte sie hinzu: »Meint Ihr, ich würde jetzt in Tränen zerfließen?«

»Nein? Na, um so besser!« rief Puciata aus. »Wißt Ihr aber, Durchlaucht, was passiert ist?«

»Ich glaube, ja«, flüsterte Urszula.

»Nämlich die Leute erzählen sich solche Geschichten, wer weiß, was daran ist...« fuhr Puciata fort. »Danach soll jene Dame von einer sirenenhaften Schönheit sein, wie kein Mensch sie je gesehen hat... Ihr Mann hat sie eingesperrt, weil er wahnsinnig wurde, wenn einer sie nur sah. Und dann muß er betrunken gewesen sein – als alle anfingen, mit ihren Ehefrauen zu prahlen, tat es auch Herr Hoym. ›Was sind eure schon für Schönheiten – Köchinnen und Waschfrauen sind sie gegen meine!‹ soll er sich gebrüstet haben. Da haben sie gewettet, Schiedsrichter bestimmt, und der König fing Feuer und war schrecklich neugierig. Wieder nüchtern, bemerkte der Herr Minister seine Dummheit, aber da war's zu spät. Er mußte seine Frau bei Hofe vorführen. Und siehe da, keine der anderen konnte ihr das Wasser reichen.«

»Ihr seid sehr höflich«, warf die Fürstin verletzt ein.

»Euer Liebden waren ja nicht dort«, versetzte Puciata vergnügt. »Die Hoym wurde gar nicht mehr nach Hause gelassen.«

»Und meine lieben Freunde taten alles, um mich nach Hause zu schicken«, bemerkte die Teschen.

»Und wie der König sie dann besucht hat mit einem Sack voll Gold, den drei Männer kaum anheben konnten, wie er ihr zu Füßen gefallen ist und ihr das Eheversprechen ausgehändigt hat, und wie Hoym mit mehreren tausend Dukaten nach Hause gegangen ist, um sich über den Verlust des entflogenen Vögelchens zu trösten, das wissen Euer Liebden bestimmt.«

Puciata unterbrach sich jäh: »Euer Liebden, was nun? Habt Ihr irgendwelche Befehle?«

Vergebens mühte er sich zu erfahren, was die Fürstin dachte und wie sie das Geschehene aufnahm. Sie verbarg sich hinter gleichgültiger Verachtung.

»Es ist weiter nichts«, erwiderte sie. »Ich werde mir eine Residenz erwählen und einmal im Leben wenigstens ausruhen. Was sollte weiter sein?« fügte sie an und preßte die Lippen fest aufeinander. »Ihr seht es selbst, ich bin alt, es ist Zeit, für die Sünden zu büßen. So fahre ich denn zum Onkel, um zu beichten... Ich hoffe, er wird mir Absolution erteilen... Und dann«, sprach sie nachdenklich und ging langsam im Raum auf und ab, ganz als habe sie Puciata vergessen, »ja, was dann?«

Der Gast stand da und hörte ihr zu, und plötzlich wandte sie sich an ihn: »Ich habe es zu fragen vergessen. Ihr wißt es sicherlich: Was denken die Sobieskis, wo sind sie?«

Puciata, von schwerfälligem Verstande und auf solch eine Frage nicht im mindesten gefaßt, stutzte zunächst und erwiderte nichts. Die Sobieskis gingen ihn im Grunde wenig an, niemand widmete ihnen zur Zeit große Aufmerksamkeit.

»Das weiß wohl der liebe Gott allein«, sagte Puciata schließlich achselzuckend. »Die Königin, die hier zu ihrem Bedauern nicht mehr Königin sein kann, will sich, heißt es, außer Landes begeben, vermutlich wie die schwedische Königin nach Rom. Ein Sohn wird sie bestimmt begleiten, und die übrigen...« Puciata machte eine wegwerfende Handbewegung. »Im Streit untereinander haben die viel Geld verloren, und jetzt hat die Königin keine Ämter mehr zu verkaufen...«

Die hübsche Urszula fragte nichts mehr, sie war mit ihren eigenen Gedanken mehr befaßt als mit ihm. Die Kutschen rollten bereits hinaus, sie mußte sich von Puciata verabschieden. Mit königlichem Ernst trat sie ihm entgegen, um so stolzer, als sie an ihm eine gewisse Vertraulichkeit wahrnahm, die sie ihrem Sturz zuschrieb.

»Ich danke Ihm für seine Sorge um mich«, sagte sie. »Einstweilen bedarf ich Seiner freundlichen Dienste nicht, doch kann Er mir später nützlich sein. Ich weiß selbst noch nicht, wohin ich mich wende, wo ich mich niederlassen werde. In Teschen – das bezweifle ich, die Lausitz ist eine Wüste und zu nahe an Dresden, in Polen – dazu habe ich keine Lust. Ich muß mir das überlegen. Ihr werdet es leicht erfahren, wo ich zu finden bin.«

Die kalte Zurückweisung, im vorhinein ihrem treuen Diener gemacht, betrübte denselben sichtlich, er wollte zu Vorwürfen ausholen, aber die Fürstin, um denselben zuvorzukommen, eilte bereits mit der Grądzka zu ihrer Kutsche und teilte Befehle aus, ohne sich auch nur einmal nach Puciata umzublicken.

Die Leute wußten darüber Bescheid, daß die Reise nach Łowicz ging. In traurigem Schweigen und Nachsinnen verlief dieselbe, die ganze Zeit über öffnete die hübsche Urszula fast nicht den Mund. Sich selbst überlassen, ohne Ratspruch und Freunde, mußte sie überdenken, was weiter zu tun war. Ein wenig zählte sie auf den Primas, aber nur insoweit, als der sie brauchen konnte, doch stimmten ihrer beider Interessen überein. Auroras Verhalten mochte für sie lehrreich sein, indessen unterschieden sie sich beide nach Charakter und Temperament. Die Schwedin war ziemlich kühl, weniger stolz und weniger ihrer Phantasie erlegen. Die Teschen, ungleich gewiefter, leidenschaftlicher, doch auch leichtfertiger und mutwilliger, vermochte nicht zu vergessen, daß vor der Teschen die Lubomirska dagewesen war, daß sie ihren guten Namen geopfert und daß sie mit einem Bein schon den Thron bestiegen hatte.

Nach dem, was sie gesehen und gehört hatte, mutmaßte sie, daß die Siege Karls XII. in Polen große Veränderungen hervorrufen würden. Eine Empörung des Adels konnte August vom Thron stürzen, der Schwede erhob derlei Forderungen. Mit einer neuen Wahl Contis zum König war nicht mehr zu rechnen, denn nicht nur er war enttäuscht worden, auch er hatte enttäuscht. Andere Kandidaten schienen nicht in Sicht. Die Sobieskis drängten sich einem auf, aber die unternahmen nichts.

Urszula sah dies alles deutlich vor sich, dennoch bildete sie sich ein, daß der Liebling der Mutter, Aleksander, jetzt Aussichten hatte, zum König gewählt zu werden. Obwohl Jakub mit der Kaiserfamilie verwandt war und eine Prinzessin aus regierendem Hause zur Frau hatte, erschien es ihr nicht unwahrscheinlich, daß Aleksander sie heiratete.

Es war dies ein kühner, absonderlicher Gedanke, aber die hübsche Urszula tat sich außerordentlich viel auf ihre Schönheit zugute, mehr noch womöglich auf ihren Verstand und ihre Durchtriebenheit. Nachdem der Gedanke, sich an die Sobieskis zu klammern, einmal aufgetaucht war, konnte sie sich von ihm nicht wieder befreien. Ihre Phantasie herrschte darüber, formte ihn weiter und suchte die Folgen zu erah-nen – die Fürstin Teschen war, noch ehe sie nach Łowicz kam, schon ganz in seinem Bann. Es fiel ihr richtig schwer, sich nicht der Gradzka gegenüber damit zu verraten, so sehr verlangte es sie, sich jemandem mitzuteilen. Gern hätte sie baldmöglichst Łowicz erreicht, wenngleich es auch dort schwierig war, den Gedanken offen auszuspielen.

In Łowicz hielten sich wie stets viele Gäste auf, geistliche wie weltliche. Der Primas vermochte sich ihrer nicht zu erwehren, er schimpfte auf die riesigen Ausgaben, zu denen ihn die Wahl des Sachsen zwang. Scheinbar mit dem König versöhnt, sprach der Primas fortwährend voller Bewunderung von ihm, erteilte Ratschläge und verlangte mehr Einfluß für sich und die Seinen, in seiner Seele aber war er Augusts verschworener Feind. Ursache seines Widerwillens gegen ihn war nicht einmal das Vorgehen des Königs, dessen Intrigen zum Sturze der Rzeczpospolita, das zuchtlose Leben und die Falschheit, sondern schlicht die Tatsache, daß er ihn nicht unter seine Herrschaft bekam. Er haßte die Przebendowskis, Dąbski und alle diejenigen, die dem Landesherrn nahestanden.

Die Art, wie die Gegner miteinander umgingen, war ihrer beider würdig. Während der Primas öffentlich seine Hinneigung und Treue zu August beteuerte, nannte er ihn im vertrauten Kreise einen Antichrist. Der König schrieb Radziejowski Briefe voller Schmeicheleien und Ehrbezeigungen, er versprach ihm goldene Berge, gab vor, ihm ganz zu vertrauen, hinter verschlossener Tür indessen schmähte er ihn und empörte sich über den Verräter, wußte er doch über jeden seiner Schritte bestens Bescheid. Von ihnen beiden war in diesem Spiel der König der Stärkere, da es für ihn noch weniger Achtenswertes gab als für den Primas, und um die *Vox populi*[35] scherte er sich schon gar nicht. Mehrere Herrschaftsjahre und die gewonnene Erfahrung hatten ihn gelehrt, mit den Polen umzugehen. Er ließ dieselben auf ihren Reichstagen um so ungehinderter krakeelen, als er sie überhaupt nicht verstand, er versprach ihnen, was sie wollten, und tat, was zu tun ihm notwendig dünkte. Die sächsischen Truppen zogen zur einen Seite hin ab und kamen zur anderen wieder herein. Wenn das Gezeter über Mißbräuche in Kleinpolen zu sehr anschwoll, verlegte man die Sachsen nach Preußen, und ebenso wurde Großpolen besänftigt. Unterdessen ließ August das Schloß auf dem Wawel ausbauen und allmählich in eine Festung verwandeln.

Die fortwährenden Niederlagen wie auch das immer dreistere und auch erfolgreiche Auftreten Karls XII. brachten August regelrecht in Wut, obgleich er die Nachrichten darüber jedesmal mit verächtlichem Lächeln hinnahm. Seine Spione umgaben den Schweden und entwendeten ihm die eben erst aufkeimenden Gedanken, um sie dem Sachsen zu verkaufen. Mit Gold wog der die kleinsten Fingerzeige auf und

---

[35] (lat.) Volkes Stimme, öffentliche Meinung

wußte sie dennoch nicht zu verwenden. Sein ganzes Verhalten war von der sonderbarsten Art.

Bei all den schlimmen Verlusten und Niederlagen änderte August seine Lebensweise um kein Jota, er versagte sich nicht die prunkvollen Karnevalsbälle in Leipzig, verzichtete nicht darauf, Komödiantenvolk aus Frankreich herbeizuholen und seine Mätressen mit Geld zu überschütten. Die hungernden Soldaten ernährten sich durch Plünderung und machten dem König Feinde, während der König seinen Lüsten frönte und sich in Gesellschaft von Italienern, Deutschen, Franzosen, von Riesen und Zwergen, von Hofnarren und allerorts gehaltenen Geliebten sämtlicher Ränge und Stufen betrank. Jede Niederlage, die der Schwede ihm beibrachte, erschien ihm als etwas Einstweiliges und Vorübergehendes, als ob er sich des endgültigen Sieges sicher gewesen wäre. Irgendwann einmal mußte Karl XII. doch zurückweichen und August mit Zar Peters Hilfe an ihm Rache nehmen! Das überraschende Auftauchen der Fürstin Teschen in Łowicz fiel just in einen Moment, da sich hier in aller Stille eine Partei, vielmehr Radziejowskis Dienerschaft, auf die heimliche Unterstützung jener Leute einrichtete, die, August umgehend, im Namen der Rzeczpospolita mit dem Schweden zu verhandeln gedachten. Eine solche Idee, einmal geäußert und hier und da erörtert, fand immer mehr Anhänger.

Auf diesem Wege wollte der Primas des Sachsen Entthronung bewerkstelligen und seinen Kandidaten an dessen Platz bringen. Wer konnte dafür passender, bequemer sein als einer der Sobieskis? Ein Name wurde noch nicht ausgesprochen, doch ließen gewisse Hinweise vermuten, daß auch Jabłonowski, der August so tatkräftig auf den Thron geholfen, jetzt von ihm Abstand nahm und sich mit den Sobieskis verband. All das stellte sich noch nebulös dar, eines aber zeichnete sich schon klar ab: Immer mehr Magnaten und Angehörige der Schlachta sprachen gegen August.

Die Towiańskis, die den Kardinal keinen Augenblick lang verlassen hatten, ihre gesamte Verwandtschaft bis hin zu den letzten Verschwägerten, einige der Lubomirskis, zudem eine Vielzahl von Beamten und Senatoren aus verschiedenen Landesteilen, Geistlichkeit und Militärs überfüllten das Städtchen Łowicz und sein Schloß, so daß der vorausgeschickte Höfling Mühe hatte, für die Fürstin ein Zimmer zu erbitten. Ihr Hof jedoch und ihre Ausstattung mußten in der Stadt untergеbracht werden. Die Towiańskis nahmen die Nachricht von ihrer Ankunft beinahe säuerlich auf. Helfen konnte ihnen die Teschen nirgends, sie konnte sich nur unnütz einmischen und bei vielen Intrigen stören. Allerdings war die Fürstin sehr vermögend, denn trotz ihrer ungeheuer prächtigen Hofhaltung stand sie sich gut, die Güter brachten ihr genügend ein, und so schätzte die Kastellanin an ihr vor allem ihren Wohlstand. Die schöne Ariadne wurde also mit um so offeneren Armen und um so herzlicherem Mitgefühl aufgenommen, je weniger man tatsächlich für sie empfand.

Der Kardinal ließ sich nicht blicken – erst bei Tische sah ihn die Teschen, wo sie elegant und juwelengeschmückt, weißgepudert und geschminkt auftrat, alles in allem sehr attraktiv. Sie mußte es jetzt sein, denn sie durfte nicht zeigen, daß sie ihre Verwitwung fühlte und ihrer Zukunft wegen verzweifelte.

Der Kardinal empfing seine Verwandte ernst und mit gut gespielter Zärtlichkeit, wenngleich ohne Gefühlsüberschwang. An der Tafel plazierte man die Fürstin neben ihm, auf daß sie ihm in aller Stille viele Fragen beantworten konnte.

Mehrere Male versuchte sie ungeduldig etwas über die Sobieskis einzuflechten, doch der Primas tat, als ob er nichts hörte und verstand.

Schließlich flüsterte er, sie mit einem Gemeinplatz abspeisend: »Bis dahin ist es noch ein weiter Weg!«

»Wenn Eure Durchlaucht es wünschten (so nannte sie ihn stets schmeichelnd, um den Kirchenfürsten zu betonen), ließe er sich verkürzen.«

Der Primas antwortete nichts.

Bei der allgemeinen, laut geführten Unterhaltung sprach sich Radziejowski dafür aus, sich um den Thron zu sammeln, und er beklagte das Los des Königs. Die Neuigkeiten aus Großpolen lauteten ebenso wie das, was die Fürstin von dort mitgebracht hatte. Man bereitete sich darauf vor, im Namen der Rzeczpospolita mit Karl XII. zu verhandeln, welcher derselben sein Wohlwollen garantierte. Zugleich erzählte man sich von der Ungehobeltheit des Schweden, in der die einen Heldenhaftes zu sehen glaubten, die anderen hingegen Wahnwitz. Es gab Beschwerden über seinen Despotismus und die Kontributionen, über die Plünderung von Kirchen und den Überfall auf geistliche Güter.

»Wir haben es uns so gut eingebrockt«, bemerkte einer der Bischöfe, »daß uns auf der einen Seite die lutherischen Schweden und auf der anderen die lutherischen Sachsen zerfleischen, wir aber wagen uns nicht zu mucksen.«

Nach dem recht langdauernden Mahl entfernte sich der Primas zu einer Siesta, die Gästeschar zerspaltete sich in Häuflein, indessen die Hauptgruppe bei der Kastellanin blieb.

Der Abend kam heran, die Fürstin hatte ihre Berichte noch immer nicht abgeschlossen und klagte der Towiańska ihr Leid, als es auf dem Hof jäh Bewegung gab und Lärm sich erhob, als ob etwas Außergewöhnliches vorginge.

Die Kastellanin stürzte hinaus, um zu hören, ob dem Kardinal etwas zugestoßen sei, kehrte aber alsbald beruhigt wieder. Lediglich eilige Briefe aus Warschau waren eingetroffen.

Deren Geheimnis ließ sich nicht lange hüten, es brach als heftige und unverhohlene Wut gegen den König hervor. Aus Wilanów kam die Nachricht, daß Jakub und Konstanty Sobieski, auf fremdes Territorium in Schlesien zu einer Jagd eingeladen, unter Vergewaltigung aller Gesetze und ohne Rücksicht auf die Verschwägerung mit dem Kaiserhaus auf Augusts Befehl hin verhaftet und mit mächtiger Eskorte auf irgendeine Festung nach Sachsen gebracht worden seien. Diese durch nichts gerechtfertigte Willkürmaßnahme brachte alle ungeheuerlich gegen den König auf.

Hier ging es schon nicht mehr um die Sobieskis, sondern um allerwesentlichste Rechte der polnischen Schlachta, um jenes über Jahrhunderte festgeschriebene *Neminem captivabimus*[36]. Dies war also der Anfang des vorausgesagten Sturzes aller Satzungen der Rzeczpospolita. Wie in Warschau verlautete, sollte es bei den Sobieskis nicht sein Bewenden haben, eine Verschwörung gegen den König war aufgedeckt worden, ein Anschlag auf sein Leben, und noch andere Männer sollten gefangengesetzt werden. Es genügte der Verdacht, ja sogar die Verleumdung, um sich derer zu entledigen, welche August hinderlich waren.

Primas Radziejowski freute es natürlich, den König und sein Handeln nunmehr offen verdammen zu können. Man flüsterte, daß Jabłonowski dasselbe Geschick drohte. Die Schlaueren wußten, daß die Sobieskis eingesperrt worden waren[37], weil der König fürchtete, Karl XII. könnte ihn entthronen und Jakub oder dessen Bruder unterstützen.

[36] s. vorn.
[37] s. vorn.

Von den drei Sobieskis war jedoch einer noch in Freiheit – Aleksander, und ihn benachrichtigte man unverzüglich, damit er sich gegen einen Gewaltakt schützte. Es blieb ihm nichts anderes übrig, als im Lager des Schweden Zuflucht zu suchen.

Die Fürstin Teschen trafen die Nachrichten wie ein Donnerschlag, jedoch bestärkten sie sie in ihrer Idee, dem Jüngsten der Sobieskis hilfreich sein zu können. Sie offenbarte davon nichts, nur ihr Antlitz erhellte sich ein wenig, und nach mehreren Blicken in den Spiegel war sie sich dessen gewiß, daß sie den jungen und unerfahrenen Aleksander zu fesseln vermöge würde.

Bis spät in die Nacht dauerten im Schloß die Beratungen, man schrieb Briefe und entsandte Eilboten in alle Himmelsrichtungen. Die Fürstin Teschen nutzte die günstige Gelegenheit, um ihren Freunden und Helfern Grußkärtchen zukommen zu lassen und sich bei ihnen in Erinnerung zu bringen.

In Łowicz gab es niemanden, der das Vorgehen des Königs gutgeheißen oder entschuldigt hätte. Der Primas seufzte schwer, insgeheim aber freute er sich über den Fehler, den August begangen, und trachtete, aus demselben Nutzen zu ziehen. Jedermann sah darin den Beweis dafür, daß der Sachse, zum Äußersten gebracht, auch zu äußersten Mitteln griff, um seiner verzweifelten Lage Herr zu werden.

Die Vorbereitungen für den bevorstehenden Reichstag gingen dahin, dort nicht für die Sobieskis aufzutreten, sondern für das vergewaltigte grundlegende Recht. Die Anhänger des Königs erklärten das Geschehene allein mit dem Krieg, jedoch gab es kein Beispiel dafür, daß in Polen je ein Krieg die Gewalt straffrei gemacht hätte.

Nach nur eintägigem Aufenthalt in Łowicz begab sich die Teschen, auch weil sie sah, daß man sie hier nicht allzusehr festhielt, am folgenden Morgen nach Warschau, wo sie sofort nach Wittke schicken ließ. Sie wußte, daß er bei den Renards zu finden wäre, und so war es auch, aber der Kaufmann schleppte sich in so kläglicher Verfassung zur Fürstin hin, daß dieselbe sich nicht viel Trost von ihm erhoffen durfte.

Enttäuschte Erwartungen und erlittene Verluste, schließlich die traurige Gewißheit, daß Henriette, die er bis zum Wahnsinn liebte, nicht daran dachte, im Falle einer Heirat mit der Welt abzuschließen, brachten ihn zur Verzweiflung. Für gewöhnlich schweigsam, beklagte er dieses Mal vor der Fürstin wehmütig sein Geschick.

»Mir wird wohl nichts anderes übrigbleiben«, sagte er zum Schluß,

»als diese verworrenen Dinge, für die ich nicht geschaffen bin, aufzugeben und zu Waage und Maß zurückzukehren. Ein Mensch wird bei Hofe wie ein Wischlappen verwendet und nach Gebrauch auf den Kehricht geworfen. Ihr seht es an Euch selbst, Euer Liebden, wie hier Opfermut vergolten wird, und auch ich habe für viel Plackerei und viele Dienstleistungen nur Verluste und Hintanstellung ertragen müssen. Ich ziehe mich gern zurück.«

Die Fürstin hörte ihm zu und schüttelte den Kopf.

»Meint Ihr, wer hier erst drinsteckt, kommt so leicht wieder heraus?« fragte sie. »Wer dem König einmal gedient hat, ist gebunden, und ob das einem paßt oder nicht, schert ihn nicht. Was anderes ist es bei mir, meiner würde er sich gern entledigen, und ich nähme auch gern die Entlassung an. Aber wo finde ich Zuflucht? Das weiß Gott allein. Aurora kann getrost in Dresden hocken, ihre Wunden sind verheilt, meine indessen bluten noch.«

Wittke zeigte sich von der Nachricht über die Inhaftierung der Sobieskis, die in Polen solches Aufsehen erregte, gänzlich unbeeindruckt. Er lächelte dazu.

»Haben Euer Liebden denn nicht selbst dazu beigetragen, daß Kanzler Beichling nach Königstein gekommen ist? Für den König sind die Sobieskis nicht besser, auch der Kaiser, mit dem sie verschwägert sind, stellt sich nicht hinter sie.« Und mit einer wegwerfenden Handbewegung schloß er: »Dergleichen ist noch mehr zu erwarten!«

»Wenigstens in diesem Fall ist es gut, eine Frau zu sein«, bemerkte die Teschen. »Man wird nicht in eine Festung gesperrt.«

»Dafür würde ich nicht garantieren«, fügte Wittke unlustig an. »Solltet Ihr gefährlich werden, Euer Liebden – es gibt genug leerstehende Schlösser an der Elbe.«

Am folgenden Tage verfügte sich die Fürstin still und heimlich, ohne jemandem etwas mitzuteilen, nach Breslau, und eine ganze Weile über hörte man nichts mehr von ihr. Wittke trug sich mit dem Gedanken, zur Mutter zu fahren, aber Henriettes Augen hielten ihn im Bann. Er verfluchte Tag und Stunde, da er das Mädchen gesehen, und war doch außerstande, sich zu entfernen.

VI

August erschien heimlich und ohne Aufsehen in Warschau, aber er nahm nicht im Schloß Aufenthalt. Mit kleinem Gefolge, zu Pferd, unter dem Vorwand strategischer Vorhaben und der Musterung seiner Truppen kam er des Nachts nach Bielany. Anderntags strömten aus der Hauptstadt Kutschen und Berittene herbei, unterwegs aber bekannte sich niemand zum Ziel seiner Fahrt, ein jeder schützte private Angelegenheiten vor. Vom König wußte niemand.

Für Bischof Załuski, der sich zu der Zeit hier eingefunden hatte, wie auch für die übrigen von ihm zur Beratung herbeigerufenen polnischen Magnaten wurde der König zur immer weniger begreifbaren Person. Załuski war auf seine Seite übergetreten, weil er in ihm die nötige Kraft gespürt hatte, in der Rzeczpospolita Frieden und Ordnung herzustellen, jedoch sah er sich nun schmerzlich enttäuscht. August, der in den Gesprächen mit Załuski ein vorzügliches Verständnis für seine Lage und die sich daraus ergebenden Anforderungen bewiesen hatte, zudem eine ausgezeichnete Menschenkenntnis und großes Geschick, sich der Menschen zu bedienen, verblüffte ihn hernach durch seine Unfähigkeit im Handeln. Immer nachhaltiger überzeugte sich der Bischof davon, daß man ihm in nichts Glauben schenken durfte. Sobald August sein Tun nicht zu erläutern vermochte, hatte er die Gewohnheit, dasselbe mit beharrlichem Schweigen abzutun und jeden Disput darüber zu vermeiden. Während all der Komplikationen und zahlreichen Verluste bemerkte der Bischof nicht den leisesten Schatten auf seinem Gesicht. Er sprach nicht von dem, was ihm womöglich Sorgen bereitete. Zudem verging kein Tag ohne ein zügelloses und schließlich mit Trunkenheit endendes Gelage. Załuski zog sich stets beizeiten zurück, doch wußte er davon über andere. Da er ihn nach all den Enttäuschungen, verlorenen Schlachten, erlittenen Verlusten noch so unbeschwert sah, mußte Załuski vermuten, daß er irgendeine Kraft verspürte, die seinen Sturz nicht zulassen würde, denn sein Leichtsinn war ohne Grenzen.

Sooft dieser ernste und gewissenhafte Mann versuchte, mit dem König wenigstens unter vier Augen offen zu debattieren, um zu erfahren, auf welche Art und Weise dieser sich zu retten gedachte, traf er auf einen gläsernen, stumpfsinnigen Blick, auf einen zusammengepreßten Mund und eine Erwiderung, die das Gespräch sofort in eine andere

Richtung lenkte. Verblüffend an August war auch, mit welch großer Höflichkeit, ja übertriebener Zuvorkommenheit er solche Leute empfing, die er nicht ausstehen konnte.

Flemming, Przebendowski, Dąbski und eine Zeitlang auch Fürstenberg stießen bei ihm häufig auf Grobheiten, auf Rüffel, auf eine sprudelnde, unabgewogene Rede, wohingegen ein Kanzler Beichling am Vorabend seiner Inhaftierung, eine Aurora, bevor sie den Laufpaß bekam, oder eine Teschen, da er schon die Hoym zu dingen suchte und sich beim Kaiser für sie um den Titel einer Gräfin Cosel bemühte, ihn liebenswürdig und herzlich und voller Ehrerbietung erlebten. Fremden gegenüber legte August stets eine erhabene, übergroße Höflichkeit an den Tag.

Załuski, der für seine Verbundenheit mit König Jan Sobieski und sein Interesse an dessen Familie bekannt war, glaubte fest, daß August bei seinem Erscheinen bemüht sein würde, die an den Sobieskis verübte Gewalttat zu rechtfertigen. August empfing ihn bereits an der Tür mit offenen Armen, fragte nach seiner Gesundheit, nach dem Verlauf der Reise, aber trotzdem er ihn absichtlich lange bei sich verweilen ließ, machte er nicht die leiseste Bemerkung über die Sobieskis. Als der Bischof es zum Schluß wagte und selbst auf sie zu sprechen kam, lächelte er, sah ihm kurz in die Augen und wandte sich ab, ihn ohne Antwort lassend.

Flemming, den der Bischof danach auszuforschen bemüht war, bekannte ihm unter strengster Geheimhaltung, daß Jakubs eigener Beichtiger ihn verraten und als Verschwörer preisgegeben habe, der zusammen mit anderen Magnaten einen Anschlag auf das Leben des Königs geplant hätte. Załuski rang protestierend die Hände und verlangte, jenen Beichtiger zu sehen, jedoch Flemming antwortete mit nichts anderem als mit der Wiederholung der schmählichen Verleumdung. Überdies ließen die Deutschen verlauten, die Sobieskis hätten mit Karl XII. in Verbindung gestanden, was wahrscheinlicher klang, so daß auch August gezwungen gewesen sei, zur Verteidigung seines Lebens und der Krone zu äußersten Mitteln zu greifen.

Die anderen Magnaten vermochten nicht viel mehr vom König oder über ihn zu erfahren. Angeblich klagte der über Langeweile, über das Ungeschick derer, welche ihm dienten, und er sehnte sich nach Dresden.

Constantini, ohne den August nicht sein konnte, begleitete auch

249

dieses Mal den König, und kaum daß er in Bielany eingetroffen war, entschlüpfte er nach Warschau, um seinen Gehilfen zu erwischen, den unglücklichen Wittke.

Er wußte wohl, daß er ihn am leichtesten in der Weinstube der Renards finden würde, doch dieses Mal irrte er. Der Deutsche nämlich, verärgert über Henriettes Gefallsucht, versuchte gerade, seine Leidenschaft zu bekämpfen, und hielt sich seltener bei den Renards auf. Constantini traf auf eine sehr angeregte und ihm nicht ganz fremde Gesellschaft, denn die Offiziere der sächsischen Garde saßen hier zu Hauf, tranken, spielten und ließen die schöne Henriette nicht von sich gehen.

Mezzettino hatte das Mädchen nicht oft gesehen, aber so elegant und wunderschön, wie Henriette mit ihrer Jugend und mit der Freude, die sie verbreitete, war, begeisterte sie ihn jetzt. Als gewerbsmäßiger Kuppler dachte der Italiener bei ihrem Anblick nicht an sich, sondern an den König.

Der Gedanke, einmal in ihm aufgeblitzt, ließ sich nicht wieder verscheuchen. Der König hatte Langeweile und war des Abends häufig von Wut gepackt, man mußte ihn in diesen wenigen Tagen unbedingt mit etwas beschäftigen. Die Halbwüchsige war in der Tat ein königlicher Bissen. Natürlicher Mittler und Gehilfe in der schurkischen Angelegenheit mußte seiner Auffassung nach kein anderer sein als Wittke. Jedoch wußte Constantini, ahnte es vielmehr, daß Wittke das Mädchen bis zum Wahnsinn liebte. Nein, auf ihn konnte er wohl nicht zählen.

Der Italiener, über all dies nachsinnend, verweilte in der Weinstube, um sich genauer umzuhören und umzusehen. Er kannte hier einige der Offiziere, und alle wußten von ihm, daß er eine Macht darstellte. Man umschmeichelte ihn darum sehr. Er indessen ließ kein Auge von dem Mädchen, knüpfte mit der Mutter Bekanntschaft und suchte sich dem Vater zu nähern. Dank Wittkes, welcher oft Mezzettino erwähnt hatte, wußte man hier über ihn gut Bescheid. Ein Saufgelage nahm gerade seinen Anfang, zu welchem dazumal jeder Anlaß willkommen war.

Constantini nahm einen der Offiziere, von Plaun, beiseite.

»Ihr habt hier ein wonniges Leben, meine Herren«, sagte er zu ihm. »Gleich neben dem Schloß liegt eine so gute Weinstube, mit höflichen Wirtsleuten und mit was für einem entzückenden Mädchen!«

»Entzückend, ja, entzückend«, versetzte der Offizier, »aber was hab

250

ich davon? Lachend bedient sie einen, manchmal kriegt man auch ein Küßchen ab, aber die Mutter paßt auf wie ein Luchs und ist immer um sie. Wir dürfen sie nur von ferne sehen und uns nach ihr verzehren.«

»Nana!« rief der Italiener lachend. »Ein Mädchen aus solcher Weinstube sollte derart grausam sein? Das will mir gar nicht gefallen.«

»So ist es aber. Oberleutnant Friesen, ich, Herder, wir alle sind sterblich in sie verliebt und machen ihr wie wild den Hof, können aber nichts erreichen. Wie es heißt, soll so ein reicher Kaufmann aus Dresden, ein gewisser Wittke, der sich aus Liebe zu ihr hier angesiedelt hat, sie heiraten wollen, aber auch er richtet nichts aus. Es scheint, daß die Eltern sie als Köder für den Umsatz behalten.«

»Einstweilen«, unterbrach ihn der Italiener, »bis sich ein Geschickterer findet, der dem Mädchen die Sinne betört und es... verführt.«

Von Plaun schüttelte den Kopf.

»Das bezweifle ich«, sagte er. »Da wird sie vorher wohl einer heiraten müssen, danach, ja, danach... Wer weiß, sie ist so teuflisch kokett...«

Constantini, der im Umgang mit Frauen bewandert war und sie zu umwerben wußte, ließ diesen Tag nicht ungenutzt verstreichen und machte Henriette heftig den Hof. Die Eltern verargten es ihm keineswegs, und das Mädchen setzte alles daran, ihm den Kopf zu verdrehen, im Gespräch jedoch mit der Mutter und mit dem Vater überzeugte sich Mezzettino davon, daß die Eltern in der Tat eifrig über die Tochter wachten.

»Herr Hofrat (Constantini wurde aus Höflichkeit so tituliert, obwohl er nicht mit den Ministern auf gleicher Stufe stand) – Herr Hofrat«, sagte der alte Renard, »unsere Henriette wird keine andere Aussteuer haben als ihre Schönheit und ihre Festigkeit. Wir müssen sie wie unseren Augapfel hüten.«

»Habt Ihr keine Furcht, so viele junge Leute hier zu empfangen?« warf Mezzettino ein.

»Nun, das ist unsere beste Kundschaft«, entgegnete der Franzose. »Ohne sie müßten wir das Geschäft schließen. Henriette muß man auch Gerechtigkeit widerfahren lassen, denn sie ist verständig und solide, sie weiß, daß sie als junge Wirtin den Gästen zulächeln muß, sie lacht und schäkert gern und macht schöne Augen, aber heranlassen an sich tut sie niemanden. Kokett soll sie sein, aber nicht...« Renard beendete seinen Satz mit einer beredten Geste.

Alle diese gesammelten Wahrnehmungen und Informationen konn-

251

ten Constantini nicht einschüchtern, und immerfort wiederholte er im Stillen: »Das ist ein königlicher Bissen.«

Es bedeutete ihm nichts, das junge Mädchen ins Verderben zu stürzen, wenn er dem König nur eine zeitweilige Zerstreuung, ein Vergessen seiner Sorgen und Nöte verschaffte, und er wußte sehr wohl, daß eine solche Neuheit für August überaus reizvoll wäre. Weder die frisch eroberte Frau Hoym noch eine der alten Freundinnen wie Aurora, die Spiegel oder die Fürstin Teschen waren in Warschau, der König verfiel bisweilen in rasende Wut, während derer er gefährlich wurde. Constantini wollte unbedingt eine Arznei dagegen finden, und da gab es nichts Wirkungsvolleres als die Bekanntschaft mit Henriette.

Der König war hier wenig bekannt, man sah ihn selten, und eine andere Perücke, bescheidenere Kleidung konnten ihn daher unkenntlich machen. Den Renards lag nur daran, die übrigen Gäste zu entfernen. Alles mußte vorbereitet werden, und die letztliche Ausführung war August zu überlassen. Wittke als ein guter Freund des Hauses wäre hier gut zu gebrauchen gewesen, aber Mezzettino fühlte und wußte es, daß er das Mädchen bis zum Wahnsinn liebte und daher eifersüchtig war.

Der Italiener legte sich einen Plan zurecht und fuhr nach Bielany zurück. Am Abend dann, als er den König auskleidete und mit ihm allein war, flüsterte er ihm zu, daß er in Warschau eine blutjunge kleine Französin erspäht habe, eine, vor der man in die Knie sinken müsse! August war sofort Feuer und Flamme. Constantini sagte, es sei nur nicht daran zu denken, daß sie sich ihm näherte, sowohl wegen der Eltern als auch wegen der sächsischen Offiziere, die sie unablässig belagerten. Das Bündnis mit Zar Peter, der Krieg gegen Karl XII., der Verrat des Primas, der Aufruhr in Litauen – alles war vergessen. Der König befragte Mezzettino nur noch nach der kleinen Henriette und ließ ihn nicht mehr gehen. Er befahl ihm, sofort entsprechende Werbungen einzuleiten, jedoch wollte er die erste Bekanntschaft mit dem Mädchen als einfacher Gardeoffizier knüpfen. Der Italiener wußte, daß ihm seine Mühen reichlich vergolten werden würden, nichtsdestotrotz stöhnte er und klagte, wie schwer alles einzufädeln sei. Man müsse die Eltern dazu bewegen, den geheimnisvollen Gast zu empfangen, von welchem Mezzettino nur gesagt hatte, daß er von hohem Stande und sehr reich sei und daß er ihnen wie auch der Tochter Glück bringen und eine glänzende Zukunft sichern könne.

252

Sogleich am anderen Morgen begannen die Vorkehrungen, und da Constantini Wittkes flinkes Auge fürchtete, ersann er irgendein Erfordernis und schickte ihn nach Łowicz, damit er dort gleichsam Wache hielte.

Der Deutsche hegte noch keinen Verdacht.

Nach seiner Abreise war Constantini keine Ruhe mehr vergönnt. Zuvörderst sorgte er über die Befehlshaber dafür, daß die sächsischen Offiziere mit allen möglichen Mitteln für eine Weile vom Besuch der Renardschen Weinstube abgehalten würden. Darauf machte er sich beide, Vater und Mutter, geneigt, und schließlich nahm er sich das Mädchen vor und suchte dessen Neugier zu wecken. Mit dem König war verabredet worden, daß dieser allein mit Mezzettino und einigen seiner treuesten Trabanten – allesamt verkleidet – in der Nacht nach Warschau reiten sollte. Hier nun würde ihn bei den Renards ein Abendessen erwarten, zu welchem auch Henriette und die Mutter geladen würden. Mezzettino warf mit Geld um sich, jedoch mehr noch mit nichts kostenden Versprechungen. Um das Mädchen zu gewinnen, hatte ihm der König ein Paar bildschöner Ohrringe mitgegeben, um sie als Anzahlung zu überreichen.

Es fällt schwer zu glauben, daß die alten Renards, die von Constantinis Stellung und Beziehungen wußten, nichts geahnt hätten. Der Tochter indessen wurde nichts gesagt, man versprach ihr nur einen reichen sächsischen Grafen, der sie von weitem gesehen habe und sie nunmehr von Nahem zu betrachten wünsche.

König August war zweifellos einer der schönsten Männer seiner Zeit, und wenn er wollte, konnte er auch einer der charmantesten und gewinnendsten sein, in seinem Umgang mit den Menschen verfügte er über eine so breite Skala, daß er von ordinärer Grobheit bis hin zur Sentimentalität mit gleicher Leichtigkeit alle Rollen spielen konnte. In Gesellschaft der französischen Tänzerinnen, die er einstens am Rhein getroffen hatte, begeisterte er dieselben durch seine Zügellosigkeit; am französischen Hofe, im Umgang mit den großen Damen, war er der zuvorkommendste Kavalier, es kostete ihn nichts, Physiognomie und Wesen zu wechseln. Mit wenigen Ausnahmen vergötterte die damalige Frauenwelt diesen Don Juan. Sich auf weibliche Gesellschaft aller Art einzustimmen, fiel dem König nicht schwer. Contantini vermochte Augusts Ungeduld kaum zu zügeln, so eilig hatte es der König, Henriette kennenzulernen. Sie war für ihn nur ein Spielzeug, aber

Spiel und Ergötzen, auch zu größten Kosten, waren für ihn Lebenszweck geworden.

Nach mehrtägigen Vorkehrungen wurde schließlich der Tag der Begegnung bestimmt. Der König, in der Uniform eines Offiziers des sächsischen Garde, bestieg sein Pferd und schoß in so wahnwitzigem Galopp davon, daß der Italiener ihm kaum zu folgen vermochte. Der Abend war weit vorgeschritten und die Weinstube der Renards der Verabredung gemäß schon geschlossen. Constantini führte August, welcher sehr gelungen den bescheidenen Militär spielte, von der Hofseite hinein. Die Renards erwarteten ihn mit dem angerichteten Abendessen.

Das kokette Mädchen hatte sich für den Gast mit größter Sorgfalt herausgeputzt, den ganzen Tag über waren Mutter und Tochter damit beschäftigt gewesen. Henriette sah einfach bezaubernd aus, doch verdankte sie das weitaus mehr dem Reiz ihrer Jugend als den Schmuckstücken und Schärpen, die sie zierten. Ihre außergewöhnliche Schönheit machte denn auf den feurigen August auch gleich einen tiefen Eindruck. Constantini bemerkte es, und er befürchtete nur, daß die Leidenschaft allzu heftig und voreilig ausbrechen und ihn verraten könnte. Der König selbst wollte hier nicht erkannt werden, er war zu Opfern bereit, aber er hatte Angst vor der Hoym, und er schämte sich auch ein wenig, so tief gesunken zu sein. Beim Abendessen, obwohl er viel trank, benahm er sich so, daß er gut und gern für einen Offizier und den Sohn einer vermögenden Grafenfamilie gelten konnte, als der er hier eingeführt war. In dem Bemühen, zu gefallen, gab er sich den Renards gegenüber aufs äußerste höflich, so daß diese nicht zögerten und zusagten, ihn gern wieder zu empfangen. Henriette gefiel der schöne Offizier, jedoch weckte er in ihr gewisse Befürchtungen, sie ahnte, daß er nicht der war, als den man ihn vorstellte. Kleine Dinge verrieten es: die riesigen Brillantringe an den Fingern und die Westenknöpfe aus Edelsteinen.

Während sich der König dergestalt an den Abenden vergnügte und tagsüber mit der Politik, mit seinen Truppen und mit der Besänftigung des Aufruhrs beschäftigt war, welchen die Gefangennahme der Sobieskis und Jabłonowskis ausgelöst hatten, stahl sich der beunruhigte Wittke unter einem Vorwand aus Łowicz nach Warschau und lief als erstes zu den Renards.

Der Italiener hatte den Renards strenge Geheimhaltung der abendlichen Besuche auferlegt, aber der Kaufmann stand mit ihnen allen auf so vertrautem Fuße, daß sich vor ihm gar nicht verbergen ließ, was im Hause geschah. Als erste verplapperte sich Henriette, in der Hoffnung, Wittke könnte ihr den wahren Namen des Offiziers enthüllen. Dem Deutschen, der ohnehin Constantini beargwöhnte, fiel es nicht schwer zu erraten, wen der Italiener hierher geleitete; der Bericht des Mädchens von den Ringen und Westenknöpfen gab ihm die Gewißheit, daß er sich nicht irrte, jedoch wollte er Henriette nicht sagen, daß der Offizier der König war.

Als er mit dem alten Renard unter vier Augen sprechen konnte, fiel er über diesen her: »Du stürzt dein Kind ins Unglück! Nach all dem Gewese um diese Abende konntest du dir denken, wen dieser Italiener dir anschleppt. Das ist kein anderer als der König!«

»Na und?« erwiderte der Franzose. »Ich habe ihn sofort erkannt, aber was sollte ich tun! Konnte ich mich seinem Zorn aussetzen? Ihm den Empfang abzuschlagen, ging nicht an, und Henriette werden wir ihm ja nicht verkaufen.«

Wittke war verzweifelt.

»Wenn du dich nicht wehren konntest, wo es um den Empfang ging, wirst du sie auch nicht retten können, wenn man sie dir entreißt!« rief er.

Der Verliebte rang die Hände und weinte. Nachdem er dann ein paar Stunden hier verweilt hatte, bestieg er den Wagen und fuhr nach Bielany. Was weiter mit ihm geschah, wo er hingeriet – die Renards wußten es nicht, denn er tauchte so bald nicht wieder auf, war verschwunden wie der Stein im Wasser. Unterdessen folgte bei den Renards ein Abend dem anderen. Die unselige Politik verschlang die Tage, Liebschaften und Trinkereien die Abende und die Nächte, aber den König hielt es jetzt nirgends lange, denn Karl XII. gönnte ihm keine Ruhe.

Immer bedrohlicher malte sich die Zukunft, und Zar Peters Kräfte, auf dessen Geld und Leute August am meisten gezählt hatte, erwiesen sich als unzureichend. Die alten Heerführer freilich prophezeiten, daß sich der Schwede mit seiner Dreistigkeit und seinem sagenhaften Ungestüm am Ende das Genick brechen würde, einstweilen aber siegte er allenthalben, und August sah schon voll Entsetzen voraus, daß es mit Polen nicht enden würde, sondern daß danach sein Erbland an die Reihe käme – Sachsen! Polen scherte ihn ja wenig, Sachsen aber war

255

sein Speicher und seine Schatzkammer. Die einzige Hoffnung, die August noch hatte, war, daß der Kaiser sich auf die Seite des Kurfürsten stellen und die Schweden nicht herankommen lassen würde.

Nach langen Beratungen, während derer erstmals Patkul als eine Art Gesandter oder Agent Zar Peters auftrat, verschwand August aus Warschau. Diese neue Persönlichkeit, zu Anfang wenig ehrgeizig, spielte eine immer bedeutsamere Rolle. Als ein verbissener Feind des Schweden intrigierte Patkul gegen ihn, wo immer er konnte. Überall, wo er auftauchte, nahm er die Menschen für sich ein. Er war das hervorragende Talent eines Diplomaten der Macchiavellischen Schule, für den in der Politik alles rechtens war, was zum Erreichen des angestrebten Zieles führte. Es machte ihm nichts aus, Peter gegenüber August zu verraten und umgekehrt, Menschen zu gebrauchen und ihre Schwächen auszunutzen, so wie die Käuflichkeit des Primas. Sein Urteil aber über die Dinge war flink und gesund, und die Ratschläge, die er dem Zaren erteilte, entsprachen ideal den Erfordernissen der Zeit. August wußte er durch die Leichtigkeit seines Umganges zu bezaubern, durch seine sehr zivilisierten Sitten und durch die geschickte, ausgeschmückte Bewunderung, die er ihm entgegenbrachte, wenngleich er ihn so sehr schätzte, wie er es verdiente. Niemand war zu jener Zeit im politischen Ränkespiel aktiver als Patkul, der abwechselnd bald zum Zaren, bald zum König, bald nach Dänemark lief und der bis ans andere Ende der Welt geeilt wäre, nur um den verhaßten Karl niederzuzwingen und Livland von ihm zu befreien. Bei Zar Peter verstand er es gleichfalls, sich durch Schmeicheleien Vertrauen zu erwerben, dennoch beriet er ihn mit Vernunft, und Peter schätzte seinen Rat und beherzigte ihn. Ein Liebling der Salons ebenso wie der Diplomatenkabinette, ließ Patkul keinerlei Hilfsmittel außer acht, so daß er, als unlängst Frau Hoym als allmächtige Mätresse auf den Plan trat, auch ihr schon seine Aufwartung machte und sie auf seine Seite zu bringen vermochte, indessen er die Fürstin Teschen vernachlässigte, um deren Gunst er zuvor geworben hatte.

August maß Patkuls Ratschlägen wie auch seinen Tätigkeiten das größte Gewicht bei, er umwarb und bezahlte ihn und hätte ihn gern ganz für sich gewonnen. Zur Zeit aber hatte Patkul den Posten eines Gesandten oder Agenten Zar Peters inne, was ihn nicht hinderte, von August ein Gehalt zu empfangen.

Als der König aus Bielany verschwunden war und man in Warschau nicht einmal wußte, wohin er sich begeben hatte, erschien eines Morgens Wittke bei den Renards, bis zur Unkenntlichkeit verändert, niedergeschlagen, bedrückt und finster, als ob nicht wenige Monate, sondern ganze Jahre seit seinem letzten Hiersein vergangen wären. Ein nicht minder großer und betrüblicher Wandel war im übrigen auch der einst so fröhlichen Weinstube anzusehen. Die Leute waren andere, eine schwere Wolke schien auf allem zu lasten. Die sächsischen Garden waren abgezogen, von den Offizieren, welche hier früher Tag und Nacht gesessen, sah man keinen mehr. Und da ihre Gesellschaft die polnischen Schlachtschitzen vertrieben hatte, herrschte jetzt Leere hier. Der alte Renard, blaß im Gesicht, zankte sich mit seinen Dienern, schimpfte und schlug mit den Türen, er mußte fast allein alle Arbeit verrichten, denn die Tochter ließ sich überhaupt nicht blicken, und seine Frau nur selten, den Kopf mit einem Tuch umbunden und die Augen verweint.

Der Franzose, als er Wittke erblickte, kam langsam, mit traurigem Gesicht auf ihn zu und streckte die Arme aus. Der Kaufmann stand stumm da, keiner der beiden wagte oder vermochte es, das Gespräch zu beginnen.

»Wo bist du gewesen?« entrang es sich schließlich mit Grabesstimme der Brust des Franzosen.

Wittke schritt in der leeren Gaststube hin und her.

»Dienst, Gefangenschaft!« sagte er, den Kopf hebend. »Der König schickte mich mit einem eiligen Befehl auf zwei Stunden fort, aber der Brief, den ich beförderte, enthielt die Anweisung, mich dort, wo ich war, zwei Monate lang festzuhalten, weil ich dem König hier hinderlich sei.« Wittke stöhnte auf. »Es ist noch ein großes Glück, daß er mich nicht lebenslang hat einsperren lassen, denn auch das hätte passieren können.«

Die Männer maßen sich mit den Blicken. Daraus, daß man ihn weggetrieben hatte, schloß Wittke, daß hier etwas Schreckliches geschehen sein mußte. Er wagte nicht, nach Henriette zu fragen.

Renard führte ihn in einen kleinen Nebenraum, und während beide Männer noch immer zögerten, offen miteinander zu sprechen, ging die Tür halb auf, und die arme Madame Renard begrüßte mit einem Aufschrei den Gast, dessen Verlust sie manches Mal beweint hatte. Bei seinem Anblick brach sie in lautes Schluchzen aus. Wittke brauchte nach nichts zu fragen, das Unglück malte sich auf den Gesichtern der

Eltern, und den Rest kündete ihm endlich Henriettes Abwesenheit. Renard sank auf die Bank nieder, die an einem Tische stand, stützte den Kopf in die Hand und dachte nach.

Wittke zauderte, nach dem Mädchen zu fragen, wußte er doch, daß ihm die Antwort das Herz bluten machen würde. So zog sich das Schweigen hin, bis der Franzose mit der Faust auf den Tisch hieb, und als spräche er zu sich selbst, fing er an, sich zu rechtfertigen.

»Was hätte ich tun sollen, was? Diesen Zuhälter von Italiener nicht hereinlassen? Die hätten mich doch am nächsten Morgen hier wegge- jagt oder das Kind, auf das sie aus waren, mit Gewalt geraubt! Ich mußte taktieren. Stärkere haben sich ihm nicht widersetzen können, und wer bin schon ich?«

Die Mutter unterbrach ihn schluchzend: »Hätten wir lieber alles aufgegeben und wären geflohen, dann wäre das Kind gerettet.«

»Wie kann man vor denen fliehen?« versetzte Renard. »Constantini...«

»Oh, den kenne ich gut«, fiel Wittke ihm ins Wort, »aber sagt lieber, was mit Henriette geschehen ist. Wo befindet sie sich?«

Die Mutter wies zu dem Zimmer nebenan.

»Sie liegt krank«, flüsterte sie. »Mein armes Kind! Alle großartigen Versprechungen haben mit diesem Almosen, das uns der Schurke hin- geschleudert hat, geendet. Ohne etwas zu sagen, ohne sich zu verab- schieden, hat der König sie sitzenlassen und ist abgereist.«

Der Deutsche saß da, hörte zu und rang die Hände.

Renard ergriff wieder das Wort, leise berichtete er vom Verlaufe der unseligen Geschichte. Wie der König anscheinend ganz verrückt nach Henriette gewesen war, wie er zu Anfang goldene Berge versprochen hatte, bis der Widerstand besiegt und Madame Renard dazu gebracht war, mit der Tochter nach Bielany umzuziehen, dann aber hatten all das Feuer und die Leidenschaft keine zwei Monate gedauert, und eines Tages erklärte Constantini, daß sich der König ins Feldlager begebe, weshalb die Frauen nach Warschau zurückkehren sollten. Dabei über- gab er ihnen einen für Henriette bestimmten Beutel voll mittelmäßi- ger Juwelen von geringem Werte; der König versprach, wiederzukom- men oder sie eventuell nach Dresden zu holen. Daß man sich ihrer so entledigte, ließ die Renards schier verzweifeln. Die Mutter bestürmte den Italiener mit Vorwürfen, aber der lachte sie bloß aus und verjagte sie auf grobe Weise aus Bielany.

Der König war bereits nicht mehr da.

Seither lag Henriette krank darnieder und so sehr verändert, daß die Ärzte nicht sicher waren, ob sie sie am Leben würden erhalten können. Zu all dem kam, daß der Italiener ohne jeden Skrupel verkündete, Henriette sei sein Erwerb für den König gewesen. Die Renards waren mitsamt ihrer Tochter um ihren guten Ruf gebracht und der Verachtung anheimgefallen.

Wittke schäumte vor Wut, während er zuhörte, doch bemühte er sich, die Eltern zu trösten. Er verlangte, Henriette zu sehen, aber die Mutter schüttelte heftig den Kopf und entgegnete, daß das arme Kind mit Fieber zu Bett liege und der Arzt ihr jegliche Aufregung verboten habe, außerdem erlaube sie selbst es keinem der früheren Bekannten, zu ihr zu kommen. Alles Flehen war unnütz. Wittke preßte die Lippen aufeinander, blieb noch eine Weile sitzen, und wie ein Wahnsinniger stürzte er dann von den Renards davon, im Herzen Zorn und Rachedurst. An wem aber sollte er sich rächen? Da er nicht höher hinauflangen konnte, mußte er sich auf Mezzettino beschränken, aber auch der war nicht so leicht anzugreifen und zu stürzen, wie unser Kaufmann gewünscht hätte. Der König bedurfte seiner allzusehr, denn sämtliche Tätigkeiten, welche er lieber verheimlichte, wälzte er auf ihn ab. Constantini, im Gefühl seiner Unentbehrlichkeit, benahm sich bisweilen sogar August gegenüber dreist, was bedeutete ihm da ein kleiner Kaufmann wie Wittke? Nie soll man jedoch einen Feind mißachten.

Nachdem Wittke die Renards verlassen hatte, mußte er mit sich allein sein, um zu sich zu kommen und zu überlegen, was er tun sollte. Henriette konnte er nicht mehr retten, aber es drängte ihn, sie wenigstens zu rächen.

Wie man ihm sagte, war Constantini weder in Warschau noch in Bielany, jedoch glaubte Wittke dies nicht so recht, er kannte ja den Italiener.

Häufig schon war es vorgekommen, daß er vorsätzlich Unwahrheiten verkünden ließ, um so, unbemerkt, auch ungestört wühlen zu können. Obwohl man Wittke versicherte, der König habe ihn mit Briefen zur Gräfin Cosel (so wurde die Hoym bereits genannt) vorausgeschickt, wollte er dasselbe nachprüfen. Er irrte umher und bekam keinen der Schuldigen zu fassen: weder den König noch den verderbten Helfer in seinen Lüsten. Tausende Ideen gingen Wittke durch den Sinn, doch mochte er sich an keinen davon klammern, um sich nicht mit seiner Gier nach Rache für das unglückliche Opfer zu verraten. Constantini war nicht anders als mit der Hilfe des Königs selbst zu stürzen. Wittke ging in seinen Gedanken gar so weit, dem Schweden dienen zu wollen, nur um August die verborgene Rächerhand spüren zu lassen. Überall jedoch, wo er sich auch hinzuwenden gedachte, sah er seine Ohnmacht; weder war er geübt in versteckten Intrigen, noch besaß er die Unverfrorenheit, die solche erforderten. Was konnte er gegen den Italiener ausrichten, dem nichts Einhalt gebot, er, den Erbarmen und Scham befangen machten!

Einige Tage lang irrte er so durch die Stadt, bald die Renards aufsuchend, bald um das Schloß streichend und bald die Geschäftigkeit des Primas beobachtend, für dessen Abneigung gegen den König er zahlreiche Beweise hatte.

Ihm stand zweierlei zur Wahl: Er konnte alles stehen und liegen lassen und nach Dresden zurückgehen, konnte aller erworbenen Beziehungen entsagen und, nachdem er die Mutter um Vergebung gebeten, sich mit dem alten väterlichen Geschäft begnügen, welchselbes, über all die Jahre stark vernächlässigt, heruntergekommen war – oder aber er konnte alles der Befriedigung seines Rachedurstes opfern, der weder durch Blut noch durch Tränen zu stillen war. Die Liebe zu Henriette war die einzige Leidenschaft dieses Menschen, und so nimmt es nicht wunder, daß dieselbe ihn ganz verschlang und er ihr alles zu opfern bereit war. Das Mädchen erschien ihm am wenigsten oder gar völlig unschuldig. Wittke war sogar bereit... sie jetzt, so wie zuvor, zu heiraten. Sie aber der Mutter aufzubürden, sie nach Dresden mitzunehmen, wo Constantini von ihr Wind bekommen konnte, ginge das an? Nachdem Wittke einige Tage lang so mit sich gerungen, erschien er eines Abends, bleich und fiebernd, bei den Renards und fragte nach der Kranken. Nichts hatte sich geändert, sie lag da und weinte.

Der Doktor versprach nur, daß die Kraft der Jugend obsiegen und Henriette wieder gesund werden würde. Die alte Französin flüsterte ihm heimlich vor ihrem Ehemann und unter Tränen zu, daß der Gesundheitszustand der Tochter sie Familienzuwachs befürchten lasse, was ihrer aller Lage künftig noch schimpflicher machen und eine Heirat für Henriette erschweren würde. Für Wittke war dies auch ein Urteilsspruch, an eine Heirat war nun nicht mehr zu denken.

Am nächsten Morgen war der Kaufmann auf und davon.

VII

Karl XII. stand mit einem Teil der Truppen in Heilsberg[38]. Wie es seine Gewohnheit war, hatte er nicht die ihm im bischöflichen Schloß bereitgestellten Gemächer beziehen wollen, sondern hatte ein kleines Seitengebäude erwählt und sich auf Soldatenart darin niedergelassen, obgleich er über Winter mehr mit Vertragsverhandlungen und diplomatischen Tätigkeiten befaßt war als mit dem Kriegswesen. All sein Streben richtete sich jetzt darauf, die Rzeczpospolita dahin zu bringen, August den Rücken zu kehren und sich mit ihm, dem Schweden, zu verständigen, den Sachsen vom Thron zu stürzen und die Wahl eines neuen Königs vorzunehmen. Zu dem großartigen Mut, den spartanischen Sitten, den natürlichen und nichtalltäglichen Verstandesgaben des jungen Helden gesellten sich auch Untugenden, wie sie für gewöhnlich den Siegesrausch nicht nur in der Jugend, sondern auch im fortgeschrittenen Lebensalter begleiten. Karl XII. unterlag dem Triumphatorenwahn um so mehr, als das Glück ihn bisher blind begünstigte und er alle seine Feinde nacheinander zu bezwingen vermochte. Der widerwärtigste unter ihnen war ihm August, und seit er dessen Charakter kannte, dessen Leichtsinn und Verderbtheit, trachtete er nicht nur, ihn aus Polen zu vertreiben, sondern ihn sogar in Sachsen derart zu bedrängen, daß er sich würde demütigen müssen.

Jedoch war Karl XII. selbst, obgleich er August die Mißachtung der eidlich versicherten Rechte, den Verrat Polens zugunsten der eigenen Interessen vorwarf, im Umgang mit der Rzeczpospolita nicht weniger despotisch und rücksichtslos. Da er Augusts Entthronung einmal beschlossen hatte, blieb er unerschütterlich dabei, und am wenigsten bekümmerte ihn wohl, durch wen er den Sachsen ersetzen sollte. Von den fremden Fürsten würde sich unter den gegebenen Umständen, da die Krone aus den Händen des jungen Siegers zu empfangen wäre, niemand um dieselbe bemühen wollen. Unwillkürlich mußte Karl seinen Blick auf die Kandidaten der Piasten richten, zuvörderst auf die Sobieskis, obwohl man ihm daneben auch den Namen Lubomirski und andere zuflüsterte.

Die Ehrerbietung für den verstorbenen Jan III. Sobieski, die der

---

[38] damals Bischofssitz und Hauptstadt des Ermlandes

schwedische König beständig im Munde führte, zwang zu einer solchen Wahl. Karl hatte schon an Jakub gedacht, dem auch der Kaiser würde zustimmen müssen. Jedoch vereitelte die dreiste Gefangennahme der Sobieski-Söhne auf fremdem Territorium und deren Überführung auf die Pleißenburg seine Pläne. So wurde Aleksander gerufen, indessen bei der ersten Andeutung, daß Karl ihn auf den Thron setzen wolle, erklärte derselbe feierlichst, niemals und unter keinen Umständen eine solche Wahl anzunehmen, da sie dem Ältesten aus der Familie zustünde, Jakub, und selbst wenn der verzichtete, würde er, Aleksander, nicht nach der Krone langen.

Zu dem Zeitpunkt, da dies betrieben wurde, beschloß die Rzeczpospolita auf einer Versammlung in Warschau – und der Primas hatte heimlich dahin gewirkt –, einen Gesandten zum Schwedenkönig zu schicken, um mit ihm Verhandlungen aufzunehmen. Vergebens suchte der junge Posener Woiwode eine solche Mission abzuwehren, indem er auf seine Jugend und Unerfahrenheit verwies, jedoch, er mußte sie übernehmen und nach Ermland aufbrechen.

Der Leser hat den Posener Woiwoden bereits auf der Versammlung der Großpolen erlebt. Jene selbe Mäßigung, wie er sie dort bewiesen, indem er zu Versöhnung und Verständigung hinlenkte, brachte Leszczyński nach Heilsberg mit. Womöglich war er nicht der Mann, nach dem eine solche Mission verlangte: Das allzu sanfte Wesen, der Schliff des Politikers, das Temperament, das Fehlen alles Soldatischen – bei dem Vorhandensein unbedingter Rechtschaffenheit – ließen kaum erwarten, daß sich Karl XII. leicht mit ihm würde verständigen können.

Der Posener Woiwode hatte, obwohl er während seiner Vorbereitungen auf die Gespräche Auskünfte über Karl zu sammeln bemüht gewesen war, sich denselben doch gänzlich anders vorgestellt. Er war auf einen gewissen königlichen Glanz, auf Erhabenheit gefaßt gewesen, als man ihn aber in jenes Nebengebäude führte, in einen schmalen und ganz und gar nicht königlich oder wenigstens herrschaftlich ausgestatteten Raum, als er einen jungen Mann, auf ein gewaltiges Schwert in einfacher eiserner Scheide gestützt, erblickte, das Gesicht mit den energischen Zügen und darin die Augen mit dem durchdringenden Blick, das kurzgeschnittene Haar, den dunkelblauen, aus grobem Tuch genähten Rock mit den einfachen Kupferknöpfen und dem ledernen Gürtel, die schmutzstarrenden, kniehohen Stiefel und die fast bis zum Ellenbogen reichenden ledernen Handschuhe, den mit einem Stück schwarzen, vom Gebrauch rostfarben verblichenen Krepp umwickelten Hals – da zweifelte der Woiwode anfangs, ob er hier den schwedischen König vor sich sah. Zwar war ihm berichtet worden, daß derselbe sich nichts aus Kleidung machte und weder Luxus noch große Auftritte liebte, aber hier ging Schlichtheit bereits in Nachlässigkeit über, in die Verachtung jeglicher Form, welche doch auch geeignet ist, Achtung zu erwecken.

Karl XII. ließ dem Ankömmling nicht viel Zeit zum Nachdenken, ohne Einleitung brachte er das Gespräch sogleich auf die wichtigsten Angelegenheiten. Der erste Eindruck, den die Person des Woiwoden auf den König machte, war unentschieden: Er dünkte ihm allzu sanft, weich, geschliffen, wo er doch von einem Manne vor allem Manneskraft forderte, aber die ersten paar Worte, voll Ruhe und Energie gesprochen – freilich war dies keine soldatische Energie, aber eine von tiefer Überzeugtheit getragene –, änderten sein Empfinden: Stimme und Gestalt wirkten auf den Schweden sympathisch.

Der Woiwode begann damit, daß er den Stand der Dinge im Norden umriß, und während er von König August sprach, kam er nicht umhin, auf dessen Person, auf die Aktivitäten und auf die Leute, die ihm näher standen, einzugehen. Ohne Nachsicht üben zu wollen, äußerte sich der Woiwode über ihn dennoch mit der Mäßigung und Zurückhaltung, wie sie einem Senator und Beamten anstanden, wenn er von dem immer noch Herrschenden sprach. Karl runzelte leicht die Stirn.

»Ich hoffe, daß Ihr mir, Herr Woiwode, überbringt, was ich von der Rzeczpospolita verlangt habe«, sagte er. »Ich muß wissen, wer von Euch mit mir ist, und wer gegen mich. Ich kann ihn auf dem polnischen Thron nicht dulden, und wer mit mir ist, sollte mir behilflich sein.«

Leszczyński zögerte ein wenig mit der Antwort.

»Majestät«, entgegnete er dann gänzlich ruhig, »sollte es in Euren Augen ein Vergehen sein, daß wir in diesen unseligen wirren Zeiten bemüht waren, den von uns gewählten und gekrönten Herrscher um des Friedens und der Eintracht willen zu unterstützen, so wird kaum jemand von uns unschuldig zu nennen sein, und auch der, der hier vor Euch steht, Majestät, ist nicht rein. Was sich König August uns gegenüber auch hat zuschulden kommen lassen, zum Teil aus der Unkenntnis unserer Gesetze heraus – wir wären doch sehr leichtsinnig, ihn, ohne Verständigung anzubieten, vom Thron zu stürzen.«

»Wie denn das?« unterbrach ihn der Schwede lebhaft und ging näher auf den Woiwoden zu. »Seid Ihr etwa hergekommen, um mir zu sagen, daß Ihr ihn auf dem Thron behalten wollt?«

Leszczyński ließ sich durch den ziemlich barschen Angriff nicht in Verlegenheit bringen.

»Majestät«, erwiderte er, »wir sind nicht blind, wir sehen, daß August Eurer Königlichen Hoheit gegenüber nicht gehandelt hat, wie Gerechtigkeit und Edelmut es gebieten; wir wissen, was er sich gegenüber der Rzeczpospolita hat zuschulden kommen lassen, wir können ihm das an König Jans Söhnen verübte Unrecht nicht verzeihen, doch trotz alledem sehen wir in ihm auch Eigenschaften, die ihn des Thrones würdig machen, und so wäre es, Majestät, seiner und seines ritterlichen Charakters würdig, wenn Eure Königliche Hoheit nach so vielen klaren Siegen dem Gegner, nun er dermaßen gedemütigt ist, großherzig verzeihen könnten.«

Der Schwede sah ihm lange in die Augen, als wollte er ihm in die Seele spähen.

»Das ist schön, daß Ihr einen Mann verteidigt, der keine Nachsicht verdient hat, daß Ihr auf der Heiligkeit der Eide beharrt«, ließ er sich vernehmen, »aber ich habe keinen Anlaß, einem Menschen zu verzeihen, der mein Feind ist und der alle erlaubten und unerlaubten Mittel gebraucht hat, um mich zu vernichten. Ihm ist nichts heilig, um der Krone willen hat er den Glauben gewechselt, er lebt wie ein zuchtloses Tier und ist bereit, alle zu seinen Gunsten zu opfern. Wißt Ihr, womit er diese Gräfin und seinen Minister zu mir geschickt hat? Mit dem Angebot eines Bündnisses zu dem Zweck, Eure Rzeczpospolita in Stücke zu reißen! Ich aber bin gekommen, um sie zu retten, und nicht, um sie zu vernichten. Meint Ihr, er hat das Bündnis mit Zar Peter gegen mich geschlossen? Es ist ebenso gegen Euch gerichtet. Ihr werdet dafür mit der Ukraine zahlen, vielleicht noch mit mehr. Die Zeit ist nicht angetan, sich von Edelmut hinreißen zu lassen, Schuld zu verzeihen und Verrat zu vergessen, es geht um Euer eigenes Dasein, das bedroht ist. Was mich betrifft«, schloß der Schwede, der noch immer dastand, seiner Gewohnheit gemäß auf das gewaltige Schwert gestützt, »ich lasse nicht eher ab, als bis ich den Schurken zermalmt habe. Polen muß einen König haben, der würdig ist, ein ritterliches und so unbesonne-

264

nes Volk, wie Ihr es seid, zu regieren. In Augusts Händen ist euer Untergang unausweichlich.«

Leszczyński schwieg. Karl erkannte schließlich, daß er, selbst wenn er seine Auffassungen teilte, nicht als Ankläger gegen August auftreten wollte. Ihn zu verteidigen hingegen war so schwierig, daß der Woiwode lediglich Karls Zorn zu besänftigen suchte. Das Gespräch ging von seinem hauptsächlichen Gehalt zu allgemeineren Dingen über. Karl, so zeigte sich, war nicht nur über die Lage in Polen bestens im Bilde, sondern auch über die einflußreicheren Leute im Lande. Sein Urteil war herb und streng.

»Dem Helden, dessen Verehrer ich bin, wurden die letzten Lebenstage vergällt, seiner Familie habt Ihr den Thron versagt.«

»Majestät«, unterbrach ihn der Woiwode. »Schuld daran sind womöglich nicht wir, aber nichts ist schmerzlicher als die Rolle des Anklägers, ich möchte ein solcher nicht sein. Der Herrgott läßt viel Übel zu, um uns zu belehren.«

»Ja!« rief der Schwede, verächtlich grinsend. »Er hat Euch den Sachsen wählen lassen, um Euch zu zeigen, daß eine solche Person existieren kann. Bedenkt Euch, Herr Woiwode, und nehmt meine Bedingungen an, deren allererste ist, daß Ihr August entthront und mich hier herausläßt, damit ich mich nach Sachsen begeben und mir aussuchen kann, was mir zusteht von dem, der mich hierher getrieben hat. Ihr beklagt Euch über meine Soldaten? Ich bin gezwungen, Euch kahlzufressen, aber alle die Opfer sollten Euch nicht reuen, wenn ich Euch dafür von dieser Schande und diesem Schmutz reinwasche.«

Mehrere Male wurde das Gespräch durch militärische Meldungen unterbrochen, und obgleich sich Leszczyński gern zurückgezogen hätte, um den König nicht bei seinen alltäglichen Verrichtungen zu behindern, zog es sich über die Maßen in die Länge. Karl rief den Gast, der sich zum Gehen wandte, jedesmal wieder zurück, er forschte ihn aus und schien irgendwie von ihm angezogen zu sein, obwohl zwischen dem schwedischen Haudegen mit dem wilden Aussehen, dessen Schwert dem eines Henkers ähnelte, und dem schönen und sanften jungen Woiwoden mit dem aristokratischen Habitus nicht die geringste charakterliche Verwandtschaft zu entdecken war. Mit sichtlichem Wohlgefallen hörte Karl die offen und ohne Schmeichelei vorgetragenen Auffassungen seines Gastes an, die, wenngleich sie zu Widerspruch herausforderten, dennoch den Schweden eher zu gewinnen vermochten, als ihn zu verärgern. Schließlich gab dem Polen das Erscheinen Pipers[39], der mit eiligen Depeschen kam, das Zeichen zum Abtreten, und Karl XII. ergriff die Hand seines Ministers und rief, mit dem Ausbruch seltsamer Freude: »Der wird mir ein treuer Freund bis zum Tode sein!«

Piper mußte lächeln, und flüsternd wagte er die Bemerkung: »Majestät, nach so kurzer Bekanntschaft läßt sich schwer die Zukunft prophezeien.«

»Ich fühle es! Meine Vorahnung trügt mich nicht!«

Nach dieser Behauptung wandte sich der König wieder den dringenden Tagesfragen zu. Dem Woiwoden wurde angeraten zu bleiben, die Verhandlungen hätten schließlich noch nicht begonnen. Zwar hatte der Schwede von seiner großen Freundschaft gesprochen, die er für die Rzeczpospolita empfand, jedoch verlangte er von ihr allzu viel, vor allem und immer wieder: »Die Entthronung!«

»Sie wäre in Polen beispiellos«, opponierte der Woiwode.

»Auch ein Herrscher wie August« rief Karl, »der mit dem Land, das er adoptiert hat, Schacher treibt, ist ohne Beispiel bei Euch und in der Geschichte. Noch bevor er sich die Krone aufsetzte, hatte er sie sich schon mit dem Zaren und dem Brandenburger geteilt...«

Dies waren keine bloßen Worte, Karl legte Briefe und Notizen vor, die man über Vitzthum an sich genommen hatte.

Der Grimm auf August flammte immer wieder neu auf, weil der Sachse sich Patkuls bediente, welchen der Schwede als einen seiner ärgsten Feinde haßte.

Am Abend kam der von Karl dringend gerufene Prinz Aleksander Sobieski nach Heilsberg geeilt. Der König hatte dem Woiwoden gegenüber gar nicht erwähnt, daß er ihn erwartete. Leszczyński, ohne den nächsten Morgen abzuwarten, lief gleich zu dem jungen Prinzen. Er traf ihn tief beunruhigt an, der plötzliche Befehl, dem er Folge leisten mußte, machte ihn besorgt. Dieser jüngste der Brüder war am wenigsten für die Krone und den Kampf, welcher um ihretwillen auszufechten war, berufen. Er erinnerte sich noch gut an das Zerwürfnis zwischen Jakub und der Mutter, die Konstanty protegierte, an die Verbitterung, die beider Streit auslöste. Aleksander, entsetzt, dachte

---

[39] Karl Piper (1647–1716), engster politischer Ratgeber Karls XII.

nicht daran, um die dornige Krone des Vaters zu ringen. Als er Leszczyński erblickte, lief er mit unverhohlener Freude im Gesicht auf ihn zu.

»Woiwode!« rief er. »Du ahnst nicht, wie willkommen du mir hier bist! Ich kenne Karl XII. noch nicht, und ich weiß nicht, was er von mir wollen kann, ich habe Angst vor ihm. Meine Brüder sind schon in Augusts Fängen, da möchte ich nicht hin. Ich will überhaupt nichts anderes als meine Ruhe. Warum wohl hat Karl mich so eilig herholen lassen?«

»Ich weiß es nicht«, erwiderte Leszczyński. »Auch ich bin ihm heute zum erstenmal begegnet, er hat mir sein Herz nicht ausgeschüttet. Wenn ich aber aus dem, worüber wir gesprochen haben, schließen darf, dann meine ich, daß er Euch sicherlich die Krone anbieten wird... Wie? August auf dem Thron belassen? Er will ja verhindern, daß er sich darauf hält. Es ist die erste Bedingung für freundschaftliche Beziehungen mit der Rzeczpospolita.«

Prinz Aleksander runzelte die Stirn.

»Soll er, wen er will, zum Kandidaten für den Thron bestimmen«, sagte er, »ich werde es nicht sein. Jakub jetzt, wo er inhaftiert ist, den Rang abzulaufen, wäre schäbiger Verrat, den ein Fremder nicht üben dürfte, ich aber bin der Bruder! Nie im Leben, keine Macht der Welt zwingt mich dazu!« Aleksander faßte sich mit beiden Händen an den Kopf und stürmte auf den Woiwoden ein: »Rette mich! Steh mir bei! Überzeuge ihn davon, daß, wenn ich solches zuließe, dies von mir ein nicht wieder gut zu machender Schlag gegen das Andenken meines Vaters, gegen unseren guten Namen, gegen mein Gewissen und gegen die Redlichkeit wäre. Alle die Zwietracht hat uns schon genug heruntergebracht. Ich werde sie nicht mehren.«

Der Woiwode schwieg, während sich der junge Sobieski in langen und leidenschaftlichen Reden erging. Spät am Abend trennten sich die beiden. Am nächsten Morgen, noch vor Tagesanbruch, wurde Leszczyński zum König gerufen.

Der Schwede erwartete ihn mit seinem gewaltigen Schwert, gekleidet wie tags zuvor, und den schweren Stiefeln sah man an, daß er sie zur Nacht nicht ausgezogen hatte. Mit großer Heftigkeit und ohne den Woiwoden zu Wort kommen zu lassen, trug er ihm despotisch auf, Aleksander beizeiten darauf vorzubereiten, daß er die Krone annehmen mußte.

»Majestät«, wandte der Woiwode ein. »Ich habe ihn gestern gesehen, er weiß nicht und ahnt es nicht, daß ihm ein solcher Wunsch seitens Eurer Königlichen Hoheit angetragen werden könnte, aber aus dem, was er mir gesagt hat, ersehe ich, daß er nicht von der Krone träumt und daß es sein einziger Wunsch wäre, sich irgendwohin zurückzuziehen, womöglich ins Ausland, um dort ein ruhiges Privatleben zu führen. Er fühlt sich nicht zu größeren Aufgaben berufen.«

Karl XII. schüttelte energisch den Kopf.

»Das ändert nichts an meinem Willen«, versetzte er. »Ich werde darauf dringen. Und Euch, Herr Woiwode, bitte ich, mir dabei zu helfen.«

»Majestät«, sagte Leszczyński sanft und ruhig, »bitte verzeiht mir, aber trotz meines lebhaften Wunsches, Eure Königliche Hoheit darin zu unterstützen, ist es doch vor allem meine Pflicht, dem Vaterland zu dienen. Ich könnte Prinz Aleksander dazu bewegen, die Last der Krone anzunehmen, wenn ich in ihm den Mann sähe, den wir heute als König brauchen!«

Der Schwede machte eine heftige Bewegung.

»Was braucht Ihr denn für einen Monarchen?« fragte er erstaunt.

»Unsere Lage verlangt nach einem Mann mit Erfahrung, mit Energie«, begann Leszczyński, »mit Respekt vor den Gesetzen und zugleich mit einem klaren Begriff davon, was zu Polens Rettung daran geändert werden muß. Prinz Aleksander ist für alles das zu jung, zu wenig vorbereitet. Einfach ein fertiges Regime zu übernehmen, das sich wie ein gut funktionierender Apparat unter dem Auge des Aufsehers weiterdreht, das wäre nichts. Wir brauchen heute mehr, bei uns liegt alles in Trümmern, das eine muß repariert werden, das andere ist neu zu schaffen. Seit den Zeiten der ersten Königswahl ist die Macht der Monarchen immer schwächer geworden, heute ist sie nur mehr eine scheinbare. Das Wahlkönigtum hat Käuflichkeit und Verderbtheit hervorgebracht, Luxus und Ausschweifung haben unseren alten Ritterstand zersetzt. Unsere Husaren heften sich die Flügel nur noch zur Schau an, ihr Geist aber fliegt nicht mehr in die Lüfte empor so wie einst, als sie noch keine Flügel an den Schultern hatten, dafür aber in der Seele den göttlichen Funken.« Leszczyński seufzte. »Wer uns heute regiert, hat eine große Aufgabe«, fügte er an. »Wie gewissenhaft muß er sein, damit er, während er repariert, nicht umstößt, damit er, während er die Macht innehat, sie nicht in eine despotische wandelt. Nur ein edler Mann von hohem, würdi-

268

gem Geist kann sich ohne Furcht die Schläfen zu solchem Martyrium salben lassen, denn bei uns König sein heißt nichts anderes als ein Märtyrerdasein führen. Tag und Nacht muß er auf Verleumdung, Haß, Empörung gefaßt und zu Arbeit und Wachen gerüstet sein. Er muß ganz gewiß ein Ritter sein, da ringsum Kriege toben, zugleich aber auch Staatsmann und Politiker, und vor allem ein Mann von großem Gewissen und grenzenlosem Opfermut.«

Über seinen Worten geriet der Woiwode unwillkürlich in Eifer, er vergaß, zu wem er sprach, wer da vor ihm stand und ihm zuhörte, Begeisterung und Bewunderung in dem Gesicht, das unter dem Eindruck solcher Worte schöner wurde und seinen barbarischen Ausdruck verlor.

Schließlich besann sich Leszczyński und verstummte, aber Karl XII. schien ihn noch anhören zu wollen, denn er antwortete nichts. So nahm denn wieder der Woiwode das Wort, auch da ihm auffiel, daß er womöglich, indem er das Ideal eines Monarchen umriß, den Prinzen Aleksander allzusehr zurückgestoßen hatte.

»Ich will über den Nachkommen unseres Helden nichts Abträgliches sagen«, fuhr er fort. »Kann sein, das Leben macht aus ihm noch einen nichtalltäglichen Mann, doch brauchen wir einen fertigen, wir haben keinen Augenblick zu verlieren. Polen ist durch den Bürgerkrieg übel zerrissen und voll blutender Wunden, der Eigennutz verzehrt das Land und macht es rosten, das Militär will nicht kämpfen, sondern Konföderationen, Versammlungen und Empörungen schaffen, auf Schritt und Tritt sind Reformen nötig, von der Königswahl angefangen bis hin zu den Reichstagen und zur Gesetzgebung, vom Schutz der Bauern und Handwerker bis hin zu den Senatorenräten und den engsten Mitarbeitern des Königs.«

Der Schwede, der mit Leszczyński über seinen Haß auf August und die Mittel, denselben zu befriedigen, hatte sprechen wollen, war so sehr aus dem Konzept gebracht, daß er nach einer Weile selbst dem Woiwoden das Zeichen zur Verabschiedung gab und ihn zu einer Konferenz bestellte, nachdem er mit Prinz Aleksander unter vier Augen gesprochen hätte.

Der ganze Tag verging unter vergeblichen und leidenschaftlichen Erörterungen. Allein Leszczyński vermochte kühles Blut zu bewahren, und die Art und Weise, wie er die heftigen Auftritte des jungen Schweden zügelte, beeinflußte die Möglichkeit der Verständigung, von der es anfangs schien, als ob sie nicht zu erreichen wäre. In einem nur wollte Karl nicht nachgeben: Beharrlich machte er Augusts Entthronung zur ersten Bedingung.

Der Woiwode ließ die Frage, welche zu lösen er sich nicht für kompetent ansah, unberührt beiseite.

Prinz Aleksander verweigerte entschieden die Annahme der Krone und legte dem Schwedenkönig dringend das Geschick seiner Brüder ans Herz.

»Die Vorwürfe, die August ihnen macht«, erklärte er, »sind reine Verleumdung. Jakub und Konstanty haben dem König niemals nach dem Leben getrachtet, an so etwas haben sie nicht einmal denken können, und niemals hat irgendein Beichtiger Jakub dessen beschuldigt. Alle haben wir, als wir August huldigten, auf ein Bemühen um die Krone verzichtet. Wir haben ihn in Wilanów empfangen und uns darauf eingestellt, ihm treu zu dienen. Allein die Art und Weise, wie meine Brüder im Ausland ergriffen wurden, ist empörend und schreit nach Rache. Es beleidigt den Kaiser, wenn auf seinem Reichsgebiet eine solche Gewalttat gegen die Rechte Polens verübt wird, ein solcher Anschlag auf den ritterlichen Stand einer Person, auf die Söhne eines Königs – ohne Gericht, ohne irgendwelche Schuldbeweise.«

Leszczyński bekräftigte Aleksanders Worte, und Karl, indessen er allem zuhörte, strich sich über das kurz geschorene Haar und brummte: »Dafür soll er bezahlen, indem er die Krone niederlegt, die zu tragen er nie würdig gewesen ist.«

Der ungeduldige Schwede, nachdem er zunächst mit Prinz Aleksander verhandelt, der die ihm angetragene Krone entschieden zurückwies, war bereits ganz Leszczyński hingegeben. Wer den jungen Herrscher kannte, den erstaunte diese ungewöhnliche, völlig unerklärbare Freundschaft für den ihm noch kaum bekannten Polen. Man sah Karl sonst nur kalt und vertrauensvoller Hingabe abgeneigt, eher mißtrauisch als offenherzig. Für Leszczyński hingegen bezeigte Karl – von der ersten Begegnung an, über die er sich Piper gegenüber mit einer so seltsamen Zukunftsprophezeihung offenbart hatte – eine beständige und stetig noch wachsende Sympathie. Trotz des respektvollen und zugleich behutsamen Benehmens des Woiwoden ging der Schwede mit ihm immer vertraulicher um.

Die erstaunten Schweden konnten nicht verstehen, was ihn an dem

Woiwoden so fesselte. Unter dem Vorwand der Beratungen um eine Übereinkunft mit der Rzeczpospolita ließ Karl den Polen sich kaum für einen Augenblick zurückziehen, stundenlang behielt er ihn bei sich und sprach häufiger über Dinge, die zu den Unterhandlungen gar nicht gehörten, als über die schwierigen Bedingungen, die beide Seiten einander stellten.

Nachdem er die Entthronung des Sachsen befestigt – denn davon, August auf dem polnischen Thron zu lassen, durfte niemand reden – willigte Karl ein, allen, die den sächsischen Kurfürsten unterstützt hatten, zu vergeben und ihnen die Schuld zu vergessen, darauf sicherte er zu, keinerlei Länder und Provinzen abtrennen zu wollen, und verzichtete sogar auf jegliche Entschädigung für die Kriegskosten. Mehr noch, er bot von sich aus eine halbe Million Taler für die noch ausstehende Besoldung des polnischen Heeres an, sobald der neue König gewählt und gekrönt wäre; er versprach, seine Truppen aus Polen zurückzuziehen und alle Kriegsgefangenen ohne Lösegeld auszuliefern. Schließlich sagte er zu, Polen gegen Zar Peter beizustehen, ohne indes Ansprüche auf eroberte Länder zu erheben.

Auf alle diese glänzenden Bedingungen, die auszuhandeln Leszczyński als eine so schwere Aufgabe erschienen war, ging Karl nahezu ohne Widerstand ein. Piper zuckte die Achseln und bekannte, den jungen Herrscher noch nie so willfährig und sanftmütig gesehen zu haben. Die Erwähnung Augusts allein ließ ihn wieder und wieder in Aufruhr geraten.

»Ich werde nicht ruhen, bis ich ihn nach Sachsen zurückgetrieben habe, und erst dort mache ich ihm die Rechnung auf. Er hat so viel für seine Geliebten, für Feuerwerke, Komödien, Bälle und Maskeraden übrig, daß er auch mir die Schulden begleichen muß. Die Polen sollten dem Herrgott danken, daß er mich ihnen zum Beistand geschickt hat, denn zu dritt hätten der Sachse, Zar Peter und der Brandenburger das Land so zerstückt und verschlungen, daß es alsbald spurlos verschwunden wäre.«

Die Verhandlungen in Heilsberg gingen überaus schnell vonstatten. Während der ganzen Zeit, die sich Leszczyński bei dem Schweden aufhielt, gab es keinen festlichen Auftritt, keinen Ball, kein Vergnügen und keine Versammlung zum Gelage. Karl besprach mit Leszczyński – mehr noch als die laufenden Dinge – Fragen des Regierens, der Macht, der Ritterlichkeit, der gesellschaftlichen Verhältnisse, und da der

Woiwode stets mit großem Eifer alles erörterte, was in der Welt vor sich ging, saßen die beiden oft bis spät in die Nacht, und beim Auseinandergehen empfand Leszczyński immer mehr Bewunderung für den jungen Helden, und Karl XII. eine immer glühendere Liebe für den Woiwoden.

Der König gestand es Piper vor Leszczyńskis Abreise, daß er in Polen noch keinen gefunden habe, der ihm so sehr nach dem Herzen sei. Vielleicht war es damals schon vorherzusehen, daß Karl XII., auf der Suche nach einem Thronkandidaten, auf diesen seinen Liebling verweisen würde; jedoch verriet er sich mit keinem Wort, auch nicht mit der leisesten Anspielung.

Während dies so im Lager des Schweden geschah, wußte sich die vorübergehend in Breslau verweilende hübsche Urszula noch keinen Rat, was sie beginnen sollte, und zögerte: Sie konnte zu einem stillen, verzichtvollen Dasein nach Dresden zurückkehren oder sich wieder nach Polen wenden, um sich mit den Towiańskis am Hofe des Primas einzuschreiben, sie konnte aber auch nach einem Nachfolger für den König Ausschau halten – nach einem Geliebten oder aber einem Ehemann.

Da bestätigte sich die Nachricht von der Gefangennahme der Sobieski-Söhne, und ein dumpfes Gerücht ging um, daß Karl XII. daran denke, Aleksander auf den polnischen Thron zu heben.

In Gedanken mit sich selbst befaßt und voller Unruhe nach einem Ausweg aus ihrer schier unerträglichen Lage suchend, verfiel die hübsche Urszula wer weiß wie auf die Idee, dem ihr fast unbekannten Prinzen Aleksander zu schreiben.

In der Tat war es ihr nur darum zu tun, ihn unter irgendeinem Vorwand zu sich zu locken. Während sie vor dem Spiegel stand und ihr leicht ermüdetes und ein wenig gewelktes Gesichtchen betrachtete, sagte sich die hübsche Urszula immer wieder: »Das wäre doch gelacht, wenn ich, so ich es wollte, ihm nicht den Kopf verdrehe! Das wäre gelacht!«

Trotz ihres Verstandes und all ihrer Durchtriebenheit kam die Fürstin Teschen der alten Grądzka bisweilen wie ein Kind vor.

Da stand sie vor dem Spiegel und rief die alte Frau zu sich: »Elżuniu! Elżuniu! Komm doch mal... schnell... Und sag die Wahrheit, wie bei der Beichte. Was meinst du, kann ich noch einem den Kopf verdrehen, so daß er rasend verliebt ist? August hat mich an mir zweifeln gelehrt! Falten... sind keine da... Sieh hier, neben den Augen, aber das sind ja keine Falten, das kommt von der Erschöpfung und vom Weinen...«

Die Grądzka sah hin, hörte zu, zuckte die Achseln und tadelte am Ende ihren Schützling: »Was geht bloß in diesem Köpfchen um! Du siehst noch aus, als ob du keine zwanzig wärst. Nur darf man niemals weinen. Erstens, weil niemand deiner Tränen wert ist, zweitens, weil Tränen außer Tölpeln keinen anziehen, und drittens, weil du keinen Grund hast zu weinen... Lieber Gott! Eine Fürstin Teschen, Herrin auf Hoy... Hoy... werda... oder wie das heißt. Dazu die Juwelen, der Verstand, diese Äuglein...«

Urszula warf sich ihr an den Hals.

»Ich kann nicht so eine Strohwitwe bleiben«, sagte sie. »Ich muß mich am König rächen... und an meine Zukunft denken... Oh, wenn du wüßtest, was für Pläne ich habe... weitreichende Pläne! Der Herrgott wird August für das, was er mir angetan hat, bestrafen, du wirst sehen.« Urszula neigte sich zum Ohr ihrer einstigen Kinderfrau. »Man wird ihn vom Thron stürzen – ich weiß es schon! Der Fürst Primas haßt ihn. Und wer kommt danach auf den Thron?«

Hier legte sie den Finger an den Mund, und lachend flatterte sie umher.

»Weißt du vielleicht, wo dieser verdammte Wittke steckt? Warum meldet er sich nicht bei mir?«

»Aber er ist gestern dagewesen«, unterbrach sie die Grądzka. »Er ist wohl nach Dresden unterwegs. Ich selbst habe ihn weggeschickt, hier gibt es doch nichts für ihn zu tun!«

»Ach, du Unausstehliche, du alte...«

Urszula schlug sich an die Stirn.

»Wo hast du deinen Grips? Gerade jetzt brauche ich ihn am allerdringendsten. Hol ihn mir sofort zurück! Dem, der ihn mir herbringt, gebe ich zehn Taler.«

Die hübsche Urszula fand keine Ruhe, sie mochte nicht essen, setzte sich keinen Augenblick, sie schickte alle Stallknechte, alle Diener, alle Höflinge aus, Wittke zu suchen und ihn zu ihr zu bringen.

Er war schon auf der Landstraße nach Dresden, dort mußte man ihn abfangen und zur Umkehr bewegen, und erst anderntags konnte die Grądzka den düster dreinschauenden Deutschen triumphierend ihrer Herrin vorführen.

273

Fast wäre Urszula auch ihm um den Hals gefallen, freudig bestürmte sie ihn mit Fragen.

Wittke, dem die Erinnerung an Henriette wie ein Stein auf dem Herzen lastete, erging sich zunächst in Klagen über den König und über Constantini.

Die Fürstin hatte für das Los des Mädchen wenig Sinn. Es erregte sie nicht, und beinahe fand sie es lächerlich, daß Wittke daran solchen Anteil nahm.

»So sieht sie eben aus, seine Liebe!« rief sie. »Da hat er sich mit dieser Hoym...«

Sie spie verächtlich aus.

Wittke, unter dem Schmerz seiner Wunde, drohte unvorsichtig dem König: »Dieser Mensch würde um seinetwillen jeden dem Henkersschwert übergeben!« rief er. »Es kann doch nicht sein, daß der Herrgott so viele Tränen, so viele Opfer ungesühnt läßt! In Polen macht er sich immer mehr Feinde, das geschundene Sachsen kommt kaum zu Atem, der Herrgott aber hat den Schweden gegen ihn geschickt, und der wird ihn zermalmen.«

Die Fürstin Teschen hörte zu.

Wittke entfuhr es: »Jetzt bin ich so weit, daß ich als erster mit gegen diesen Tyrannen gehen würde. Möge er zugrunde gehen!«

Zerstreut hörte Urszula zu, ihr lag eigentlich mehr daran, sich selbst zu erhalten, als August zu vernichten. Um Wittke für sich zu gewinnen, redete sie ihm heftig ein, daß sie sich am König rächen wolle, und verlangte von ihm, ihr dabei zu helfen, jedoch ohne irgendwelche Fragen zu stellen. Dem Deutschen war alles so sehr zuwider, er wollte so gern ausruhen und die begangenen Fehler, derer er sich schämte, vergessen, daß er nicht die geringste Lust verspürte, sich lebhafter einer Sache anzunehmen. Das Feuer der Fürstin indessen weckte auch ihn ein wenig auf.

»Ich muß unbedingt Prinz Aleksander Sobieski sehen«, flüsterte die Fürstin Wittke zu. »Ein Vertrauter müßte ihm einen Brief von mir übergeben... Verstehst du?«

Wittke wußte nicht einmal, wo er Sobieski suchen sollte, aber die Fürstin schrie ihn an, daß ein gescheiter Mensch das sogar in Breslau leicht herausbekommen könnte. Wittke, wenngleich ungern, ließ sich überreden.

Hauptsache, ich habe ihn erst hier... für einen oder zwei Tage, ich muß ihm den Kopf verdrehen! sagte sich die Fürstin. Und in der Hoffnung, ihn herbeizulocken, traf sie ihre Vorbereitungen.

Da sie aber die für Sobieski aufgestellten Fangnetze noch nicht ausreichend dünkten, sandte sie einen zweiten Boten zum Primas, zur Towiańska, mit dem Anerbieten, ihnen zu helfen, sowie mit wichtigen Nachrichten.

Über solche Nachrichten verfügte die hübsche Urszula gar nicht, jedoch wollte sie sich unter einem Vorwand erneut in die Intrigen gegen den König hineindrängen, mit dem Gedanken womöglich, daß, wenn August beizeiten durch dieselben entwaffnet wäre, sie ihn zurückgewinnen könnte. Sie erboste sich, weinte, träumte... Auroras Schicksal demütigte sie.

Wenngleich sich ihr die Zukunft trüb und finster darstellte, wollte sie nicht, daß die Leute an ihrer Lebensweise auch nur die kleinste Veränderung wahrnahmen, die von Verarmung und Sorgen um die Zukunft gezeugt hätten. Sie entließ keinen ihrer Höflinge, verringerte nicht die Zahl der Kutschen und Pferde, ihre Einladungen und ihre Gastlichkeit führte sie mit dem alten Prunk und Überfluß fort – sie hörte nicht auf, die Fürstin Teschen zu sein.

August, mit der Hoym befaßt, hatte sich nicht verpflichtet gefühlt, sich von ihr zu verabschieden, sich ihr zu erklären und wenigstens zum Schein zu bemühen, seine Schuld zu tilgen; er war einfach verstummt, hatte die Beziehungen abgebrochen, er sprach nicht von ihr, fragte nicht nach ihr, und wenn jemand sie ihm gegenüber erwähnte, antwortete er mit Schweigen.

Dabei sollte sie noch glücklich sein, daß er sie nicht verfolgte. Auch sie fiel ihm nicht, wie der König anfangs befürchtet hatte, mit Briefen zur Last, sie stellte ihm nicht nach, führte nicht offen Beschwerde. Was ihre Verwandtschaft betraf, so war sich der König sicher, daß dieselbe ihm wegen Urszula keine Vorwürfe machen würde.

In Breslau hatten sich zahlreich Schlachta und Magnaten eingefunden, und da das Haus der Fürstin offen und gastlich war, die Küche erlesen und die Weine gut, versammelte sich hier stets ein größerer Kreis, hauptsächlich von Männern.

Vor allem kamen diejenigen, die den König nicht mochten und bereit waren, gegen ihn zu arbeiten.

Die Fürstin trat nicht offen gegen August auf, sie schwieg, indessen

275

sie eine stolze Miene aufsetzte und niemanden hinderte, den Sachsen mit Schmutz und Steinen zu bewerfen.

Zehn Tage mochten seit Wittkes Abreise vergangen sein, als eines Vormittags die Grądzka erregt und atemlos zur Fürstin gelaufen kam und ihr leise mitteilte, daß Prinz Aleksander incognito eingetroffen sei, hier auch nicht erkannt werden wolle, jedoch eine Stunde für ein Gespräch verlange.

Die Fürstin entsandte einen vertrauten Höfling mit der Einladung zu einem Mittagessen, bei welchem außer ihnen beiden niemand anwesend sein würde.

Der Tag des Jüngsten Gerichts war gekommen! Urszula mußte sich so kleiden, daß sie entzückend, schön und elegant aussah, sie mußte mit Prunk und Geschmack aufwarten.

Sie setzte sich zur Toilette nieder und sprang wieder auf, sie lief umher, fluchte, weinte, versprach goldene Berge, drohte zu verzweifeln und lachte, sie schmückte sich selbst, die Zimmer, die Dienerschaft, und endlich mußte sie das Mittagessen zu einem märchenhaften Festschmaus werden lassen.

In den herrschaftlichen Häusern legte man bereits damals viel Wert auf eine erlesene Tafel, und ein guter Koch war ein Wesensmerkmal eines aristokratischen Hauses. In den Dörfern aß man noch Bigos, ergötzte sich an Kuttelflecken und gab sich mit gekochtem Rindfleisch und Meerrettich zufrieden. In Herrenhäusern und Schlössern waren ausländische Köche, gesonderte Pastetenbäcker und Konditoren keine Seltenheit.

Prinz Aleksander war, wie alle Sobieski-Söhne, französisch erzogen und genährt und hatte das Maul verdorben. Lediglich Jakub, der einst bei Wien den König begleitete, hatte Zwiebäcke und fauliges Wasser gekostet, die Lieblinge der Königin waren, als Königssöhne, verdorben.

Eine knappe Viertelstunde vor dem Eintreffen Prinz Aleksanders trat, flammend vor Erschöpfung, nach vornehmstem Geschmack gekleidet, die hübsche Urszula in den Salon.

Das Kleid, silbern schillernd, war ganz mit Spitzen besetzt, das Haar hatte sie zauberhaft um das Gesichtchen frisiert, die kleinen Hände schmückten riesige Brillanten, den Hals umströmten Diamanten, im Haar thronte ein Diadem, vor allem aber sprühte die Fürstin selbst vor Feuer und Leben, etwas geheimnisvoll Verlockendes war an ihr, kindlicher Mutwille, überzogen von einem Hauch Melancholie.

In Augusts Gesellschaft war sie eine Meisterin in der Kunst des Buhlens geworden, darin hatte sie von ihm lernen können. Prinz Aleksander, jung, schön, weitaus mehr Franzose als Pole, da in ihm schwerlich das Blut alten Adels zu finden war, ein wenig steif, ein wenig kühl, aber von hochherrschaftlichem Gehabe – er hätte, auch wenn er weder Königssohn noch ein Sobieski gewesen wäre, eine Frau wie die Fürstin Teschen begeistern müssen. Auch er langweilte sich. Er war traurig und brauchte Zerstreuung, und ihrer beider Annäherung machte sie beide unsagbar glücklich.

Der Prinz ahnte nicht, daß Augusts einstige Geliebte ihre Netze nach ihm auswarf, doch verstand er, daß sie ihn als Rächer brauchen konnte. Sie indessen zweifelte an nichts. Er ist gekommen und hat gesehen! dachte sie – nun mußte sie siegen.

Die Netze waren kunstvoll ausgelegt. Die Fürstin bekannte, zur Zeit noch nichts sagen zu können, aber sie müsse den Prinzen beschwören, auf der Hut zu sein. Später wolle sie ihm alles enthüllen. Sie beklagte das Schicksal von Jakub und Konstanty, beschrieb nach dem, was sie in Sachsen gehört, die scheußlichen Gefängnisse auf der Pleißenburg und auf Königstein, sie ergriff Aleksanders Hände und flehte ihn an, sich nicht in Gefahr zu begeben und nicht nach Polen zurückzukehren... usw.

Alledem fehlte der Zusammenhang, wer aber hätte von der schönen Koketten eine andere Logik erwartet als jene, wie sie wohlabgestuften Blicken, dem Senken oder Heben der Stimme, den Nuancen des Lächelns, an die Rede geheftet wie Spitzen an ein Kleid, innewohnen sollte?

Prinz Aleksander glaubte an ihre Sorge um ihn, mehr noch aber an ihren Haß und ihren Wunsch, sich an dem Treubrüchigen zu rächen. Ihr Gespräch knüpfte sich leicht, lief lebhaft wie ein Racketspiel... Und kaum bemerkte es der Prinz, wie er zu Tische geführt wurde.

Der für zwei Personen gedeckte Tisch war wie ein Altar hergerichtet; den Anrichteschrank füllte vom Fußboden bis zur Decke schweres, prachtvolles Silbergeschirr. Serviert wurde auf vergoldeten Tellern, und der Koch war jener selbe, der noch kürzlich Augusts Speisen zubereitet hatte; Prinz Aleksander fühlte sich, ganz allein mit diesem entzückenden Püppchen, so wonniglich wie im Paradies.

Es versteht sich, daß die Fürstin anfangs unerhört ernst, kühl und übertrieben streng war, damit Prinz Aleksander sich später schmeicheln durfte, er selbst habe alle Barrieren durchbrochen und den Sieg errungen. Diese Taktik ist ja uralt und abgenutzt, und doch wird sie über Ewigkeiten immer wieder verwendet werden, da sie eine instinktive, in der weiblichen Natur begründete ist.

Wer den Eintritt des Prinzen in den kleinen Salon mit seiner Verabschiedung verglichen hätte, der hätte bewerten können, was die Fürstin vollbracht und wie geschickt sie es getan hatte. Vieles blieb noch zur behutsamen Verteilung über viele Tage übrig, bis Prinz Aleksander begnadigt, in Fesseln geschlagen und zu eigen gemacht wäre und seine Flucht nicht mehr zu befürchten stand.

Für einige Tage mußten die Lebensweise wie die häusliche Ordnung verändert werden. Nur wenige Bekannte wurden empfangen, bald aber fühlte sich Sobieski so sicher unter dem Deckmantel eines angenommenen Namens, an den niemand glaubte, daß er sich nicht mehr um die Gäste zu kümmern beschloß. So öffneten sich wieder die Pforten des Hauses, begann erneut das fröhliche Leben.

Warum eigentlich hatte ihn die hübsche Urszula gerufen, was bedrohte ihn, welchen Rat wollte sie ihm erteilen? Niemandem war dies klar, doch vergingen ihnen beiden die Tage so angenehm, daß Sobieski ihr weder zürnte noch eine Erklärung von ihr verlangte.

Die Fürstin empfing Boten aus Hoyerswerda und aus Dresden, sie erhielt Nachrichten und Briefe und wußte so von dem Geschehen um August, von seinen Vergnügungen und Intrigen. Auf der anderen Seite gingen ihr über die Towiańskis so gute Informationen, den Schweden betreffend, zu, daß Prinz Aleksander, während er bei ihr saß, an allem tätig teilzuhaben glaubte.

Die hübsche Urszula unterdessen bemühte sich, ihn verliebt und berauscht zu machen und in so fiebernde Erregung zu versetzen, daß er immer weniger auf die Folgen achtete.

Sobieski schwieg lange, und als sich ihm endlich Liebesworte entrangen, wollte die Fürstin solche nicht hören, gekränkt und unglücklich drohte sie, mit ihm zu brechen, am anderen Tage aber aßen sie miteinander zu Mittag, nur zu zweit, um das Mißverständnis aufzuklären.

So dauerte es bereits mehrere Wochen, als Sobieski, von der Mutter gerufen, abreisen mußte. Der Abschied war unsäglich traurig, doch Prinz Aleksander gab sein Wort, zum festgesetzten Tage wiederzukommen. Die Fürstin nutzte die Zeit für einen Ausflug nach Łowicz.

Der Primas führte nunmehr den letzten Krieg mit dem König, der entthront war. Alle Welt befaßte sich mit der Wahl eines neuen Königs.

August hatte in Polen nur eine Handvoll Leute hinter sich, dazu einige Zehntausende noch übrige eigene Soldaten sowie einen Teil der polnischen Geistlichkeit, denjenigen, der der Stimme des Papstes gehorchte, der auf seiten des Königs stand. Die Fürstin Teschen fand in Polen aufgebrachte Gemüter vor – der Kardinal, die Towiańskis und alles, was hier lebte, wetterte gegen die Sachsen. Die größte Ungewißheit herrschte im Hinblick auf den Kandidaten, den man August entgegensetzen wollte.

In Łowicz hielt man es mit den Lubomirskis. Der und jener brachte den Posener Woiwoden ins Kalkül, dieser selbst jedoch wünschte sich die Krone keineswegs, und gegen ihn sprach auch sein junges Alter. Man flüsterte, daß Karl XII. für ihn sei, öffentlich aber gab der schwedische König keine Empfehlungen, ihm ging es darum, August zu stürzen. Aus Sachsen wurde gemeldet, daß man dort hauptsächlich auf Zar Peters Unterstützung zählte, welcher mit umfangreichen Hilfstruppen zu kommen versprach. Auf ihn sowie auf zugesagte geldliche Beihilfen gründeten sich noch schwache Hoffnungen.

Wittke, einmal in Sklavenfesseln geraten und ohne Hoffnung, sich daraus zu befreien, vom König angeherrscht und in Schrecken versetzt, ward wiederum nach Warschau und nach Łowicz ausgeschickt worden, um von dort zu berichten, welche Wendung die bevorstehende Königswahl nähme.

Die Fürstin Teschen, gleichfalls zur Audienz zum Primas eilend, traf unterwegs auf Wittke. Von dem Deutschen aber, der gezwungenermaßen reiste und sich bereits wenig um die Dinge scherte, war kaum etwas zu erfahren. Nur so viel stellte die Fürstin fest, daß alles Karls despotischem Einfluß unterlag, daß er nur daran dachte und daran arbeitete, seinem Gegner den Todesstoß zu versetzen. Die Politik war ganz im Einklang mit den persönlichen Gefühlen des in Leidenschaft wallenden Schweden. Nachdem er August so viele Male geschlagen, schäumte Karl, weil er ihn nicht dahin bringen konnte, sich völlig zu ergeben, und ihn nicht vor aller Welt zu demütigen vermochte.

Tag für Tag beinahe mußte er erfahren, daß August Bälle gab, Feuerwerk und Maskeraden veranstaltete, daß er von Ort zu Ort reiste, seltener der Truppen wegen als vielmehr aus jenem herrschaftlichen Phantasiegelüst heraus, mit dem er Karl verhöhnte.

Diese Geringschätzung, welche als seine Überzeugtheit erscheinen mochte, daß die Triumphe des Schweden vorübergehend und folgenlos waren, machte Karl maßlos wütend. Er beschloß, es unbedingt zur Abdankung zu bringen und so August endgültig zu zermalmen.

Er hatte nicht vorhersehen können, daß der Kurfürst, währenddessen er die schimpflichsten Traktate unterzeichnete, wie zuvor Bälle geben, seinen Vergnügungen frönen und eifrig die Leipziger Messe mit ihren Zerstreuungen besuchen würde. Die steinerne Kälte des sächsischen Herrschers reizte ihn bis zum äußersten. Womöglich lag dieselbe nur zum Teil in dessen Wesen begründet. August wußte, daß seine Nichtanerkennung der Niederlage die Welt zumindest im Zweifel über die Folgen beließ.

Unterdessen beschränkten sich alle Hoffnungen auf Zar Peters Beistand, den Patkul feierlich zusagte, der angeblich im Kommen war, von dem man aber vorläufig nichts sah.

August, wenn er mit Patkul allein war, zerquetschte bisweilen vor Wut eine eiserne Zange, mit der er das Feuer schürte, auf die Straße hinaus aber begab er sich, die Pfeife im Mund und voller Verachtung für die Welt, und er schien zu sagen: »Es macht mir gar nichts aus.«

Man hatte ihn um Millionen gebracht, hatte seine besten Truppen in alle vier Winde gejagt, ihm seine teuren Kanonen gestohlen, er aber glaubte fest daran, die Millionen, die Soldaten und die Artillerie wiederbeschaffen zu können.

Einzig die Ankündigung, daß der Schwede nach Sachsen marschieren und das Land einnehmen wolle, rief Blässe auf das Antlitz des Königs, aber auch diese wich, sobald er sich öffentlich zeigen mußte.

Aus dem unglücklichen Wittke konnte die angriffsfreudige Fürstin so gut wie nichts herausbekommen.

»Was tut sich hier in Łowicz?« fragte sie ihn.

»Ihr werdet es selbst sehen, Durchlaucht«, erwiderte Wittke. »Ich weiß nichts. Towiański geht schon umher, als ob er den Hetmansstab in der Hand hielte, und der alte Hetman, als ob er gekrönt wäre.«

Die Fürstin schüttelte ihr Köpfchen, sie mochte es nicht glauben.

»Davon, daß sich unser Kurfürst halten könnte, will niemand mehr etwas wissen«, fuhr Wittke leidenschaftslos fort. »Wer begreift schon

280

dieses Chaos! Der Schwede hätte offenbar gern einen Sobieski als Thronkandidaten protegiert, aber zwei von denen sitzen in der Pleißenburg, und der dritte...«

Die Fürstin blickte ihm scharf in die Augen.

»Was ist mit dem dritten?«

»Dem dritten schmeckt die Krone nicht.«

Gern hätte die Fürstin den Deutschen nach der Gräfin Cosel ausgefragt, jedoch Wittke antwortete unlustig.

»Die macht einstweilen mit dem König, was sie will«, sagte er. »Er baut für sie Paläste, wie sie noch keine vor ihr gehabt hat, und sie läßt sich die Ehren bezeigen wie eine Königin. Flemming kann gar nicht genug Geld für sie heranschaffen. Bald wird es wohl dahin kommen, daß der König ohne sie keinen Brief und keine Depesche mehr entsiegelt, denn sie mischt sich in alles ein.«

»Ob das lange dauert?« fragte die Fürstin spöttisch.

Wittke schüttelte den Kopf.

»Gewiß länger, als manch einer glaubt«, entgegnete er. »Ob der König sie lange lieben wird, weiß ich nicht, aber es bedeutet auch etwas, daß sie ihm mit ihrer Schönheit, ihrem Stolz, ihrem Verstand Ehre macht und er sich mit ihr brüsten kann.«

Die Teschen antwortete mit heftiger Kränkung.

»Oho!« rief sie. »Wir werden ja sehen, wie die schönen Horoskope eintreffen werden!«

Im übrigen stimmten sie in vielem überein, denn beide hatten sie einen Rochus auf den König und konnten ihm nicht verzeihen – Wittke nicht Henriettes Geschick, die Fürstin nicht das eigene. Beide auch wagten sie es klarermaßen nicht, sich unter die Feinde des Königs einzureihen, lag ihr Schicksal doch in Augusts Hand.

Der Deutsche fuhr mit der Fürstin wieder von Warschau nach Łowicz.

Wie Wittke es vorausgesagt hatte, trafen sie hier auf Lubomirskis Kandidatur, welche alle Welt lebhaft beschäftigte, die Werbung dafür reichte jedoch nicht weit über den Einflußkreis von Primas und Hetman hinaus. Der Primas, alt und krank und von den fortwährend aus Rom empfangenen Rügen aufs höchste gereizt, eiferte ohnmächtig, in Illusionen gewiegt von den Towiańskis und den Lubomirskis, welche sich ihm sogar, durch die Heirat ihrer Tochter mit einem Neffen des Primas, verwandtschaftlich verbunden hatten.

Hier wurde der Schwede also scheinbar unterstützt, von seinem Kandidaten, der der Posener Woiwode sein sollte, wollte man jedoch nichts hören.

In Łowicz war man über Leszczyński sehr aufgebracht.

»Er hat sich bei dem Schweden eingeschmeichelt!« rief Towiański. »Dabei werden weder Karl XII. noch Horn[40] den König wählen!«

»Ein schöner König ist mir das«, brummte Radziejowski mit bebender Stimme, »mit Milch unter der Nase!«

Die soeben eingetroffene Fürstin Teschen, welche das Argument aus dem Munde von Prinz Aleksander kannte, warf ein: »Der schwedische König behauptet, jünger zu sein als Leszczyński, was ihn schließlich nicht daran hindert, zu herrschen.«

»Dieser Räuber«, murrte der Primas.

Man spürte es, daß die Łowiczer an ihre eigenen Kräfte, wenngleich sie lauthals damit prahlten, nicht glaubten.

Gerüchte gingen um, nach welchen der Papst den Kardinal nach Rom zu rufen gedachte, um darauf zu dringen, daß dieser die Polen mit August versöhne.

Von August jedoch wollte der Primas auch nichts hören, er haßte ihn. Zwar hatte er es eine Weile mit ihm gehalten, er hatte Gelder angenommen – die Towiańskis hatten ihm erlaubt, sich kaufen zu lassen –, August aber verfügte über seine eigenen Ratgeber und dachte nicht daran, auf Radziejowski zu hören. Hier wurden denn Blitze gegen die Przebendowskis geschleudert.

Die Fürstin Teschen erschien in Łowicz und drang jetzt fast unbemerkt ein. Man wußte, daß sie Augusts Gunst eingebüßt hatte und nicht mehr mit ihm zusammentraf, daß sie über keinerlei Macht mehr verfügte.

»Was gedenken Euer Liebden mit sich anzufangen?« fragte sie der Primas.

»Liebster Onkel«, erwiderte Urszula lebhaft, »zuerst muß ich heiraten, und es muß eine glänzende Partie sein.«

Der Primas murmelte nur etwas Unverständliches. Dann wandte er sich ihr ganz zu, sah sie lange an und erwartete schweigend weitere Bekenntnisse.

---

[40]Arvid Graf Horn (1664–1742), schwedischer General und Minister; Feldherr unter Karl XII. während dessen Kriegshandlungen in Polen.

Mehr instinktiv als mit dem Verstande gelangte die Fürstin schon nach wenigen Tagen zu der Überzeugung, daß in Łowicz nichts auszurichten war, denn dieses kleine Häuflein, welches sich vergebens anstrengte, ein großes Lager zu werden, konnte hier weder jemandem helfen noch jemandem schaden.

VIII

Wieder war einige Zeit vergangen.

Die Schweden und die Sachsen jagten einander über das Gelände der unseligen Rzeczpospolita; Karl hatte schließlich Leszczyńskis Königswahl zum Erfolg geführt, und General Horn wachte darüber, daß alles ohne Widerstand vonstatten ging. Der entthronte August wartete auf Zar Peters Beistand, und verfolgt und bedrängt, nach stets neuen Niederlagen und Verlusten, suchte er sich noch immer hartnäkkig zu behaupten. Karl jedoch steuerte bereits die sächsischen Erblande an. Der Kurfürst, welcher bisher alle Schläge, die ihm sein schrecklicher Gegner versetzt, mit zumindest scheinbarer Verachtung auf der Stirn ertragen hatte, wurde von Nachdenklichkeit und Schwermut ergriffen. Bei Hofe flüsterte man, daß in den Bauernhütten, die er bei seinen Feldzügen bewohnte, oftmals zerschmetterte Gerätschaften, zerrissene Eisenketten gefunden worden seien, so als habe er an irgend etwas seine eifrig verborgene Wut auslassen müssen.

Sogar Flemming betrat voller Furcht sein Schlafzimmer, aus welchem schon zwei Bediente derart verprügelt und zermalmt herausgetragen worden waren, daß man sie nicht wieder zur Besinnung bringen konnte. Für Fremde jedoch hielt August stets ein Lächeln und ein helles Antlitz bereit. Über den Krieg sprach er, außer mit Flemming und ein paar Generälen, niemals, über seine politischen Vorhaben einzig mit Patkul.

Wieder einmal wartete man auf die aus Moskau versprochenen Hilfstruppen. August, ungeduldig, hatte sich persönlich, um dieselben zu empfangen, zu seinen Soldaten begeben, und so stand er jetzt hinter Piotrków, im Dorf Barszczów, dem Erbbesitz des Truchsessen Barszczewski.

Außer nach den Hilfstruppen hielt er hier auch nach seinem einzigen engen Vertrauten Flemming Ausschau, und er war so sehr gereizt, unruhig, erregt, daß selbst Constantini, der dem König gegenüber für gewöhnlich einige Dreistigkeit an den Tag legte, sich jetzt, bevor er dessen Schlafzimmer betrat, jedesmal fromm bekreuzigte. Er wußte sehr wohl, daß er hier sein Leben wagte, sollten irgendwelche Worte in der Seele des schrecklich ergrimmten, nach Rache dürstenden August keinen Gefallen finden.

Man fürchtete um so mehr einen Ausbruch, als Seiner Königlichen Majestät immerzu die zwar unverständlichen, aber wüsten Schimpftiraden der am Fenster vorbeigehenden Truchsessin Barszczewska zu Ohren kamen, die den König mit den schändlichsten Ausdrücken bedachte. Keine Menschenmacht konnte der Verwegenen Einhalt gebieten. Das Truchsessenpaar war natürlich des Königs wegen von seinem Hof geworfen worden und mußte sich mit einer Stube auf dem Vorwerk begnügen, überdies hatten die Sachsen Heu und Hafer, Brot und Mehl weggenommen, sie hatten das Vieh abgeschlachtet, eine Herde Schafe vertilgt, das Geflügel weggefangen, und der sich beschwerenden Hausfrau hatte so ein dürres Bürschlein, ein Stallknecht des Königs, ein Pole, gesagt: »Tja, Kriegszeiten, liebe gnädige Frau. Was will man da machen, wenn Pferde und Leute hungrig sind.«

Der Herr Truchseß selbst, um vieles älter als seine Frau, ein hagerer Mann von stattlichem Wuchs, ruhig und gefaßt, stand, im altpolnischen Paraderock und den Krummsäbel an der Seite, in der Tür des Vorwerks und suchte vergeblich seine Ehehälfte zu beschwichtigen.

»Um des Himmels willen«, sagte er, die Hände ringend, »Teresa, mein Herz, laß das doch! Er ist der König, und deine Schelte nützt gar nichts, er wird nur noch schlimmer in Zorn geraten und am Ende, wenn er abzieht, alles anzünden lassen. Hab Erbarmen, Teresa!«

Die Barszczewska wollte auf ihren Mann nicht hören.

Die Arme in die Hüften gestützt, in schief sitzender Haube, deren nicht zugebundene Säume das gerötete Gesicht umflatterten, fluchte sie nun erst recht vor den Fenstern des Königs: »Daß du hier ja nicht lebend rauskommst, verdammter Räuber! Des Himmels Blitze sollen dich erschlagen, dich und deine Deutschen! Mit dir ist nur Unheil über uns gekommen! Daß du bloß...«

Das Fenster, an dem die Truchsessin im Vorübergehen dergestalt wetterte, war freilich das des königlichen Schlafzimmers, jedoch wa-

284

ren die Läden geschlossen, und drinnen dichteten Teppiche dasselbe ab, so daß man beinahe daran zweifeln durfte, ob des Königs Ohren jener Lärm erreichte, gegen den ihn die Dienerschaft zu schützen suchte.

Unterdessen nahm die sächsische Wirtschaft in Barszczów ihren Fortgang, und alles, was noch eßbar, trinkbar und vernichtbar war, beschlagnahmten die Deutschen erbarmungslos.

Der Truchseß, um seine Frau besorgt, jedoch über keine Argumente mehr verfügend, um sie zu ermahnen, rief am Ende weinerlich: »Teresa! Jesus Christus hat mehr gelitten als wir, und doch hat er seinen Feinden vergeben.«

Die Truchsessin überzeugte das nicht, sie zeterte nur noch lauter, als von Ferne auf der Landstraße eine Staubwolke sichtbar wurde, berittenes Gefolge auftauchte und die Militärs, die einen leichten Wagen begleiteten, im Galopp in den Hof hineinstoben und geradenwegs auf das vom König besetzte Herrenhaus zuhielten.

Aus dem Wagen sprang ein Mann in mittleren Jahren, und ohne innezuhalten lief er, so wie er war, staubbedeckt, im Mantel, zum Schlafzimmer des Königs.

August saß auf dem Bett, noch unangekleidet, nur in einen langen Seidenmantel gehüllt, und vor ihm stand ungeordnet das Frühstück. Er hielt bereits die frisch gestopfte Pfeife im Mund und stieß riesige Rauchknäule in die Luft. Auf der gefurchten Stirn und um den zusammengespreßten Mund malte sich mühsam zurückgehaltene Wut, und weder Constantini, der an der Schwelle stand, noch dem eintretenden Flemming entging die Gemütsverfassung des Königs.

Auch das Antlitz des eingetroffenen Freundes hatten Schmerz und Sorge so schlimm verändert, daß der König, ohne etwas fragen zu müssen, darin sein Urteil lesen konnte.

August heftete den Blick auf Flemming.

»Was bringst du mir?« dröhnte es tief aus seiner Brust. »Rede!«

Der Minister zögerte, er ergriff Augusts zitternde Hand, neigte sich darüber, er hatte nicht die Kraft, zu antworten.

»Rede!« schrie der König. »Was kann mir noch Schlimmeres passieren nach dieser Entthronung? Eine Niederlage bei Fraustadt?[41] Eine

---

[41] (poln. Wschowa) Stadt an der großpolnisch-schlesischen Grenze, bei der am 13.2.1706 Augusts Truppen zerschlagen wurden, was Sachsen Karl XII. auslieferte.

geschändete Armee, ich mit Schmach bedeckt... Polen verloren... Schulenburg[42]...«

Der König sank aufs Bett nieder, und die Pfeife, die er zwischen den Fingern hielt, zerbrach in Stücke und fiel neben seine Füße.

Flemming wischte sich Schweiß von der Stirn.

»Der Schwede...« begann August ungeduldig wieder zu sprechen, aber Flemming unterbrach ihn heftig: »Mein König! Der Schwede besetzt dein Erbland! Zum Teufel mit Polen, jetzt muß Sachsen gerettet werden!«

»Ja!« heulte der König voller Schmerz auf. »Und ausgerechnet du, Flemming, gibst mir jetzt diesen Rat! Wer, wenn nicht du und deine Przebendowska, hat mich denn in dieses verdammte Polen getrieben, das Millionen gekostet und mich mit Schmach bedeckt hat... Wer schon? Du bist schuld! Aufhängen sollte ich dich lassen.«

Flemming zuckte die Achseln.

»Wenn es dir hilft, Polen und die Millionen zurückzugewinnen«, versetzte er, »dann tu es, aber schnell! Doch ich sage dir: Weder Polen noch Sachsen sind verloren. Mal muß der Schwede ins Straucheln kommen, allzu lange ist das Glück ihm schon hold. Im Augenblick nur muß man ihm nachgeben...«

August keuchte, während er zuhörte, sein ganzer Körper bebte vor Zorn und vor Schmerz.

Flemming stand da und schien den Moment abzuwarten, da er kühler mit ihm reden und die Lage besser umreißen könnte. Der König leerte ein Weinglas, das in der Nähe gestanden hatte, und holte danach schwer Atem, heulte vielmehr, während er sich mit der Faust gegen die Brust hieb. Ein furchtbarer, gottloser Fluch entrang sich ihm.

»Am ersten dieses Monats«, sagte Flemming, August ansehend, »sind die Schweden bei uns einmarschiert.«

»Und sie hätten nur eine Einöde vorfinden sollen!« rief der König. »Ich hatte befohlen, daß alle Bevölkerung mitsamt ihrer Habe in die Wälder an der Spree ziehen und sich in unzugänglichem Sumpfland verstecken soll.«

»Ja«, erwiderte Flemming, »aber dazu blieb keine Zeit mehr, der Schwede war schneller. Nachdem er am zweiten September bei Steinau

[42] Johann Matthias Graf von der Schulenburg (1661–1747), befehligte während des Nordischen Krieges ein sächsisches Korps in Polen gegen Karl XII., verlor aber die Schlachten bei Punitz (1704) und bei Fraustadt (1706).

die Oder überschritten hatte, hat er das Land breit überflutet und dazu strengste Befehle erteilt. Das Ministerium, als es sah, daß Gegenwehr eine noch schlimmere Niederlage zur Folge haben würde, wies die Bevölkerung an, sich ruhig zu verhalten. Anders hätte man nicht vorgehen können.«

August sprang vom Bett auf, schlug den Mantel um sich und ging in der engen Stube auf und ab, aber es war ihm hier zu stickig. Er trat zur Tür, riß sie auf, schlug sie mit solcher Wucht wieder zu, daß sie in lauter Stücke zerfiel, und schritt durch die Öffnung in den angrenzenden Raum, der noch voller Bediensteter und Militärs war – beim Anblick des Königs schnellten alle empor.

Alles, was ihm im Wege stand, packte August wortlos im Vorbeigehen, und Flemming, der seinen Bericht unterbrochen hatte, wartete ab.

Er allein zeigte in diesem Augenblick die geringste Besorgtheit, obgleich er womöglich am meisten Grund gehabt hätte, August zu fürchten, aber gerade ohne ihn konnte der König nicht auskommen.

Augusts Rundgang endete damit, daß er wieder ins Schlafzimmer zurückkehrte. Sein Gesicht hellte sich allmählich auf. August gehörte zu der Sorte Menschen, die ein Ereignis bisweilen schier tötet, bei denen die Niedergeschlagenheit aber niemals lange währt, weil sie damit nicht leben können. Er und Flemming standen einander gegenüber. August begann leise zu sprechen, bald aber hob er die Stimme, und man sah, wie eine innere Zuversicht ihn wieder zum Leben brachte.

»*A charge de revanche!*«[43] äußerte er düster. »Wir müssen nachgeben, ja, um Sachsen zu retten. Um jeden Preis, zu allen Bedingungen. Wir müssen ihm geben, was er verlangt. Polens wegen rechne ich ein andermal mit ihm ab. Ich bin bereit, es diesem seinem Favoriten zu überlassen, der es nicht wird halten können. Ich brauche Frieden, und daß er mir ja aus meinem Erbland abzieht!«

Flemming antwortete nichts.

»Kämpfen kann ich nicht gegen ihn, sogar wenn noch Truppen des Zaren kämen«, fuhr der König fort. »Womit sollte ich? Die neuen Geschütze werden erst gegossen. Es fehlt an Waffen, Geld ist keins da, Schulenburg nicht zu gebrauchen. Die anderen taugen so viel wie er. Aber wie dem auch sei, ich muß Sachsen retten, kapiert?«

[43] (frz.) Ich werde mich dafür rächen!

»Kapiert«, sagte Flemming kalt. »Aber ich werde mit ihm um keinen Frieden verhandeln und einen solchen nicht unterschreiben.«

Sie sahen einander an. In Flemmings Blick stand geschrieben, daß er alle Folgen einer solchen Übereinkunft vorhersah und daß die Menschen, welche sie trafen, Verurteilte sein würden.

»Alles, alles ohne Ausnahme bin ich zu opfern gewillt«, fügte August an, »um nur Sachsen zu befreien, verstehst du? Menschen, Beziehungen, gegebene Versprechen... alles und alle...«

August wiederholte dies mehrmals, und da der Freund nicht antworten mochte, setzte er nach kurzer Pause hinzu: »Wem soll ich die Vollmacht erteilen? Die *carte blanche*[44]!« Und mit Nachdruck wiederholte der König: »*Carte blanche!*«

Flemming überlegte kurz.

»Die, die sich dazu hinbegeben werden«, sagte er dann, »können sich schon jetzt als Verlorene betrachten.«

»*Ma foi!*[45]« rief der König. »Das mag sein, aber ich kann mich nicht für die Leute opfern, und mir ist·lieber, wenn sie für mich draufgehen.«

Beide schwiegen.

Es war nicht leicht, die beiden Opfer zu bestimmen, welche August retten sollten. Flemming, der ebenso wie August kalt und erbarmungslos war, wo es nicht um ihn selbst ging, zögerte.

Da auf einmal nannte der König Imhof, den Kammerpräsidenten. Er sah Flemming an, der aber keinen Einwand erhob.

»Imhof«, wiederholte August und starrte nachdenklich zu Boden. »Und Pfingsten.«

Flemming widersprach nicht, er hatte nichts gegen die beiden.

»Es ist keine Zeit zu verlieren«, sagte August. »Schick sofort einen Kurier zu ihnen, *carte blanche!* Und daß sie mir nicht zurückkehren, ohne das Abkommen unterzeichnet zu haben! Wo ist der verdammte Schwede jetzt?«

»Ich glaube, in der Gegend um Leipzig«, antwortete Flemming.

Der König erblaßte, als er es hörte.

»Und Schulenburg?« fragte er.

»Er weicht zurück«, sagte Flemming ruhig. »Geht mit dem Rest der

---

[44] (frz.) soviel wie: unbeschränkte Vollmacht, freie Hand
[45] (frz.) Meiner Treu! Jawohl!

288

Russen nach Thüringen, glaube ich...«

August wagte nicht weiter zu fragen.

»Schick den beiden sofort die Vollmacht«, wiederholte er, dann aber, als ob ihm etwas eingefallen wäre, fragte er: »Und meine Gemahlin?«

»Die Kurfürstin müßte in Bayreuth sein«, murmelte Flemming.

»Mit meiner Mutter?«

»Nein... Anna Sophie ist gar bis nach Dänemark gefahren.«

August runzelte die Stirn und seufzte.

»Und die Cosel?« fragte er leiser.

»Ist vorerst noch in Dresden.«

Das Antlitz des Königs erhellte sich ein wenig.

Über diesen Fragen und den knappen Antworten, die lange Stokkungen voneinander trennten, verging viel Zeit. Plötzlich besann sich der König, ernüchtert schrie er Mezzettino zu, daß er sich anziehen wolle, die zerschlagene Tür wurde notdürftig verschlossen. Flemming erhielt den Befehl, den Herren Imhof und Pfingsten unverzüglich die Vollmachten für den Abschluß einer Übereinkunft auszustellen. Der Minister fragte nach Beschränkungen.

»Keinerlei Beschränkungen, sie sollen alles für Sachsens Rettung hingeben... alles... *carte blanche.*«

Flemming schüttelte den Kopf. August grinste höhnisch.

»Du bist nicht der größte Diplomat«, sprach er leise. »Wer eine *carte blanche* erteilt, der kann später am ehesten die unbeschränkte Vollmacht abstreiten. In einem privaten Brief schreibe den beiden, daß sie mich, meine Ehre und Sachsens Ganzheit schonen sollen, aber erlege ihnen keine Grenzen auf, die sollen sie selber finden.«

Flemming war schon im Gehen, als der König ergänzte: »Der Friedensvertrag muß um jeden Preis zustande kommen... Ohne den sollen sie mir ja nicht zurückkehren!«

Während er das sagte, stand der König bereits vor dem Spiegel, und Constantini reichte ihm seine alltägliche Allongeperücke. Zu kleiden wünschte er sich an diesem Tage – dem Schicksal zum Trotz – auf das allerprächtigste, obwohl ihn vermutlich außer der Frau Truchsessin und dem Hof niemand zu Gesicht bekommen würde. Aber August zeigte es eben gern dem ihn bedrängenden Schicksal, daß er gegen seine Schläge unempfindlich war.

Constantini, obgleich August bereits abgekühlt war, näherte sich ihm behutsam, sah er doch, daß dem König noch die Hände zitterten und daß seine Augen Blitze schleuderten.

Nach Flemmings Ankunft waren bereits zwei Kuriere aus Sachsen herbeigeeilt. Flemming nahm die überbrachten Schreiben entgegen und bemühte sich, in Nachahmung seines Herrn, kalt und ungerührt zu bleiben, jedoch verriet ihn sein Gesicht, und beim Reden stotterte er und versprach sich.

Eine knappe Stunde nur hatte er Zeit, um in der gegenüberliegenden Stube jene *carte blanche* für die Bevollmächtigten zu diktieren, dann ließ der König ihn bereits rufen.

August entriß dem Eintretenden das Papier, und kaum daß er ein Auge darauf geworfen, griff er zur Feder, unterschrieb dasselbe schwungvoll und schleuderte es von sich.

»Leipzig«, setzte der König erneut zur Erkundung an. »Leipzig ist genommen! Und die Pleißenburg?«

»Der Kommandant hält sich... Die Kaufleute haben längst alle ihre Schätze beiseite geschafft... Beute kann der Schwede nicht machen.«

»Und die Messe?« beunruhigte sich der König. »Ich hoffe, noch zur Messe dorthin fahren zu können.«

Flemming machte große Augen.

»Jaja«, bekräftigte der König mit seltsamem, herausforderndem Lächeln, als ob er das Unglück, das ihn getroffen, verspotten wollte und als ob er dem Verlust der Krone überhaupt keine Bedeutung beimaß.

Durch diesen Stolz hindurch schimmerte die Wut. Flemming beobachtete nur und sagte nichts.

Erst nach einer Weile äußerte er: »Die Briefe, die ich soeben erhalten habe, melden mir, daß Karl sein Hauptquartier in Taucha eingerichtet, es dann aber nach Altranstädt verlegt hat. Von Taucha aus hat er ein Manifest an die Leipziger Kaufleute gerichtet, in dem er die Sicherheit jeglichen Eigentums garantiert und dazu aufruft, die Messe wie gewohnt stattfinden zu lassen.«

August zeigte ein Lächeln.

»Wofür ich ihm dankbar bin«, erwiderte er rasch. »Denn sobald nur der Friedensvertrag unterzeichnet ist, muß ich sofort nach Leipzig fahren, um mich zu zerstreuen.«

Diese Erklärung in solch einem Augenblick erschien sogar Flemming, der den König bestens kannte, so sonderbar, daß er ungläubig die

Achseln zuckte, aber August bestätigte lebhaft seine Worte: »Es zieht mich nach Leipzig.«

»Aber Altranstädt ist ganz nahe«, wandte der Freund ein. »Und Karl...«

»Ich werde auch in Altranstädt vorbeifahren müssen, das ist unausweichlich«, versetzte August voll Gleichmut.

Flemming wollte etwas hinzufügen, hielt aber an sich. Der König schien seine Gedanken zu erraten.

»Wolltest du mich vielleicht warnen, daß ich dort auf den Herrn Woiwoden von Posen treffen könnte, auf den polnischen Pseudo-König schwedischer Fabrikation? Wie?«

»So ist es«, antwortete Flemming. »Leszczyński begleitet seinen Gönner nicht einmal allein, sondern mit seiner Gemahlin, er hat in Leisnig Quartier genommen.«

August machte eine höhnisch-verächtliche Miene.

»Sieh einer an!« rief er. »Da bin ich hier in seinem Königreich, und er hat das meine besetzt... absichtlich... hält Karl ihn dort fest, damit ich mich nachher von ihm verneigen muß. Dieser Nichtswürdige! Wenn ich dereinst noch meine Rache erleben könnte... haha! Die müßte schrecklich sein... oh, schrecklich! Alles Blut von diesem vertrockneten Haudegen würde nicht reichen, um meinen Durst zu löschen.«

»Ssst!« gebot Flemming ihm Einhalt.

Das Antlitz des Königs wurde bleich wie die Wand, ein leises Zittern bewegte die Gesichtsmuskulatur.

»Ob er glaubt, mich damit zu zerbrechen?« murmelte er. »Nein! Vor der Nase werde ich ihm herumtanzen, auf der Leipziger Messe.«

Flemming schien nachzudenken, und nachdem er eine kleine Weile abgewartet, faßte er den König, obwohl er ihn gar nicht zu freundschaftlicher Annäherung gestimmt fand, vertraulich unter den Arm.

»Schulenburg«, sagte er leise, »Schulenburg verbürgt sich dafür, daß er, falls Ihr es ihm erlaubt, mit einem Streich allem ein Ende macht.«

Verächtlich die Brauen runzelnd, stieß August nur barsch aus: »Schulenburg, der... *allons donc*[46]!«

»Es stimmt«, setzte Flemming hinzu. »Man weiß doch, daß bei Karl

---

[46] (frz.) Ach was! Warum nicht gar?

nicht mehr als dreißig Trabanten Wache halten, er selbst ist unbesonnen und kühn. Schulenburg verbürgt sich dafür, daß er ihn in Taucha oder in Altranstädt ergreift und gefangennimmt.«

Der König, der das hörte, schüttelte heftig den Kopf.

»Er soll sich nicht unterstehen!« rief er. »Solche Mittel kann ich nicht anwenden und darf sie nicht zulassen. Er hat ihn nicht besiegen können und sinnt auf Rache durch Heimtücke. Damit würde er mir nur Schande bereiten. Schulenburg stünde es vielleicht an, nicht aber August.«

August schritt in der Stube auf und ab, ruhiger werdend.

»Ihn vergiften, ihm aus dem Hinterhalt eine Kugel in den Kopf jagen – das wäre etwas anderes«, sprach er weiter. »Die Sache bliebe im Dunkeln, keiner könnte mir beweisen, daß ich meine Hand dabei im Spiel hatte... Alles erlaube ich zu tun, aber ich muß unangetastet bleiben. Nein! Nein! Karl selbst bereitet sich seinen Untergang. Alle die Opfer sind vorübergehend. Der Sieg bleibt mir vorbehalten!«

Flemming schüttelte langsam den Kopf, aber August wechselte bereits den Gesprächsgegenstand.

»Er wird mir Sachsen mit seinen Kontributionen aussaugen!« rief er. »Ich bin sicher, daß sich die Leipziger Messe gelohnt haben muß.«

»Man hat ihm freiwillig hunderttausend Taler gegeben«, brummte der Freund. »Wie mir gemeldet wurde, hat Karl auch eine Adelsversammlung nach Leipzig einberufen.«

»Und meine Herren Edelleute?« fragte schmunzelnd der König.

Flemming fiel es so schwer, darauf zu antworten, daß er dem König das soeben erhaltene Papier schweigend zuschob und mit dem Finger auf eine unterstrichene Stelle wies. Dort stand geschrieben, daß sich der Adel mit seinen Privilegien verteidige, damit, daß er zu nichts verpflichtet sei als zu persönlichem Dienst und zum Stellen der Pferde. Darauf habe der schwedische König geantwortet: »Wo seid Ihr denn, meine Herren Edelleute, seinerzeit gewesen mit Euren Pferden? Hättet Ihr Eure Pflichten erfüllt, wäre ich heute nicht in Sachsen! Wenn es bei Hofe zu schmausen und zu trinken gilt, fehlt dort keiner von Euch, aber fürs Vaterland ins Feld ziehen mag niemand. Da sitzt Ihr lieber zu Hause.«

Laut fügte Flemming hinzu: »Der Adel wird monatlich zweihundert bis zweihundertfünfzig Taler zahlen müssen.«

August lachte laut los.

»Mein Cousin nimmt meine lieben Untertanen in die Erziehung«, sagte er. »Dafür bin ich ihm dankbar. Und ich werde noch mit ihm abrechnen.«

Das Gespräch zog sich weiter hin. Zwei oder drei Male fragte der König nach seiner geliebten Cosel, über welche der Freund nur trokken etwas murmelte. Dann erkundigte er sich nach Patkul und erhielt zur Antwort, daß derselbe kurz vor der Eheschließung mit der Witwe Einsiedel stehe.

Nachdem er Patkuls Namen ausgesprochen, war der König nachdenklich geworden.

»Zugegeben, Flemming«, sagte er dann vertraulich, »dieser Patkul ist gescheit, ein ausgezeichneter Diplomat, ein Mann von außerordentlicher Gewandtheit und nicht wählerisch in den Mitteln. Er verrät Peter mir zuliebe, und mich vermutlich Peter zuliebe, und beide würde er uns, wenn es ihm gelegen käme, an die Preußen verkaufen. Sich selbst aber bedenkt er, wie es scheint, am besten. Die Einsiedel bringt außer ihrer weißen Patschhand noch an die vierhunderttausend Taler mit. Peter bezahlt ihn, ich zahle, und wer will garantieren, daß er nicht noch von anderen nimmt, na und der livländische Adel...«

August unterbrach sich jäh.

»Aber Patkul ist dessen wert, ein unbezahlbarer Kopf, und nur er begreift es, daß man in der Politik keine Rücksichten gelten lassen darf, außer dem Grundsatz, daß man siegen muß. Wer bei den Mitteln wählerisch ist, kommt zu nichts. Gift, Dolch, Gefängnis sind so gut wie andere Arzneien, sofern sie wirken.«

»Warum dann, Freund«, unterbrach Flemming ihn, »laßt Ihr Schulenburg nicht das Mittel verwenden, das er vorschlägt?«

»Darum, weil die Welt dumm ist«, erwiderte August, »und weil die Macchiavellische Politik vielleicht erst in hundert Jahren allgemeine Anerkennung findet. Wir wenden sie womöglich an, aber wir verstehen uns auf Geheimhaltung. Wir«, fügte er an, »wir sind noch Ritter... und müssen uns anstrengen, edel auszusehen. Wir prahlen noch mit Märtyrertum, dabei gibt es nichts Dümmeres als ein freiwilliges Martyrium.«

Alles das schleuderte August hastig, mit wirren Worten seinem Vertrauten hin, so daß Flemming ihn kaum richtig verstand. Nachdem er ausgesprochen, wandte der König sich um. Ihn erreichten die Stimmen polnischer Adliger, einiger weniger, welche gekommen waren,

293

um ihm ihre Aufwartung zu machen und scheinbar günstige Nachrichten zu überbringen.

Jetzt, da Karl XII. bereits in Sachsen eingedrungen war und August Bevollmächtigte ausgesandt hatte, um selbst zu härtesten Bedingungen einen Frieden zu vereinbaren, nur damit das Erbland befreit würde, kostete es die wenigen in Polen verbliebenen Schweden Mühe, sich zu halten – Zar Peters Hilfstruppen zogen heran, die zusammengefaßten Einheiten des Königs, der in Gedanken bereits der Krone entsagt hatte, zeigten sich den Schweden und ihren Parteigängern mehrere Male kräftemäßig überlegen.

Jetzt, da ein Sieg nichts mehr nützte und August fast sicher mit einem solchen rechnen konnte, war er nach Ansicht aller stark. Es war dies eine neuerliche Ironie des Schicksals.

»Hauptsache, der Vertrag wird unterschrieben und ich kann ihn ratifizieren«, flüsterte der König Flemming zu. »Es braucht nichts verlautbart zu werden, wir lassen uns auf Gefechte ein, provozieren sogar welche, und sollten wir eine Schlacht gewinnen, retten wir unsere Ehre.«

Er legte einen Finger an den Mund.

Nach dem Frühstück erging plötzlich der Befehl, aus Barszczów abzuziehen. Also mußten das königliche Feldlager und der Hof in Bewegung gesetzt werden, und die Dienerschaft unternahm sofort alles Nötige für den Aufbruch.

Die Truchsessin Barczewska, die nicht ablassen mochte, die Königliche Majestät zu verwünschen, tobte noch immer in der dunklen Stube auf dem Vorwerk, als ihr Mann, der phlegmatische Truchseß Barszczewski, zur Tür hereinkam.

»Da siehst du's, liebe Teresa«, sagte er, »alle diese Plage hat einmal ein Ende, und was wir haben im Wald verstecken können, bleibt unversehrt. Der König zieht ab. Sein Pferd wird schon gesattelt. Ich hab's mit eigenen Augen gesehen.«

Die Truchsessin fuhr herum.

»Ach, er zieht ab!« schrie sie, zur Tür rennend. »Ich lasse ihn nicht einfach abziehen. Mit Fausthieben werde ich ihn hinausgeleiten... und mit Flüchen...«

Erschrocken, die Hände gefaltet, wollte der Truchseß ihr zu Füßen fallen, aber sie stieß ihn weg, daß er taumelte.

»Ach du, alter Knaster!«

Sie kam noch zur rechten Zeit auf den Hof.

August, in prächtigen Reisekleidern, hatte soeben sein Pferd bestiegen, als die Truchsessin, die Haube schief auf dem Kopf und die geballten Fäuste hoch erhoben, dem Tier fast unter die Hufe sprang.

»Hau ab!« rief sie. »Hau ab und brich dir das Genick, du Räuber, gute Reise zum Höllengrund! Daß dich die Blitze jagen, jawohl!«

Der König verstand kein Wort, doch war die Mimik der Truchsessin sehr beredt – ihr Gesicht, die flammenden Augen, der beinahe schäumende Mund ließen keinen Zweifel daran, daß sie keinen Segen sprach. Viele Leute, ein Hof voller Neugieriger wohnte der Szene bei.

Was sollte der König mit der Frau tun?

August antwortete mit unerhörtem Witz. Er lächelte, nahm den Hut ab und verneigte sich. Und je wütender ihn die Truchsessin anfiel, desto tiefer verneigte er sich vor ihr, desto charmanter lächelte er, und seine Begleiter, da sie den König so wohlgelaunt sahen, folgten allesamt seinem Beispiel, lüfteten den Hut und verbeugten sich vor der Barszczewska.

Kaum jemandem dürfte wohl zum Lachen zumute gewesen sein, doch das Lächeln des Königs war ansteckend, und wie sollten die Höflinge ihn nicht nachahmen?

Die Truchsessin, durch die Verspottung, deren Zeuge auch ihr eigenes Gesinde geworden, noch mehr aufgebracht, sprang August unter Flüchen wieder und wieder an, sie folgte ihm bis zur zerstörten Einfahrt, die Torflügel nämlich waren in der Nacht zuvor von der königlichen Wache zerhackt und verbrannt worden. Erst hier am Tor verließen die Truchsessin die Kräfte, und als ihr Mann herbeieilte, um sie zurückzuholen, voller Furcht vor dem Soldatenvolk, da sank sie ihm mit einem Schrei und mit höhnischem Lachen in die Arme.

Es war dies einer der letzten Abschiede in Polen. Der König, den das Lächeln im Gesicht bis zum Tor begleitet hatte, setzte sich den Hut aufs Haupt und erteilte einer der nächsten Wachen einen Befehl.

Die Sachsen hatten bereits alle Schuppen, Ställe und sonstigen Gebäude, die sie bewohnt, geräumt, als plötzlich an den vier Ecken des Gehöftes Feuer aufflammte, welches Barszczów noch bis zum Abend dem Erdboden gleichmachen sollte.

Der König wandte sich in Richtung Kalisch, gegen die Schweden, und Fürst Menschikow[47], den ihm Zar Peter geschickt, leistete ihm Beistand.

---

[47] Alexander Danilowitsch Menschikow (1667–1729), russischer Staatsmann und Feldherr, wurde nach Leforts Tod (1699) der einflußreichste Vertraute Peters I. Schlug u.a. 1706 die Schweden bei Kalisch.

Jenseits der Prosna standen siebentausend Schweden mit ihrem General Mardefeld, denselben begleiteten: der Kiewer Woiwode Józef Potocki, die Lubomirskis – der Kämmerer und der Quartiermeister – sowie Michał Potocki, der Notarius Kronpolens. Womöglich hätte August es nicht gewagt, in diese Schlacht zu ziehen, obwohl er über die nötige Streitmacht verfügte, hätte ihn nicht Szmigielski[48], der tatkräftigste unter seinen Parteigängern, zudem lüstern auf Kampf und auf Beute, mit Gewalt dahin gebracht.

So kam es, daß der König in dem Augenblick, da seine Bevollmächtigten schon den schändlichen Vertrag unterzeichneten, erstmals einen glänzenden Sieg errang, überdies machten die Sachsen auf dem Kampfplatz riesige Beute.

Am dritten Tage nach der Schlacht ritt August auf das von Leichen, Verwundeten und Sterbenden übersäte Schlachtfeld und präsentierte sich in prachtvollem ritterlichem Aufzug, umgeben von einem goldglänzenden Hof, den der triumphierend strahlende Brandt[49] anführte.

Hier an dieser Stelle setzte sich auf tragische Weise die in Barszczów begonnene Szene fort, und wie zuvor ließ sie den König gänzlich unbeeindruckt. Die Sterbenden fuhren bei seinem Anblick empor, drohten ihm mit blutigen Fäusten und stammelten Flüche, die der Tod auf ihren bebenden Lippen erstarren ließ.

»Sonderbar ist es«, schreibt ein Zeitzeuge[50], »daß, wo immer der König hinkam, diese Halbtoten, obgleich auf das grausamste zugerichtet – etlichen fehlten Hände und Arme, manch einem war der Kopf zur Hälfte abgetrennt –, beim Erscheinen des Königs emporfuhren, die einen standen auf, andere setzten sich, und alle versuchten sie etwas zu sagen, ihn zu schmähen. Ein wahrhaft schrecklicher Anblick war das, der König jedoch ließ sich nicht im mindesten konsternieren.«

Was für ein Bild, was für ein Geschehen!

---

[48] Adam Szmigielski, Reichsmundschenk, kämpfte bei Chocim unter Jan III. Sobieski gegen die Türken, seit 1697 Anhänger Augusts des Starken führte seit 1702 einen Kleinkrieg gegen die Schweden und trug 1706 zum Sieg der Sachsen bei Kalisch bei. Später ein Anhänger Leszczyńskis, kämpfte er gegen die russischen Truppen und die Truppen der Konföderation von Sandomierz.

[49] Sächsischer General, befehligte in der Schlacht bei Kalisch sächsische Truppen und Kosaken.

[50] Erazm Otwinowski (gest. 1728), Verfasser der 1849 erschienenen Memoiren »Dzieje polskie pod panowaniem Augusta II. od r. 1696 do 1728« (Die Geschichte Polens unter der Herrschaft Augusts II. von 1696 bis 1728).

Die unsägliche Grausamkeit der Sachsen blieb noch lange in der Erinnerung.

»... Gottlos war es, wie die Sachsen mit den Polen umgingen und sie ausplünderten«, schreibt jener selbe Zeitzeuge. »Herrn Łoś, Richter aus Lemberg und Rittmeister eines Fähnleins Gepanzerter, hat man bis aufs Hemd entblößt, als er ihnen den kostbaren Siegelring vom Finger nicht geben wollte oder es nicht konnte, und ein sächsischer Soldat, welcher zu diesem gottlosen Plünderungsdrama abkommandiert, bemerkte den Siegelring, wollte ihn mitsamt dem Finger raffen und hätte ihn mit dem Bajonett abgehauen, wenn Łoś nicht den General Brandt um Rettung angerufen hätte... Aber den Siegelring hat er doch hergeben müssen.«

Andere mußten ihr Leben hergeben.

Aus dieser Zeit, die sich mit der traurigen und später nicht mehr verständlichen Redewendung »*od Sasa do Lasa*«[51] in die Geschichte einschrieb, stammt auch die bäuerliche Anekdote, die Otwinowski wiedergibt: »Eine Soldatenstreife ging am Gopło-See entlang, und die Herren fragten den als Führer mitgenommenen Bauern, welche Seite ihm besser erscheine, die sächsische oder die schwedische? Der Bursche bekam es mit der Angst, wußte er doch nicht, mit wem es die Soldaten hielten. Je länger er aber mit der Antwort zögerte, um so heftiger drangen die Soldaten in ihn, so daß der Führer leise seufzte: ›Oh, Jesus, rate, wer dich schlägt!‹ Nun zwangen ihn die Soldaten aber, zu antworten. Der Ärmste grübelte angestrengt.

›Ach, meine Herren‹, sagte er schließlich, ›man wünschte sich, daß die ganze Schwedenmacht sich in einen See mit Milch verwandelte, so wie unser Gopło hier, und daß die Sachsenherren zu Brot würden... Dann könnte der Teufel sich das Brot in die Milch tunken und alles bis zum letzten Tropfen ausessen.‹«

Imhof und Pfingsten, als sich die Nachricht von ihrer Bevollmächtigung verbreitete, wurden noch in Dresden vom sächsischen Adel belagert, der nunmehr, heimgesucht, für seinen Kurfürsten büßen mußte,

---

[51] (poln.) soviel wie: Zwischen dem Sachsen (Sas) und Leszczyński (Las) hin und hergerissen; die Redewendung bezieht sich auf die schwankende Parteinahme des polnischen Adels für König und Gegenkönig, die zu Chaos und Kriegsverheerung auf dem Gebiet der Rzeczpospolita beitrug.

der Polen verfluchte und verlangte, daß Sachsen ohne Rücksicht auf August gerettet würde.

Höchste Zeit, wurde gerufen, daß der Schuldige büßt, wo bisher immer nur die Sachsen für die Sünden ihres Kurfürsten herhalten mußten!

Der Zustand des Landes, aller Flehen und Drängen, endlich die Befehle des Königs selbst, welcher den Unterhändlern die uneingeschränkte Vollmacht erteilt und Flemming hinzuzusetzen befohlen hatte, daß dieselben ja nicht ohne einen Frieden und ohne Sachsens Befreiung wiederkehren sollten, bewirkten, daß die beiden Gesandten auf die schändlichsten Bedingungen Karls XII. eingehen würden und daß August ein solches Traktat sich ebenfalls zu ratifizieren nicht scheute.

Zwar versuchte er sich später herauszumogeln, und Imhof und Pfingsten bezahlten ihre Willfährigkeit fast mit dem Leben, aber im ersten Augenblick war August zu jedem Opfer bereit, wenn er nur Sachsen zurückgewann. Sein Gewissen war lose und weit genug, um ihm nachher zu gestatten, unbekümmert Verpflichtungen nicht einzuhalten, sie umzudeuten oder beiseitezuräumen.

Der Cousin, der schwedische König, welcher schon so lange vergeblich auf des verachteten und verhaßten Augusts Zerknirschung wartete, zeigte sich bei den Verhandlungen mit den sächsischen Gesandten erbarmungslos und grausam. Die Bedingungen, die er den Sachsen aufzwang, waren empörend.

Jeder andere hätte denselben Schmerz und Tod vorgezogen, August aber nahm sie leicht. Seine Größe gründete sich gerade auf diese Kälte und Gleichgültigkeit, die die Laune ungetrübt und das Herz unberührt ließen.

Er verlor alles – mit Patkuls Auslieferung sogar die Ehre. Mit einem einzigen Aufschrei der Entrüstung nahm alle Welt den Vertrag von Altranstädt auf, August zuckte nur die Achseln, und während er sich im Kreis seiner betrunkenen Freunde vergnügte, rüstete er für die Leipziger Messe.

Karl, wild und unersättlich in seinem Durst nach Rache, kannte wie August keine Scham. Er zwang dem Besiegten die schwersten Bedingungen auf und verlangte zudem die Auslieferung Patkuls, den er für den hauptsächlichen Aufwiegler hielt. Patkul war durch allgemeines Recht geschützt, wie es Gesandten zustand, denn wenn er auch von August eine Pension erhielt, so war er doch an dessen Hof ein Dolgoruki beigegebener Resident Zar Peters, der König aber hatte keine Scheu, sich über Rechte und Privilegien aller Art hinwegzusetzen, um Karl zufriedenzustellen und sich von ihm zu befreien.

August sah sehr wohl, daß Karl, sobald er mit ihm abgeschlossen, einen verbissenen Kampf gegen Peter führen würde, und er kannte Peter und ahnte voraus, daß dessen eiserne Ausdauer das hitzige Ungestüm des Schweden zu bezwingen imstande wäre.

Und dann, dachte der Sachse schmunzelnd, dann stopfe ich mir mit dem Altranstädter Frieden die Pfeife!

Und Patkuls Gebeine? An Patkul dachte kein Mensch mehr. Alles brach jetzt mit ungeheurer Hast, wie ein einstürzendes Bauwerk, zusammen, lief auf des Dramas Ende zu. Imhof und Pfingsten wagten mit Piper auch nicht um einen Punkt zu feilschen, ächzend und händeringend gingen sie auf alles ein. Und wenn sie sich doch einmal gegen einen Punkt sperrten, übte der Schwede um so stärkeren Druck an anderer Stelle aus, da, wo es noch mehr schmerzen mußte.

Wenige Wochen darauf ratifizierte August, mit verkniffenem Mund und bleich, das geheim Ausgehandelte. Er glaubte, der Schwede werde Sachsen sofort verlassen, der Cousin aber wollte seine Rache genießen. Er hatte Leszczyński mitgebracht und hoffte, August zwingen zu können, sich vor dem, der ihm die Krone genommen, mit Artigkeiten zu verneigen. Vergebens bat Leszczyński, ihm solche Ehren zu erlassen, jedoch Karl, obwohl er ihn liebte, ersparte auch ihm nichts. Der Schwede waltete in Sachsen nach Belieben, er ritt umher, gab Befehle aus, nahm Geld und Leute an sich und wirtschaftete wie im eigenen Hause.

Neun Tage nach der Ratifizierung des Altranstädter Vertrages gewann der Sachse die Schlacht bei Kalisch, damit aber entfachte er erneut Karls Widerwillen, und wenn ihm der Schwede auch eine Entschuldigung gestattete, so bedankte er sich doch mit tausend kleinen Demütigungen.

August brach am Ende auf und verließ Warschau. Es berührte ihn wenig, daß er mit dem Feind zusammentreffen würde. Dafür warteten auf ihn die wunderschöne Cosel und die unvergleichliche, kurzweilige Leipziger Messe, die damaligen Saturnalien der deutschen Fürsten.

Die hübsche Urszula blickte auf dies alles von weitem, indessen sie still abseits stand und Fürst Aleksander solange zu betören suchte, wie er sich von ihr bezaubern und fesseln ließ. Ein einziger Hinweis auf eine Heirat war es wohl, zugeflüstert am Ende, die den Jüngling verscheuchte. Während Urszula für ihn eine Königinwitwe sein wollte, sah er in ihr nur die Favoritin eines verhaßten Menschen. Eines Tages war Sobieski aus Breslau verschwunden, und bald würde auch August nicht mehr in Polen sein.

Aurora von Königsmarck ging es ja so gut in Dresden, und sie war mit August befreundet! Still zog die Lubomirska ihrem Dresdner Hause zu, und eines Tages war die Kutsche der Fürstin Teschen auf den Straßen der Stadt zu sehen. Die Teschen und die Königsmarck fielen einander in die Arme und weinten.

»Ach, was für gräßliche Zeiten«, flüsterte Urszula.

»Der arme König!« fügte Aurora hinzu.

Und die beiden setzten sich und klagten so lange, bis sie auf die Cosel zu sprechen kamen.

Die Cosel wollte keine ihrer Vorgängerinnen sehen und kennen, sie stellte sich als die Frau des Königs dar. Wunder was erzählte man sich über ihren Luxus, ihre Willkür und darüber, wie sie mit August und mit allen anderen umging. Dieser Gegenstand allein reichte für lange und unerschöpfliche Gespräche aus, danach aber suchten die Augen der Fürstin Teschen bereits nach einem, den sie heiraten konnte. Ein Fürst mußte es sein, alles übrige war ihr schon beinahe gleichgültig. August hatte ihr bisher nichts weggenommen, so war sie denn reich genug, sich einen Fürstenhut zu kaufen, und sie war noch hinlänglich hübsch und kokett, um denselben anzulocken. So eröffnete sie strahlende Salons, erlesene Mittagessen begannen, und der hübschen Zauberin fehlte es nicht an Gästen.

IX

Durch Warschau schlich sich König August nur hindurch, ohne sich jemandem zu zeigen. Der Sieg bei Kalisch ließ vermuten, daß der Krieg noch länger andauern würde, denn von dem in Altranstädt geschlossenen Vertrag wußten nur wenige Leute, und noch weniger glaubten an ihn. Immerhin hatte Brandt nach dem Friedensschluß noch die Schweden geschlagen...

Eines Abends sah man Licht in den Fenstern des Schlosses, am anderen Morgen aber standen die Tore offen, und das Schloß war leer. Auf dem Hof lagen Haufen von Stroh und Heu. Und der König? Ob er zur Jagd gefahren war? Nach Krakau? Nach Bielany? Wer konnte das wissen? In der Stadt herrschte Stille, die Schloßwachen waren verschwunden... Die Sachsen machten sich in verschiedene Richtungen davon... Es hieß, der König habe seine restlichen Soldaten auf ein Schiff verkauft, nach Übersee... Leute, die den angeblich nach Krakau reisenden August unterwegs zu Gesicht bekamen, erzählten, er sei guter Dinge gewesen und habe zum Abschied lachend »auf Wiedersehen« gesagt... Die Sachsen aber summten unlustig das Lied »Ach, du lieber Augustin!«, dessen Melodie auch nach Polen hinüberflog.

Unterdessen richtete man sich in Dresden auf den Empfang von Gästen ein. Die Königinmutter, die Kurfürstin sollten zurückkehren – und wer weiß, vielleicht auch der König. Die Gräfin Cosel rüstete sich, ihn zu empfangen. Aus Böhmen kam Ogilvy herbei, er sollte den entlassenen Steinau ersetzen. Und Karl XII. saß seelenruhig in Altranstädt, dann und wann begab er sich nach Leipzig, er inspizierte seine Truppen im Winterlager, besuchte Leszczyński in Leisnig und ließ mit Strenge die Tributzahlungen eintreiben.

Am Abend des fünfzehnten Dezember kam Aurora zu der Teschen zu Besuch.

»Im Schloß wird der König erwartet«, sagte sie. »Bei der Cosel sind alle Fenster erleuchtet... Könnte das wohl sein? Wo der Schwede bei Leipzig ist!«

»Mit dem wurde ein Vertrag geschlossen, das ist sicher«, seufzte Urszula. »Der Krieg hat doch mal ein Ende.«

»Denkst du?« erwiderte die Königsmarck. »Ich verstehe gar nichts, und ich glaube auch nichts mehr.«

»Aber ich hoffe auf bessere Tage!« rief Urszula. »Ich habe mir von einer mitgebrachten Zigeunerin wahrsagen lassen, sie hat mir Frohsinn und Vergnügungen prophezeit.«

An der Tür raschelten Frauenkleider, die Gräfin Reuß erschien, und die Hand, in der sie ein Tuch hielt, erhebend, rief sie atemlos: »Der König! Der König! Er ist geradenwegs zur Cosel gefahren!«

Die beiden Freundinnen sprangen auf.

»Ist es möglich? Er hier?«

»Friesen hat ihn mit eigenen Augen gesehen. Er ist wettergebräunt, aber seine Miene ist fröhlich!« fügte die Reuß hinzu.

»Wenn er will, kann er immer fröhlich sein«, bemerkte Urszula. »Immer.«

Die drei Damen setzten sich zu leisem Gespräch nieder. Bald öffnete sich von neuem die Tür, und eiligen Schrittes kam der erste Kammerdiener der Fürstin herein.

»Seine Majestät sind in Dresden«, verkündete er gleichsam die Neuigkeit, aber Urszula winkte nur ab.

Bis spät in die Nacht erregte die Nachricht die Stadt. Schon lange hatte man August hier nicht gesehen.

Im Obergeschoß des Hauses zu den Fischen saß einsam, über der aufgeschlagenen Bibel, Wittke, abgemagert bis zur Unkenntlichkeit und ärmlich gekleidet. Dann und wann beugte er sich über das Buch, las ein paar Worte, und wieder verfiel er in Nachsinnen. Vor ihm stand leer ein alter Stuhl, auf dem hatte einst an den Abenden seine Mutter gesessen, doch die ruhte bereits auf dem Friedhof. Wittke war allein, und er verfluchte sein Los. In ihm und um ihn herum lag alles in Trümmern, er selbst lebte nicht mehr, er ertrug das Dasein. Er kümmerte sich um nichts und überließ alles seinen Dienern. Als mitten in seinem Nachsinnen Schritte auf der Treppe hörbar wurden, regte er sich nicht. Ungeduldig stieß jemand, die Klinke suchend, an die Tür.

Wittke saß ungerührt.

Darauf brach, einen Fluch auf den Lippen und ungebärdig wie eine Gewitterböe, Constantini herein, blieb stehen, sah den noch immer unbewegt Dasitzenden an und schnauzte schrecklich: »Steh schon auf! Der König braucht dich!«

Wittke zuckte die Achseln.

»Ich brauche den König nicht«, versetzte er kalt. »Du und er, ihr habt mir genommen, was mir das Teuerste war. Ich bin ein Leichnam, bin niemandem dienlich, allenfalls tauge ich als Fraß für die Würmer.«

Mit diesen Worten wandte er sich ab.

Mezzettino trat auf ihn zu und stieß ihn gegen die Schulter.

»Dummes Zeug! Alles läßt sich wieder richten! Erhebe dich... Ich brauche jemanden, der nach Warschau fährt. Dort sind wichtige Papiere zurückgeblieben, du wirst sie holen.«

»Ich fahre nicht, und ich hole nichts!« antwortete Wittke. »Ihr schert mich nicht, und ich fürchte euch nicht. Geh und suche dir andere Opfer. Geh! Geh weg!«

Der Italiener starrte ihn an, er traute seinen Ohren nicht.

302

»Was ist los mit dir? Bist du verrückt geworden?« fragte er und lachte gezwungen.

»Meine Verrücktheit ist mir lieber als euer Verstand«, brummte Wittke, und auf die Ellbogen gestützt, vertiefte er sich in die Bibel.

Constantini stand daneben und zuckte die Achseln.

Da begann Wittke, der des Italieners Gegenwart spürte, langsam und ohne sich umzuwenden zu sprechen: »Wer immer es mit euch zu tun bekam, wurde zum Opfer. Ihr seid wie Schlangen, ihr habt ein Gift in euch, das alle umbringt und nur euch nichts anhat. Ihr habt meine Mutter getötet und auch jenes unschuldige Kind... Ihr habt in mir jeglichen Glauben getötet, außer den an den Satan, der euch gezeugt hat. Geht weg von mir.«

Der Italiener runzelte die Stirn.

»Er ist verrückt«, wiederholte er, und nach kurzem Schweigen fügte er hinzu: »Du tust mir leid, wahrhaftig, du tust mir leid... Steh auf, schüttle alles ab, das Übel läßt sich wiedergutmachen, das Verlorene zurückholen.«

Constantini redete so fort, aber Wittke hatte den Blick auf die Bibelseiten geheftet und schien ihn nicht zu hören.

Der Italiener wartete ein wenig. Dann trat er von vorn an ihn heran, um ihm in die Augen zu sehen, und nachdem er einen Kreis um ihn gedreht, spie er aus und kehrte, die Tür zuschlagend, ins Schloß zurück. Auch Wittke erhob sich jetzt, er ging zur Tür und verriegelte sie. Und den Arm zum Schloß hin gereckt, brummte er: »Satanskinder.«

Am folgenden Morgen strichen, angezogen von der Nachricht über die Wiederkehr des Königs, alte Diener und Adelsherren, die zufällig im verödeten Dresden weilten, um die Tore des Schlosses. Wie immer patrouillierte hier, gähnend, die Schweizergarde. Man spähte in den Schloßhof und in den Stallhof: Ein paar schmutzbespritzte Kutschen standen da, frisch ausgespannt, aber man sah nirgends Leute, nirgends Bewegung.

Der Zwerg Kasperle, der sich weder mit dem König noch mit der Kurfürstin von hier fortbegeben hatte und wie ein Kater im verlassenen Hause hockte, sah gähnend und sich räkelnd zur Straße hinunter. Ein alter Mann mit unrasiertem Kinn, in befleckter Kleidung, jedoch mit stolzer, aristokratischer Miene, kam aus der Stadt auf ihn zu.

»Kasperle!« rief er heiser. »Ist der König da? Werden wir endlich wieder auf sein Wohl trinken? Ich habe nichts mehr, wofür ich auch

303

nur ein sauer Bier kaufen könnte... Was uns bloß dieses Polen kostet, und jetzt heißt es noch dafür zahlen, daß man es uns wegnimmt. He, ist der König da?«

Kasperle gähnte noch einmal herzzerreißend und schüttelte sich, als hätte ihn die Langeweile bis ins Innerste ergriffen.

»Der König? Was für ein König?« brummte er. »Der Kurfürst ist gestern zur Cosel gekommen, und heute morgen ist er wieder weg.«

»Wohin?«

»Seinem Vetter, dem schwedischen König, die Aufwartung machen«, sagte der Zwerg, wickelte sich in einen abgewetzten Fellmantel und drehte dem Alten den Rücken zu.

So war es in der Tat. Am Abend des fünfzehnten Dezember war August, lachend und strahlend vor geheuchelter guter Laune, zur Cosel gekommen, von Flemming begleitet. Das Abendessen war für ihn gerichtet, und er aß und trank danach bis spät in die Nacht.

Bei Tagesanbruch standen auf dem Schloßhof schon drei Reitpferde bereit – eines für den König, eines für Pflug, der mit ihm kommen sollte, und eines für den Kammerdiener. Obwohl die Schweden unterwegs ihre Wachtposten eingerichtet hatten, ritt August nur mit zwei Begleitern und mit Pistolen in den Satteltaschen nach Leipzig.

»Morgen«, kündigte er Flemming an, »morgen bin ich in Leipzig, und übermorgen besuche ich Vetter Karl in Altranstädt. Es geht nicht anders, er muß die Friedensbedingungen mildern. Ich werde ihn mir schon gewinnen... Und er wird sich nicht sperren. Er muß doch schon genug haben von dem vergossenen Blut und den vergeudeten Groschen. Was für schöne Juwelen könnte man für die Millonen kaufen, die die Soldatenkerle als Schrotbrot verfressen haben!«

Voll solchen Glaubens an die Macht seines Lächelns erreichte August noch am selben Tage, trotz des ziemlich starken Frostes, Leipzig und setzte sich zum Abendessen, und nach Altranstädt ließ er melden, daß er am folgenden Tage den schwedischen König besuchen werde.

Gegen Mittag ritt August, in jenem goldbrokatenen Gewand mit den berühmten Diamantenknöpfen, zu seinem Cousin. Karl XII. wechselte zu Augusts Empfange nicht einmal die schweren, verdreckten Stiefel, die er schon seit Tagen an den Beinen trug und worin er sogar schlief. Er war mit seinem dunkelblauen Rock aus grobem Tuch bekleidet, und am Gürtel hing, in eiserner Scheide, das gewaltige, vom Blut schon rostige Schwert.

304

Der Schwede, um dem Cousin größte Höflichkeit zu erweisen und ihm zuvorzukommen, brach schon am frühen Morgen auf und ritt August auf dem kürzesten Wege nach Leipzig entgegen. So kam es, daß die beiden einander verfehlten. König August hatte schon Günthersdorf, eine halbe Wegstunde vor Altranstädt, erreicht, wo sich Piper mit der Kanzlei befand, als ihm gemeldet wurde, daß Karl XII. August entgegengeritten sei und Piper ihn bitte, bei ihm zu rasten.

Ein Bote wurde nun dem Schweden nachgesandt, um ihn zurückzuholen, und nur eine knappe Viertelstunde später kündete das Hufgetrappel auf der gefrorenen Erde Karls Ankunft an. August lief zu seinem Empfange eilends auf die Treppe hinaus, auf deren Hälfte sie sich trafen, und sie drückten einander dreimal die Hand und umarmten und küßten sich herzlich. August begrüßte Karl überaus gefühlvoll und zuvorkommend, so als hege er ihm gegenüber nicht den geringsten Groll. Der Schwede vergalt es ihm mit gleicher Artigkeit, doch blieb er kalt und steif, und während der ganzen Zeit, da der Gast bei ihm weilte, wurde er nicht weicher, taute er nicht auf.

Auf der Vortreppe begannen bereits Zeremonien von gewisser Bedeutung. August fühlte sich auf dem eigenen Boden als Gastgeber und wollte darum Karl sowohl den Vortritt als auch ihn zur Rechten gehen lassen, aber auch der Schwede mit seinem gewaltigen Schwert zeigte Hausherrenehrgeiz und suchte August wie einen Gast zu empfangen.

Jeder der beiden murmelte etwas und wies dem anderen den Weg, schließlich aber mußten die sächsischen Diamanten gehorsam der bescheidenen schwedischen Kärglichkeit vorangehen. Piper gab Befehl, für den Empfang der Herrscher im Kamin ein paar Holzkloben zuzulegen. Das Gespräch, welches sich von weitem fröhlich ausnahm, hatte wohl bei Karls Stiefeln begonnen, deren Geschichte August sich mit lebhaftem Interesse anhörte, dann wechselte es zu Winter und Frost hinüber, zu der bei Frostwetter unternommenen Reise von Warschau nach Dresden, zu gänzlich belanglosen Dingen wie den Kupferknöpfen des Schweden und dessen Pallasch. Die beiden Herrscher standen in der Fensternische, das Gesicht einander zugekehrt, jedoch vermied es jeder, den anderen länger anzusehen, und so verweilten sie fast eine Stunde. August lächelte immerfort. Am Ende gab sich der Schwede, gleichsam ermüdet, einen Ruck.

»Fahren wir zu mir«, sagte er.

Auf der Vortreppe mußte August vorangehen.

Vor dem Haus stand ein frisches Pferd für ihn bereit, und geschickt, wie nur er es vermochte, schwang er sich in den Sattel, und beide Herrscher ritten nebeneinander her nach Altranstädt. Hier erwartete man sie mit dem Mittagessen, welches bei Karl nie auch nur eine Stunde zu dauern pflegte.

Das Quartier, das er bewohnte, war eng und bescheiden. In der ersten Stube standen ein einfacher runder Tisch, der schon gedeckt war, und ein paar hölzerne Schemel. Nur für August ward ein gepolsterter Stuhl herbeigebracht. In der Stube nebenan sah man eine Liegestatt mit tuchener Bettdecke, darauf ein Lederkissen, in der Ecke einen kleinen Waschtisch, und an den Wänden hingen einige durchaus ansehnliche Waffen.

Das Mittagessen wurde gereicht. Der Schwede war schweigsam, August gab sich munter und fröhlich, er wollte Bedrückung und Sorge überspielen. Der früh einfallende Abend zwang ihn, hier zu übernachten, am folgenden Morgen aber eilte er nach herzlichsten Umarmungen zurück nach Leipzig, froh, daß er dieses Mal nicht auch König Leszczyński seine Aufwartung hatte machen müssen, wäre dies doch über seine Kraft gegangen.

Der erste Besuch bei dem Schweden indessen war nur der Auftakt zu weiteren und gegenseitigen Besuchen, wobei Karl darauf beharrte, einmal zumindest beide polnischen Könige an seinen Tisch zu laden, zu seiner spartanischen Suppe. Ungleich geübter darin, eine ihm notwendig erscheinende Rolle zu spielen, ertrug August die Höflichkeitstreffen mit seinem Cousin jedesmal wie ein kaltes Bad, welches er hernach, aufschaudernd, im Trunk ersäufte, und es machte ihn nahezu stolz, alle Prüfungen so heldenhaft zu bestehen. Karl, daran gewöhnt, derb die Wahrheit zu sagen, nahm das Getue widerwillig hin, und mittendrin entschlüpften ihm Regungen, die seinen Abscheu verrieten.

Trotz der außerordentlichen, heroischen Nachgiebigkeit dem Sieger gegenüber durfte August kaum darauf hoffen, etwas gutzumachen. Der eiserne Karl gab nirgends nach, er befahl Patkuls Auslieferung, und er verlangte von August, einen Brief an Leszczyński zu schreiben, in welchem er den Kronverzicht erklärte und dem neuen König zur Thronbesteigung gratulierte.

Einmal wenigstens mußte der Schwede alle diese Höflichkeiten mit einem Gegenbesuch vergelten. Völlig unerwartet erschien er in Dres-

306

den, wo Flemming und die Cosel den gänzlich Wehrlosen am liebsten ergriffen und gefangengenommen hätten, ähnlich Schulenburg, der den Schwedenkönig hatte entführen wollen. August hätte dem womöglich gern stattgegeben, aber an einem Feind, der sich ihm von selbst aussetzte, Verrat zu üben, hätte bedeutet, die letzte Schmach auf sich zu laden. Er zog es vor, ihm persönlich aus der Stadt das Geleit zu geben.

Mit Leszczyński traf August bei Karl zusammen, das war unvermeidbar, jedoch wußten sie einander so aus dem Wege zu gehen, daß einer den anderen nicht sehen, nicht grüßen und kein Wort mit ihm wechseln mußte. Nicht anders geschah es auf den Straßen Leipzigs: Wenn August zur Messezeit Karl begegnete, beugte er sich tief über den Hals seines Pferdes und jagte blindlings dahin, nur um Karl nicht begrüßen und ihm öffentlich Ehrerbietung erweisen zu müssen.

Die Schweden, die schnellstens wieder hatten abziehen sollen, saßen fest; neue Rekruten wurden ausgehoben, in den Regimentern Lücken gefüllt, Tributzahlungen erpreßt. Karl XII. stieg nicht aus dem Sattel, nahezu täglich musterte er seine Truppen. Und August? Der veranstaltete Feuerwerke, gab Bälle, fuhr nach Moritzburg zur Jagd und unternahm Ausflüge nach Leipzig. Seine Freunde Flemming und Pflug, der erschöpfte sächsische Adel, alle murrten sie, daß man den Schweden in eine Falle locken und umbringen müsse, um sich endlich von ihm zu befreien.

»Umbringen? Nein!« sagte August. »Wenn er aber ungesunde Pilze äße oder schlechtes Wasser tränke und ihm das schadete...«

Indessen aß Karl kaum etwas, er trank noch weniger, und nichts schadete ihm. Er und Leszczyński saßen unbekümmert – der eine in Altranstädt, der andere in Leisnig.

In Dresden nahm das Leben seinen alten Lauf, unter Feiern und Freudengeschrei. Die Fürstin Teschen in ihrem wunderschönen, von Beichling übernommenen Palais an der Pirnaischen Straße richtete sich immer eleganter ein, und niemand hinderte sie daran. August wußte von ihr, jedoch war er zu sehr mit der Cosel beschäftigt, um in ihrer Gesellschaft wenigstens zeitweilig Abwechslung zu suchen. Einmal, als er durch die Straßen ritt, kam der König an dem Schlag ihrer Kutsche vorüber. Die hübsche Urszula begrüßte ihn lebhaft. August lächelte. Die Teschen war zu ihrem Hause unterwegs. Eine Viertelstunde später ließ August sich in einer Sänfte zu ihr bringen.

»Du bist hier, meine schöne Pani!« rief er, fröhlich schwindelnd, denn er wußte doch sehr wohl von ihr.

»Majestät, ich habe unter deinen Fittichen Schutz gesucht«, entgegnete Urszula.

»Da hast du das Vernünftigste getan, was du tun konntest«, sagte der König. »Warschau muß schrecklich traurig sein...«

»Wie ein Friedhof, Majestät...«

»Siehst du Aurora manchmal?«

»Fast täglich.«

August setzte sich galant zu ihr aufs Kanapee, faßte das weiße Händchen, lächelte und hob an, Urszula zu überreden, zum Maskenball nach Leipzig zu fahren, wo er den Prinz von Württemberg und den Hohenzollern empfangen würde.

August belebte sich ungeheuer, und man sprach hernach von einem Turnier. Mit keinem Wort erwähnte der König seine Niederlagen und auch nicht die Vergangenheit, er stand auf und begab sich zurück zur Cosel.

Die Fürstin Teschen konnte nun bereits beruhigt sein und sicher, daß August ihr nichts wegnehmen würde: weder das prächtige Palais noch die Güter in der Lausitz, noch den Fürstentitel. Sie konnte sich ganz dem Bemühen um eine Heirat widmen.

Im April, nach dem Karneval, empfing Karl XII. noch an jenem selben einfachen Tische im kleinen Speisezimmer in Altranstädt Lord Marlborough, und er bat zu dieser Tafel auch August, der seine Anwesenheit nicht abzuschlagen wagte, sowie Leszczyński, welcher dieselbe nicht abschlagen konnte.

Es war dies bereits mehrere Tage nach jenem berühmten Brief[52], den August auf Befehl des Schweden an König Stanislaus hatte schreiben müssen, und diese Demütigung war noch nicht verschmerzt, da befahl man August erneut, aus dem Leidenskelch zu trinken. Karl XII. machte sich ein Vergnügen daraus, mit seinem erhaschten Vetter Katz und Maus zu spielen.

Am Vorabend des Lordbesuches ritt Karl nach Leisnig, wo das Königspaar ein sehr bescheidenes kleines Haus bewohnte. Das Verhältnis zwischen Leszczyński und Karl war von besonderer Art. Dem

[52] Brief Augusts an Leszczyński vom 15. April 1707; Marlborough besuchte Altranstädt vom 26. bis 29. April (Anm. d. Verf.)

Charakter und dem Temperament nach unterschieden sich die beiden wie Himmel und Erde, sie glichen einander jedoch in einem: Karl XII. und König Stanislaus beharrten jeder unerschütterlich auf ihren Grundsätzen und Auffassungen, auf ihrem Glauben und ihrer Wahrhaftigkeit, an denen wie an einer Drehachse das Leben hing. Stanislaus war von unvergleichlicher Milde und Güte, nach Christenart vergebend, ohne Gift im Herzen und ohne den leisesten Rachedurst. Keine politische oder eigennützige Erwägung konnte ihn zu Strenge und Grausamkeit veranlassen, wie Karl sie leidenschaftlich an den Tag legte, bei dem das Wesen und das Temperament des Soldaten überwogen. Leszczyński, den man später den »wohltätigen Philosophen« nannte, besaß Mut, aber ihm fehlte der ritterliche Geist. Dennoch liebte der rauhe und derbe Karl XII. in ihm jene reine Seele, jene Schlichtheit und Wahrheitsliebe, die sein eigentliches Wesen ausmachten. Über ihre Auffassungen von Pflichten und von Mitteln zum Handeln kam es fast täglich zum Streit. Leszczyński gab schließlich nach, jedoch nur bei den Dingen, wo es eher um die Form als um den Inhalt ging, denn gegen seine Grundsätze wollte er nicht verstoßen, auch nicht dem Freunde zuliebe, der ihm die Dornenkrone aufs Haupt gesetzt hatte. Karl traf dann bei ihm auf einen edlen Widerstand, der, mit herzlichem Wort vorgetragen, dennoch nicht zu brechen war.

So manches Mal, wenn sie miteinander stritten, entrang es sich Leszczyński aus tiefster Seele: »Es war schlecht von dir, mich zum König zu machen, ich will die Krone nicht mit dem Blut meiner Landsleute erkaufen, lieber verzichte ich auf sie. Wenn es mir bei dem Zustand, in welchem sich die Rzeczpospolita heute befindet, nicht gelingt, sie zu reformieren, wenn wir ihre Gesetze nicht ändern und keine Zucht hineinbringen, werden weder ich mich auf dem Thron noch das Königreich sich am Leben erhalten.«

Karl XII. nahm dies gewöhnlich stumm hin und prophezeite eine gute Zukunft. Trotz der Liebe aber für seinen Auserwählten setzte er ihn in seinem Starrsinn bisweilen unbarmherzig sehr unangenehmen Erlebnissen aus. So zum Beispiel blieb er beharrlich dabei, um August zu quälen und zu demütigen, eine persönliche Begegnung der beiden zu erzwingen. Mehrere Male gelang es August mit großem Geschick, die schon gestellten Fallen zu umgehen, der Besuch Lord Marlboroughs aber war für ihn eine erneute Prüfung.

An der Tür des kleinen Hauses, in welchem Leszczyński und seine

Gemahlin den Freund zu empfangen pflegten, legte Karl ihm die Hand auf die Schulter und rief despotisch: »Morgen hast du bei mir zum Mittagessen zu sein! Marlborough kommt...«

Sie sahen einander in die Augen, und König Stanislaus, der den Plan durchschaute, antwortete betrübt: »Wozu willst du ihm und mir das antun? Seine Verbeugung bereitet mir keine Annehmlichkeit, und bei meinem Anblick vergehen ihm Appetit und Durst.«

»Oh, der Durst gewiß nicht!« widersprach der Schwede. »Ich weiß, daß es dir keine Annehmlichkeit bereitet, aber mir ist langweilig, und ich habe August noch nicht genug gequält. Du bist das Opfer. Ein paar Stunden wirst du mit ihm verbringen können, dazu reicht deine Kraft. Ich rechne mit deinem Kommen, ich verlange es.«

Karl lachte vergnügt.

»Schließlich muß auch ich mich amüsieren, und ich habe keine Cosel, keine Hofnarren, keine solchen Fröhlichs und Kyaus[53] wie er.«

Auf solche Weise wurde Leszczyński gezwungen, sich zum Mittagessen in Altranstädt einzufinden. Er kam ein wenig früher, so daß der sächsische Herrscher, als er geschmückt und vor Gold und Diamanten glänzend eintraf, ihn hier bereits vorfand. August erahnte seinen Gegner eher und nahm ihn mehr gefühlsmäßig wahr, als daß er ihn sah, denn er manövrierte so kunstvoll mit den Augen, daß diese Leszczyńskis mildem und melancholischem und tiefernstem Blick nicht begegneten. In dem schmalen Zimmer, wo sich nur die drei Könige, Lord Piper und noch einige Leute aus des Schweden Gefolge befanden, mußte man sich höchst achtsam bewegen, um nicht einen anderen zu streifen. König August bewies größte Geschmeidigkeit und eine außerordentliche Geistesgegenwart, indem er sich stets so zu lenken wußte, daß zwischen ihm und Leszcyński immer noch jemand stand. Es war wie ein Spiel auf dem Schachbrett – Karl XII. schob darüber seine Bauern, der Sachse aber wandte alle Schliche an, um dem Mattgesetztwerden zu entgehen. Nicht nur, daß er mit jedem Wort und jeder Bewegung auf der Hut sein mußte, er durfte sich auch nicht die Verlegenheit und den Zwang, dem er unterlag, anmerken lassen.

Den Schweden amüsierte das, für den traurigen Leszczyński aber

---

[53] Fröhlich – Name eines sächsischen Hofnarren; Friedrich Wilhelm Freiherr von Kyau (1654–1733), sächsischer General, seit 1715 Kommandant der Festung Königstein, machte sich am Hof Augusts des Starken durch heitere Laune und derben Witz beliebt.

war es eine Qual, und fast die ganze Zeit seines Hierseins blieb er nachdenklich und schweigsam. Karl zog ihn absichtlich ins Gespräch, immer dann, wenn er glaubte, daß auch August sich würde äußern müssen. Der Sachse jedoch fand jedesmal höchst geschickt einen Vorwand, um die Richtung zu wechseln oder sich jemand anderem zuzuwenden. Bei Tische saßen die beiden Könige Karl XII. zu beiden Seiten, und so ward ihnen eine kleine Verschnaufpause vergönnt.

August ging aus dem Turnier nahezu siegreich hervor; er bewies Wendigkeit, Geistesgegenwart und manches Mal eine unglaubliche Frechheit, jedoch erschöpfte ihn die nur wenige Stunden dauernde Seelenmarter so sehr und brachte ihn in solche Wut, daß er, sobald er zur Nacht nach Leipzig zurückggekehrt war, im »Hotel zum Apfel«, wo er für gewöhnlich abstieg, die halbe Ausstattung seiner Zimmer umstieß und zertrümmerte. Erst danach fand er Ruhe. Niemand wagte es, wenn er so tobte, ihm nahezukommen, konnte einen doch das kleinste Wörtchen das Leben kosten. Augusts unmäßige Kraft machte ihn gefährlich – jemandem, der nahe einer Wand stand, brauchte er nur einen Stoß zu versetzen, und der Aufprall zerschmetterte ihn. So manches Mal ward ein Bediensteter so aus Augusts Wohnung getragen, und der Lädierte wagte nicht einmal zu jammern, denn das hätte den König noch stärker gereizt.

Die in das Verhältnis der drei Könige eingeweihten Ausländer verspürten, während sie zusahen, wie Karl XII. den Sachsen peinigte, durchaus keine Lust zu schmunzeln, wenngleich die Situation ihre komische Wirkung besaß. Aber auch etwas Tragisches war eben daran. August, der sich mit jedem Tage, so wie ein Schauspieler auf dem Theater, neu kostümierte – goldener Lahn wechselte mit silbernem, Rubinknöpfe mit Diamanten, immer kunstvoller frisiert waren die Perücken –, spielte seine Rolle bis zum Schluß mit gleichbleibendem Lächeln, welches sagte: »Du kriegst mich nicht unter, ich werde alles ertragen, aber wehe dir, wenn ich mich räche!« Am letzten Tage, nach dem Abschied vom Lord, stürzte August, von Flemming begleitet, in sein Leipziger Quartier und rief: »Endlich!«

An diesem Tage zerbrach er nichts mehr, er fiel, die Pfeife im Mund, auf einen Stuhl, und sein langes Schweigen bannte den vor ihm stehenden Flemming.

»Das wäre vorbei«, sagte er schließlich. »Ein bißchen Geduld, und die Rache folgt – an Karl, an Leszczyński, an allen, die mir etwas

schulden. Der Altranstädter Frieden«, fuhr er fort, »ich lache darüber...
ich konnte doch nicht anders, mir saß das Messer an der Kehle. Imhof
und Pfingsten haben ihre Instruktionen überschritten, sie werden dafür
büßen...«

»Sie sind beide gefangengesetzt«, warf Flemming ein, »aber ich ...«

»Weder du noch sonst irgendwer auf der Welt sollte sich unnötig um
sie bekümmern«, sagte der König rasch. »Ob ich schuld bin oder sie –
für die Augen der Menschen, um meines Ansehens willen müssen sie
geopfert werden. Ich sollte sie, als Deserteure von Fraustadt, auf dem
Dresdener Altmarkt hängen lassen...« Während er dies sagte, stand
August auf. Flemming suchte ihn sanft zu überreden, nicht länger an
Polen zu denken und sich nur noch Sachsen zu widmen. August streifte ihn mit raschem Blick, und die Achseln zuckend, wandte er sich ab.

»Sag mir nicht so etwas«, entgegnete er dann. »Vorläufig steht Zar
Peter dort für mich auf der Wacht, und wenn Karl erst gestrauchelt ist,
müßte ich in Polen alles in Bereitschaft vorfinden. Die Beziehungen
nach Warschau und Krakau sind weiter zu unterhalten, sie dürfen zu
niemandem abgebrochen werden, Versprechungen und auch Zahlungen sind nötig. Was wir beide, Flemming, begonnen haben, um dieses
Polen zu beherrschen, um es mit Peter zu teilen und mit...«

August hielt für kurz inne.

»Vielleicht brauche ich gar niemand weiter als Peter; Leszczyński ist
alles andere als ein Krieger, auch wenn Karl ihn erwählt hat. Polen hat
mich allzu viele Opfer gekostet, als daß ich nicht meinen Anspruch
darauf geltend machen müßte. Mein Sohn sollte Polen als Erbland
gewinnen. Das Wohlwollen des Kaisers werde ich erlangen.«

Diese Träumereien, unter vier Augen mit dem vertrauten Freunde
begonnen, wandelten sich am Abend zu einem Gelage, welches bis
zum hellen Tage andauerte.

Karls Verbleiben in Sachsen, übermäßig und allen Zusagen zum
Trotz in die Länge gezogen, war damit bemäntelt, daß August so die
dem Kaiser für den Krieg am Rhein überlassenen Truppen nicht
zurückziehen konnte. Ein rundes Jahr saßen die Schweden in Sachsen. Ihr Aufenthalt kostete reichlich zwanzig Millionen Taler in Form
verschiedenster Tributerhebungen sowie gute zwanzigtausend Menschen, die man mit Gewalt den schwedischen Truppen einverleibte.
Die Schweden hatten das verwüstete Land noch nicht verlassen, als
August sich ganz seinen geliebten Vergnügungen hingab. Im Herbst

312

ließ er feierlich ein Vogelschießen veranstalten, und Schützenkönig wurde der englische Gesandte Robinson. Im Jahr darauf beging der König seinen Geburtstag auf der Ostermesse in Leipzig mit um so größerem Prunk und Aufwand, als er dahinter seine Geldsorgen verbergen mußte.

Auch danach, als er am Rhein Krieg oder vielmehr fröhliches Feldlager spielte, mußte er zum Karneval nach Hause zurückkehren. Hier rüstete er sich, wie damalige Zeitungen schreiben, um den aus Italien heimkehrenden dänischen König *magnific*[54] zu empfangen. Allein das Feuerwerk, das die Belagerung der Stadt Ryssel in Flandern versinnbildlichen sollte, an welcher August als Zeuge aus der Ferne beteiligt gewesen, verschlang mehr als zehntausend Taler. Inmitten solcher Vergnügungen, Bälle und königlicher Besuche erreichte August die Nachricht von der Schlacht bei Poltawa[55].

Am achten Juli hatte das blutige Drama stattgefunden, und schon einen Monat darauf wurde Augusts Aufruf gedruckt, und an der Spitze von elftausend Soldaten rückte er als wiederauferstandener König in Polen ein. Die ihm getreuen Dönhoff[56] und der Bischof von Kujawien eilten herbei, um ihn wieder auf den Thron zu bitten.

Der Kampf gegen den gutherzigen, edelmütigen und so ganz uneigennützigen Leszczyński, dem schon Karl XII. nicht hatte helfen können und der nur mit knapper Not mit dem Leben davongekommen war – ein Kampf grenzenloser Verderbtheit gegen Rechtschaffenheit und Milde – konnte keinen Zweifel über seinen Ausgang offenlassen. Im übrigen bot Zar Peters starke Unterstützung eine Gewähr dafür, daß August den Thron wiedergewinnen würde.

Den am achten August gedruckten Aufruf an das Volk, der ein allgemeines Verzeihen sowie die Respektierung der Gesetze der Rzeczpospolita verkündete, brachte Flemming dem schon im Bett liegenden und, nach vielen Trinksprüchen, sich Träumereien hingebenden König. Dessen Gesicht, flammend vor Stolz und Siegesbewußtsein, lächelte dem Eintretenden anmutig entgegen.

»Habe ich es nicht prophezeit?!« rief August dem Freunde zu. »Du

---

[54] (frz.) großartig
[55] Am 8. Juli 1709 schlug Peter I. den die Stadt seit dem Mai belagernden Karl XII. vernichtend; Karl selbst floh in die Türkei.
[56] Stanisław Ernest Dönhoff (um 1675–1728), litauischer Feldhetman, Anhänger Augusts des Starken

wolltest es mir nicht glauben, als ich die Rache voraussagte, als ich versicherte, daß ich auf diesen Thron zurückkehren würde, den ich seit heute für meinen erblichen erachte. Arbeite jetzt, um mir dabei zu helfen. Wir haben ergebene Leute, wir kennen sie und wissen, wie wir sie erreichen und womit sie zu korrumpieren sind. Der Preuße, der dänische König, Zar Peter und ich... ja, sind wir nicht genug, um Verhältnisse zu schaffen, wie wir sie brauchen? Sollte uns eine Handvoll Adliger, die ihre Gesetze und unsinnigen Privilegien verteidigen, im Wege stehen? Flemming, was meinst du?«

Der treue Gefährte überlegte, aber auf seinem Gesicht, dem niemals etwas abzulesen war, malten sich auch jetzt weder übermäßige Ergriffenheit ob der herrlichen Prophezeiung noch ein großer Glaube an dieselbe. Er zuckte die Achseln.

»Du weißt«, sagte Flemming, nachdem er eine Weile geschwiegen, »daß du in mir einen treuen Diener hast. Was jene angeht, auf welche du in Polen zählst...« Er lächelte bedauernd und fuhr fort: »Ich traue keinem von denen.«

»Ich auch nicht«, setzte der König hinzu. »Eben darum können sie uns nicht schrecken, weil wir wissen, wie wir sie zu bewerten haben.«

So begann jene zweite Herrschaft Augusts II. in Polen, und sie war nichts anderes als ein unaufhörlicher Kampf gegen die Grundrechte der Rzeczpospolita.

Dieselben wurden, da man sie nicht zu brechen wagte, umgangen, sie wurden verletzt, sooft sich dies bemänteln ließ, und am Ende hinterließ August seinem Sohn als Erbe die schlimmste Anarchie, etwas in der Art eines Hauses, in dem man die alte Ordnung wohl zerstört, eine neue aber nicht einzuführen vermocht hatte.

Die Geschicke der hübschen Urszula entschieden sich schon bald recht glücklich. Sie knüpfte mit dem Württembergischen Prinzen Bekanntschaft und beruhigte die sie noch immer fürchtende Cosel, indem sie ihn heiratete. Ihr Haus wurde dazumal, gleich den Salons der Przebendowska, zur Herdstatt höfischer – sächsischer wie polnischer – Intrigen und Machenschaften. Die Fürstin Teschen fürchtete Flemming und mochte ihn nicht, und alle diejenigen, die ihre Abneigung und ihre Furcht teilten, fanden sich hier zum Häuflein zusammen. Die polnischen Herren Senatoren trafen sich beinahe täglich zum Abendessen und zu gemütlicher Plauderei.

König August brachte der einstigen Geliebten kein sonderliches Zartgefühl entgegen, aber er mochte sie und nahm gewisse Rücksichten. Die Cosel, da sie die Teschen nicht mehr zu fürchten brauchte, verfolgte sie nicht.

Von allen verlassenen Ariadnen erwies sich Urszula als die geschickteste, wo es darum ging, sich eine glänzende, von Schicksalslaunen unabhängige Zukunft zu sichern. In Dresden mußten sogar diejenigen, die einen festen Stand bei Hofe hatten, mit ihrem Einfluß und ihrem Gewicht rechnen. Ihr Haus in der sächsischen Hauptstadt war erlesen und aristokratisch eingerichtet. Trotz allem Luxus, dem zahlreichen Hofstaat und bedeutender Ausgaben konnte Urszula noch Güter dazukaufen. Schließlich blieb ihr die originelle Schönheit, ungeachtet der Jahre, noch ziemlich lange erhalten und machte sie in der Damengesellschaft stets zu einer anmutigen Erscheinung. In Polen allerdings fiel der Name der Fürstin Teschen schon alsbald völliger Vergessenheit anheim.

Mit dem Tode des Primas Radziejowski verschwanden die großartigen Hoffnungen der Towiańskis, die bereits, indem sie sich mit den Lubomirskis verschwägerten, die Hand nach dem Großhetmansstab ausgestreckt hatten, im Nichts. Die Familie, nachdem sie so zu keiner Bedeutung in der Rzeczpospolita gelangt war, ward vergessen.

Fast ein Jahrzehnt ging dahin.

Man muß es August dem Starken zugestehen, daß er, wenngleich er als Herrscher in Polen wie in Sachsen die unliebsamsten Erinnerungen zurückließ, sich doch als Kunstliebhaber, als Baumeister, als ein Freund des Theaters, des Kunstgewerbes und des verschiedensten Handwerks, soweit es dem Luxus diente, unsterbliche Verdienste in Sachsen erworben hat. Das à la Louis XIV. umgebaute, erweiterte, verschönte Dresden war nicht wiederzuerkennen. Malerei, Baukunst, Musik gelangten zur Blüte. Eine ganze Kolonie von Italienern siedelte sich neben dem Schlosse an. Entlang der Elbe wuchsen, gleichsam mit dem Zauberstab hervorgebracht, Paläste, Villen, Schlößchen empor. All das verschlang

Millionen, aber für einen Augenblick rückte diese höfische Pracht Sachsen an die Spitze der das damalige deutsche Reich bildenden Kleinstaaten.

Freilich, zur selben Zeit, da August voller Eifer chinesisches und japanisches Porzellan sammelte und dafür seine schönsten Grenadiere hingab, vergrößerte und drillte der Preußenkönig beharrlich seine Armee und opferte für sie ohne Bedauern riesige Mengen von Porzellan. Die Porzellansammlungen stehen heute vom Staub bedeckt, und Sachsen ist zu mikroskopischen Splittern zerfallen.

Dies aber geschah später, zur Herrschaftszeit einer der letzten Mätressen Augusts II., der Frau Dönhoff[57], einer geborenen Bielińska. In des Königs Vorzimmer regierte noch immer und immer noch dreister Constantini. Obwohl weder durch Titel noch durch ein Amt empor gestiegen, erstaunte er dennoch alle mit seinem unverminderten Einfluß auf den König. Man hielt ihn schon für unsterblich, als eines Tages die Nachricht umging, man habe Constantini nach Königstein gebracht.

Niemand mochte es anfangs glauben, aber alle die Hofbedienten, die ihn nicht liebten, schmunzelten triumphierend, legten geheimnisvoll den Finger an den Mund und bestätigten die unglaubliche, der Öffentlichkeit unverständliche Neuigkeit. Ja, war es denn verwunderlich, wenn der Italiener, in langen Diensten allzu dreist geworden, zur Buße dorthin ging, wo schon Kanzler Beichling, Jabłonowski, die Sobieskis und so viele andere saßen? Oder daß August vielleicht im Moment des Aufbrausens den kleinen Mann opferte, wo er schon so viele der hervorragenden und verdienten zu vergeuden und einzusperren nicht gezögert hatte?

Erstaunt fragte man sich nur, was wohl nach so vielen Jahren treuer Dienste den königlichen Zorn entfacht haben mochte?

Niemand wußte es. Nur die leichtfertige, kindliche Dönhoff errötete vor Verlegenheit, sobald sie davon hörte. Bald erfuhren es von ihr die Freundinnen, und es erreichte ihre Feindinnen: Sie hatte sich beim König beschwert, daß der betrunkene Mezzettino gewagt habe, mit ihr anzubändeln!

In der Schloßstraße, am Hause zu den Fischen, wo an der Stelle des gänzlich untätigen und den lieben langen Tag die Bibel lesenden Wittke

---

[57] Maria Anna Dönhoff – Tochter des Marschalls Kazimierz Ludwik Bielinski, wurde um 1716 die Geliebte Augusts des Starken.

einer seiner Verwandten das Zepter führte, ging jemand auf den tief nachdenklich am Tor stehenden Hausherrn zu und flüsterte ihm ins Ohr: »Weißt du schon? Der Krug geht solange zum Brunnen, bis er bricht. Constantini sitzt auf Königstein.«

Wittke nahm es gleichgültig auf – was ging ihn der abscheuliche Kuppler an? Am anderen Morgen jedoch nahm er den Stock aus der Ecke und begab sich zu Fuß zur Stadt hinaus, nahm die gerade Landstraße, die zu der dazumal berühmten Festung führte, welche als uneinnehmbar galt, heute aber nur ein Baudenkmal ist, das zu verteidigen nie einer versucht hat. Wittke überkamen jetzt öfter derlei Launen – er verließ für mehrere Tage, ja sogar für Wochen sein Haus.

In die Festung zu gelangen war zu damaliger Zeit nicht ganz einfach, aber der Kommandant war ein alter Bekannter Wittkes, ein Oberst, der die Weine des Kaufmannes rühmte und häufig in die neben dem Geschäft gelegene Kammer kam, um sie zu probieren. Wittke ließ sich bei ihm melden. Er drillte gerade das Häuflein seiner Besatzung im oberen Hof. Dabei war er schrecklich böse, oder aber er tat nur so. Als er Wittke sah, wurde er milder gestimmt, denn jedermann hatte Mitleid mit ihm, meinte man doch, daß er seit dem Tode der Mutter nicht mehr ganz richtig im Kopfe sei.

»Ach, Ärmster, was machst du hier?« fragte ihn von Planitz.

»Ich?« erwiderte Wittke. »Ich erfülle eine Christenpflicht, ich möchte einen Gefangenen besuchen, obwohl er womöglich kein Erbarmen verdient hat.«

»Einen Gefangenen?« rief der Oberst erstaunt. »Wen?«

»Hier sitzt doch Mezzettino?«

Von Planitz lachte laut auf.

»Geschieht ihm ganz recht – er hat sich schon viel zu viel herausgenommen. Willst du ihn trösten?«

»Ich möchte ihn dazu bringen, für seine Sünden zu büßen«, sagte Wittke streng.

»Ich lasse dich hinbringen«, antwortete der Oberst. »Wahrscheinlich sitzt er mit einem meiner Gäste beim Kartenspiel...«

Von Planitz nickte einem Invaliden zu und befahl ihm, Wittke zu führen.

Sie gingen durch dunkle, gewölbte Korridore, und klommen über eine schmale Treppe in das zweite Stockwerk einer Eckbastion. Der

Schließer öffnete eine Tür und hieß Wittke in eine kleine Kammer eintreten. Constantini saß dösend an einem Tisch, vor ihm standen leere Flaschen und Becher, und überall, zwischen dem Geschirr und auch auf dem Fußboden, lagen Karten umher.

Der Italiener erwachte, und als er plötzlich Wittke vor sich stehen sah, schrie er erstaunt und freudig auf. Er wollte ihn umarmen, aber der Deutsche wich gar bis an die Tür zurück.

»Was denkst du dir?!« rief er. »Ich bin nur gekommen, um dich daran zu erinnern, daß kein Übeltäter Gottes Strafe entgeht. Falls du hier vermoderst, wäre das noch viel zu wenig für alle die Seelen, die du dem Verderb ausgeliefert hast.«

Wittke stieß mit dem Stock auf den Fußboden auf, während er dies sagte, eine Weile noch starrte er Constantini an, dann schüttelte er unwillig den Kopf, machte kehrt und bedeutete dem Schließer, daß er hinausgebracht werden wollte.